金庸家族

心一堂　金庸學研究叢書　蔣連根系列

Sunyata

書名：金庸家族
系列：心一堂　金庸學研究叢書
作者：蔣連根
責任編輯：心一堂金庸學研究叢書編輯室
封面設計：陳劍聰

出版：心一堂有限公司
通訊地址：香港九龍旺角彌敦道610號荷李活商業中心十八樓05-06室
深港讀者服務中心：中國深圳市羅湖區立新路六號羅湖商業大厦負一層008室
電話號碼：（852）90277110
網址：publish.sunyata.cc
電郵：sunyatabook@gmail.com
網店：http://book.sunyata.cc
淘宝店地址：https://shop210782774.taobao.com
微店地址：https://weidian.com/s/1212826297
臉書：https://www.facebook.com/sunyatabook
讀者論壇：http://bbs.sunyata.cc

香港發行：香港聯合書刊物流有限公司
香港新界大埔汀麗路36號中華商務印刷大廈3樓
電話號碼：（852）2150-2100　傳真號碼：（852）2407-3062
電郵：info@suplogistics.com.hk

台灣發行：秀威資訊科技股份有限公司
地址：台灣台北市內湖區瑞光路七十六巷六十五號一樓
電話號碼：+886-2-2796-3638　傳真號碼：+886-2-2796-1377
網絡書店：www.bodbooks.com.tw
台灣秀威讀者服務中心：
地址：台灣台北市中山區松江路二0九號1樓
電話號碼：+886-2-2518-0207
傳真號碼：+886-2-2518-0778
網址：www.govbooks.com.tw

中國大陸發行 零售：深圳心一堂文化傳播有限公司
地址：深圳市羅湖區立新路六號羅湖商業大厦負一層008室
電話號碼：(86) 0755-82224934

版次：二零二零年四月初版

平裝

定價：港幣　二百五十八元正
新台幣　九百九十八元正

國際書號　978-988-8583-30-0

心一堂微店二維碼

心一堂淘寶店二維碼

目錄

自序

六年以前，我寫過一本《金庸和他的家人們》（編按：香港繁體足本增訂版更名為《金庸家族》），金庸是看了的。這書寫得好不好，金庸沒說，我也不敢問，因為歷年來他反對別人寫他，他將家事視作隱私，像一座城堡，護得嚴嚴實實的，誰也不敢攻破它。

然而，我寫了這本書，一一數說了他的祖宗，寫了他的爹媽，展露了他和三任妻子的情愛和缺失，還寫了他眾多的兄弟姐妹，他的兒女們，應該全是他的私事、隱事。我為什麼要寫這本書，在他鮮活著的時候，書末後記中說得一清二楚，讀了你就明白了，這裡就不說了。

要說的是這一本，這是一本修訂本，為什麼要修訂？

金庸曾在他第一部武俠小說《書劍恩仇錄》的後記中寫道：「海寧近代的著名人物有王國維、蔣百里、徐志摩等，他們的性格中都有一些憂鬱色調和悲劇意味，也都帶著幾分不合時宜的執拗。」金庸自己的執拗也不例外，上世紀九十年代以後，他曾六次回海寧故鄉，卻從不跨進自己的舊居「赫山房」。我詫異，刨根問底，終於從他的兄弟姐妹口中找到答案。而我的執拗才是不合時宜的，不僅將金庸的家事兒寫成書，如今重修還要找回被迫刪除的那部分章節，同時找回我的自信與自尊。

寫這本書，讓我最感激的是金庸的兄弟姐妹們。

書中有一幅早年金庸和妹妹等人在杭州西子湖畔的合影。此照在張浚生主編的《鄉蹤俠影——金庸的三十個人生片斷》（紅旗出版社，二〇一五）一書中，照片下署著我的名字：蔣連根提供。署著我的名，可拍攝者不是我。那是一九九七年七月，金庸的老同學沈德緒在海寧傳授黃花梨栽培技術，我與他早就相識，他告訴我，金庸的妹妹查良璇被查出患有癌症，正在醫院治療。我便約他一同去探望她。見面時，查良璇滔滔不絕，講述了許多金庸小時候的故事，還兩次拿蘋果削了皮給我吃，我怎麼也看不出她是個絕症病人。後來，我還去過她家一次。告別時，查良璇給了我幾張照片。如今，我還清晰地記得當年查良璇給我講述的照片裡的故事。

寫這本書，讓我最難忘的是金庸與我的一次交談。

那是二〇〇三年十月二十五日下午，金庸回到海寧，我參與現場採訪。八十高齡的金庸一下車就直奔硤石鎮菜市弄三十二號表兄徐志摩的故居。這一故居是徐志摩與陸小曼結婚時的新房，金庸說他小時候曾來過，路還是那條路，門還是這個門。他在自己親筆題的「詩人徐志摩故居」前駐足整整一分多鐘，才邁出腳步走進正廳。從地上的每一塊磚頭、屋裡的每一件擺設中，極力搜尋著兒時的記憶，溫習著曾經的溫馨場面。然後，他走進陳列室參觀。

此時，我緊隨其後，仔細觀察著他的每一個動作，用心緊記著他的每一句話，每一個表情。當金庸看到徐志摩在美國哥倫比亞大學念書時的成績單時，他微微點頭，說：「哦，他讀書挺用功的，成績那麼好！」他非常仔細地看著櫥窗裡表哥與陸小曼的書信，抿嘴笑了笑。看到面容姣好的林徽音的照片，他趕緊向同行的人介紹：「這是林徽音。」

看到牆面上掛著的一幅訓詞——在徐志摩和陸小曼的結婚典禮上，證婚人梁啟超對自己學生作的「用情不專」的訓斥，金庸笑了，笑出了聲。然後他問：「這是不是真的？有沒有根據，出處在哪？」一時沒有人回答。他轉身對著站在他身後的我，重複著問了一遍，並示意我上前，我跨前一步與他並列看著畫，回答道：「是真的，在梁啟超的《飲冰室合集》裡，我看見過這篇訓詞。但是，我查過資料，據當事人回憶，在一九二六年九月二十八日徐陸的婚禮上，梁啟超沒有作這番訓詞，可能是他寫給徐志摩的信中才有的。」聽畢，金庸向我點點頭，表示贊同。一會兒，他轉身看到一幅油畫《徐志摩和泰戈爾》，轉身問我：「這是哪位畫家畫的？」我回答：「楊滌江畫的，他是海寧的畫家，原來是海寧高級中學的老師，現在是我們的文聯主席。」金庸讚賞道：「畫得很好！」

就是這一回，我乘隙將一份金庸舊居「赫山房」的照片和宣傳資料遞到他的妻子林樂怡手中。

我告訴他，我打算寫書，寫海寧的文化名人。我試探著，不敢明說我要寫他的家人和他的故事。金庸說：「你的文章不錯，寫書麼你行的。」他將香港作家潘國森介紹給我：「歷史方面的、文字方面都可以找他把關。」潘國森是研究金庸小說的名家，原來早在上世紀八十年代，潘國森就曾經找出《金庸作品集》中的一些錯漏，列出了清單，送給金庸作為改版時參考。只可惜遲到二〇一四年才聯絡得上他。

一九九八年六月十六日《羊城晚報》透露金庸的「牢騷」：「香港、大陸出了很多有關我的傳記，有些資料是靠不住的，只不負責任地抄錄一些已發表了的資料，拉雜成文，成書之前也不來問我一下，或問我的朋友，完全是道　塗　，很多錯誤。」然而，當初我在動筆寫這本書之前，仔細閱讀了已經出版的《金庸傳》，發覺這書中謬誤實在太多，雖然有據可查，但來源就不可靠。

我的這本書出版以後，還是有人挑剔說「大多數篇章，缺乏引用注釋」。其實，這是我的記者功底，不如金庸先生所厭惡的那樣全靠著抄抄摘摘成篇，我的寫作材料是依靠採訪所得，成書之前還徵求了金庸親屬的意見，以謹慎認真的態度寫出來的。

我寫金庸，寫得多了，手順心也順，於是有人揶揄我：「你搗鼓名人快把自己也搗鼓成名人了！」我的回答是：「這是我的職業啊，我應該記錄歷史，還原真相！」我將有關金庸家的記憶記錄下來，清晰如昨，也就帶有了歷史的餘溫。如今重修此書，我想，應該會感動更多的人。

蔣連根
二〇二〇年二月三日於杭州

前言

在杭州流傳着一個有趣的故事：有一天，「金庸茶館」在西子湖畔開門迎客，四方「茶客」聞訊而來。當金庸出現時，「茶客」們蜂擁而上，將他團團圍住，高聲歡呼着「金先生」、「金大俠」，不料，金庸臉色頓變，轉身欲走。這時，一位學者迎上前去：「查先生，歡迎您！」金庸即刻停步，會場內頓時一片「歡迎查先生」之聲。此刻，金庸笑容可掬，和藹可親，大聲說道：「金聖嘆先生今天沒有來，他是評論水滸傳的。今天來的是查先生，寫小說的。我姓查，名良鏞，你們要記住啊，我不姓金，今後誰這樣叫我金先生，我都不會理睬他。」從此以後，再沒有人叫他「金先生」了。

這個故事是真的，因為金庸對自己的查氏大家族引以為傲。

金庸是由查良鏞而來的，一分為二是金庸，合二為一就是「鏞」了。所以是先有查良鏞，後有金庸。查良鏞是本名，金庸是筆名，但金庸的名氣卻比查良鏞大，知道金庸的人顯然比知道查良鏞的為多，特別是在海峽兩岸和海外的華人社會裡，有些人只知道金庸而不知道查良鏞。在香港、台灣文人的筆下，在軍界、政界、教育界、商界、文化界之外，還有所謂「名氣界」，而金庸就是名氣界中的名人。這主要是來自他的武俠小說。

人們提到金庸，首先是和武俠小說聯在一起，是武俠小說的創作使金庸成為武俠小說界的明星、巨星，光芒四射。用金庸這筆名寫的武俠小說，在海峽兩岸，在香港，在南洋、北美、西歐的華人社會中，幾乎是家喻戶曉、婦孺皆知。

在中國，武俠小說是一種雅俗共賞的文學形式。可以說，凡有中國人的地方，就有金庸小說迷。人們稱金庸為「金大俠」，其實他是西裝革履，一點也不像人們想像中短衣長劍的英雄人物。他所以得「俠」名，不在於劍，而在於書，在於他寫出的一部又一部新派武俠小說，大約有十五部三十六冊書。香港作家倪匡以「古今中外，空前絕後」八個字來稱譽金庸的作品。應該說，金庸很大程度地改變了武俠小說在中國文學史的地位。人們開始認為，通俗文學作為深受老百姓喜愛的文學種類，接續着一個民族的文化傳統與精神氣質。

由於他的武俠小說越來越受歡迎，激起他辦報的興趣，他相信，可以靠自己的武俠小說吸引人們讀他的報紙。就這樣，用武俠小說換來的稿費和電影拍攝費作開辦費，《明報》於一九五〇年代末問世。《明報》成了金庸的第二生命，《明報》的成功，就等於金庸的成功。用辦報紙建設新的文明，而用武俠小說尋找舊的傳統，作為一個具有儒家思想的書生，金庸苦心營造的，其實是一個精神家園，那裡有中國人對於自己民族共同的想像。

一九八〇年代初，金庸開始應邀訪問大陸，成了與北京保持良好關係的人。時代潮流，浩浩蕩蕩，此時的他已是一個新姿態的查良鏞。離「九七」越來越近，金庸更不滿足於坐而言，他要起而行了。一方面，他不丟棄政論家的如椽之筆，必要時社論還是要寫；另方面，把《明報》日常的社論交給別人，他把自己的主要精力放在政治活動領域。

中國人年紀大了，漸漸由儒入道，也有入佛。常說淡泊名利，這是道家的思想，金庸也是，表現出拿得起、放得下的氣魄。一九九三年二月，他正式宣佈退休，讀書旅遊，安享晚年。他去了湖南張家界、浙江普陀山，領略大自然秀色；去了星馬泰，感受異國風情；再度踏上台灣島，飽覽日月潭風光；更多的是回故鄉浙江，陪同朋友觀賞錢塘大潮……

國際創價學會會長池田大作是日本人，是國際著名宗教思想家和民間文化大使。從一九九五年十一月起，金庸與他在香港、東京等地曾四度相談，歷時二年有餘。對話中，金庸第一次詳盡地披露了自己的身世、自己的祖先，談論祖父、父親和母親以及哥哥等家人，談論查氏家族的榮耀。無怪乎，他強調自己姓查，諱忌別人喚他「金先生」了。

跟他的祖先一樣，金庸是一個非常喜愛讀書的人，他曾說過：「如果有兩種生活，一種是坐牢十年，但可以讀書，另一種是人生自由，但不可以讀書，我寧願選擇坐牢。」二〇〇五年秋，年過八旬的金庸偕太太飛赴英國，開始了劍橋大學的讀博計劃。金庸的博士論文一寫就是兩年多。儘管論文寫出了小說味，但導師麥大維認為金庸的研究是認真的，「沒有學者對此做過如此深入的研究。」金庸繼承了「書香門第」的家學。

「如果你到過江南，會想到那些燕子，那些楊柳與杏花，那些微雨中的小船。」這是上世紀五十年代金庸一篇散文中的話，無法猜測他下筆時的心情。他在武俠小說中經常寫到江南——蘇州、太湖、杭州、西湖、海寧、湖州等等，如詩如畫，讀來令人神往，又有點淒美之感。金庸在他的小說後記中寫道：「我是浙江海寧人……海寧在清朝時屬於杭州府，是個濱海小縣，只以海潮出名。……海寧城不出武人，即使是軍事家蔣百里，也只會講武，不會動武。」顯然，金庸很早跨離了查家橋，但，對於故鄉海寧，查氏家庭，他有驕傲，有感嘆，也有哀傷和失落，因為他割不斷這根臍帶。

金庸也想葉落歸根。在一九九二年第一次歸鄉時，他跟友人說，年紀大了，「明朝散髮弄扁舟」的思想日熾，很嚮往歸隱過凡人的生活。據金庸的弟妹透露，他轉出明報的股份宣佈退休，然後將所鍾愛的山頂道一號大宅以一億九千萬的港元賣掉，並在杭州置房，一次次回鄉既是探親訪友，更是為了尋找一個晚年歸隱和葉落歸根的所在。

在本書的寫作過程中，寫書人特意來到看潮的海塘。錢江潮如約而至，水聲喧嘩，一如幾十年前那個夜晚，還在做童子軍的青年金庸就在這裡露營。滾滾浪潮打破了他的夢境，也流瀉在了他多年後的筆端。他的第一部武俠小說《書劍恩仇錄》和最後一部武俠小說《鹿鼎記》都是以海寧為背景，彷彿是對家族的遙遙致敬。「浪淘盡，千古風流人物」，曾經燦若星辰的文人名士，不過是浪花一朵，只有家族血脈和文化傳承像永不乾涸的源頭活水，讓你永遠不會知道，它還將孕育多少傳奇。

一個名門望族興衰歷史的魅力，在於它雖是過往雲烟，讀懂它卻可以參透現實，醒悟人生。寫書人是金庸的同鄉人，跟他有過聯繫，與他的兄弟姐妹交往甚密，曾被查氏家族的真實故事所打動，這本記述金庸一家人的書，可以說是對金庸先祖和金庸本人的致敬。

然而，二十多年以來，金庸曾經六次回故鄉海寧，可是他從沒有再次跨過查家橋，沒有踏進他的查家舊居「赫山房」一步。為什麼？

中國的文化中向來重視葉落歸根，家鄉海寧於金庸而言意味着什麼，從他六次返鄉並所做之事，便能感知一二。

每扇窗戶背後都有一個故事。本書從揭秘金庸的家世、家事入筆，意在為「金庸迷」打開一個個問號：金庸小說中的俠氣從何而來：一個大家族，幾代人的命運，由血緣而家，由家而族，由族而國，愛國愛鄉，情繫於此……

第一章　海寧老家的故事兒

有道是：「山不在高，有仙則名；水不在深，有龍則靈。」就是這樣一個普普通通的江南小鎮，因出了個新派武俠小說一代宗師，頓使這個江南隨處可見的去處陡然罩上了層層神秘的光環，這裡的一丘一壑、一草一木也隨之榮光起來，似乎此地真成了養育「文壇俠聖」的「騰龍之地」。這個「文壇俠聖」即金庸，原名查良鏞，這個江南小鎮即袁花，舊時稱「龍山」、「花溪」。

一、龍鳳呈祥

金庸原名查良鏞，一九二四年三月十日（農曆甲子年二月初六）出生於浙江省海寧縣龍山里（現袁花鎮新偉村）的赫山房，是海寧查氏第二十二代孫[1]。海寧查氏自第七世起，字輩為：「秉志允大繼嗣克昌，奕世有人濟美忠良。傳家孝友華國文章，宗英紹起祖德載光。」[2]金庸是「良」字輩。

① 《海寧查氏族譜》（五卷本），中國書畫出版社，二〇〇六。其中記載「查良鏞生於一九二四年二月六日」，而據查良鏞本人說：「我只記得生日是農曆甲子年的二月初六，家譜記述有誤。」

② 【清】查世紘《刻本海寧查氏族譜》十六卷列傳四卷，清嘉慶十三年（一八〇八）纂修。

一九九五年二月，查良鏞在給江西婺源縣浙源鄉查傳宜的信中自稱族叔，稱對方為「傳宜族侄」，並對他說：「據長輩所言，我家的確於早年自婺源遷浙江海寧，故我們應是本家。」[3]二〇〇五年二月，浙源鳳山村的查治中又給香港的金庸先生寄去婺源查氏家族及婺源縣情的資料。二〇〇五年八月二十三日，金庸讓秘書李以建給查治中回了信，信中寫道：「查良鏞先生衷心祝願婺源繁榮昌盛，鳳山人民的生活蒸蒸日上。」[4]二〇〇六年四月，十九歲少女漫畫家周潔帶着自己參與創作的《天龍八部》漫畫書前往香港拜會金庸，被金庸意外相中，力邀她出演張紀中導演的《鹿鼎記》中韋小寶的老婆。當周潔出現在金庸的海景辦公室裡時，金庸眼前一亮，對着周潔問長問短，當得知周潔是江西人時，馬上和周潔認起了同鄉，金庸說道：「大家知道我出生在浙江海寧，但沒多少人知道我的祖籍是江西婺源。今天也算是透個小秘密。」[5]金庸逝世以後，為紀念金庸，婺源縣決定將縣城內才士大道正式更名為金庸大道。幾年前，當地政府即有意將一條主要道路命名「金庸路」，但金庸不同意，反而建議當地政府將該路命名為「才士路」，以紀念朱熹及詹天佑等婺

③查傳宜《金庸祖籍在婺源》，查氏宗親網www.zhashi.net。何況《金庸寫給婺源族侄的一封信》，《今晚報》，二〇一八年八月二日。

④《金庸：我的祖籍在江西婺源》，婺源縣政府網站，二〇一五年十一月三十日。

⑤葉靖《金庸力薦少女漫畫家當韋小寶老婆》，《杭州日報》，二〇〇六年四月二十一日。

源名士。不過金庸也表示，在自己離世後，當地政府可以將這條路再改名「金庸路」。⑥

查姓，出自姜姓，為炎帝後裔。北宋太祖乾德元年（九六三），查文徵隱居徽州婺源城西查公山，他是婺源查氏一世祖。

清光緒六年（一八八〇）編纂的《海寧查氏族譜》卷二《世次初集》記載：查均寶又名瑜，號仁齋，為查氏得姓以來的第六十七世孫，其於元至正丁酉年（一三五七）自婺源至嘉興，復遷海寧龍山之東南。

六百五十年前，也就是元朝末期的公元一三五七年，反元鬥爭風起雲湧，年輕氣盛的朱元璋率兵「東征西伐」，屢屢獲勝，不斷為後來的稱帝掃清障礙的同時，皖蘇一帶也變成了人間地獄，那裡兵荒馬亂，民不聊生，飢民遍地。

就在這一年，查氏十七世查士睿的老母病故，無錢安葬。他不得不連夜背起母親，趕向村口河邊，準備將母親葬在那裡。但他極度疲憊，體力不支，還沒等好好在河邊巡看一番，就和母親的遺體一起跌倒在地。於是，他就地挖了一個坑，將頭朝下腳朝上的母親葬於此處。後來，一位風水先生看過此地，大讚它是一塊難得的風水寶地，還將查士睿無錢厚葬老母的「無棺葬」、「顛倒葬」，

⑥《查良鏞祖籍地婺源改路名「金庸大道」》，香港《星島日報》，二〇一八年十一月四日。

說成是恰到好處的「庇蔭後人、發家致富」的幸運之舉。風水先生還告訴查士睿：魚兒歸大海，豈能困山中。這給了查士睿進一步啟發。

元末明初，查士睿和兒子查瑜，為躲避戰亂，決定走出大山。父子二人帶着一家老小，離開了久居多年的婺源縣浙源鎮鳳山村，來到了浙江的新安江，沿着新安江至錢塘江的水道順流而下，漂流到了浙江嘉興。後來，查瑜在附近發現了一個叫「龍山」的地方，它離嘉興有幾十里遠，認為是一塊風水寶地。

查瑜選擇龍山，不只是因為它同查瑜的故鄉「鳳山」遙遙相對，頜首相望，且合起來有「龍鳳呈祥」之意，主要還是龍山像極了故鄉鳳山。龍山自古文風鼎盛，素有書鄉之稱，民風淳樸，與徽州鳳山的風俗習慣相近；龍山依山傍海，土地肥沃，在農耕社會裡，這就是最適合於休養生息的福地了。這一切都有一種鳳山的意蘊，實為寄托鄉思的絕佳之地。於是，查瑜在龍山麓一個叫「秤鉤彎」的地方結廬蓋屋，定居下來。⑦

查瑜為元代處士，飽習儒學，精通易經。初到龍山，查瑜先以教書為業，一邊「勤懇耕作，敦睦鄉里」，一邊「以儒為業，詩禮傳家」。後來，他跟着當地人經營鹽業，家境漸漸富裕起來。

⑦ 查語涵《金庸始祖查氏父子》，查氏宗親網，www.zhashi.net。

父親查士睿去世後，查瑜在龍山西麓置地安葬，並返回原籍將祖父祖母的遺骨遷來葬於此地。

查瑜的兒子查恕（字仲容），長大後跟隨鹽官的一名遊醫學醫，一心一意鑽研醫術，外號「查一帖」，只要一帖藥就可治好病，且醫德很高，經常為窮人免費治病，聞名江南。他深得明太祖朱元璋讚賞，被任命為太醫院國醫，獲賞一品冠服。對此，《海寧查氏族譜》有記載：「明洪武十一年（一三七八年戊午），以醫學徵，詡聖躬效捷，拜郡守，固辭；授太醫院正使，賜一品服加蟒玉，為人所忌，被陷暴卒。事聞（於明太祖），追治數人，賜祭。」⑧所以查恕雖以醫術著稱，並非科舉出身，但他卻是海寧查氏成為「文宦之家」的奠基人。

查氏家族深諳「學而優則仕」的魔力，幾百年來，幾乎每一代都有文人學士嶄露頭角，進入仕途者也大有人在。據《袁花鎮志》記載，海寧查氏一族金榜題名為進士者二十人，舉人者七十六人。明永樂帝移都北京之後，京都成為風雲際會、名揚四海的政治、經濟、文化中心，查氏家族不少人便北上進京，有幾百人進入仕途封官加爵。海寧查氏在明代以「名臣」著稱，在清代以「文魁」稱譽，可謂科甲鼎盛，人才濟濟，出類拔萃，是名副其實的「文宦之家」。

關於查氏祖先，金庸曾說過：「中國的故事中有『瓜田不納履，李下不整冠』，說的是一種

⑧《海寧查氏族譜》卷二《世次初集》。

清廉之風。我們姓查的祖先之中，有一位叫做查道，宋朝人，他為人廉潔。有個故事常在兒童書中敘述，有一次他行路在外，途中又飢又渴，在路旁一棗樹上采了些棗子吃了。為了償還棗樹的主人，他在棗樹上掛一串錢，表示沒有偷別人的棗子。」⑨

海寧袁花有查、祝、許、董、周諸姓聚居，查為大姓居首，舊有「袁花鎮，查半邊」的說法。明成祖遷都北京以後，海寧查家陸續有人北上做官，娶妻生子，世代繁衍，這樣，查氏一族也就分為「南查」和「北查」了。無論「南查」還是「北查」，一代又一代均恪守祖訓，以儒為業，詩禮傳家。

二、龍山花溪

先有龍山里，後有袁花鎮。

龍山里因龍山得名。龍山不高，最高的「龍頭」妙果山峰只有三七・九米高，「龍尾」袁花

⑨《探求一個燦爛的世紀：金庸／池田大作對話錄》，北京大學出版社，一九九九，第一七九頁。

⑩【清】查慎行《敬業堂詩集》，上海古籍出版社，一九九一。

山僅十五・六米高。民間傳說，明初國師劉伯溫為襄助太祖朱元璋江山傳萬代，為將龍山「王氣」鏟除，下令將龍山鏟為幾段，因而，海寧民間有「鬧斷龍腰血染虹（紅）橋」之說。龍山蜿蜒，分為龍頭（妙果山）、龍舌（峒崆山）、龍腰（白山）、龍尾（袁花山）。海寧查氏十二世、清代詩人查慎行《題龍尾山》詩曰：

龍形蜿蜒三四里，
起伏脽尻露顛趾，
秦鞭怒爾屹不移，
齒鑿其腰曳其尾。⑩

龍山與黃山嶺夾峙之中有一溪水，緩緩流淌，稱為「花溪」。花溪不深，清澈見底，遊魚可數，兩岸古樹參天，古藤繞樑，古牆斑駁，古井幽深，每一處風景裡都隱含着一段美麗的傳說。海寧查氏十一世查繼佐吟有《亦園詩》：

愛客陳遵不憚勞，
悲歌慷慨臥蓬蒿。
三春啼鳥鳴溪柳，

一榻烟霞繞碧桃。
竹徑飄香雲外落，
庭前樽酒月初高。
懷君意氣誠千里，
莫似當年仲蔚曹。⑪

有道是：「山不在高，有仙則名；水不在深，有龍則靈。」就是這樣一個普普通通的江南小鎮，因出了個新派武俠小說一代宗師，頓使這個江南隨處可見的去處陡然罩上了層層神秘的光環，這裡的一丘一壑、一草一木也隨之榮光起來，似乎此地真成了養育「文壇俠聖」的「騰龍之地」。這個「文壇俠聖」即金庸，原名查良鏞，這個江南小鎮即袁花。

人們常說：天下美景「三分山水七分打扮」，而花溪卻是「七分山水三分打扮」，真是明山配秀水，綠樹蔭蒼苔，「風景出自然，非由人力造」。花溪兩岸，秀峰林立，溪中礁石累累，水淺處可以涉足，水深處可以泛舟。山水交融，田疇交錯，花溪的山與水都各具特色。清代邑人馬慶蓉《花溪山水記》：「海上九十九峰，多魁岸踞肆，其意氣端重無自矜色，則花溪諸山非峭驚萬仞，浩浩乎天際……

⑪【清】查繼佐《敬修堂詩集》，上海古籍出版社，一九九一。

整襟躍坐於萬家屋角眉黛者，妙果也。修竹插天，寒綠倒瀉，赭石隱苔蘚中欲出不出，春夏之交，野草花開，綠蔭如幄，上下相映，翠碧萬狀，秋冬木落，黃葉滿徑，竿頭活翠尤泛濫不休。」首句「海上」的「海」指錢塘江，海寧人很少見大海，所以稱大江為海。

袁花地處浙江海寧的東南部，是個江南小鎮，依龍山倚角而建。而「袁花」的得名，卻與南朝樑江州長史戚袞的夫人有關。據《海昌備志》記載：「袁花舊有崇教寺，原是南北朝樑江州長史戚袞的宅基，宅後皆山，相傳為戚夫人蒔花處，袁花（園花）之名源於此。」深得漢高祖劉邦寵愛、慘遭呂后迫害的戚夫人，當年就是在龍山侍弄花草的。「蒔」在《辭海》中解釋為移栽。估計戚夫人的花園頗有規模，或有些靈花異草，所以便有「花園」之名。不知何故，後人稱這個地方為「園花」，再逐漸演化而稱「袁花」。這位愛花女子的靈氣使得小鎮靈光四射，只可惜史書對於這位女子的記載太少，只有這麼簡略的一行，讓人生出無限的遐想。

戚夫人養花種草的這座山就是妙果山，高二十丈，周七里，山上環植皆竹，為昔日崇教寺寺僧所種，間產有龍竹，所以又稱龍山。袁花鎮因有溪穿鎮而過，溪岸遍植桃樹，入春滿溪皆花，故又稱「花溪」。

龍山的許多名勝古跡，且與查氏一族有關。近代管元耀編撰的《海昌勝跡志》中記有「花溪十二景」，首推龍頭閣的「龍頭烟雨」。龍頭閣在袁花鎮南端，因處於兩條水道分叉之間，就像龍嘴吐舌，所以別名「龍舌嘴」，嘴的左右環水建閣，每遇風雨交加時，可見龍舌噴水，蔚為壯觀。匾額「龍頭閣」三字是海寧查氏十三世查昇的墨跡。閣間柱廊留有查慎行的詩：

崢嶸樓閣倚霄孤，
烟雨闌杆竟日扶。
掩冉山疑鱗隱露，
微茫人在畫虛無。⑫

清光緒三十二年（一九〇六），金庸的祖父查文清出資在此興辦「龍頭閣學堂」，民國以後改名為「龍山國民小學」，金庸小時候在此念書啟蒙。

此外，龍山又有「東山草堂」，「西阡早梅」、「峒崆紅葉」，「黃道遠眺」，「石壁聽經」，「東林殘雪」，「更樓曉月」，「龍尾蒸霞」，「妙果新篁」，「龍竹奇觀」，「美女照鏡」等名景勝處。

「東山草堂」為查繼佐所建。查繼佐受「明史案」牽連入獄，放歸後隱居於此，發憤著書立說。因他晚年別號「東山釣史」，故宅名「東山草堂」。栽有牡丹甚盛，歷三百餘年如故。查慎行在

⑫【清】查慎行《敬業堂詩集》，上海古籍出版社，一九九一。

此留有一首牡丹詩：

簾幕高張白石台，
花情亦似感栽培。
已過谷雨三朝後，
直待主人歸始開。⑬

嘉靖年間，東山草堂為倭寇所毀，由商界聞人集資在舊址上築建妙果山莊，蒔花木，並構高閣，作為商人集議場所，可容百許人，閑暇時登眺遠矚，不僅飽覽風景，還可察觀鄉村的農事豐歉。

西阡是詩人查慎行父親查遺的墓地。查遺名崧繼，字逸遠，是明末詩人，喜好梅花，查慎行在墓地遍栽梅樹，梅花極盛，形成「西阡早梅」一景，今仍存老梅一枝，花開紅綠兩色，十分奇異。查慎行對「西阡早梅」吟唱頗多。如他與兄弟看梅飲酒後吟道：

南枝北枝渾未動，
一朵兩朵我先開。
婆娑其下索共笑，
頭白更何煩汝催。⑭

⑬【清】查慎行《敬業堂詩集》，上海古籍出版社，一九九一。
⑭【清】查慎行《西阡探梅》，引自《海寧名勝詩詞集》，寧夏人民出版社，二〇〇〇。

歸隱田園以後，查慎行在龍尾山南麓的竹園灣修建了一幢讀書樓，取名「得樹」。他在樓中讀書，邀老友對酒當歌，到蘆塘放鴨。詩人董皓有《花溪竹枝詞》描繪於他：

綠樹陰陰得樹樓，
樓邊略約跨清流。
前塵一去高風邈，
無復蘆塘放鴨舟。⑮

如此看來，袁花卻是個山青水秀的好去處，難怪金庸屢屢以各種名義返回袁花。每次回鄉，總忘不了要把這裡的山潭古剎、奇嵒異石遊覽一遍。

一九四八年春，二十四歲的金庸在考入《大公報》即將離開內地赴香港前匆忙結婚，他曾攜新婚妻子杜冶芬回老家海寧住了幾天，陪她遊玩龍山。觀賞了龍頭閣的墨跡，側耳聆聽了峒崆山的回聲，兩人在香緣祠攜手悄悄「石壁聽經」，然後走上西麓的萬安橋。這裡相傳是漁舟聚泊之處，夕陽西下漁人得魚，歸船搖曳，歌聲和櫓聲晚風中交合在一起，所以謂之「板橋漁唱」。

一彎碧水蜿蜒流淌，林木蒼翠，綠樹婆娑，與畦畦農田交相輝映。從麟山漫步下來，行至橫

⑮【清】許良謨《花溪志補遺》，引自《海寧名勝詩詞集》，寧夏人民出版社，二〇〇〇。

跨花溪河上的百級跳墩，這是百餘個石墩連成的「橋」，傳說誰能平穩地跳過這百餘個石墩而不掉入水中，誰這一年就會平平安安。金庸最喜歡此處勝景，與新婚妻子在萬安橋上留連忘返，還拍下多張新婚照片。

杜冶芬很快喜歡上了龍山。她問良鏞：「你不留在杭州，不願意走斷橋，我還以為你想回查家橋了，你看，這兒多美呀！」

查良鏞回答新婚妻子：「袁花是我祖先的發祥地，也是我的出生之地，而我真正在袁花生活的時間還不到十五年，以前我很少回來，以致袁花、查家橋、這座大宅院常常出現在夢中……」他不說不回查家橋的原因，杜冶芬也明白：他有他的志向，他不會像父親那樣，把這兒當作人生旅途的終點，他要從艱難之林中開闢出一條道路來。小兩口遊玩龍山之後告別長輩，逕直去了香港。

從一九九二年以來，金庸回鄉共五次，或尋師，或觀潮，或見老友，或過生日，或參加書院奠基，每次都有一個主題，卻少不了領略花溪的光影，不忘記去扶一扶龍山的烟雨闌杆。

龍山位於錢塘江入海口，距觀潮勝地鹽官不到五公里。當地人說，錢塘潮分為一線潮、碰頭潮、回頭潮三種，極為壯觀。這柔美與壯美兼存的環境，最終催生出了文彩飛揚、大氣磅礴的十五部武俠名著，並使「金庸」兩字風靡神州。

一九五五年二月八日，《新晚報》在第一版刊登啟事：「……今天起增加兩個新的連載：其一是查良鏞先生的武俠小說《書劍恩仇錄》……」查良鏞開始寫武俠小說事出突然，原因是《新晚報》武俠小說作家梁羽生在寫完《草莽龍蛇傳》之後，新派武俠小說暫停，引起讀者不滿，於是《新晚報》「天方夜譚」版編輯及總編輯羅孚一齊向金庸鼓動。可是，他從來沒寫過武俠小說，甚至任何小說也沒有寫過，所以遲遲不敢答應。最後抱着試試看的想法，他還是寫了。

離開故鄉已近七年，但故鄉在他的夢裡夜夜縈回，母親、父親、兄弟姐妹，故鄉的風物人情、民間傳說深埋在一個漂泊異鄉的遊子心中。當他凝神追思，寫下生命中第一部長篇小說時，他想到的就是遙遠而親切的龍山，錢塘潮和那些古老的傳說，那是美麗得化不開的鄉愁。

家鄉海寧一直流傳着這樣一個故事，清朝的乾隆皇帝本是海寧陳閣老的兒子，雍正皇帝生了個女兒，用偷樑換柱的調包計換去了陳家的兒子，因而乾隆實際上是漢家的血統，這傳說經數百年而不衰，從小就銘刻在金庸的心田裡。由此演繹出一曲家國恨、兒女情的蒼茫悲歌，江湖、江山、英雄美人、民族恩仇……一一浮現出來。他曾不無深情地說：「我是浙江海寧人，乾隆皇帝的傳說，從小就在故鄉聽到的。小時候做童子軍，曾在海寧乾隆皇帝所造的石塘邊露營，半夜裡瞧着滾滾怒潮洶湧而來。因此第一部小說寫了我印象深刻的故事，那是很自然的……」《書劍恩仇錄》在《新晚報》連載，署名「金庸」，作為武俠小說家的金庸正式出場，「鏞」字拆成兩半就是「金庸」。

金庸五次回鄉曾有三次去鹽官觀賞錢塘大潮。

三、金庸舊居「赫山房」

龍山麓的花溪曲曲彎彎，彎如秤鉤，距秤鉤彎百米處有一石橋，跨徑一一．六米，寬三．四米，為一孔空腹式石拱橋。主體由青磚、石頭混合石灰、黏土漿砌成。石橋很古樸，原來是沒有名字的，不知從什麼時候起，古樸橋被叫成了「查家橋」，如今卻叫「花溪橋」了。

查家橋是一座石拱橋，架在袁花龍山麓的花溪之上，橋側有桃花三兩株，李花三兩株，小溪流水，大樹鳥巢點點，風水很好。查瑜在此買地蓋屋，歷經多次翻造，形成一個大宅院。

清康熙二十七年（一六八八），查昇被康熙看中，以翰林資格供職於南書房，頗受康熙寵信。金庸與人說過：「我祖先曾做翰林，後來升上去叫『陪讀學士』，陪皇帝讀書的。皇帝念書的時候，他就坐在旁邊，所以跟皇帝很親近，他就求皇帝，家裡有一個堂，請皇帝寫一個堂名。康熙的字寫得很好，所以有一塊匾，他拿到家裡掛在大廳上面，三個字旁邊有鍍金的九條龍。」⑯匾上的三個字是「澹遠堂」。查昇著有《澹遠堂集》。

⑯ 楊瀾《專訪金庸》，據《楊瀾訪談錄》，二〇〇六年十月九日。編按：翰林院有「侍讀學士」和「侍講學士」，都是「從四品」。查慎行只做到「編修」（正七品），查昇官至詹事府少詹事（正四品），只有他有可能做過「侍讀學士」。相信是金庸和楊瀾弄錯了。

當今皇帝替他家寫了堂名，這個家得好好改造一番。於是，查昇大興土木，擴建大宅院，取名為「赫山房」。

為什麼稱之為「赫山房」呢？本書後面會講到，查昇的同齡叔叔查慎行曾受「《長生殿》之禍」被逐出京城，匆匆南下投靠從父查培繼幕下，查培繼正由兵科給事中出巡湖南赫山。赫山地處富饒的洞庭湖西緣，曾名益陽縣。一日，查慎行隨從父遊覽碧雲峰，只見山壑幽邃，岩壁峻峭，佳木葱籠，藥草繁茂，瀑布飛流，信手寫下一詩：

背靠雪峰觀湖浩，
半成湖色半成山。⑰

時來運轉，權相納蘭明珠見到了這首詩，邀請查慎行進京去坐館，做兒子揆敘的老師。後來查慎行被巡狩德州的康熙看中，召試行在，龍顏大悦，以舉人入值南書房。然後才考得進士，授翰林院編修，查慎行與查昇叔侄同時以儒臣侍值南書房以備顧問，成為一時佳話。因為南書房忽然同時有兩位「查翰林」侍值，宮監特別稱呼這位輩份高而資歷淺的查慎行翰林為「老查」，避免與原來的「查昇翰林」混淆。查慎行感念皇恩，又由於他的發跡始於赫山之行，便將新築的大

⑰《海昌查氏詩鈔》，中國社會科學院文學研究所善本室所藏。

宅院命名為「赫山房」了。

赫山房三面臨水，黛瓦粉牆。正面為一字長牆，設有石庫牆門一對，門前有照壁一幢。進入牆門，只見東、西兩扇吉門，十間正房分東、西兩座排列。從東吉門進入，穿過天井，映入眼簾的第一進是三間大堂，正中高懸「澹遠堂」大匾，兩個立柱上裱貼的是康熙那幅有名的御賜。大堂兩側則是臥房。再往裡走，豁然開朗，又有一天井現在眼前，天井的東側是磨房，西側是披屋，作儲藏雜物之用。進入第二進，中間是三間客廳，兩側均是廚房，其廳可供家人用餐，也可作祭祀祖先的場所。過了第三天井，便進入第四進，這是二間大廳，兩側是柴房。走過小天井即第四天井，進入第五進，中間為三間大廳，兩側是傭人們的臥室。

西座的建築風格與東座基本相似仿，那是查文清從丹陽辭官回鄉後所建，約在一九〇〇年初夏。赫山房的全部建築採用楠、樟、柏等優質木材以及精細石料，木柱飛檐、牆體門楣，全都彩繪油漆、雕樑畫棟，富麗堂皇。工藝裝飾除我國傳統風格外，還兼收西方造型，使整座建築看起來古樸幽香、色彩斑斕。

靠東門外建有船埠兩個，當年金庸的母親嫁入查府時，花轎船就是在這兒停靠上岸的。出西門可進入花園，園內植有香樟、桂花、黃楊、紫竹等名貴花木。在綠樹掩映中有座小巧玲瓏的兩層小樓，很是惹眼，他是赫山房的藏書樓，旁邊有花亭三間，可供讀書小憩叫，園內有假山、小池塘和紫竹園。

查慎行對赫山房題詠頗多，如雍正二年（一七二四）除夕，他與二弟嗣瑮、三弟嗣庭赫山房守歲，詩曰：

十里東西宅，
中央是舊廬。
但教頻會合，
保異昔同居。⑱

此詩不僅描繪了赫山房的景象，又表達了兄弟間深厚的手足之情。

歷經百年滄桑風雨，舊時的赫山房早已不復存在。一九九九年九月，投入二百四十八萬元、建築面積達一〇七八平方米的金庸舊居修復竣工，當地百姓仍沿用舊名「赫山房」稱之。

二〇一〇年十二月的一天，贛州風水養生堂的風水先生曾祥裕來到金庸舊居，當事人撰寫了《金庸故居風水考》，曾作如下記述：

⑱《海昌查氏詩鈔》，中國社會科學院文學研究所善本室所藏。

下車時心中回響起金庸的聲音。我心中在說，可敬的金庸，我現在身置你故居，追尋你孩童時代夢想。一位面容慈祥的老人迎上前，向我們打招呼，交談中才知他是查家第二十二代，叫查良楠，也許這兒太冷清啦，見來了遊客帶來了幾許生氣，他滔滔不絕地對我們介紹：他與金庸是同父異母的兄弟，金庸為老二，他是老六，還有姐妹四個，堂兄弟十九人。查良楠說，他們查家發丁不發財。

「老人聽說我們來自風水故鄉贛州，就津津有味地說起其先祖元時由婺源遷居此地，主要看中海寧龍山風水好，地形為金鉤月亮，土地肥沃，與故里鳳山相似，且有「龍鳳之合」之形，遂遷龍山秤鉤灣，但歷經風雨摧殘，祖居早毀壞。現在海寧人民以金庸為驕傲，政府出資為其修復出生地故居。經測，原故居坐向為丑山未向兼癸丁丑；現由海寧政府出資幾十萬元重新修復的坐向為癸山丁向兼丑未乙丑金穴，水口癸丑。」

「從金庸故居出來，查良楠老人請我們幫他家看看新遷的祖墳風水。這墳地窩在路邊的稻田中，經測，墳墓為癸山丁向兼子午壬子木龍。墳墓低於路面，周圍是稻田，右有池塘。查良楠老是懷疑這個墳墓遷過後查家風水不太好，因為男丁越來越少，而生女孩的人家越來越多。」

「在返途中我坐中車上沉思：個人命運的盛衰受社會環境影響，從命運來看，同族的叔伯兄弟的查良錚一生過得更艱辛，身邊的財富遠不如金庸，也沒有享受到一生多位美女相伴遊四方的瀟灑和受官方禮遇寵愛的榮耀。查良錚於一九五三年初，抱着一顆強烈的報效祖國的心願回到祖國大陸，但是，他與金庸不同的命運，是他因參加過中國遠征軍而被打成右派，接着「文革」爆發，他又被抄家，批鬥，關入「牛棚」勞改。一九七七年二月，飽受政治運動摧殘的查良錚因心臟病突發，永遠離開了這個世界，永遠離開了他摯愛着的祖國和文學事業。一九八一年，他的冤案終於徹底平反昭雪。不知長眠地下的查良錚該當何想？人啊人，命啊命！命無定數，誰解得透生命之謎……」

淡白的月光灑落在赫山房的天井裡，幼時的金庸就是坐在這兒，聆聽姑姑講述綠林故事而完成了武俠啟蒙的。

第二章　爺爺們的舊事兒

利用小說光宗耀祖是金庸的一大發明。他在自己的武俠小說中引述了自己家族的一些史料，為自己的祖先所遭受的冤案鳴不平，更是為了宣揚查氏家族的顯赫榮光。

在康熙一朝，查家人中有翰林，有榜眼，有進士，當時稱為「一門七進士，叔侄五翰林」。康熙欣喜中親筆題聯「唐宋以來巨族，江南有數人家」一幅，彰於海寧查家的宗祠內，並賜匾「敬業堂」、「澹遠堂」予查慎行叔侄，以表彰顯耀。

對於這樣一個顯赫家族，有自己的宗祠是順理成章的事情。查氏宗祠也稱「孝義祠」，是浙江海寧和江西婺源的查氏後裔保存的唯一古祠。它是為紀念五代十國時查氏一世祖查文徵修建的。查文徵曾侍南唐後主李煜，官至樞密副使，相當於今天的國防部副部長。他棄官後隱居在婺源。查氏宗祠於康熙三年（一六六四）由鳳山查公藝等人創建。清咸豐四年（一八五四），毀於戰火。同治三年（一八六四）重建。光緒二十四年（一八九八），婺源和居住在海寧的金庸前輩兩支查氏後裔共同投資擴建。

查氏宗祠看起來和這個顯赫的大家族還是相映成輝的，它佔地近兩千五百平方米，六層高，百根木柱，有幾十個大小廳堂。雕樑畫棟，古色古香，氣勢恢宏，頗為壯觀。

一、「烟波釣徒」查翰林——世太公查慎行

金庸確切地提到過他的世太公是查慎行。金庸的《鹿鼎記》共有五十回目，用的都是查慎行《敬業堂詩集》裡的詩句，對此，他解釋說：「也有替自己祖先的詩句宣揚一下的私意，當代讀書人只知道查慎行是清代一位重要詩人，但他的詩作到底怎樣，恐怕很少人讀到過……」①

金庸回憶說：「記得小時候在祠堂中聽長輩談論祖先，說到查慎行時稱『初白太公』，談到查昇時稱『聲山太公』。」②

蓄勢待發當幕僚

查慎行是「清初國朝六家」之一，他是清初宋派詩人的集大成者。乾隆欽定的《四庫全書》對其給予高度評價：「得宋人之長而不染其弊，數十年來，固當為慎行屈一指也。」

海寧查家到了查慎行的父輩就略顯衰落了。查慎行二十多歲了，這位世家子弟竟然窮得討不

① 金庸《鹿鼎記》第一回注釋。
② 金庸《鹿鼎記》第一回注釋。

起老婆。當時鹽官有位名叫陸嘉淑的老詩人，很賞識查慎行的才學，一心要把女兒嫁給他。一日，陸嘉淑有事遠行，騙女兒說道：「我送你到舅舅家吧。」兩人乘着小船，一路竟到了查慎行的家。陸嘉淑對查慎行說：「我知道你家窮，彩禮什麼的就算了，今天是好日子，就此成親吧。」③

查慎行的父親查崧繼廣交好施，愛好雲遊，將家當成了客　，出門則歸無定期。查慎行二十五歲時，母親不幸去世了，過了四年，父親也悄然離他而去。此時，家裡除了妻兒外，還有兩個弟弟德尹和潤木需要照顧。常言道「長兄為父」，查慎行必須擔起照顧全家的重任。三十歲的查慎行雖然父孝在身，也不得不遠行了，於康熙十八年（一六七九）離妻別子，投奔到同鄉楊雍建幕下，隨其遠征雲貴地區，參加討伐吳三桂叛亂。

「雞聲驚起對床眠，才說江關便黯然。與你未曾經遠別，得歸難定是何年。渡江風物悲元亮，懷土人情感仲宣。瓦屋三間門兩版，頻頻為我掃東偏。」（《慎旃集・留別仲弟德尹二首》其一）④這是查慎行在即將隨軍遠征時寫給二弟德尹的詩。自此一別，不知何時才能歸來，他又怎能捨得離開呢？

三十年裡，查慎行一直蝸居鄉里，因此，當他走出家鄉看到另一番與眾不同的天地，他年輕

③【清】查世絃《刻本海寧查氏族譜》十六卷列傳四卷，清嘉慶十三年（一八〇八）纂修。

④【清】查慎行《敬業堂詩集》，上海古籍出版社，一九九一。本章所引查慎行詩句均引自該詩集，不再加注。

的心怎能平靜下來？在三年隨軍爭戰的過程中，他走過江蘇、湖北、湖南、貴州等地，雖然軍旅生活十分艱苦，但途中的美景讓他產生了強烈的創作衝動，他的詩歌創作達到了一個十分豐富的階段，成就了他的第一部詩集《慎旃集》。在這一時期，青年的查慎行朝氣蓬勃，壯志在胸，他鬥志昂揚地踏上了征程：「也知田捨好，壯志恐蹉跎。」（《慎旃集·遊燕不果乃作楚行》），因此在《慎旃集》，詩人整體的感情基調是濃烈慷慨的，詩風雄渾蒼勁，氣勢恢宏。

這次行程有他的族兄查容同行，在經過鎮江時，查慎行寫下一首七律：「江樹江雲睥睨斜，戍樓吹角又吹笳。舳艫轉粟三千里，燈火沿流一萬家。北府山川餘霸氣，南徐風土雜驚沙。傷心蔓草斜陽岸，獨對遙天數落鴉。」（《慎旃集·京口和韜荒兄》）韜荒，是查慎行族兄查容的字。東晉時，因為鎮江是北府兵的組建地和大本營，因而人們習慣以北府借指鎮江。「雜驚沙」，用的是劉宋時期的宋文帝北伐，因為準備不足而失敗的例子。在這裡，詩人把百戰百勝的北府兵與宋文帝的落荒敗北相提並論，大意是說，這次的出征要像北府兵那樣攻無不克，而不能像宋文帝那樣失敗而歸。

任何朝代的變更都是一場殘酷的人間浩劫，清代也不例外。自從努爾哈赤率兵進入山海關，到皇太極登基，乃至於後來的安土攘邊戰爭，中原漢族人民都對這些來自蠻夷的滿族清軍進行了激烈的抵抗。而清廷也對他們進行了殘酷的鎮壓，這就使得廣大的平民百姓流離失所，生活困苦。當查慎行隨軍來到西南地區時，看到了戰爭給人帶來的苦難。「牢落城南賣餅家，空傳形勝控三巴。天寒落日千群馬，葉盡疏林萬點鴉。沙市人來穿故壘，渚宮烟暝動悲笳。累累新冢荒郊遍，還有遺骸半未遮。」（《慎旃集·初冬登南郊城樓》）詩人以開闊的氣勢，向眾傳達出了一種秋風肅殺的景象，「故壘」、「悲笳」更是增添了悲涼、淒慘的氣氛，墳冢遍地更有露於荒野無人掩埋的屍骨，其陰森可怕的景象表明了戰爭給百姓帶來的只有無盡的災難！

離家三個月了，原本已經漸淡的鄉愁卻因家中的來信而又煩亂了起來。康熙二十一年（一六八○）九月，查慎行從黔陽地返回海寧老家。「風波才過又峰烟，一路看山漸近滇。浪跡南雲真萬里，濫竽東郭忽三年。孤熊舐掌粗知分，飛鳥依人正自憐。不覺對公成灑涕，也應容我賦歸田。」（《耑歸集·發貴陽留別大中丞楊公三首》其一）三年的羈旅生活一晃而過，一介書生實在是不適應這種生活，更何況查慎行是出於無奈才踏上征程充當幕僚的，過着寄人籬下的生活。因此，他也要「賦歸田」了。

三年後叛亂平定，他回家該與全家人團圓了，沒想到二弟德尹早已離家去了京師，只有三弟潤木還過着艱難的鄉居生活。「去年此地君思我，君到黔中我又歸。世路茫茫誰料得，離人黯黯意多違，兩萍湖海原難遇，獨雁瀟汀正懶飛，此夜夢回姜被冷，殘燈疏雨倍依依。」（《遄歸集・長沙舟次聞德尹入黔之信二首》其一）詩中查慎行以江河中的兩葉浮萍喻自己和德尹兄弟二人相聚之難，而獨雁懶飛正是表現了他於歸家途中的孤獨之情。他深感世路難料，天下少有盡隨人意之事呀！

到家以後，查慎行與三弟潤木一起過的大年夜，原本應該是全家團樂之際，可是他卻無法高興起來。「曾為茅堂乞少資，不成覓地向西枝。弟兄蹤跡團樂少，兒女心情指顧移。扣角騎牛聊復爾，設置守兔定何為？升沉此際知誰是，欲悔身謀又自疑。」（《遄歸集・除夕與潤木分韻二首》其一）本來三年隨軍生活使他疲憊不堪，他想在家中享受這種被親情包圍的生活，可是，如果這樣的話，那麼未來的生活又該怎麼辦呢？

終於，這樣清閑的生活只持續了一個短暫的階段。康熙二十二年（一六八四）冬，沒等到與二弟會面，他又匆匆南下杭州，經富春、歙州，由景德鎮渡鄱陽湖赴南昌，投靠堂伯父查培繼幕下，查培繼正由兵科給事中出巡江西。六個月後，在堂伯父的資助下他赴京師參加鄉試，求取功名。無奈秋闈下第，正當查慎行要出都之時，恰巧同鄉楊雍建升遷為兵部侍郎，於是他第二次入其幕下。

這一年，康熙下江南路過梅會里（現在的嘉興王店），見到一老者在太陽底下袒腹而臥，便上前去相問，老者說：「我在曬書。」康熙問：「書在哪里？」老者說：「在我腹中。」他，就是明清之際文人朱彝尊。而他曬書之處，就是王店曝書亭⑤。

朱彝尊出生於浙江秀水的書香門第，是清初三大詞人之一，他的詞清新醇雅、優美蘊藉，富有江南水鄉風味查慎行與朱彝尊二人是「幸托中表稱兄弟」（《曝書亭集序》），儘管兩人相差了二十一歲。有一段時間，他在京都，查慎行到客寓看他。見到房中書籍滿架，榻上有《賣花聲雨花台》詩稿，十分欽佩：「旅居京師的人，都是爭名逐利之輩，到這裡還不忘讀書的，只有表兄一個人！」

由於當時朱彝尊早已在康熙二十年（一六八一）應博學鴻詞科試，供職清華，得授翰林檢討。所以，查慎行在受到朱彝尊的獎挹提攜外，還有機會在聚會宴飲上見到一些達官顯貴。康熙二十五年（一六八六）冬，查慎行被權相納蘭明珠發現，邀去坐館，成為了納蘭性德的弟弟揆敘的老師，因而與揆敘結下了深厚的情誼。

⑤【清】朱彝尊《曝書亭集・序》，世界書局，一九三七。

搖手休呼舊姓名

應當說明的是，這時候的查慎行還不叫查慎行，而是叫查嗣璉，查慎行這個名是他在三十九歲那年改的。中國人向來是行不更名，坐不改姓，他好好的改什麼名呢？

查慎行執着於功名，不能釋懷，在納蘭明珠家坐館仍積極準備應試。於是，在康熙二十六年（一六八七）他再參加科舉，但又是秋闈下第。

冬去春來，因為岳丈陸嘉淑病危，查慎行不得不中斷館業，「買舟扶侍旋里」。南歸途中，他做得一首非常有名的好詩：「月黑見漁燈，孤光一點螢。微微風簇浪，撒作滿天星。」（《春帆集・舟夜書所見》）這首詩，現在還留在小學語文課本第六冊中。

有一天戌時，月亮很好，星星滿天，是個晴朗的夜晚。查詩人晚飯後閑來無事，到錢塘江邊踱步。他看到江邊孤獨地停着一隻船，一股經不得風雨的樣子。查詩人感傷起來，走近去細看。漆黑的夜晚，只能看到漁船上孤零零的燈光，它好像是螢火蟲的微弱光芒，微風吹起了細細的波浪，這些動蕩的波紋使映在水面上的燈光化成了許多閃耀的星星。雖然一首五言絕句只有二十個字，卻體現了查慎行善於發現自然美的獨特眼光，同時也表現出他閑淡的心境。此時他雖然遭遇了兩次科舉下第的挫折，但他的內心並沒有放棄，開闊的心胸使得他在旅途中有着平靜的心態。

次年二月，送岳父歸葬之後，查慎行返回京師。此時，表兄朱彝尊從古藤書屋移居到槐樹斜街寓所。三月，查慎行前去看望，兩人小酌敘舊一番。查慎行作了一首七絕：「古藤蔭下三間屋，爛醉狂吟又一時。惆悵故人重會飲，小箋傳看洛中詩。」此後，兩位詩人兄弟經常與朋友一起詩酒唱和。「槐樹舊與一峰鄰，酒瓮重開為洗塵。最喜今年春犬吠，遲來猶作看花人。」（《獨吟集·三月晦日飲》）雖然是遲來之人，但與新交故舊在一起，詩酒歡歌、賞花觀景也是人間一大樂事呀！此時，他的心情是愉悅的。

豈料就在這一年的八月，查慎行首次卷入了政治旋渦，被牽連進了震驚一時的「長生殿案」中。

那一年，康熙皇帝的佟皇后崩逝，按照規定，喪葬期間禁止一切娛樂活動。當時京城正盛演洪昇的《長生殿》，查慎行經不住「大片」的誘惑，與洪昇、趙執信等一班文人朋友私下裡一邊喝酒一邊觀劇，這顯然是對皇后的政治感情有問題，被人告發。結果趙執信被罷官，洪昇被革除國子監學籍，查慎行被逐出京城。這就是盛傳一時的「演《長生殿》之禍」⑥。

查慎行痛定思痛，覺得自己實在太冒失了。作為一名最高學府的國子監生，他一直不恥于腐敗醜惡的封建官場，但是作為一名身繫家傳春秋基業的名門之後，他怕了，怕危及祖業而敢怒不

⑥ 張茂榮《長生殿案與詩人趙執信》，《晉陽學刊》，一九八九年，第四期。

敢言。於是他改名為「慎行」，就是從此要謹言慎行，小心翼翼。他在給趙執信的一首詩中說：「竿木逢場一笑成，酒徒作計太憨生。荊高市上重相見，搖手休呼舊姓名。」（《竿木集．其一》）就是荊　、高漸離這樣的老朋友在街頭碰到，也不要叫他當年的姓名。從此之後查慎行就改用今名了，名慎行，字悔餘。這很明顯表明了他的人生態度：謹慎言行，悔恨自身。

查慎行落職南還，到彝尊寓所話別，彝尊約了趙執信等詩友隨路相送，過遊天寧寺，聯句作詩。查慎行應囑為彝尊《小長蘆圖》題詩三首，其中一首云：「白首初辭供奉班，一身那不愛投閑。江湖老伴多星散，知己無如父子間。」（《秋鳴集．為彝尊題蘆圖三首》其一）

康熙二十九年（一六九〇）春，刑部尚書徐乾學因涉賄而乞休歸里，康熙允許他到太湖的洞庭東山書局修撰《大清一統志》，查慎行和好友姜宸英都受到邀請，二人結伴南歸洞庭湖東山，這是查慎行的第四次幕府生活。⑦

然而，此時正處於黨爭迭起的形勢下，查慎行無論多麼「慎行」仍無法擺脫同僚間的互相排擠。他在東山書局只呆了三個月便打道回府了。回到海寧蒔花弄草之間，心境卻未得清閑，他不甘心終老山林，卻又無緣青雲直上，他又陷入深深的矛盾之中。「乾坤直似蝸廬窄，懷抱除非醉開始。」（《勸

⑦【清】陳敬璋《查慎行年譜》，中華書局，一九九二。

酬集·竟遭吏議》）偌大的天地之間，卻如同蝸居之地，沒有其容身之地，一展抱負了只能是醉酒後遐想中的事了。家居之時，查慎行也曾效仿陶淵明「結廬在人境」，在家務農，到田間耕種，偶爾和鄰居們一起閑談，這未嘗不是一件人間美事呀！

此時的查慎行已經四十二歲了。常言道「四十不惑」，他感到老之將至，自己卻一事無成，喜歡漫遊於祖國的山川河流之中，卻無奈為家庭所累，必須擔當起照顧妻兒弟弟的責任。此時的他是「應酬詩少唱酬多」。（《勸酬集·除夕示德尹潤木信箋四首》其三）

康熙三十一年（一六九二），查慎行當年遊學京師時結識的好友、時任九江知府朱儼邀請他前往編纂《廬山志》，於是他由鞠湖、銅仁下九江入朱儼幕府，開始了第五次幕府生活。

朱儼與查慎行交誼深篤，詩酒酬答。在鬱悶中，查慎行為自己四十三歲的生日感言：「落拓差堪比牧之，江湖曾費十年詩。早衰鬚鬢非無故，暗減心情只自知。酒盞每逃狂客座，杖黎將赴老僧期。尚慚習氣除難盡，閑與人爭劫後棋。」（《溢城集·生日感書》）十幾年來，詩人輾轉他鄉，居所未定，自己已經日漸衰老，心中的少年激情也日漸消退了，個中的滋味恐怕只有他自己才能體味吧！

「千古奇才一謫仙，當時寂寞後人傳。誰憐我是題詩客，淪落洪湖十四年。」（《客船集·

重登銅陵太白樓》）太白樓舊地重遊，當年的題詩客如今又有誰認識呢？不知不覺已是十四年的光景了，可是自己依然是如此的潦倒落魄，淒涼悲傷之情無以言說。

半醒半醉他鄉酒

半年之後，查慎行從九江歸家，次年春天再次來到京師，準備參加鄉試。終於，他於康熙三十二年（一六九三）秋，第三次應順天鄉試得中舉人。他又一鼓作氣參加會試，不過，他又一次嘗到失望的苦味。他辭別眾我，出都南歸，準備「早收心力事耕桑」。（《白蘋集・下第南歸留別同年》其二）多年的奔波生活已經逐漸消磨了他青年時代的豪情和銳氣，嘗遍了功名失意窮途落魄的辛酸生活。

這樣，他帶着「慎」與「悔」兩字，縱情於山水之間，曾以表兄朱彝尊、同學許霜嚴等人相邀遊歷了越州、汴梁、皖上、苕上、閩南、中江等地。

一九九九年歲尾，金庸作了一次「紹興世紀遊」。奇怪的是，他不走杭紹公路的捷徑，而從海寧老家沿着錢塘江一路遊來，經龍遊，過金華，至桐廬，然後踏上紹興地界。

在紹興，金庸透露，他的太公查慎行曾兩次遊覽紹興，留下十首絕妙詩詞，當時走的就是這條水路。金庸此遊，意在作一次懷祖尋蹤之行。

第一次是康熙三十三年（一六九四），查慎行時年四十五歲。他從龍遊、金華、桐廬一路遊來，重陽節前二日踏上紹興地界。

「吳山滿眼待登高，暮雨西興掛帆去」（《晚至西興》），一到紹興地界，查慎行便換乘烏篷船：「濤江日夜攪秋天，聽雨聽風那得眠？莫怪朝來貪晏起，烏篷夢穩越人船。」（《初換烏篷船》）夜裡聽雨聽風，朝來烏篷夢穩，而一旦醒來，映入眼簾的農村美景竟是白鵝：「道德經翻晉永和，書家好事倒傳訛。至今似帶羲之癖，風俗村村愛養鵝。」（《山陰道上》）

查慎行到了紹興城，當時紹興府知府及其僚屬不在，他便寫下《重陽前一日到越州，自太守以下地主無一人在郡者，即日返棹，作此解嘲》詩：「夢寐平生慕越州，偶然訪舊作東遊。半醒半醉他鄉酒，黃葉黃花古郡秋。九日溪山無地主，一無風雨在歸舟。此身到處初乘興，興盡誰能更強留？」其時紹興府知府為王羲之七十代孫，不久接見了他，他便又留下《贈紹興太守王憲尹》詩：「千岩萬壑浙江東，典郡聲華迥不同。七十葉傳王內史，二千石視漢三公。詩人詩句蓬萊上，寓意文章山水中。誰似先生觴詠地，蘭亭原是舊家風。」

第二次是康熙三十七年（一六九八），時年四十九歲，正值歲尾。這次與表兄朱彝尊一起從福建來，入衢州，過富春江，到達紹興。查慎行留下《吼山》和《偶遊蘭亭》兩詩：「天開地坼石崢嶸，一棹穿雲入瓮城。喚起清風答長嘯，滿山松柏盡雷鳴。」「黃茅十里騎驢路，中有南朝內史祠。墨本尚傳修禊貼，紅牆新護御書碑。浮橋過雨沖泥渡，曲水平階疊石為。一笑山陰付陳跡，人間何事不兒嬉？」這兩首詩，均是描寫紹興景點的力作，不但實錄了吼山的雄健之狀和蘭亭的荒涼之貌，而且表達了詩人同一時期的不同心態。

查慎行在紹興過了年，第二年（一六九九）正月中旬前往上虞。在途中：寫有《山陰道中喜雨》和《曹娥廟》兩詩。前者曰：「謝家雙屐舊曾攜，轉覺清遊愛會稽，白塔紅亭山向背，赤欄烏榜岸東西。波光拂鏡群鵝浴。竹氣通烟一鳥啼。野老豈知身入畫，滿田春雨自扶犁。」此詩在雨中布景，從「喜」字落筆，運用白描手法，注意高低遠近，濃淡疏密，將如畫美景，寫得別有情趣。後者曰：「掠面飛蝙蝙，當門印虎蹄。我來尋古廟，人為指新泥。小市風掀瓦，高江浪壓堤。連宵巫覡喜，殺盡一村雞。」此詩有注：「前一夕有虎入廟」「上元前後里人賽社，群集廟中，燈火最盛。」完全採用寫實手法，將曹娥廟平時衰敗景象，呈現在讀者面前，村民為了應付節會，可說是竭盡全力。

正月十四日，查慎行到了上虞豐惠，《上元前一日飲陶穎儒上虞縣齋》詩曰：「溪山漸入漸無窮，短棹飄然又浙東。載酒也應懷賀老，折腰毋乃累陶公。論交世路風塵外，得句春帆雨雪中。記取山城作元夕，一燈曾為兩人紅。」看來陶穎儒亦是風雅之士，兩人情投意合，會飲頗愜。不久，寫下《雪後從西興晚渡錢塘江》詩，便離開了紹興。

查慎行兩次遊紹興，一在秋天，一在冬天，雖無明媚春光，且在雨天，但其「慕越州」「愛會稽」之深情，不時流露筆端。對紹興名勝「山陰道」、「蘭亭」、「吼山」、「曹娥廟」倍感親切；對紹興名賢曹娥、王羲之、謝靈運、賀知章充滿敬意；「烏篷船」是那麼令詩人陶醉，紹興酒又那麼令詩人忘情，而「鵝」的不時閃現，不能不說詩人別有的情結吧！怪不得，金庸也要重走一回「山陰道」了。

在遊山玩水之隙，查慎行先後四度往返京師。其間，他於康熙三十五年（一六九六）夏秋兩季再入九江太守朱儼幕，這是他第六次入幕

仕途的不順，使得查慎行轉而以從事學術研究作為其生活中的主要內容，不僅有《得樹樓雜鈔》二十卷，還在康熙四十一年（一七〇二）春天完成了《蘇詩補注》五十卷。就在這一年夏天，長子克建任直隸束鹿縣（今保定市）知縣。過了八月十五，全家同往束鹿。誰知，就在查慎行為十口人的衣食束手無策之際，生活竟然出現了新的轉機。

把酒話桑麻

順治元年（一六四四）清兵入關以後，江南一帶士人抗清鬥爭前仆後繼。至查慎行成年時代，清建國之初的那種反滿復明的鬥爭已先後被撲滅或壓制，除西南、西北邊隅以外，大規模公開的反清鬥爭已成過去，清政權已相當穩固，政局已趨於平穩。康熙等一方面繼續實施高壓政策，殘酷鎮壓漢族的零星反抗，大興文字獄壓制漢族士人；一方面則大事「稽古右文」，以懷柔手段籠絡人心，特別是籠絡漢族士人。這種雙管齊下的政策，對當時士人確實產生了巨大的影響。在政治上，查慎行之輩已不同於明末清初民族意識十分強烈的老一輩士人，大多已在政治上採取積極參與的態度，他們謀求仕途，欲以此實現人生追求。

康熙四十一年（一七〇二）十月，查慎行被巡狩德州的康熙看中，召試進京，入翰林院，供職於南書房，頗受康熙寵信。次年會試中式，授翰林院編修，後充武英殿總裁纂述。南書房是離皇帝最近的地方，可借此廣通聲氣，交接權貴，向為時人所羨慕。而此時的查慎行已經年過半百，多年的人生夢想一朝成為現實，他怎能不對康熙皇帝心存感激呢？

查慎行曾三次隨駕巡遊塞外，歲時風土，悉記以詩。康熙帝器重他，親書「敬業堂」額以賜。有一次，康熙遊覽「南苑」，垂釣湖邊，命身邊的臣子賦詩，查慎行詩中有一句「笠檐蓑袂平生夢，臣本烟波一釣徒」，因而康熙揮墨題寫了「烟波釣徒查翰林」，查慎行又有「烟蓑雨笠尋常事，慚愧猶蒙記憶中」（《連日恩賜鮮魚恭紀》）之句，一時傳為玉堂佳話[8]。

自此之後，他或「隨駕遊行」，或「恭和聖作」，奉旨編輯歷代詠物詩，著《陪獵筆記》共三卷，奉旨分輯《佩文韻府》。次年六月，康熙御書「敬業堂」匾額及對聯。顯然，這是查慎行一生最為春風得意的歲月。

雖然，查慎行嚮往功名，力圖光宗耀祖，卻無法改變自己「久抱違時性，兼無媚俗姿」（《竿木集·將出都門述懷》）的秉性。據全祖德《查慎行墓表》記載：「南書房侍從為最親望之者，如峨眉天半。顧其積習，以附樞要為窟穴，以深交中噴人探索消息為聲氣，以忮忌互相掩護為翰力，書卷文字反束之高閣，苟非其人，既不能相容。而先生疏落，一意先人。顧不能委曲周旋，同事於是忌者。」

康熙四十五（一七〇六）十月，查慎行乞假返里，以朝廷所賜一百二十兩銀子於龍尾山西阡買下墓地，葬了雙親。他就此在家呆了一年多。

七年的宮廷生活，南書房內的猜忌、傾軋和爭鬥日益刺痛查慎行的心，他受寵出仕的興奮也慢慢消失了，終於在飽諳仕途險惡與官場黑暗之後，他不顧學生揆敘的一再挽留，於六十四歲那

⑧ 【清】查世絃《刻本海寧查氏族譜》十六卷列傳四卷，清嘉慶十三年（一八〇八）纂修。

年秋天獲准退休。回到由康熙御書匾額的「敬業堂」，把一顆純淨的心托付給了「開軒面場圃，把酒話桑麻」（孟浩然詩）的田園間，開始了他十四年的鄉居生活。他自號「初白老人」，取蘇東坡「僧臥一庵初白頭」的詩意。

查慎行在龍尾山西南三里的地方修建了一幢讀書樓，取名「得樹」，有「百年計樹人，十年計樹木」之意，朱彝尊曾為其題額。「得樹樓」附近有蘆塘，查慎行晚年歸隱田園，在樓中讀書，邀老友對酒當歌，到蘆塘放鴨。詩人董皓有《花溪竹枝詞》描繪於他：「綠樹陰陰得樹樓，樓邊略約跨清流。前塵一去高風邈，無复蘆塘放鴨舟。」

終老林下，查慎行與同鄉前輩許汝霖等人共聚為「五老會」，登山臨水，詩文酬唱，六十六歲作閩中遊，六十八歲作粵中遊，七十歲又上廬山⑨。

查慎行有《計日集・中秋桂庭對月》一詩描繪「五老會」情景：「桂樹影娑婆，飄香散月波。中秋晴日少，樂事故園多。邂逅成良會，團樂好放歌。兒孫齊在眼，不醉更何如。」一個晴好月圓的傍晚，一次普通的團樂家宴，彷彿是一曲風光旖旎，清幽淡雅的田園交響曲，令人嚮往，令人回味。詩的首聯從寫風物開始，「桂樹」兩句寫得樹樓自然環境的優美，「影娑婆」、「散月波」，

⑨【清】查慎行《敬業堂詩集・序》，上海古籍出版社，一九九一。

一近一遠，看得見的和看不見的，把桂香飄逸、月下小樓的景象表現得生動逼真，傳達出詩人愉快的心情。「邂逅成良會，團樂好放歌。」老朋友邂逅相聚，極為親昵，彷彿敘述家常。團聚有「樂」我就「放歌」，毫無渲染，簡單而隨便，可以想像到主客團聚時的歡聲笑語。開筵時，打開窗戶，窗外是桂子飄香，窗內則是兒孫滿堂，這番天倫之樂怎麼不令查詩人開懷陶醉了呢！最後一聯寫詩人的不捨之意，餘興未盡，其歡洽和諧之情不言自現。

然而，查慎行一生謹小慎微，但碰到一個不講道理的時代，一個不講道理的皇帝，硬是逃不出「文字獄」的羅網，再慎行也是枉然。雍正四年（一七二六）九月，時任禮部侍郎的查嗣庭（即三弟潤木）主試江西，因為出了個「維民所止」的試題被認為是「取雍正二字去其首也」，顯露了「心懷怨望，諷刺時事」之意，於是，三弟被投入大獄。查慎行則以家長失教罪名連坐，全家十餘口被逮入都詣刑部獄⑩。

投獄途中，查慎行寫詩贈給一位同科進士的難友，其中有「如此冰霜如此路，七旬以外兩同年」。（《詣獄集．過寶應示章綺堂同年》）的詩句。獄中，語雖苦哀，但仍然小心措辭：「老涉驚波足可憐，平生履薄怕臨淵。阿誰與唱《公無渡》，三尺冰床穩勝船。」（《詣獄集．趙北口堂冰床》）

⑩【清】陳敬璋《查慎行年譜》，中華書局，一九九二。

流放途中，他路過當年伴駕時的地方，不禁感慨萬千：「憶昨迎鑾旭日紅，今朝雲霧隔重重。」（《詣獄集‧大霧渡江追憶丁亥春先帝南巡迎駕時過此》）官場險惡，世事難料，人生無常，萬象空幻。憶往昔，官場得意時，迎鑾伴駕旭日紅，而如今，慘遭獄難了，雲霧隔重重。一個人的人生之境，前後居然會有天壤之別，這誰能預料呢！

雍正見到他的詩集，產生了惻隱之心，將他放歸故里。

年老之時，查慎行回顧自己的一生，感慨良多。「燕燕來何許，飛飛羽不齊。我方歸舊社，爾又搶新泥。借問依人住，何如擇木棲。雨狂風正惡，勿厭草堂低。」（《齒會集‧燕來巢》）詩人以燕子自喻，表達了自己夾於朋黨之爭時的兩難境地。仕途中的生活，讓他寸步難行，只有退居田園，才能得到最終的安靜。笑談中帶有幾分酸澀。

查慎行寫有《敬業堂銘》以示子孫：「學未竟，日西入；明追今，終勿及，慢遊者，日失一日，敬業者，不速而疾。」⑪

雍正五年（一七二七）八月三十日，查慎行沉睡在「敬業堂」的一張躺椅上，無疾而終，終年七十八歲，墓葬於龍尾山其父母墓側。

⑪《龍山查氏宗譜》，清宣統元年刻本。

二、野戍風淒六月秋——叔太公查嗣庭

清初的查家家勢正隆，查嗣庭在未涉案前做到禮部侍郎。查嗣庭是查慎行的三弟（即潤木），金庸的叔太公。

清嘉慶年刻本《海寧查氏族譜》記載：查嗣庭（一六六四至一七二七），字潤木，號橫浦，康熙四十五年進士，入選翰林院庶吉士，康熙四十八年受翰林院編修。康熙五十六年（一七一七）查嗣庭做河南學政，此後歷任侍講、侍讀、侍講學士。雍正元年由權臣隆科多舉薦任內閣學士，並命在南書房行走，雍正三年被保舉為禮部左侍郎，達到人生仕途的頂峰。

「雍正砍頭」案是以訛傳訛

雍正四年（一七二六）八月的京城，暑熱早已退去。此刻，正在乾清宮西暖閣裡批閱奏章的雍正皇帝卻沁出了點點汗珠。龍案上正擺着一道告發禮部侍郎查嗣庭（字潤木）的奏折。

雍正把這本奏折反覆看了好幾遍，心中的怒氣也一點點膨脹起來。他與父親康熙皇帝截然不同，康熙對漢族士人採用籠絡政策，而他卻主張實行高壓統治，維護皇權的至高無上。因此，對於觸

犯他的尊嚴或利益的人，他從來都是毫不留情地嚴加懲處。

那麼，眼下又是什麼事情使他看了奏折後如此動怒呢？

民間傳說，查嗣庭出試題，「雍正砍頭」。各省考試的題目，按規定都得選用「四書五經」中的語句。查嗣庭出了一道作文題「維民所止」，源出《詩經》，大意是說，國家廣闊的土地，都是百姓所棲息、居住的，有「愛民」之意。這個題目完全合乎儒家的規範，沒有什麼問題。但是，不知什麼人向朝廷「告御狀」，說「維止」兩字是「雍正」兩字去了頭，用意是要殺皇帝的頭。

這個傳說流傳很廣，金庸在他的小說《鹿鼎記》中也是這麼說的，然而，海寧籍文史研究專家陳伯良發表文章卻說「不」，他查閱了相關檔案，得知當年查嗣庭沒有出過這樣的試題，「雍正砍頭」實際是以訛傳訛⑫。

案發後，從查嗣庭的著作中查出一部《維止錄》，民間傳說可能因此而來。從《維止錄》中，雍正找出了許多攻擊康熙的政治言論。比如，說裁減閑散京官是翰林院的一大災難；說《南山集》案以及康熙五十年科場案都是因為語言文字而造成的血案。特別是《維止錄》的第一頁所記載的：「康熙六十一年某月日，天大雷以風，予適乞假在寓，忽聞上大行，皇四子即位，奇哉！」此事，

⑫ 陳伯良《清代查嗣庭案本末》，《聯誼報》，二〇〇七年四月三日。

最讓雍正諱莫如深，豈能不治之後快！

清朝末代探花商衍鎏在他的《清代科舉考試述錄》一書中則稱：「查嗣庭著有《維止錄》，取『明之大廈已傾，得清維止之』之意。世宗（雍正）覽之，初甚嘉許，謂其識大體。太監某進曰：『此悖逆書耳，何嘉焉？』雍正詢其故，某曰：『縱觀之，見其頌揚我朝，若橫觀之，盡是詆斥滿洲耳！』雍正側而觀之，果然。遂大怒。」

另一說出自《清稗類鈔》：「查嗣庭的書名早已震驚海內外，而他不輕易替人書寫，琉璃廠有個商人賄賂了查的侍人，偷出一些零星筆墨紙幅，賣得高價。雍正登位後，有個滿人也想得到查的書幅，商人讓侍人再偷，然而半年不能得一紙。有一日，查嗣庭閉門書室，正在潑墨疾書。侍人偷窺，見他寫完一幅之後，踏梯藏之於屋樑。待查嗣庭外出，侍人便偷了書幅賣給了商人，商人獻給滿人，於是，查嗣庭被檢舉事發。」此說為最早被舉發的一個線索。

言之鑿鑿的還有海寧人徐嘯秋的敘述：從查氏後人的口中聽說，這件事與侍郎的不謹慎有關，其禍出於一個婦人。花山的寒中是侍郎的姐婿，侍郎做官之前，清明時節去花山看望姐姐，見姐姐未歸，室中只有一名乳媼，年輕貌美，見侍郎來了，乳媼熱情相迎，語音柔和，侍郎為之心動。當寒中夫婦回來時，他誑說夫人臥病在床，欲將此乳媼作侍女帶回。於是，侍郎與該女有了私情。

查氏為官，該女便相隨入京。後來生下一子，私生子長大後沉溺於吃喝嫖賭，不時向侍郎索討錢財，侍郎受其要挾，只得依從於他。後來，乳媼色衰失寵，私生子投身為某首領家奴，侍郎不再理睬他了。索不到錢，私生子便與其母謀劃。乳媼見侍郎密室的樑上懸掛一個包袱，半夜裡悄悄拿畫叉挑了下來，打開包袱取出一個本子，湊燈疾書，書畢再挑懸於樑上，每日如此。乳媼本想拿偽造的日記要挾侍郎，為兒子索得錢財。沒想到，私生子偷偷取了包袱，將日記本放置床頭。一日被首領看見了，以為是侍郎所作，得之大喜，立即去見侍郎，說拿萬金可贖回。侍郎以為無因之事，予以斥責拒絕。恰逢江西試題事發，這二本日記也就成為侍郎「譏諷詛咒」聖上的罪證⑬。

此說雖未見之於其他著錄，但出之於查氏後人之口，且此兩冊日記確從查氏在京寓所中抄出，或非齊東野語了。

傳說歸傳說，雍正的真正用心，還須層層揭去假象，從頭說起。

因為隆科多，雍正讓他青雲直上

由於這一政治大案的緣故，查嗣庭的著述至今僅存《晴川閣詩》一卷，因此很難作詳細的介紹。

⑬ 據管元耀《海昌觀》，中華書局，一九四六，引自徐嘯秋《海上舊聞》。

查嗣庭是清康熙四十五年（一七〇九）進士，后入選翰林院庶吉士，也叫庶常，是從科舉進士中選拔的有發展前途的人才，在翰林院就學三年，經受鍛煉，從而為平步青雲、扶搖直上奠定基礎。康熙四十八年（一七〇九）查嗣庭正式成為翰林院編修，官職是正七品，學術地位有點像今天的中科院院士，負責編寫書籍、檔案、講解經史。此後擔任侍讀學士，為君主講讀詩文、歷史。

清世宗雍正元年（一七二三），查嗣庭由雍正的舅舅隆科多舉薦成為內閣學士，此為清朝的從二品朝臣，並命在南書房行走。南書房是皇帝和親信大臣商討軍國大事的「要地」，大臣們在這種場合，只能提建議，不能做決定，決定權在皇帝手裡。議事完畢，由大臣按照皇帝之意，草擬詔書，頒佈實施。這時，作為「行走」的查嗣庭，就是這樣的大臣之一，雖沒有決定權，但地位已經很高了。雍正三年（一七二五），查嗣庭又由隆科多保舉為禮部左侍郎，達到人生仕途的巔峰。

隆科多的一個姐姐和一個妹妹嫁給了康熙皇帝，分別成為康熙皇帝的皇后和貴妃。當年，他利用步軍統領的關鍵地位，擁立皇四子胤禛即位，一躍而成為新朝寵臣。然而，猜忌多疑的雍正坐穩皇位以後，隆科多與胤禛的蜜月期也就到頭了。

查嗣庭在南書房行走期間，至少有兩件事情使雍正心裡不滿意。

一件事是：雍正因為查嗣庭是隆科多推薦入值南書房的，就有意無意地在查嗣庭在場時，批評隆科多，某事處置不當，某事又沒用心等等。結果，過不了幾天，隆科多就要主動在雍正面前對其事進行辯解。這就明顯的使雍正感到，查某人是隆科多的心腹和耳目。

另一件事是：雍正某日交代查嗣庭草擬上諭，內容是斥責某總督。其中有句話是：「廉親王（胤禩）曾向朕稱道該督處事精敏。」這當然是雍正為掃胤禩面子的一種做法。可查嗣庭在擬好的上諭中，卻把這句話刪掉了。雍正問起，他卻默不做聲。張廷玉下來問他，他說是廉親王當時說的是：該督也有糊塗的時候。皇上交代與事實不符，所以他省略了。這件事使查嗣庭的政治觀點暴露無遺。其實，查嗣庭如果本身是有意沒寫那段話，在雍正查問的時候，說是忘記了，馬上補起。這時就完了。可這家伙死腦筋，問起時悶着不開腔，擺明了是不同意皇帝觀點。這就欠思考了，不是大臣的明哲保身之道。

查氏學問淵博，才識過人，但不免有些恃才傲物、目空一切的名士風度，常在筆底發泄他對當時現實的某些不滿。清史專家鄧之誠在《清詩紀事》中亦記其《除夕感事》詩句云：「能餐白石家堪住，解作黃金吏待廉」，稱其「語含譏刺。又《代皇子壽某》云：「柳色花香正滿枝，宮廷長日愛追隨。韶華最是三春好，為近龍樓獻壽時。」鄧之誠認為：「皇子與所壽者，俱不知誰某。

玩『宮廷長日愛追隨』一語，非椒房即內侍也。交通宮禁諸王，豈能免於雍正之時，而況曾為隆科多所薦舉乎！乃知嗣庭殺身之禍在此。」這話發人之所未發，是說得很有道理的。

沒想到盛極必衰，僅僅過了一年，查嗣庭在禮部左侍郎的職位上還沒有坐熱板凳，就發生了科場試題案。

因為隆科多，雍正讓他不得全屍

雍正即位的內情，屬清初三大疑案之一（另外兩宗是太后下嫁案、順治出家案），目前史學界還沒達成共識，但隆科多是雍正帝繼位的惟一歷史見證人是毋庸置疑的。康熙彌留之際，承旨傳位的大臣只有隆科多一人，帝位傳給誰，隆科多一語定乾坤。雍正當了皇帝後，當然不想受到他的掣肘。

有意思的是，雍正是先處死年羹堯，然後以文字獄牽出其朋黨，以作尾聲。而他欲辦隆科多時，卻是從文字獄開始，牽出其朋黨，以作先聲，這個文字獄就是查嗣庭案。

查嗣庭趨附隆科多，並是其門下重要的親信黨羽，知名度很高。儘管他長的難看，但官運極好，因為隆科多，雍正讓他青雲直上，也是因為隆科多，雍正讓他不得全屍。

雍正給查嗣庭分配了一個任務，雍正四年趕上各省鄉試，任命查嗣庭為主考官，典試江西。查嗣庭出考卷，只要有文字考題怎麼說也是有跡可尋的，罪狀羅織起來就很容易了。可憐的查考官還以為皇上器重自己，興沖沖出考題去了。

首先是查考官典試江西出的試題。

策題：君猶腹心，臣猶肱骨，這是孟子說的君臣之道，沒有錯誤，雍正挑剔說：「為什麼稱君為『腹心』，而不稱『元首』，分明是不知君上之尊！」

《易經》次題：「正大而天地之情可見矣。」《詩經》次題：「百室盈止，婦子寧止。」這兩個錯在哪裡呢？底下群臣也莫名其妙，雍正點出其中「正」和「止」兩個字，大有玄機，不知道是我們皇上太聰明了還是大臣太笨了，那麼多大臣還是琢磨不透什麼意思，雍正只好自己說謎底了。

他先從汪景祺《歷代年號論》說「正」有「一止之相」，凡帶「正」的朝代都不得善終，你查嗣庭把「正」和「止」放在一起出，又暗示前後有聯繫，要考生體會其中含義，和罪大惡極的汪景祺如出一轍，就是讓考生們聯繫想到「正」有「一止之相」，你有沒有想過，我雍正也是有「正」字的，你好大膽啊，竟然敢惡意誹謗我年號。

儘管雍正皇帝獨斷專橫，但他也知道，僅憑一道試題就要定查嗣庭的罪，也有些困難，於是下旨要求刑部派人查實懲處。

清雍正四年（一七二六年）秋天，查嗣庭出事了。

九月十三日，江西鄉試完畢，查嗣庭啟程從南昌返回北京，剛到住地，還沒來得及喘口氣，雍正就派人來抄家了。抄家時，從查嗣庭的行李物件中搜出兩本日記。日記裡記載了不少他對康熙皇帝用人、翰林改設科道、裁汰冗員、欽賜進士以及戴名世文字獄、江南科場舞弊案等一系列事情處置的不同看法。

日記送到皇帝御前，雍正更是逐字逐句細細「推敲、剖析」，然後手持朱筆，揮就一道長篇諭旨，列數其中「犯上作亂」的「深意」，「譏諷詛咒」聖上的罪行。

舉出罪證之後，沒有立即斬，一直拖到第二年五月。為什麼呢？因為查氏不僅是打擊隆科多一黨的好靶子，同時也是打擊科舉朋黨的好靶子。

查嗣庭被作為要犯關入天牢（死牢），交三法司會審（明清兩代以刑部、都察院、大理寺為三法司，對於重大案件，都由三法司會審，也稱「三司會審」）。在大牢裡，查嗣庭身心受盡折磨。他明白自己不但再沒有出頭之日，而且必死無疑，就於雍正五年五月初三戊午（一七二七年六月二十一日），在監獄裡服毒自盡了。

聽聞查嗣庭「畏罪自殺」，雍正震怒不已。五月初七，內閣衙門議奏，對於查嗣庭所犯罪行，應照大逆律，凌遲處死。現在，查嗣庭雖已亡故，仍照大逆凌遲律，銼碎其屍，梟首示眾。可憐的查嗣庭雖躲過了凌遲處死，但卻落得個暴屍街頭。

對於查嗣庭的家人，長子查克上也判死刑。但他在行刑前病故，是在查嗣庭自殺前兩天去世的，這給了查嗣庭致命的打擊。查克上是查嗣庭最寵愛的兒子，原來已官至內閣中書，相當於現在政府辦公廳的秘書。對於次子查澐判決為：應斬監候，即現在的死刑緩期執行，不同的是當今的緩期執行大都能保命，過去的應斬監候，基本上就死定了。

令人傷感的還有，查嗣庭和查克上的妻子，這婆媳二人，聽說丈夫已死，也先後懸樑、吞金自盡了。

查嗣庭的其他三個兒子查長椿、查大梁、查克瓚，還有侄兒查開、查學，因年齡在十五歲以下，免於一死，被送入官宦人家做奴隸。查嗣庭的女兒、大哥查慎行、二哥查嗣瑮（字德尹）、侄兒查基等，被流放到邊遠地區。二哥查嗣瑮已七十多歲的高齡，被流放到人烟稀少的關西。沒有生還，於雍正十一年九月廿四日，客死異鄉。

在流放途中，查嗣庭的女兒寫了一首淒婉的詩：「薄命飛花水上浮，翠蛾雙鎖對沙鷗。塞垣草沒三秋路，野戍風淒六月秋。渤海頻潮思母淚，連山不斷背鄉愁。傷心漫譜琵琶怨，羅浮香消土滿頭。」正當六月，本是草木茂長的仲春初夏，因為「文字獄」，所以是「野戍風淒六月秋」了。這位苦命的女兒，後來不知去向，再也沒有回過查家橋。

同時，因了這次事件，查嗣庭家鄉浙江也被下令停止了一次鄉試。

雍正五年，查嗣庭下獄結案後，雍正帝就以私藏「玉牒」的罪名將正在處理中俄邊事的隆科多召回，由順承郡王錫保秘密審訊，擬定罪名四十一條（其中有一條就是「保奏大逆之查嗣庭」），處斬刑。最後，雍正念及舅甥之情，將隆科多終生禁錮。一年後，失勢的舅舅死於禁所。⑭

有些專家研究認為，查嗣庭案的直接原因，就是查嗣庭曾經幫「八爺」胤禩做過詩，詩名就叫《代皇子壽某》。其詩云：「柳色花香正滿枝，宮廷長日愛追隨。韶華最是三春好，為近龍樓奉壽時。」詩題中沒有明確標出哪位皇子和所壽者，但明眼人一看就知道是四皇子允禛（後來的雍正皇帝）壽康熙皇帝了。而且詩中寫的就是允禛跟在隆科多的屁股後面向康熙獻詩祝壽的情形，這是雍正最不喜歡外人道及的事。試想，如果隆科多沒有對查嗣庭私下裡論過，查嗣庭又怎麼知道這些呢？

⑭《海寧文史資料》，政協海寧市文史資料委員會編印，一九八年。

另外，清代嚴禁大臣結交皇子。查嗣庭這個行為是很犯禁的。因此，雍正初年，在重新遴選人員入值南書房前，曾經詢問過查本人。查嗣庭說是當時有朋友邀請代作，並不知是哪個皇子。而且，雍正的密探們的確沒有發現查嗣庭和八爺有何交往。當然只是沒有發現，也許他們有秘密通道也說不定。

據乾隆間《海寧查氏族譜》載，查嗣庭卒葬京郊紫雲村局河頭。因而，早年在海寧查氏祖墳中，只有其石碑不見其墳頭。

三、「東山釣史」奇遇——伯太公查繼佐

黃宗羲神色慘淡，搖了搖頭。顧炎武卻自斟自飲，一口氣連干了六杯。

呂留良道：「二位此來，可是和《明史》一案有關嗎？」……

……

黃宗羲道：「是啊。我二人來此，乃是為了伊璜先生。小弟和顧兄前日得到訊息，原來這場《明史》大案，竟將伊璜先生也牽連在內。我二人前日晚上匆匆趕到海寧袁花鎮，伊璜

先生並不在家，說是出外訪友去了。炎武兄眼見事勢緊急，忙囑伊璜先生家人連夜躲避。……」

……顧炎武道：「……這次《明史》一案如此大張旗鼓，雷厲風行，當是鰲拜意欲挫折我江南士人之氣。」

這是金庸《鹿鼎記》開頭一段文字。其中提到的伊璜先生，正是金庸先祖查繼佐。善於科考的查家子弟靠八股文章走向了家族興盛，然而同樣是文字，給他們帶來了不祥之兆：「明史案」牽連到了他們。

名史鴻篇巨著《罪惟錄》的作者查繼佐是金庸祖先查慎行的族伯。

雪中遇鐵丐

查繼佐生於明代一六〇一年，為崇禎六年（一六三三）舉人。查繼佐本名查繼佑，因科舉之時誤成「佐」字，遂名「繼佐」。無論「佐」還是「佑」，大意相同，都有輔佐、幫助之意，倒也沒有大礙。

《鹿鼎記》是金庸的扛鼎之作，在第一回中他講述了先祖查繼佐涉「明史」案一事，精心刻畫了「雪中鐵丐」吳六奇的傳奇經歷和高大形象。說起來，這是一個膾炙人口的傳奇故事。

儘管查繼佐從小就體弱多病，卻智力過人，這與父母很早就對他進行啟蒙教育有關，五歲時，父親就教他讀書了。他的母親也出身於知書達理之家，查繼佐的外祖父是厭惡官場，遠離仕途的隱士。母親是一位通音律、善詩文的大家閨秀。查繼佐七歲時就開始跟母親學詩。十一歲時，他在臨近一個學館就讀，午間不能回家吃飯，早晨要帶米餅去作為午餐。他往往一面走路，一面高聲朗誦讀過的書，有時把米餅撒在沿路都全然不知。專心致志到將帶在身上的午餐灑在地上，竟全然不知的程度。由於潛心苦讀，到十五歲時就寫的一手好文章了。

二十歲時，查繼佐的家庭陷入經濟危機，他不得不挑起生活的重擔，在當地的私塾做教書先生得以謀生。由於他才華橫溢，名揚四方，不少侯門望族都爭先恐後聘請他。他在教書的同時，還不忘發奮讀書，終於在三十二歲時考中舉人。之後，來到杭州的西湖南屏山一帶，那裡林木蒼翠，秀石玲瓏，查繼佐在這方世外仙境中一住多年，研學、讀書、講學，直到四十三歲時，大明天朝土崩瓦解，他才帶着「亡國」的痛楚，黯然回到家鄉海寧。

歲末，天降大雪。查繼佐獨自飲酒，頗覺無聊，到戶外走賞雪景，見一乞丐站在屋檐下避雪。

那個乞丐雖只穿了一件破舊單衣衫，在寒風雪凍中卻絲毫不以為意。走近一看，只見他生得身材魁梧，骨格雄奇，心下非常奇怪，便對那位乞丐說：「雪一時不會停，你能飲酒嗎？」「能飲！」乞丐爽快地答應了，無絲毫忸怩受寵之態。查繼佐大喜，令人生了一個火盆，捧出好酒，對他說道：「兄使大碗，吾使小杯，飲至炭火熄滅如何？」

鐵丐一聲不吭，捧起大碗就喝，連飲三十大碗，毫無醉意，查繼佐卻早已埋頭睡去。這時炭火燃盡熄滅，鐵丐起身出門，仍然露宿在雪檐之下。

次日清晨，雖已放晴，但雪後更寒。查繼佐醒來不見鐵丐，大驚：「他衣不蔽體，如何耐得嚴寒？」令家人將自己穿的棉袍，送給鐵丐御寒。鐵丐穿上棉袍後，也不道謝，揚長而去。

第二年春上，查繼佐遊杭州，寄宿長明寺。在放鶴亭畔，他又遇見了鐵丐，便與他交談起來。查繼佐問他：「是否讀過書？」鐵丐答道：「不讀書識字，何至於成了乞丐！」查繼佐感到此人定有來歷，便邀他至寺內，浴後，又給他換了一身新衣。鐵丐這才說出他的身世：姓吳，名六奇，廣東豐順人。祖父曾官觀察使。因父兄早亡，性好到處旅遊，致使家產蕩盡，流落在江湖。

查繼佐問道：「吳兄既然是名門之後，糊口本應容易，怎麼會沿街乞討呢？」吳六奇傲然說道：「扣門求乞，過去先賢也有，我是何人怎麼會辱沒了？我雖然不及淮陰韓信，你這一飯之恩，我是終生不忘的！」查繼佐聞言，起身作揖：「吳兄果然海內奇傑，我以酒友待你，其實是有眼不識泰山。」於是，查繼佐邀他同往南屏，還請僧人買了一擔「梨花春」酒，與吳六奇一朝一夕痛飲。盤桓了月餘，查繼佐厚贈銀兩，送吳六奇還鄉⑮。

奇石「皺雲峰」

這天，查繼佐在書房提筆著書，突然有一名廣東武官求見，呈上吳六奇的一封信函，同時獻上白銀千兩。查繼佐讀了來函後才知道，當年吳六奇回廣東後，當了「驛卒」即古代的郵差，對於各州郡的地理形勢，瞭如指掌。他先投南明桂王朱由榔，後投清平南王尚可喜軍中，屢立戰功。順治十一年被突擊提拔為左都督，後又加封太子太保。

做了大官，吳六奇沒有忘記二十年前查繼佐為他雪天解袍、贈金僧舍的往事。他這次專派武官來見查繼佐，不僅是稱謝，還迎請他入粵相見。

查繼佐隨武官登程，剛過梅嶺，吳六奇的兒子恭候在道旁迎接。船抵惠州，吳六奇親自出城

⑮ 蒲松齡的《聊齋志異》（其中的《大力將軍》篇）、王士禎的《香祖筆記》、蔣士銓的《雪中人》、鈕琇的《觚賸》都有關於吳六奇巧遇查繼佐並成為至交的記載。因是據傳聞而記載，故多誌異色彩。

二十里相迎，儀仗威重，儼然是歡迎一位侯王。到了府堂，隨從扶查繼佐上座，吳六奇跪地叩拜，說：「昔年賤丐，如不遇先生，何有今日？」晚上，大擺宴席，吳六奇歷敘往事，殷殷情切。

查繼佐住在都督府上。有一日散步到後花園，見裡面高高聳立着一塊假山石峰，模樣奇特優美。它高有二米三，削瘦，卻不寒傖，氣勢直起，風骨畢現。整座石峰「一波三折」，於剛健中透出嫵媚。皺雲峰雖高，但中腰最窄處只有四十厘米寬，融挺拔與靈秀於一身。石的表面布滿了皺襉，如同刀劈斧削。如果站遠些，就會更清楚地看見這些石皺的紋理，它們是平行的，斜斜地上傾，在曲折而上的石峰表面，宛如波光水影，層層而起，一脈至頂。

查繼佐看着喜歡，回到書房，提筆題了「皺雲」兩字，此後朝夕前去賞玩。幾日之後，他發現假山石不見了，心中悶悶不樂。兩個月後，查繼佐回到海寧家中，驚見皺雲峰矗立在自家的花園之中。原來，吳六奇見查繼佐喜愛此石，便遣派專人用海船裝了運至海寧查家。從此，查繼佐慧眼識才、吳六奇感恩贈石成為一段佳話，廣為流傳。⑯

查繼佐還沒來得及高興呢，就因受「莊氏明史案」牽連，一條鐵鏈子套着脖子，鋃鐺入獄了，

⑯ 陳去病《五石脂》載：明初，吳六奇微時曾行乞鹽官，查繼佐見其有勇力，迭與痛飲，贈資助歸。後吳六奇從軍，官至提督，不忘舊恩。查氏蒙難，竭力營救。曾迎查到廣東小住，曾助其翻建住宅。吳六奇並訪得奇石皺雲峰，由海路運來袁花查宅。

幸虧吳六奇奏辯，查繼佐得以免禍。但是，這塊石頭還是換了主人，先是轉至海鹽武原鎮的顧家，顧氏衰落後，此石被海寧長安馬家所得。嘉慶年間，馬容海曾作《皺雲石圖記》，畫石撰文，並刊附於《雲林石譜》之中，於是，皺雲石聲名大振。更有文人一錘定音：江南園林三大名石之一。另兩塊石頭，一塊叫「瑞雲峰」，在蘇州留園，另一塊叫「玉玲瓏」，在上海豫園。玉玲瓏和瑞雲峰都是太湖石，只有皺雲峰是出自廣東英德的英石峰。

不久，馬家也敗落了，清道光年間，崇德蔡錫琳以千金購得皺雲峰。不料，蔡家家境也不順利起來，於是開始流傳皺雲峰是「窮石」的迷信說法，說沒有福分和沒有緣份的人是不能得此石的，否則要傾家蕩產。蔡錫琳為了免使「窮石」再去敗壞別的人家，有意讓它遁入空門，便贈給了福嚴寺。此石置於天中山麓之時，蔡錫琳在石背題刻讚語：「具雲龍勢，奪造化工。來自海外，永鎮天中。」⑰

後來，皺雲峰佇立在杭州西子湖畔的竹素園裡。與太湖石的細致玲瓏相比，它顯得卓然獨立，氣宇不凡。一九九六年，金庸結廬西湖，選擇與竹素園近鄰的洪春橋畔蓋建讀書小舍「雲松書社」，這樣，他可以常常看到這一老宅舊物了。

⑰《皺雲石小志》，政協海寧市文史資料委員會編印，一九九六年九月。

「東山釣史」

明朝滅亡的第二年，明太祖的九世孫、魯王朱以海到了紹興，自稱「監國」。查繼佐毅然過江投奔魯王臨時政府，被任命為「兵部職方主事」，後來被提拔為「兵部職方司郎中」，。查繼佐英勇善戰，多次率軍與清軍抗爭，還從戰場上傳回過一些捷報。隨著清順治三年（一六四六）清軍攻佔紹興，魯王政府滅亡，查繼佐不得不懷着壯志未酬的遺憾結束了僅僅一年的「戎馬生涯」。

返鄉後，查繼佐一面繼續著書立說，一面教書為生。懷着對大明天朝的敬仰，以及對「明滅亡國」的遺恨，查繼佐早就決心編寫一部明朝代的史記。這項浩大的史學「工程」從明朝滅亡的一六四四年就開始了，歷時近三十年，至康熙十一年（一六七二）才基本完成。這套長篇巨著一共一百零二卷。這部史記原名《明書》，後來取孔子「罪我者其惟春秋」之義而改名《罪惟錄》。

查繼佐用了二十九年時間寫成這部紀傳體明史，其材料除了來源於明末史實外，許多是作者自己的親身經歷，尤其關於魯王政府的歷史，作者就是書中人。他在《自序》中明確表示，自己是明朝人，不是清朝百姓。書中都用明朝年號，絕不稱「大清」。書中對抗清人物立傳特別多，並隨處抒發對滿人和投降派的憤恨。在書中，查繼佐不吝篇幅，大肆歌頌抗清志士，比如在書中的《經濟諸臣列傳》裡，他對明朝愛國科學家徐光啟大書特書，特別寫出了徐光啟的愛國情懷和戰略思想以及美好人格，突出了徐光啟在東北邊境局勢危急，曾數次向朝廷「貢獻」加強練兵、抵御外患的策略，整篇〈徐光啟傳〉，寫得生動逼真，感人至深。

這本書初稿之後，即複壁深藏，秘不示人，得以免禍。一九三一年，鄉人張宗祥借得原稿加以校補，影印行世。歷經滄桑，沉埋了二百多年的《罪惟錄》，至此才得與世人見面。

面提到的「莊氏明史案」，源起於浙江湖州的莊廷瓏。這人很有抱負，不料一場大病導致雙目失明，卻意外得到明朝相國朱國楨的手稿，這是他修撰《明史》的最後幾十卷殘稿。莊廷瓏學左丘明盲目著《國語》事跡，聘請了江浙文人吳之銘等十多人，對該稿進行整理和潤色，更名為《明史輯略》，署上莊廷瓏並江浙十八名士的名字刻印，其中江南名士查繼佐首當其衝。《明史輯略》出版之前，莊廷瓏去世了。

雖然查繼佐等人將文中不利於清廷的文字一一刪去，但字裡行間仍有懷念前朝、揚明貶清的意味。還有一個最大的遺漏，文中歷年仍按明代年號編排，稱清先祖和清兵為「賊」，稱清為「後金」等等。湖州人士吳之榮抓住這個漏洞，想借此升官發財，將「反書」告了上去，一直告到刑部。

實際上，莊廷鑨編完《明史》後，在順治十二年（一六五五）就已撒手人寰，但朝廷還是下令開棺辱屍，當街示眾。令人髮指的是，此事株連九族，妨害八方，不但其子和親屬被處死，還把寫序的、校對的、刻字的、印刷的、買書的等一切相關人員，或處以極刑，或關進大牢、或發配充軍。一共處死了七十多人，株連了一百多人。

就因為莊廷鑨羅列的名單上有查繼佐三個字，他就遭遇了二百多天的牢獄之災，要不是吳六奇搭救，也許就冤死獄中，完不成大作《罪惟錄》了。

查繼佐被捕後，家人飛馬往廣東給吳六奇報信。吳六奇得報後，立即寫了奏折馳送京師，請免查繼佐之罪，並致書有關好友，予以關照。因此，「上至督撫部院，無不周旋營護」。相傳三法司會審時，有書記官下階問安，說：「伊磺公，你的瘧疾很嚴重嗎？」查繼佐一時不知其用意，只好含糊答應。那人又說：「此案的口供已經寫上『不知情』，請您務必記住！」因而，查繼佐在被審訊時及獄中，均未受刑。凡此，都是吳六奇及查繼佐的另一位舊友，也曾當過乞丐、後來同樣飛黃騰達的陸晉，合力上下打點的結果。查繼佐坐了二百天監牢後，獲釋回到海寧家中。吳六奇不僅極力營救查繼佐，還保住了他全家的性命，海寧查氏一族才得以繁衍延續⑱。

獄回家，查繼佐隱居於硤石東山之萬石窩，發憤著書立說，以「東山釣史」為其別號。康熙六年（一六六七），查繼佐因病去世，終年六十八歲。墓葬嘉興羅漢塘。

⑱李新達《查繼佐及其〈罪惟錄〉》，《杭州師範學院學報（社會科學版）》，一九八四年第一期。

金庸在他的封筆力作《鹿鼎記》中，一開始就描寫了這段文字奇案。將查繼佐在名列參校人之首的情況下，還能免於死罪，最後平安出獄、化險為夷，歸功於他與吳六奇的深交。

金庸對先祖有救命之恩的吳六奇塑造成為一位反清復明的英雄。事實上，吳六奇是一個複雜的人物，他的人品和他的經歷一樣複雜，說他原來渴望光復明朝，後來又維護清朝的統治，才是更確切的。

查繼佐與吳六奇的故事在蒲松齡的《聊齋誌異》裡有記載，蒲松齡讚揚他「厚施而不問其名，真俠烈古丈夫哉！」。清代文學家鈕琇也在筆記體小說《觚賸》中記述此事，稱查伊璜「才華豐艷，而風情瀟灑。常謂滿眼悠悠，不堪酬對；海內奇傑，非從塵埃中物色，未可得也」。金庸在其封筆之作《鹿鼎記》當中也曾提及這位伯太公的生平。

四、身在書生壯士間——世祖查昇

一九九七年五月，金庸與日本創價學會池田大作教授作第三次對話，說：「我小時候在一個大家庭中長大。我曾祖父有兩個兒子，我祖父是大兒子，住在一座大宅子的東半部，我叔祖父住在大宅子的西半部。這座大宅子有五進，前廳掛着一塊大匾，是康熙皇帝給我祖先查昇寫的堂名，『澹遠堂』三個大字，周圍有九條金龍作裝飾……」

金庸之所以從小就喜歡武俠小說，最早的起源就是家中那彌漫着濃厚書香的「澹遠堂」。

「澹遠堂」的來歷

在北京故宮乾清宮西南隅，有一排不太顯眼的房舍，名為「南齋」，通常稱為「南書房」。康熙帝重視對漢族知識分子的優遇，他多次舉辦博學鴻儒科，創建了南書房制度。南書房是由皇帝嚴密控制的一個核心機要機構，隨時承旨出詔行令，入者皆為皇帝的文字侍從。

金庸的世祖查昇就是康熙年間的一名南書房行走。康熙每有御製詩篇、御題匾額，必命觀覽。

查昇雖是查慎行的侄兒，卻和叔叔同齡，同生於清順治七年（一六五〇）。查昇三十七歲時鄉試中舉，次年取得進士，選翰林院庶吉士，授編修，為三朝國史纂修官。查昇備受康熙帝器重，多次升遷直至少詹事，曾參與分纂《歷朝詠物詩》、《佩文韻府》、《歷代名媛》諸書。四十三歲時，康熙帝挑選儒臣作為御侍顧問，查昇即被推薦，入南書房行走。

查昇是一介書生，但他獨立特行、不附權勢，頗有壯士的情懷。他寫有一幅箴言：「處世無一點真懇意，直是花子，事事皆虛；涉世無一團圓活趣，便似木人，處處有礙。」[19]這些語言，說明查昇清廉中正、謹慎靈活的為人行事風格。

皇二子胤礽為皇后所生，一歲時被康熙立為太子，但三十三年後，康熙以結黨謀反的罪名將其廢除。太子之位空缺，眾皇子覬覦皇位，急於搶班奪權，查昇成為各方拉攏的目標。先是廢太子讓他在康熙面前進言，復立太子，查昇拒絕。後來，康熙為緩和宮中矛盾，將胤礽復立為太子，太子以為是查昇進言之故，復以金錠相贈，查昇仍拒收退回。康熙三十七年，皇長子允禔暗中結黨，以黃金二十錠、每錠二十兩賄賂拉攏查昇，查昇題寫「光明正大」四字勸誡，將金錠盡數退回。在這個時候，以皇八子為核心的「八阿哥黨」精心謀劃，想取得皇太子的地位，耍出各種手段拉攏他。查昇不理不睬，寫了一幅「身在書生壯士間」的條幅，掛在堂間，以示己心跡。

查昇晚年時，江寧（南京）鄉試中出現了一起舞弊大案：副主考官趙晉受賄十萬兩紋銀，出賣舉人功名。康熙下旨命戶部尚書張鵬翮、漕運總督赫壽徹查此案。兩位欽差大臣曾是查昇的同窗學友，十分友好。

公堂之上，行賄人程光奎、吳泌供認，另有十五錠黃金留給了總督大人噶禮，噶禮當堂否定。

[19]《海寧查氏族譜》（五卷本），中國書畫出版社，二〇〇六。

退堂之後，噶禮差人給查昇遞上快信，要他從中周旋，說服張鵬翮和赫壽馬上就結了案，回京覆旨，並說十五錠黃金分明被家人李奇私吞，他壓根兒不知情。

查昇當即修書一封：「江南科場舞弊一案，已有端倪，貪贓枉法之流自應重治。況江南吏治荒疏已久，官衙受賄都無人追究，此後上行下效，局面更難收拾。」查昇勸說噶禮磊落做人，不要設置阻礙，配合欽差大臣將案情查個水落石出。

然而，此案出現反反覆覆，證人在監中自縊，死無對證，案子越審越複雜，甚至出現了督撫互參的局面，連康熙也有點頭痛了。作為皇帝的文字侍從，查昇提醒康熙不妨採用六部、九卿會審的審案方式，了斷此案，並曉諭天下，以正視聽。[20]翌年八月，江南科場案審結：噶禮受賄縱容舞弊，即革職為民，科場舞弊人員一律依法處決，不得寬怠。

冷落了一年的夫子廟又出現了繁華景象，文人學士爭相來貢院張榜慰謝朝廷和查昇，說這是查昇作為康熙幕僚的神來之筆。於是，康熙帝御書「澹遠堂」堂名賜予查昇。[21]

金庸先後住香港山頂道一號、澄碧閣等處，客廳裡始終掛着兩幅字，都是查昇在康熙題的，

⑳李鷺芸《金庸家族六百年傳奇》，《環球人物》，二〇一一年十二月號。
㉑管元耀《海昌觀》卷五四，中華書局，一九四六。

一幅是賈誼的《過秦論》，一幅是對聯：「竹里坐消無事福，花間補讀未完書。」其中透露出的恰是「書生壯士」的心境和態度。

金庸在《書劍恩仇錄》的小說中虛構了他的第一個主人公——書生俠客陳家洛。

《花溪垂釣圖》傳佳話

查昇入南書房以後，屢屢得到康熙的讚賞，讚賞之中不僅僅是因為他寫得一手好董字，重要的是他迎合了康熙皇帝對董其昌書法的倡導和推崇。查昇的書法沒有走「兼撮眾法、取人之長」自成一家的道路，而是「一本於董」，對其內在結構、行筆安排均精心研究，與董的「靈秀亦相似」，被列入「得董神韻」的範疇。其書法靈動飄逸，瀟脫自然，運筆如行云流水，極為精熟，筆勢往來，綿綿不絕、上下貫通、左呼右應、極盡筆墨之妙，流溢出一股神韻和清氣，令人賞心悅目。充分體現了書法家的學問修養、胸襟氣度。康熙帝稱讚說：「他人書皆有俗氣，惟查昇乃脫俗耳。用工日久，自爾不同。」[22]

當其成名後，四方求書者絡繹不絕，應接不暇，查昇不得不於晚間燃燭書寫，但從不請人代勞。

[22] 芍翁《標清版查昇書法心經》，《書法觀察》，二〇一七年六月二十一日。

據《查聲山手稿》記錄，僅為康熙代筆書寫堂名、匾、聯賜給臣民的字幅，就數以百計。時人稱查昇的書法、查慎行的詩、朱白恆的畫為「海寧三絕」。

為了緩和當時江南地區反清鬥爭，籠絡漢族地主階級，也為了視察黃河、運河的河防工程，康熙一次次到江南觀覽民情，查昇均侍候左右。第二次南巡歸來，查昇奉詔集天下名工，繪制了反映這一盛舉的巨幅手卷——《康熙南巡圖》，描繪康熙南巡的經過和事跡。他的摯友「畫聖」王石谷為主要繪製者，歷時數載方才完成。

《康熙南巡圖卷》共十二大卷，堪稱王石谷創作畫中的巨製。畫面自京城永定門開始，至紹興大禹廟，再經金陵回京城，沿途城鄉風光、社會生活、山川景色以及康熙南巡時的盛況，安排得井然有序，又富於穿插變化，場面之浩繁，內容之豐富，筆墨之多樣，實為清代手卷中的宏篇，可以看出石谷駕馭場景的高超能力。康熙皇帝看了非常滿意，賜「山水清暉」畫扇給石谷。

王石谷是江蘇常熟人，生於一六三二年，比查昇大了十八歲，兩人的忘年交之深厚體現在一幅《花溪垂釣圖》上。

這一年，查昇回鄉探親，石谷拿着畫扇來訪。一畫家，一書家，此刻相聚在查家橋畔，面對龍山花溪，一邊對酌，一邊聊天。

查昇說起家鄉之名的來歷，他說：「袁花原來有一座崇教寺，是南北朝時的江州長史戚袞的宅基。宅後有連綿的小山，是戚夫人栽花種草的地方，因而得名『園花』。」戚夫人養花種草的那座山就是龍山，也叫妙果山。袁花鎮因有溪穿鎮而過，溪岸遍植桃樹，入春滿溪皆花，故又稱「花溪」。

「是嗎，這裡是戚夫人蒔花處，我倒要好好遊賞一番。」第二天，石谷由查昇陪着，遊走龍山，但見山脈往北相連，確像一條龍尾。龍山不高，修竹插天，眼下正是盛夏，山上鬱鬱葱葱，翠碧滿徑。他們賞玩了「花溪十景」中的「石壁經聲」、「板橋漁唱」和「更樓曉月」，在葆光居中品茶論詩。多年前，查昇的叔叔查慎行也在這裡逗留，寫下一首賞牡丹詩：「簾幕高張白石台，花情亦似感栽培。已過穀雨三朝後，直待主人歸始開。」此時是陽春四月，葆光居中的牡丹真的在查昇面前妍麗盛開。

回京不久，石谷繪成一幅《花溪垂釣圖》，查昇作《為石谷作行書七言詩》一首以為答謝。詩中有句：「何年一棹還花溪，鳳山之北龍山西。種魚石漾馴白鷺，釀酒竹閣聽黃鸝。山人謀歸應不遠，畫中耦畊為左券。他日重逢路不迷，圖中人坐花邊堰。」詩中「鳳山之北龍山西」、「石漾」皆是查昇老家之地，也就是查家橋所在。大約是《南巡圖》剛剛完成之時，所以詩中有「南巡盛典垂不朽……山水清暉寵命承」之句。其時，王石谷得皇恩浩蕩、風頭正勁，其中的「以詩易畫爭跋扈，憐余詩拙不敢乞」之句，耐人尋味。

題詩後，查昇在畫上鈐印：「身在書生壯士間」、「家住花溪石漾南」，為朱白二印。一個是深受康熙寵愛的詩人、書法家，一個為正得恩寵的山水畫「正宗首座」，以詩易畫成就了一段藝林佳話[23]。

金庸不愛交際，不善應酬，只喜歡獨處居室，靜靜地讀書、研佛、下棋、聽音樂……倦了，就倚靠在沙發上，凝望着牆上查昇親題的對聯。金庸喜歡默默自念這副對聯，細細咀嚼它的真諦，並陶醉於對聯所寫的那種寧靜、淡泊、遠避紅塵、隔離江湖的境界之中。

查昇「書生壯士」的文化基因影響着金庸的人格、思想的形成。

查昇卒於康熙四十六年（一七〇七），享年五十八歲。葬於距查家橋九里遠的黃墩廟。

五、丟官不低頭的丹陽知縣——祖父查文清

在龐大的家族中，最令金庸崇拜的兩人是先祖查慎行和祖父查文清，如果說，他佩服查慎行是吟詩萬首的「學術成就」，對查文清的欽佩，則是祖父愛國愛民的「俠義之舉」。這也影響到

㉓ 簡孫《金大俠的家族史》，www.800xiaoshuo.com。

他小說的創作，他小說中的俠士風範多有他祖父的影子。

在與國際創價學會會長池田大作的對話中，金庸說道：「我祖父查文清公反對外國帝國主義者的無理壓迫，不肯為了自己的官位利祿而殺害百姓，他偉大的人格令我們故鄉、整個家族都引以為榮。」

查文清是光緒十二年三甲第一百五十七名進士，有詩存世。

辭官回鄉的知縣令

金庸的曾祖父有兩個兒子，其中長子就是金庸的祖父查文清，查文清有三個兒子，長子是前清舉人，二子北京大學畢業生，三子就是金庸的父親。

查文清是光緒丙戌年（一八八六）進士，也是查家的最後一位進士。金庸在《連城訣》的「後記」中寫道：「我祖父文清公（他本來是『美』字輩，但進學和應考時都用『文清』的名字），字滄珊，故鄉的父老們稱他為『滄珊先生』。他於光緒乙酉年中舉，丙戌年中進士，隨即派去丹陽做知縣。他做知縣有成績，加了同知銜。不久就發生了著名的『丹陽教案』。」㉔

㉔ 鄧之誠《中華二千年史》，中華書局，一九八三。

丹陽，位於江蘇省南部，古時就有「洵七省之咽喉、吳越之門戶」和「地據要衝、兵家必爭」之說。東漢末，這裡是孫策、孫權稱雄江東、建立吳國的搖籃。南北朝，又是南朝齊梁帝王的故里。清光緒十七年（一八九一）五月，丹陽人民為反對帝國主義傳教士殘害嬰兒奮起毀燒了縣城天主教堂，發生震驚全國的「丹陽教案」。

十九世紀中期，一八四〇年鴉片戰爭之後，大批外國傳教士像鴉片一樣紛紛湧入中國，尤其是沿海省區，更是聚集了不少身穿黑色袍子、頸懸十字架項鏈的金髮碧眼的洋人。清政府給了他們極其優惠的「政策」，其中一條是，可以在各省自由買賣土地，建造教堂。有些地痞流氓就借着外國傳教士的勢力，橫行鄉里，魚肉百姓；而有些傳教士利用清政府的軟弱無能，以及對其網開一面的不平等條約，耀武揚威，欺壓民眾。而官府也不替民做主，奴相十足地站在洋人及其追隨者一邊。終於，忍無可忍的百姓奮起反抗外國傳教士的欺壓，各地與傳教士的摩擦時有發生。

就是在這樣的背景下，一八九〇年查文清任丹陽知縣。

第二年，即一八九一年四月二十五日，有人在丹陽的法國教會墓地發現了七十餘具兒童屍首，而且在教會兼辦的以「慈善」著稱的育嬰堂內卻沒找到一個孤兒，由此，引發當地群眾憤怒，數百名群眾圍攻丹陽教堂，並且焚毀了一些傳教士的棲身之所，約計二十多間房屋。這下不得了，清政府迅速派兵鎮壓當地群眾。這起震驚全國的「丹陽教案」像一把大火，燃起了無錫、江陰、如皋等地反洋教鬥爭的烈焰，一時間，各地反洋教鬥爭風起雲湧。轟動全國、震驚朝廷，也震驚了以英、法為代表的帝國主義列強。在外國列強的壓力下，清廷迅速派官兵彈壓。

在丹陽，熊熊大火解了百姓們的心頭之恨，卻也不可避免地惹下了事端。事發後，兩江總督劉坤一為了向外國傳教士交代，準備將丹陽燒教堂的兩名為首者捉拿處斬，將參與「鬧事」的三十五人逮捕下獄。

查文清目睹了帝國主義傳教士的暴行，面對重重壓力，毫不畏懼。在接待前來查案的鎮江知府王仁堪時，深知他素有「直言敢諫、清流風骨」之譽，所以向他毫不掩飾地道出了自己對教案的見解，並一起踏勘現場。面對孩屍「縱橫交錯於地，或剜其目，或斷其肢，至慘酷無人理」的童屍亂葬地，查文清發出了「此其罪豈在市民也」的感慨，竟與王仁堪相對痛哭流涕。

從現場返回縣衙後，兩人磋商。查文清正面臨一個難題：鄰縣已抓捕了燒毀教堂的民眾，可他卻違背朝廷之命沒抓捕一人。丹陽縣民看到了查縣令的重重壓力，有感於他的大義凜然，有兩人出頭自願領罪。該如何處置這兩位義士呢？他向王仁堪提出此事。王仁堪說：「你我各寫一字，看能否一致。」於是，兩人用手指蘸茶水，各在桌上寫了一個字。互相對看後，不禁呵呵大笑，兩人竟是不謀而合，查寫的是「放」，王寫的是「走」。於是，兩人約定「力為民請命、不濟則以官殉」㉕。

查文清不愧為進士之才，終於想得一個兩全之策。當夜，他先差人秘密通知三十五名鬧事者趕快逃走，另將兩名已經逮捕的為首者偷偷釋放。得知三十七人確已逃脫後，他才一身輕鬆地前去總督那裡匯報。面對惱羞成怒的劉坤一，查文清語氣平和：「事件乃是因為外國人欺壓中國百姓而引起公憤，數百人一湧而上，點火燒了教堂，當中並無為首之人。」就這樣，他一肩扛下了「縱逸」的罪名。

不待劉坤一細問，查文清又道：「『丹陽教案』本官難推其責，故請求辭去官職。」說罷揚長而去。由於查文清堅持「事起倉促，犯無主名，無從着追」，一些官員欽佩查文清的正直，向朝廷申明此案的緣由，替他叫屈。如四品銜給事中洪品良在奏折中寫道：「丹陽教案始興……起獲屍骸七十餘具，血肉淋漓，慘不忍言，以故民咸抱憤、禍由教堂自取。」而王仁堪知府奏報上更有「名為天主堂，不應有死孩骨；即兼育嬰局，不應無活嬰兒」，認為教堂被焚「禍由自召」；朝廷只得略施薄懲，任查文清辭官回鄉，不再參革了。㉖

㉕《丹陽縣續志》卷十二，民國十年（一九二一）編纂。

㉖ 查懋忠、查良鈺、查良鏗編《查公滄珊哀挽錄》，據《新發現的〈哀挽錄〉揭金庸家史》，《揚子晚報》，二〇一八年十一月五日。

這個熱衷洋務的劉坤一在歷史上寫下了恥辱的一筆，而清正廉明、氣節剛烈的查文清卻贏得了世人交口稱讚。後來，金庸一直期望自己能成為一名外交官，顯然與祖父經歷的「外國人欺負中國人」密切相關。

金庸回鄉與鄉親交談時，流露出對祖父的欽佩之情，他說，在「丹陽教案」前，因為祖父當知縣成績斐然，已經是加同治銜的知縣了，即準知府，很快就要提拔為知府了。但他沒有為了自己的錦繡前程，而放棄自己做人的原則，這在當時的「官本位」的社會裡，是很不容易的。

長工和生的故事

當年查文清辭職回海寧時，還帶了一個從丹陽監獄裡救出的老長工叫「和生」，和生一直住在金庸家裡，為查家料理家務事，有時，也去田裡耕作。但金庸的家人從不指使和生幹重活，只是掃地、抹塵，以及接送金庸上學堂。

和生是一個殘疾人，駝背、腿瘸，金庸一家人都對他很好。有一次，和生病了，金庸到他的小房裡去瞧他，拿些點心給他吃。他跟金庸說了他的身世。

他是江蘇丹陽人，家裡開一家小豆腐店，父母替他跟鄰居一個美貌的姑娘對了親。家裡積蓄了幾年，就要給他完婚了。這年十二月，有個財主叫他去磨做年糕的米粉。這家財主又開當鋪，又開醬園，家裡有座大花園。磨豆腐和磨米粉，工作是差不多的。財主家過年要磨好幾石糯米，往往要磨到晚上十點多鐘。這天他收了工，已經很晚了，正要回家，財主家裡許多人叫了起來：「有賊！」有人叫他到花園去幫同捉賊。他一跑進花園，就給人幾棍子打倒，說他是「賊骨頭」，好幾個人用棍子打得他遍體鱗傷，還打斷了幾根肋骨，他的半邊駝就是這樣造成的。他頭上吃了幾棍，昏暈了過去，醒轉來時，身邊有許多金銀首飾，說是從他身上搜出來的。又有人在他竹籮的米粉底下搜出了一些金銀和銅錢，於是將他送進知縣衙門。賊贓俱在，他也分辯不來，給打了幾十板，收進了監牢。給關了兩年才放出來，此時，父親、母親已經活活氣死了，他的未婚妻做了財主少爺的偏房。

從牢裡出來之後，和生方知道這一切都是財主少爺的陷害。有一天在街上撞到，他取出一直藏在身邊的尖刀，在那財主少爺身上刺了幾刀。他也不逃走，任由差役捉了去。那財主少爺只是受了重傷，卻沒有死。但財主家不斷賄賂縣官、師爺和獄卒，想將他在獄中害死，以免他出來後再尋仇。

這一年，查文清接任丹陽知縣，重審獄中每一個囚犯，得知了和生的冤屈。當他辭官回家時，悄悄將他帶了來，就養在自己家裡。

一九六三年金庸創作《連城訣》，長工和生的故事成了書裡的素材，戚長發的那位憨厚勇敢的徒弟狄雲的原形就是這位長工，戚長發的美貌如花的女兒戚芳就出自他的未婚妻的經歷。在書中，戚長發的「圈套」引起了狄雲落入另外一個小「圈套」，直到狄雲在江湖上經歷了幾番生死奇遇，武功見識都已卓然成家之後，但其天性純厚，尚不能相信，也不願意相信，人性貪婪而至於會喪失人性與天良。直至本書的最後，戚長發被狄雲所救，但又絲毫不謝，相反，則騙得狄雲轉頭，刺了狄雲一匕首。這時，狄雲退開一步，說道：「師父，我不要分你你的黃金大佛，你獨個兒發財去吧。」

究竟什麼才是「價值連城」？是金銀財寶？是人倫之善？是兒女之情？在書中，各人作出了各人的選擇。金庸在寫狄雲這一人物之時，將長工和生的牢獄之災和祖父一生的仗義行俠融合於一體，對人生的奧秘實是揭得極深，於俠義二字與人性的極限亦劃得十分清楚。

一九六三年，《明報》和新加坡《南洋商報》合辦一本隨報附送的《東南亞周刊》，金庸在此周刊上開始連載他的第十一部武俠小說——《素心劍》，小說敘述鄉下少年狄雲從蒙冤下獄到發現師門慘變的過程，其中包含奪寶、戀愛、奇遇與复仇等情節。一九七〇年三月金庸修訂舊作時，將《素心劍》改名為《連城訣》。

《連城訣》一書可說是金庸作品中的奇特之作。

金庸幼時，和生便是他形影不離的隨從。他對這個不嫌棄自己身殘貌醜的孩子非常疼愛。一天，和生病倒了，病得很重。小金庸得知後非常着急，他帶着點心到和生房間裡探望。沉浸在感動中的和生，以為自己不久於人世，一改此前多年沉默寡言的性格，對着金庸暢談心事，其中大部分，自然是關於他坎坷悲慘的一生。

和生的故事在少年金庸的腦海裡留下了深刻的印象。人世間真善美和假惡醜的強烈反差令金庸震驚，並且影響了他人生觀、世界觀的形成。在他此後創作的武俠小說中，懲惡揚善、除暴安良和伸張正義成了永恆不變的主題。

和生在抗戰初期時去世，這個「幼年時很親切的老人」形象永遠刻在金庸心頭。這也難怪他會在《連城訣》後記中說：「連城訣的故事就是在這件真事上發展出來的，和生到底姓什麼，我始終不知道，和生也不是他的真名，他當然不會武功。」

一瓮金元寶的傳說

辭官回鄉的查文清心境清朗，常說：「兒孫自有兒孫福，不替兒孫做牛馬。」從來不管家裡的事，天天顧自己品茶讀書，賦詩作畫。

一日，查文清正在家裡逗孫取樂，門前來了個要飯人，要了飯不走，倚在門框上吃飯。查文清見他很年輕，長得也壯實，便問他好端端的身子骨怎麼不去種莊稼，願意做乞丐。年輕人說，他是湖北人，名叫崔三林，父母剛病死，遇上水災，田地沖沒了，便逃荒到了這兒。

「哎，家裡有田怎麼不想種啊，沒辦法！」這一聲嘆，讓查文清憐憫他了。問他有田種，願不願留下來，崔三林立刻雙膝下跪，磕頭道謝。查文清將龍尾山下一片荒坡地無償交給他開墾耕種。崔三林高興萬分，披星戴月，辛勤開墾。

一日，他正用鐵钁刨地，無意間刨出一個封口的大瓮，掀開一看，滿瓮黃燦燦的金元寶，足有二十錠。崔三林趕忙搬往查氏義莊交還。查文清連連擺手，說：「這金元寶是你刨出來的，說明你有洪福，應該歸你。」可崔三林卻不同意，說：「金元寶雖然是我刨出的，可山坡是您查家的老業，刨出的東西應該歸您查家。」查文清解釋：「地雖是查家老業，可金元寶不是我家埋的，這東西只能歸你姓崔的。」崔三林堅持要物歸原主。查文清則勸他，你是從外地逃難來的，生活窮困，應該將銀元抬回家置莊買地，安居樂業。

就這樣，崔三林和查文清推來讓去，誰也不肯接收這些金元寶。最後，鄉鄰前來勸說，認為崔三林是從外地逃難來的，生活窮困，應該將金元寶帶回家置莊買地，安居樂業。眾口一詞，崔三林只好答應接受一半的金元寶，而另外的十錠金元寶，查文清歸入義莊名下，用來購買了幾千畝田地收租，租金用於資助族中的孤兒寡婦，使他們能平安過活，凡是上了中學、大學的人，每年都可以領一筆津貼，如果有人出國留學，津貼的數額更大。

管理義莊之外，查文清和堂弟查燕緒一塊編纂《海寧查氏詩鈔》，達數百卷之多，可惜未等到《詩鈔》雕牌付印，也就是金庸出生的前一年九月，七十五歲的查文清因病去世。

出喪之時，丹陽幾十位士紳一起來海寧祭奠。到袁花後，問明去查家的路後，當時獲救的三十七戶人家的主人三步一磕頭，一直跪拜至查家門口。下葬時，他們見查氏祖墳狹小，便共同出資購下了墳墓周圍六十畝土地，贈給查家，以示謝恩㉗。

回到丹陽以後，有一人留下遺囑：凡我子孫，生男者到查家為奴；生女者，到查家為妻、妾，如不納，為婢；如不用，才可另謀職業。金庸哥哥良鏗的夫人即是這戶人家的孫女。

丹陽百姓為紀念這位耿直愛民的好父母官，在當地建有「滄珊廟」（類似現在的紀念堂），每年春秋三祭。

一九八六年初春，六十二歲的金庸第一次踏上了這塊曾在祖父、長輩口中和自己夢裡出現過無數次的土地。到丹陽第一件事，便是翻看《丹陽縣志》，讀到其中對祖父查文清的褒揚文字，

㉗ 瀟木若水《滄珊廟的傳說》，海寧貼吧，二〇〇七年二月二十四日。

金庸的臉上露出欣慰的笑容。

在祖父曾居住過的界碑鎮，金庸參觀了正則畫院，收到了他此行最後一份禮物：由丹陽當地多名書畫家聯手創作的山水畫。有人畫山，有人畫松，有人畫竹，有人畫梅，有人畫了一塊石頭，共同讚譽金庸祖父查文清的高風亮節。作為回報，金庸欣然揮毫，以一幅「懷先祖之遺愛，睹今賢之豐功」字卷，表達了對先祖的懷念和對丹陽的讚美。

二〇一八年，在丹陽縣民間發現一本編印於民國十四年（一九二五）的《查公滄珊哀挽錄》，是金庸的祖父查文清一九二三年去世後，金庸的父親查懋忠和兩位兄長一同編印的紀念專輯，查良鏞名字也赫然在列。此書內容極為豐富，除了罕見的查文清老照片外，還記錄了查文清生平及轟動全國的丹陽「辛卯教案」詳情。「哀挽錄」名家匯集，民主革命家章太炎題簽，民國大總統徐世昌、晚清狀元實業家張謇、著名出版家趙元任等撰祭文，國學大師王國維、外交家顧維鈞等寫挽聯……㉘

金庸說，祖父查文清對他影響有二：一是使他知道外國人欺負中國人，二是要多讀書。後來金庸曾經想當個外交官，主要動機是遊歷世界觀光各國，但於報國建功的事業心上，亦有希望以己之力捍衛國家民族的尊嚴之意，這不能不說與祖父的榜樣有密切關係。

㉘ 張淩發《新發現的〈哀挽錄〉揭金庸家史》，《揚子晚報》，二〇一八年十一月五日。

第三章　爹媽的那些事兒

赫山房主人查懋忠是金庸的父親。金庸很少說到父親，因為很少有人提起，別人怕勾起他不愉快的回憶。可是，二〇〇〇年初，金庸在一篇自傳體散文中說了這麼一段話：「從山東來的軍隊打進了宜官的家鄉，宜官的爸爸被判定是地主，欺壓農民，處了死刑。宜官在香港哭了三天三晚，傷心了大半年，但他沒有痛恨殺了他爸爸的軍隊。因為全中國處死的地主有上千上萬，這是天翻地覆的大變亂。」①

「宜官」是金庸的小名，是他父親給起的。

一、被冤枉錯殺的大地主——父親查懋忠

查文清去世時，查家幾代歷經磨難，家道已顯衰落，但仍有三千六百餘餘畝田地，佃戶也有上百戶之多。除了租佃收入，在袁花鎮上還有錢莊、米行和醬園店等等，家裡仍雇有不少長工、

① 金庸《月雲》，《收獲》，二〇〇〇年第一期。

僕人，幫助種田、料理家務。

這套豐厚的家產在當地是數一數二的，使得金庸的父親查樞忠成為名副其實的大地主。

行善積德的莊主

查文清膝下除金庸父親以外，還有兩個兒子，兩個女兒，所以這是個大家庭。查樞忠，又名查樞卿，字荷祥，又字樹勳，生於一八九七年，排行第三。大哥查鉞忠是清朝的秀才，二哥查釗忠（鉅侯）是北大國文系的高材生。

查樞忠二十二歲時大學畢業回鄉，管理家產，在袁花鎮上開有一家錢莊。

這時候，「赫山房」是一幢有九十多間房屋的五進門的大宅院。走進這套大宅院，迎面就是兩個很長的長廊，由此邁進澹遠堂，就能看到在兩個立柱上，裱貼的康熙那幅有名的御賜。全部建築採用楠、樟、柏等優質木材以及精細石料，木柱飛檐、牆體門楣，全都彩繪油漆、雕樑畫棟，富麗堂皇。工藝裝飾除我國傳統風格外，還兼收西方造型，使整座建築看起來古樸幽香、色彩斑斕。大宅院裡，有數個客廳、多個臥房，還有陳設古玩字畫的書房以及廚房、車棚、馬廄、傭人住房等，除此之外，還有一個長滿了奇花異草的大花園。

這一年，查懋忠成為查氏義莊的莊主。

查氏義莊始建於道光五年（一八二六），辦理贍賑業務，周濟宗親，興辦小學。查氏將水田八十七甲六分八厘四毫（每甲約等於內地十一畝三分，合計相當於一千畝）充作本族義田，查氏子孫不得視之為祖產，請地方官為該義田另立戶名，登記註冊。這些義田都是上好良田，罕遭旱澇侵害，每年的收入相當穩定。扣除賦稅及損耗，一般每年實收租穀三千五百石（每石一百二十斤。古代制度，一石等於十斗，等於一百升，等於一千合）。租穀變賣成銀圓，再由管理人員隨時買米，按月分發給族人。幾年間，查氏義莊成了江南鄉間最有力的經濟組織。②

每到秋收時光，查懋忠還視收成的好壞，給佃農以減租或免租。

第二年，查懋忠從義莊拿出一筆錢，興辦了龍頭閣小學，作為龍山學堂的分部，孩子們均免費入學。

「赫山房」堂屋門柱上有一幅黑底金字楹聯，上聯：「知書達理心正身安君子敬」；下聯：「行善積德天知地鑑神鬼欽」；楣批：「恩義之家」。落款處標示為涼州行署楊德舉敬贈。

聯的來歷是這樣的：查家橋西南四五里外有個金竺莊，莊里有個老秀才，姓楊名良豐，妻子

②【清】查世絃《刻本海寧查氏族譜》十六卷列傳四卷，清嘉慶十三年（一八〇八）纂修。

早亡，留下一個幼年兒子，父子倆住在一幢低矮的舊土房裡相依為命，過着清苦的日子。楊良豐年輕時一心科舉入仕，可是考了三十多年才得中秀才，以後考舉人連連落榜，五十多歲時科舉制度廢止了，他才以教書度日。他把全部心血都傾注在兒子楊德舉身上，竭盡全力輔導兒子學習。兒子楊德舉二十歲時一鳴驚人，獲得全考區的第一名，考上了中國天主教三所大學之一的震旦大學，也就是查懋忠的母校。這可把楊良豐樂壞了，感到自己十幾年的心血沒有白花，一激動，竟然樂極生悲，心悸而死。

楊德舉痛不欲生，哭得死去活來。更淒楚的是父親沒有給他留下分文，只留下幾箱子舊書。楊德舉沒錢給父親買棺材，只好求鄉親幫忙，用幾個破箱子改了一具棺材。沒錢造墳下葬，只好停放在書房裡。去上海念書的事也耽擱了。

查懋忠聽說傳聞，立即帶着管家前去。一看一問，果然如此。他對楊德舉說：「你不要過分難過了，我一定盡力資助你。」立即吩咐管家，給買一副上好的棺材，從查氏田地中劃出一方並換來墓地，擇日下葬楊秀才，費用全部從查氏義莊支取。幾日後，查懋忠又讓人取來了送給楊德舉的一筆錢，作為他的入學費用。

後來，楊德舉學成，先在南京銀行任職，後調任四川涼州行署專員。

金庸記得：「每年春天的清明節和秋天的重陽節，父親必定帶我們兄弟上祠堂，見到任何人都相互拱手作揖。那時我見到族中的白鬍子老公公也向我們四五歲的小孩子拱手作揖，不由得心裡暗暗好笑。」金庸後來明白，作為義莊莊主，父親的義舉才讓他受人敬重。

二〇〇七年，金庸對楊瀾談起：「我父親開錢莊，做企業，一個地主，但是我覺得他人很好的，我年紀很小的時候，十三四歲就覺得父親沒用。他把錢借給人家，他有時去討錢，帶我一起去了，我覺得人家請他喝酒講好話，父親就好像良心很好的，就好像老朋友，這個錢你不還了就算了，人家存錢存在你這裡你要還給人家的，所以搞到後來我也很狼狽的，人家向我討錢，別人借錢不還，我只好自己賣田地賣了墊了還給人家，我覺得父親沒用，做生意不是這樣做法的。」③

教子有方的父親

新年初，查懋忠從上海購回一口落地大擺鐘，很大很重，得兩個人才抬得動。一月後，金庸呱呱落地，懋忠給這個兒子取名「良鏞」，「鏞」字的意思是一口鐘，一個當當當可以敲得響的鐘。④

③ 楊瀾《金庸：「幫主」的心事誰人知》，楊瀾訪談錄，上海錦繡文章出版社，二〇〇八。
④ 許戈輝對話金庸《寫盡江湖事　八十高齡笑談人生經》，《北京青年周刊》，二〇〇九年六月號。

查懋忠是一個知書達理的人，他深知家庭是孩子們成長的搖籃，決心把自己的孩子教育成溫良恭儉讓、仁義禮智信俱備的人，他熟讀五經四書，寫一手好字，不願出仕作官，情願過田園生活，把教子當成第一重任。

查良鏞六歲時，查懋忠與妻子徐祿商量，送兒子去安瀾書塾讀書。安瀾書塾在鹽官鎮，離家有二十里遠，妻子不同意。妻子說，書塾老師教的是《三字經》、《千家詩》一套老古董，她說：「還是讓孩子進現代學堂，學點科學知識，將來有用。」查懋忠覺得妻子說得有理，便將兒子送去三里外的龍頭閣小學念書，龍頭閣小學後改名為花溪初小。後來，查懋忠在袁花鎮上開店經商，家庭遷住在袁花鎮文濱弄一號，查良鏞十歲時便改讀龍山學堂。

良鏞每天下午三點放學回到家裡，母親就叫他坐在床沿，雙手拿着書本，豎在胸前，讓他學父親的專注神情。他想：什麼有趣的書，使父親這樣入迷呢？待父親疲倦睡着時，他便悄悄地打開父親的書來看。哎呀。這是何等難懂的書呵！他一頁也看不懂。不過，他對父親能讀懂這樣的「天書」，是十分欽佩的。父親好學不倦的精神，給他留下了深刻的印象，也培養了他對書籍的愛好。

二〇〇八年一月，金庸撰文紀念《文匯報》創刊七十周年，回憶說：「那時候我剛九歲，識不到幾個字，卻開始讀報了。我爸爸在家裡訂閱《申報》、《新聞報》、《大公報》、杭州的《東南日報》，以及剛出版的《文匯報》。我最初閱讀的是《新聞報》上連載的《荒江女俠》小說，沉迷在武俠故事之中。大概這是我後來以武俠小說為寫作重點的原因了。⑤

幾十年後，金庸對友人說：「我記性很好，看書不說過目不忘，大概看過十幾年前的也還是記得。這個天賦，不是自己的好處，是父母親遺傳佔的便宜。但我從小喜歡念書，覺得讀書是一種很大的樂趣，因為本身喜歡讀書，知識比較容易得到，而且不以為苦，覺得很快樂。」⑥

有一天，良鏞從哥哥的房裡翻到了幾本繡像小說，其中有《水滸》、《三國演義》、《西遊記》。過去，他曾聽母親講過《西遊記》中的一些故事，此時看到這部書，就捧在手中津津有味地讀了起來。

查懋忠和徐祿發現兒子在偷偷看小說。「宜生看看閑書，也可以把文理看通。他要看，你就把那部石印的《後西遊記》拿給他看吧。」父親並沒有訓斥兒子，相反還關照妻子幫兒子挑選小說。徐祿明白丈夫的意思，那部石印的《後西遊記》裡沒有插圖，兒子不會因只看插圖而不看文字，這樣有助於他學習語文。

得到了父母的同意，良鏞便能夠公開閱讀小說了，漸漸成了一個小說迷。有一年聖誕節，查

⑤《金庸談文革對文匯報的摧殘》，《文匯報》，二〇〇八年一月。
⑥ 許戈輝對話金庸《寫盡江湖事　八十高齡笑談人生經》，《北京青年周刊》，二〇〇九年六月號。

懋忠送給兒子一本《聖誕述異》，這是一百六十年前英國作家查爾斯·狄更斯的一部經典名作。這部作品描寫了一個叫思克羅奇的守財奴，在聖誕前夜做夢遇到了以前的合伙人馬利。馬利告訴思克羅奇，有三個聖誕精靈將帶着你到處遊歷，你一定要把握這次機會，這是你洗刷靈魂的醜惡的唯一契機。這三個可愛的精靈果真幫助思克羅奇改掉了壞脾氣和貪得無厭的一面，恢復了人的善良的本性。整個故事，充滿了愛心和昂揚向上的氛圍。良鏞對這本書印象很深，以至於成年後，他還不時拿出來重溫了一遍又一遍。「一直到現在，每當聖誕節到來的時候，我總得翻來讀幾段……我一年比一年更能了解，這是一個偉大溫暖的心靈所寫的一本偉大的書。」

在父親的書房裡，金庸閱讀了大量西方文學的作品，豐富了他的文學素養。金庸最喜歡的是西方十八九世紀的浪漫小說，如大仲馬、司各脫、斯蒂文生、雨果的作品。後來他也閱讀了希臘悲劇、狄更斯的小說等等。

查懋忠見兒子一天到晚地看書，不喜歡遊玩運動，身體孱弱，很是擔憂，便常帶他到野外去放風箏、騎自行車。

春天到了，查懋忠買來紙和線，從舊竹簾子上抽出一把竹篾子，招呼着妻子和兩個孩子，一塊兒扎風箏。夫婦倆商量了一下，對兩個孩子說：「今年我們做一隻大蜈蚣怎麼樣？」良鏗和良鏞拍手贊成。

可是，扎風箏技術性很強，他倆只好給父母打下手。良鏞給媽媽遞剪刀、遞紙；良鏗則幫着爸爸結扎蜈蚣的骨架。

不消半天的時間，一條由十幾節組成的蜈蚣做完了，只差給蜈蚣着色了。這件事自然交給了兩兄弟。良鏞是學校里辦牆報的優等生，他用墨筆勾畫輪廓，哥哥再往上面塗紅綠黃紫等各種顏色。他們做得很小心，也很快，不大功夫，一條彩色的蜈蚣風箏懸掛在四合院裡。兩個孩子高興得顧不上吃飯，圍着這條蜈蚣一邊轉，一邊看，這裡邊有他們的勞動啊！

然後，找到一塊空地，先把風箏在地上展開，查懋忠拉線，良鏞舉蜈蚣的頭，良鏗拉蜈蚣的尾。「放手！」只見長長的花蜈蚣搖頭擺尾飛上高高的天空。弟兄倆望着飄飛的風箏奔跑着，歡呼雀躍。

然而，放風箏的春天很快過去，金庸對騎自行車的興趣可不大，敷衍了事地玩一下，又去讀小說了。

金庸一一歲的時候，查懋忠買了一架鋼琴，擺在書房裡，讓他看一會書，然後彈一會琴。可是，金庸卻喜歡上了踢足球，守門的時候，足球把他的一根手指弄傷了。學鋼琴才一年多，老師說手指成了這樣子，你不要彈了。於是，金庸又一頭鑽進了小說書。

無奈中，查懋忠想到妹妹查玉芳，她喜好舞劍，詩詞寫得不錯，便將兒子交給妹妹管教。

結交文朋的小說讀者

查懋忠和著名作家茅盾是中學同學，書房中的《子夜》、《家》等書籍，是茅盾當年贈送給他的。金庸年少時，查懋忠帶着他去桐鄉見過這位沈叔叔，吃過他給的糖果。⑦

因為受過西洋教育，查懋忠愛讀書，愛結交文學朋友。金庸曾回憶說：「我父親是一位熱心的小說讀者，家中藏書相當多。因為是地主的身份，平時沒有什麼工作，空閑很多，大家都買了各種各樣的小說，有傳統的明朝、清朝小說，也有比較新的上海出版的小說，例如：張恨水的小說，各種武俠小說等等；也有新派的《小說月報》、鴛鴦蝴蝶派的《紅》雜誌、《紅玫瑰》等小說雜誌。」

查家藏書豐富在當地是出了名的，從《論語》、《大學》、《中庸》到唐詩宋詞，從《資治通鑑》到《金瓶梅》，各種名著史論，詩詞書評，應有盡有。整個查家都透着濃濃的翰墨書香，馥郁芬芳。

晚間，在「敬業堂」書房裡，常傳出查懋忠與四方文人切磋暢談的話語和會心的笑聲。在金庸的印象中，父親對交友的重視遠遠勝過了多賺銀子、多造糧倉的延續家業之舉。

⑦ 許戈輝對話金庸《寫盡江湖事》，金庸說：茅盾是我的長輩，他跟我爸爸是中學同學。我年輕的時候，我爸爸帶過我去見他的，他姓沈，沈叔叔，還一鞠躬，他給我拿點糖果什麼的，作為長輩，我說不能跟長輩比，心中一直拿他當我的長輩。

在他的座上賓中有一位「忘年交」，是一個了不起的人物，他是海寧周王廟人，名叫許行彬。許行彬是一位老同盟會員，是孫中山先生的老朋友，當年孫中山海寧觀潮就是他邀請接待的，孫中山的「天下大勢，浩浩蕩蕩，順我者昌，逆我者亡」就是寫給許行彬的。《許行彬六十初度酬唱集》，是近幾年才發現的。一九三二年，許行彬的新居「高陽小廬」建成，又值他六十大壽，許行彬作了長篇自述和詩文，有許多社會名流應酬唱和，匯編成《許行彬六十初度唱集》，章太炎題簽作序。查懋忠的酬和詩吟道：「閑讀方山高隱傳，羨他自得樂天倫。」宋代詩人蘇東坡在《方山子傳》中，謂隱居讀書為天倫之樂，查懋忠拿老友的晚年生活與之相比。

一九三四年十一月十三日，上海報業巨子、《申報》總經理史量才由杭返滬途中，在海寧境內慘遭國民黨特務殺害。許行彬義憤填膺，疾筆撰文，為史量才籌建紀念園林，查懋忠慷慨解囊，承擔半數款項。

有一年夏天，茅盾送給查懋忠一本剛剛出版的小說《子夜》，兩三天他就讀完了，當着金庸的面跟朋友們高談闊論起來。他說，吳老太爺第一次進城，對城市的一切都一無所知，所以覺得新奇，感到震驚，汽車像「黑怪物」，電線桿都是一個接一個地向他頭上打來，現代文明沒給他帶來享受，反而讓他恐慌。「上海和紐約一樣，是天堂也是地獄，可笑，可悲！」他的聲音越來越高。

緊接着，書房裡傳出此起彼伏的爭論聲。有人說林佩瑤是《子夜》里最豐滿、最有悲劇性的女性形象，做吳少奶奶的「現實的真味」是那麼苦澀，使她的骨子裡默默地進行着反抗。有人反駁，林佩瑤所憧憬的是「偉大」的愛情，她把心靈寄托在烏托邦的愛情幻想上了，所以她不關心股票、公債、工廠之類的東西。而查懋忠一鼓勁地談論着馮雲卿，說他是逃亡上海的「吃田地的土蜘蛛」，他把農民的血汗拿來換取大都會裡的「寓公」生活，實在不應該。

也許受《子夜》的影響，查懋忠反對兒子進入上海灘。一九四七年九月，查良鏞在杭州《東南日報》當記者不到一年，他的堂兄查良鑑是上海市法院院長，並在東吳大學法學院落做兼職教授，他動員良鏞進入東吳法學院插班修習國際法，爭取將來做個外交家。良鏞被說動了，有意辭職去上海。

查懋忠聞訊，立即趕到杭州，鄭重地對良鏞說：「孩子，上海灘是你好混的麼？你的學問能當個新聞記者，也就該心滿意足了。至於你能不能寫小說，說這類大話只是紙上談兵罷了。當然，依你的才華將來也許會成功，不過，現在我希望的是，你在杭州能安個家，有個小康生活也就不錯了，又何必到處奔波？孩子，戰爭好不容易結束了，家人盼望的就是安寧，因為安寧是家庭生活的全部呀！其它幻想都不實際。所以，我勸你還是安下心來，好好當你的《東南日報》記者吧！」⑧

⑧竇應泰《金庸的婚史與情戀》，台海出版社，二〇〇五。

這一回，良鏞沒有依從父親，執意去了上海。後來，查懋忠兩次去上海，看望兒子，給他帶上家裡的幾冊藏書和他愛吃的霉乾菜紅燒豬肉。

龍頭閣的冤魂

晚年，查懋忠又號查樞卿。

建國初，一場鎮壓反革命的運動在全國轟轟烈烈地展開，「殺、關、管」三管齊下。由於殺人批準權下放，有的地方出現了亂捕、亂殺現象。查懋忠的兒子在香港，自然被扣上有海外特殊關係的反革命罪連同祖上的地主罪名一並審處。

開初，查懋忠初列入「管」的名單，一九五一年一月以後，從上到下加快捕殺反革命分子的進度，查懋忠也就被「升格」為「關」的對象了。鎮壓人員組織村裡人控訴查懋忠的罪行，可是由於查懋忠對村上人一直很好，且年年資助窮人，所以沒有一個人來控訴他。最後，倒是鄰村一個殘匪揭發他，家裡藏有一支手槍，於是，查懋忠立即進入了「殺」的名單。

給查懋忠羅織的罪名有抗糧、窩藏土匪、圖謀殺害幹部。

其實，「抗糧」之說是「牛頭不對馬嘴」的。一九四八年五月，稻穀抽穗剛齊，突降大雨，袁花裡的低田特別是龍山麓溝田的稻子，多數被洪水沖洗，損失比較嚴重。此時，國民黨政府自知快要垮台，企圖大量抓糧，夢想給解放造成困難，命令迅速開徵，盡快收足。中共地下黨員，特別是農民協會組織了抗糧會，不給地主交租，也不給地主挑穀上糧，因而，查懋忠順水推舟也就「抗糧」了。解放初，人民政府徵收公糧，因為穀子在佃農手中，佃農們自己交了，查懋忠主持的義莊也就少交了。說查懋忠「抗糧」，根本是對錯了茬。

金庸同父異母的弟弟查良楠前去爭辯：「我家以前每年繳糧三千餘斤。一九四九年後，已收不到租糧，農民說解放了不必再繳了。政府的糧食不能不繳，於是父親變賣財產，仍不夠，這哪是抗糧啊！」誰知這一評理，反而坐實了「抗糧」的罪名。

至於「窩藏土匪」，指的是他的內弟曾經在他家躲藏過幾天的事，「圖謀殺害幹部」卻是由那支手槍招來的「莫須有」。

這時候，周王廟的許行彬以「惡霸」罪名鋃鐺入獄，查懋忠與他交情深厚，一同入獄在所難免了。

一九九九年十一月，寫書人在袁花鎮找到了八旬老人沈鶴鳴，當年他是許行彬家米店的店員，跟查懋忠有過多年交往，旁聽了當年的公審大會，目睹了對查懋忠的審判。那天，審判台上坐着的人身穿軍裝，挎着槍。坐在中間的審判長號召在場群眾揭發查懋忠的「惡霸」罪行。

在村裡幹部的示意下，一個年輕農民爬上主席台前的一張大方桌揭發。他說，查懋忠肯定是一個反革命分子，解放前我曾親眼看見他在十字街茶館裡喝茶，靠得很近，我發現他拿着一張解放前的報紙在看，已經解放了還在看解放前的報紙，不是反革命是什麼？第二個爬上桌子的是就是鄰村那個小土匪，他揭發說，解放前我曾親眼看見他挨家挨戶去收租，當時我就想抗租，但怎麼敢呢，因為他有「這話兒」，他一邊說一邊將右手插進褲袋向前一比，表示手槍。

這兩個毫無道理的所謂反革命證據立即為審判台上的人解了圍，查懋忠的「惡霸」罪就這樣定下了。審判長馬上宣佈，現在有兩個辦法，一個是立即處決查懋忠，一個是帶回去重審後再處決，徵求大家意見，看怎麼辦？

接着，審判長走到台前大聲說：「現在只要有一個人舉手同意把查懋忠帶回去重審，就帶回去。給大家三分鐘的時間。」說着他很嚴肅地高舉起左手亮出手表，開始讀秒報時：一秒、兩秒、三秒……還有兩分鐘，一秒、兩秒、三秒……還有一分鐘……這時全場死一般的沉寂，人們都屏住了呼吸，誰也不敢吭一聲。當三分鐘快到時，審判長昂起頭以宏亮的聲音說：「時間到了，沒有一個人舉手。」——在這種情況下誰敢舉手呢？

接着，審判長說：「同意立即處決的人請在三分鐘內舉手！」說着又舉起左手讀秒報時。剛才上台檢舉的兩人首先舉起手來，一會兒全場都陸陸續續地舉起手來了——在這種情況下誰敢不舉手呢？

審判長立即宣佈：判處查樞忠死刑，立即執行。

一九五一年四月二十六日，查樞忠被從會場裡拉出來，對照姓名照片，不脫衣服、不賞酒飯，五花大綁，甩上刑車即向袁花龍頭角駛去。這裡正是查樞忠當年興建的龍頭閣小學的操場。到達刑場後，四人為一批，立即槍斃。金庸的繼母顧秀英事後才得到消息，強忍淚水來收屍，只見丈夫橫屍操場邊上的田埂上，身下一攤血。妻兒把屍體拉回家，連夜掩埋，還不敢留有墳頭。

許多年以後，金庸的大妹查良琇說出了那支手槍的真相：繼母顧秀英有個弟弟是浙南山區殘匪，一九四九年解放前夕，將一支手槍偷偷藏在了姐姐家後院的糧庫裡。其實，查樞忠夫婦並不知曉，別說是帶槍去收租了，壓根兒連槍的模樣也沒見過。不料，弟弟早已將此事泄漏給了他的同道。

父親之死，對查良鏞來說當然是難以想像和接受的悲劇。回答日本學者池田大作的專訪時，金庸說：「我當然很悲傷，但並沒有懷恨在心，因為我已充分理解，這是大時代翻天覆地大動蕩中極難避免的普遍悲劇。全中國數百萬人在戰場上失去了性命，也有數百萬人在此後的各種鬥爭中失去了性命。」[9]他還專門致信海寧縣委領導：「大時代中變亂激烈，情況複雜，多承各位善意，

⑨《探求一個燦爛的世紀：金庸／池田大作對話錄》，北京大學出版社，一九九八。

審查三十餘年舊案，判決家父無罪，存歿俱感，謹此奉書，着重致謝。」⑩

一九八一年七月十八日，鄧小平以中共中央副主席的身份會見金庸時，主動談起他父親被殺之事，說：「團結起來向前看。」金庸點點頭，說：「人入黃泉不能復生，算了吧！」他表示父親的命運只是改朝換代之際發生的悲劇，自己已淡然不記「前仇」。⑪

然而，「缺失父親」的意義模式，在金庸的任何一部小說中隱約可見。即使有些主人公的生父確實死了，他們也通過另外的方式尋找他們的父親。金庸幾乎給他所有的主人公都營造了缺失父親的情節內容，所以要費盡周折，千方百計去尋找自己的生父，然後才能找到自己的所在，真正回答「我是誰」這一基本問題。應該說，這一點也和他成長過程中與父親缺失有關。

由此可見，金庸在這個潛在的意義模式里包含着一個隱喻的世界觀：血緣關係為世界秩序和個人命運的起點。在他看來，「父親」這個角色的定位有着非常重要的意義，「君為臣綱，父為子綱」，一個男人的身份首先是為人臣，為人子。

⑩《鄧小平與香港名人往來的故事》，千龍新聞網，二〇〇二年七月十一日。
⑪《鄧小平與香港名人往來的故事》，千龍新聞網，二〇〇二年七月十一日。

二、本是徐志摩的堂姑媽——母親徐祿

金庸曾對訪問者說：「徐志摩是我表兄。他爸爸是大哥哥，我媽媽是小妹妹。」

一九一四年臘月，錢塘江北岸的袁花小鎮，查氏「赫山房」張燈結彩，大門上貼着一對方方正正的大紅喜字，在「咪哩叭啦」的嗩吶聲和「劈劈啪啪」的爆竹聲中，一頂花轎被搖頭晃腦的鼓手迎了進來。拜過天地，拜過高堂，夫妻對拜之後，一對新人進了洞房。

大花燭點燃着，「嗶嗶剝剝」跳着喜花。新郎查懋忠輕輕掀開新娘子的紅蓋頭，即刻燭光映紅了一張怯生生的秀臉。新娘子名叫徐祿。

知書達理好母親

徐祿是硤石富商徐申如最小的堂妹妹，儘管徐祿只比詩人徐志摩大了一歲，但按輩分來說，徐志摩得叫她一聲「姑媽」。

徐家是當地的富商之家，家裡經營醬園、綢布莊以及硤石鎮第一家錢莊——裕通錢莊。這是一樁男才女貌、門當戶對的聯姻，說得通俗點，就是「資本家」和「大地主」的結合。

新娘子徐祿年方十九，生得嬌小可愛，舉止溫婉，那雙眼睛裡水汪汪的，似是兩潭湖水，那張小巧的嘴唇兩邊，一笑便蕩起一對兒酒窩。她曾在杭州女子學校念完高中，在二十世紀初期，女子上到高中畢業還是不多見的。徐祿可以說是才貌雙全，那雙纖纖小手，不僅會作文寫字，學得一手娟秀的小楷字，還會繪畫繡花，尤其做成的繡花小鞋遠近聞名，因而深得徐家寵愛，稱得上是一位既知書達理，又擅長女紅的完美女性。

她與查懋忠結婚後，丈夫問她過去讀過什麼書，她說讀過四書五經、《唐詩三百首》、《古文觀止》、《列女傳》、《幼學瓊林》、《楚辭集注》。查懋忠見她對這些書還能解釋，很是高興。但他覺得這些書不切實用，便讓妻子讀《史鑑節要》，接着又讀《瀛寰志略》。前一本是簡要的中國通史，徐祿順利地讀完了，而後一本是關於世界各國歷史地理的書，她太生疏了，讀起來困難很多，查懋忠就給她解釋、說明，直到她懂了為止。

嫁到查家，徐祿辦事都依照農村風俗習慣。懷孕後，她天天燒香求觀音送子送福；雖然是第二個兒子了，可查良鏞出生第三天，她還是親自下廚，向親朋端「三朝麵」、分紅蛋。滿月那天，雖有傭人張羅，她卻要親自寫帖寄帖，擺「滿月酒」邀約親朋赴宴。

良鏞的外公、外婆，給小外孫送來了緞子斗篷，四季衣裳、鞋帽，還有搖籃、坐車。特地請人打製了「長命富貴」銀鎖、銀項圈，以及銀手鐲、銀腳鐲，親手給外孫戴上。外公徐蓉初既是銀行家，還是個收藏家。

良鏞五周歲了。一天中午，徐祿帶着小兒子良鏞乘坐小客輪抵達硤石碼頭，走進保寧坊徐家，她回娘家歇夏來了。一進門，徐蓉初也不顧女兒旅途勞累，就對她喊道：「小外孫來了，快把他帶過來，讓我看看！」小良鏞見了外公、外婆，居然不怕陌生，伸出一雙小手，按母親的吩咐，脆聲地喊道：「外公！外婆！」徐蓉初把他抱起來，寶貝、心肝地連聲叫着。一家人都笑了。

這回，徐祿在娘家住了一個多月。金庸曾回憶在外婆家看到的情景：「我母親和她的姊妹、姑嫂們則愛讀《紅樓夢》，大家常常比賽背誦回目和書中的詩詞，贏了的可拿一粒糖。我在旁聽着，覺得婆婆媽媽地毫無興趣，但從母親手中接過一粒粒糖果，自然興趣盎然。」[12]「我媽媽愛讀《紅樓夢》，她常和我的堂嫂、堂姐她們談賈寶玉、林黛玉等等。我媽媽最喜歡的人物是探春，其次是薛寶琴，她會背薛小妹新編的『懷古詩』，如今我想起來還覺得有點奇怪。」[13]

⑫《探求一個燦爛的世紀：金庸／池田大作對話錄》，北京大學出版社，一九九八。

⑬ 金庸《關於金庸茶館》，中國作家網，二〇一三年一月六日。

幼年時，良鏞有時不高興了就不肯吃飯，最長久的一次是因為媽媽給他做的拖鞋，他覺得上面繡的蝴蝶不好看，蝴蝶翅膀只繡一條邊線，不像二伯父家靜姐姐的拖鞋，蝴蝶的翅膀用不同顏色繡了實地，好看得多。於是，媽媽給他重繡了兩塊實地蝴蝶的鞋面，金庸才高高興興地笑了。在他不肯吃飯的時候，媽媽常說他「不乖，調皮」，用手指在他的額上輕輕一點。

後來，金庸說起：「我撰寫武俠小說，最大的動機是在於我很喜歡武俠小說。從兒童時起，大部分的零用錢就花在購買武俠小說上，每次從家鄉（海寧袁花）到硤石（海寧縣最繁盛的市鎮，我外婆家，亦即我表兄徐志摩、表叔蔣百里的居處）、杭州、上海這些大地方，必定請人帶去書店買武俠小說。和我同好者之一，是我的一個侄女查懿德，她比我年紀稍大，但因對舊小說有同好，她借了很多小說給我看，我們也常談小說中的人物。另外一位同好，是我姑丈的四姨太，我叫她四阿姨。那時我八九歲，她已經四十多了，但我們仍可一起談舊小說。我的額外收獲，是承她給我很多糖果、糯餅、冰激淋。」⑭

金庸對新詩的興趣不大，致於到二十多歲才開始集中閱讀徐志摩的詩。徐志摩是金庸的表哥，是金庸家族「喜歡談論人家的私事」的「八婆」們常常議論的對象，又讓金庸對這位表哥的經歷

⑭ 金庸《關於金庸茶館》，中國作家網，二〇一三年一月六日。

尤其情感經歷非常熟悉。徐志摩移情別戀後與張幼儀離婚，徐申如很不贊成：「因此在親戚之間，徐志摩不得人心，不獲好評，大家也不與他後來的夫人陸小曼來往。」後來，金庸寫小說，裡面總有一個風度翩翩、氣質俊朗、武功超群的表哥，但金庸最後總要把這位表哥描寫得卑鄙、負心薄倖、竹籃打水一場空，比如《天龍八部》裡的慕容复、《連城訣》裡的汪嘯風、《倚天屠龍記》裡的衛壁。金庸對「表哥」為啥有這麼大的惡感，顯然是因為金庸年幼時受的耳濡目染。

一九三一年十一月十九日，詩人表哥徐志摩遭遇空難。翌年春天，表哥的靈柩在故鄉硤石安葬時，小童查良鏞代表全家前往吊唁。查家送去的挽聯「司勳綺語焚難盡，僕射餘情懺較多」，用唐代詩人杜牧（司勳員外郎）、徐州守將（檢校右僕射）張建封與歌伎關盼盼的典故，明顯對徐志摩的婚變不滿。

後來，金庸回憶：「我媽媽是他的姑母，他父親比我媽媽年紀大得多，是我的老舅舅。徐志摩在山東墜機之後，在家裡開喪。我爸爸輩分比他大，但他家裡有錢有勢，如果去吊喪，不免有諂諛之嫌，於是派我去。那時我只是個八歲左右的小孩，但他家裡當我貴客那樣隆重接待。我在靈位前跪拜後，舅舅徐申如向我一揖答謝。舅舅的孫兒（徐志摩的兒子徐積鍇）則磕頭答謝。然後開了一桌酒席宴請。我一生之中，只有這一次經驗，是一個人獨自坐一張大桌子吃酒席。桌上放滿了熱騰騰的菜餚，我當時想，大概皇帝吃飯就是這樣子吧！兩個穿白袍的男僕在旁斟酒盛飯。那時我自然不會喝酒，只做樣子假裝喝半口酒，男僕馬上把酒杯斟滿。我不好意思多吃菜餚，只做過樣子就告辭。舅舅送出大門，吩咐用自己家裡的大船連同船夫、男僕送我回家，再向我爸爸、媽媽呈上禮物道謝……我和徐志摩的關係僅此而已。平時因年紀相差太遠，我只和他的兒子做朋友……」⑮

快過年了，良鏞家做了許多糖年糕，這是媽媽從娘家帶過來的手藝。糖年糕中調了白糖和蜂蜜，再加上桂花，糕面上有玫瑰花、紅綠瓜仁以及核桃仁，徐家大院落裡栽了三棵銀桂樹，這桂花就是從樹上摘的，很香。媽媽揭開了火爐蓋，放一張銅絲網罩，把糖年糕切成一條一條的烘熱。年糕熱了之後，糕裡的氣泡脹大開來，像是一朵朵小花含苞初放。媽媽做的糖年糕在十里八鄉出了名，金庸最愛吃了。

一九九四年金庸歸鄉時，鄉親端一盆桂花糖年糕來，他嘗了嘗說：「不夠香，沒有我媽媽做的好吃。」

年輕母親對兒子的要求很嚴，但是並不主張他一天到晚關在家裡讀書、寫字。她經常給金庸

⑮ 傅國湧《金庸傳》（修訂本），浙江人民出版社，二〇一三，第十頁。

講歷史故事，當地傳說。學校放假，徐祿常領着良鏞遊玩附近的名勝古跡，或去看黃墩廟戲台的演出，或去鹽官土地廟，看人們燒香許願，然後在海塘邊看錢江大潮。

逃難途中訣別家人

結婚二十多年後，徐祿已是一位兒女繞膝的中年婦人了，先後生有良鏗、良鏞、良浩、良棟、良鈺五子和良琇、良璇二女。雖生逢亂世，但丈夫與她情投意合，相愛甚篤，生活平靜而又富裕，應該說她是一個幸福的太太。

然而，一九三七年「七七事變」發生，隆隆炮聲越來越近。到了十二月中旬，南京淪陷的消息傳來，一時間浙江的上空更籠罩在戰爭的陰雲裡。徐祿一聽到日本人在南京大屠殺的慘景，更是擔驚受怕，每天急得吃不下睡不着。

這天，徐祿給幼子良鈺喂飽了奶。她點燃一柱香，跪在了觀音菩薩瓷像前，雙手合十，頭如雞啄米般叩頭祈求：「救苦救難的觀音菩薩顯一顯靈，保佑我一家平安度過這一場劫難。我吃長齋，重塑金身……」突然，高腳清油燈的火苗跳動了幾下，然後顫抖地俯伏到燈草上，半天不敢站起來。

徐祿癡呆地凝視着觀音菩薩安詳的笑容，她不明白自己一世行善積德，災難為什麼跟她過不去。

女人總是抱怨生活道路的崎嶇，這不過是感情脆弱的借口罷了。女人多半借着這個題目哀嘆自己命運的不幸，但不幸者又何止是女人呢！

一九三八年底，日寇侵入江南，袁花慘遭轟炸，查懋忠開的商店被炸毀了。鄉親們紛紛向浙西山區或偏僻農村避難。查懋忠夫婦只得遣散了僕人，夫妻倆帶着幾個孩子去逃難。此時，良浩僅四歲，兩歲的良鈺尚嗷嗷待哺。

逃難途中，他們看到了不少慘死的百姓，看到他們衣不蔽體，全身都是血跡，倒在路邊不停的慘叫和呻吟着等死，雨水毫不留情的淋在他們的身上，不一會兒，這些還在垂死掙扎的百姓就悄無聲息地死去了。徐祿用衣服遮住孩子們的眼睛，不讓他們看到路邊的屍體。

經過臨安一個小鎮時，一顆炮彈在相隔他們住處不遠的一家商行爆炸，燃起了大火。為了弄清情況，查懋忠不怕炮聲隆隆作響，不顧妻子的阻攔，大膽地跑上屋頂的平台。他終於看清了商行和他們住的大廈中間隔着一小塊空地，大火不會延燒過來。還發現日機轟炸的目標不是這一條街，而是山腰的華人住宅區，就是他們原來住的那一帶。他把觀察到的情況告訴了妻子，安慰她不必害怕。接着把箱子搬到妻子和兒女的頭前，靠着她躺下，輕聲說：「要是有個炮彈穿窗進來，那就無話可說，要防的還是彈片，這隻箱子可以擋擋彈片……」

查懋忠正說話，忽然眼前一亮，頓時滿屋紅光。他本能地跳了起來，一聲「糟糕」還沒喊出口，響起轟然的爆炸聲。他抱起兒子拉着妻子跳出門外，下意識地將妻兒護在身下。第二天一早，他和妻子再來這裡，看到昨晚那顆炮彈落在屋頂，把三四寸厚的鋼筋水泥屋頂炸開了個小天窗。徐祿嚇得臉色變白：「好險啊！」⑯

查懋忠說：「這兒不安全，我們還是逃過錢塘江去。」

過了江，在餘姚庵東鎮落腳，一住好幾年。這期間，四子良棟在貧病中死去。

長女查良琇後來回憶：「只要空襲警報一響，母親就抱着我往防空洞裡跑。當時我正生着病，防空洞裡不准孩子哭，母親就用手使勁地捂着我的嘴。警報解除後，大家出洞一看，那些來不及跑進或擠不進洞裡的老百姓被炸的血肉橫飛，到處是屍體，慘不忍睹。

「在逃難過程中，母親帶着我們的隨身衣物外，就是我和弟妹的一包兒童讀物，這些書雖然很重，母親認為比衣物還要珍貴，寧願丟棄一些衣物，也捨不得把書丟掉。逃難途中只要有一點空隙的時間，就讓我和弟妹打開這些帶圖畫的故事書，結合故事的文字教我們讀書識字。只要有可能，就要求我寫日記。把逃難時的一些事作為作文題目，讓我寫作文，或是要我把這些事件寫信告訴

⑯ 查良琇《逃過錢塘江去》，《海寧日報》，一九九八年七月十三日。

千里之外的外公外婆、和表哥。」⑰

徐祿從早到晚為身邊的四個孩子弄來吃的，自己卻得了急性菌痢，因無醫無藥，食不下咽，幾至虛脫。

一個月後，她的病情加重，腹痛痢血，常常昏迷。丈夫查懋忠親自采摘草藥，和雞湯讓妻子服用。徐祿躺在丈夫的懷裡終於沒有醒過來，查懋忠悲痛欲絕，日夜守着不肯離開。

此時，十四歲的金庸正在嘉興中學讀書，戰爭動蕩歲月中，他長久不能與家人團聚，也就不知曉母親的死訊。他曾經在不少場合說過：「沒能見上母親最後一面，是我一生中最大的痛苦。」一九八一年，金庸首訪大陸，他做的第一件事，由妹妹良琇的指引，找到母親遇難的地方拈香跪拜，祭奠亡靈。那會，七十歲的金庸曲腿跪着，淚灑黃土，久久不肯起身。

金庸第一部作品，《書劍恩仇錄》中，陳家洛的母親名為「徐惠祿」（後改「徐潮生」），可以肯定，金庸是以自己母親的名字為處女作主人公的母親命名的，表達的是作者本人對亡母的思念依戀。

對於母親的懷念，金庸在他的第一部武俠小說《書劍恩仇錄》第四回中，有一段描寫陳家洛回到海寧時的感受，似乎寄寓着作者自己的感懷——

⑰ 查良琇《逃過錢塘江去》，《海寧日報》，一九九八年七月十三日。

陳家洛上馬奔馳，八十多里快馬兩個多時辰也就到了，巳牌時分已到達海寧城的西門安戌門。他離家十年，此番重來，見景色依舊，自己幼時在上嬉遊的城牆也毫無變動，青草沙石，似乎都是昔日所曾撫弄。……坐在海塘上望海。回憶兒時母親多次攜了他的手在此觀潮，眼眶又不禁濕潤起來。在回疆十年，每日所見盡是無垠黃沙，此刻重見海波，心胸爽朗，披襟當風，望着大海，兒時舊事，一一湧上心來。眼見天色漸黑，海中白色泡沫都變成模糊一片，將馬匹繫上海塘柳樹，向城西北自己家裡奔去。

一九九四年，金庸回故鄉觀潮，與人說過他童年時和母親一起觀潮的情景。

一九九九年三月三十日的《文藝報》刊登一首金庸的「無題詩」，以悼念剛剛逝世的冰心老人。詩中寫道：「在藍天下，碧海上，閃爍的星星下，大船的甲板上，你母親抱着你，你出一身大汗，病好了。我為你欣喜，感覺到了自己母親的愛，我也生過大病，媽媽也這樣抱過我……可是沒有你媽媽來抱你了，於是你倦了，你去找媽媽了，投入她溫暖的懷抱。我們失去了你，但是你找到了親愛的媽媽。在藍天下，星光下，在碧海上，你在媽媽的懷裡，帶着我們千千萬萬小讀者、大讀者、老讀者的愛。」他在致《文藝報》總編的信中說：「我從不曾寫過新詩，這次因冰心老人逝世，忽然想到了她充滿母愛感情的文字，不由自主地寫了出來。」是的，他是借悼念「孩子們的媽媽」而追念自己親愛的母親。

三、兒時玩伴小丫鬟——庶母顧秀英

「我的庶母確叫顧秀英，年紀比我大十歲左右，是一位溫柔而勇敢的女子，曾在我家做丫鬟，叫做蘭英，因為做事負責，很得我父親和母親的信任，曾幾次派她送我去母舅家做客，她照顧我很好，在我母親去世後成為我的庶母。……現在我庶母已經去世，當時我很難過……」⑱這是金庸第一次提到她的庶母顧秀英。

記憶中的蘭英姐姐

在江南這一帶，舊時窮苦的農民常將女兒或賣或抵押給地主家或有錢人家做丫鬟。蘭英的家在鹽官城西的春完小鎮，這是金庸祖母黃氏的娘家。蘭英的爹爹生病向查家借了一筆債，在她十一歲時便押給了查家。她記住了媽媽臨別的話：「進入大戶人家當丫鬟，就不會餓肚子了，還能穿上漂亮的衣裳，有糖果吃……」

進了查家，蘭英起先伺候老奶奶黃氏。剛來時，她長得又黃又瘦，看起來很醜，才過兩年便

⑱ 金庸《金庸散文・後記》，香港明河出版社，二〇〇七。

出落得水靈靈的，變得好看多了，又機靈，生性溫和誠實，與童年金庸比較親近，在一塊兒玩捉迷藏，一塊兒放風箏，一塊兒吃糖糕。

蘭英天生慧黠討喜，一張嘴甜得可以，老奶奶喜歡她，少奶奶徐祿更喜歡她，有什麼好吃的都會留給她一點，差點將她當親妹妹一樣疼愛。小少爺宜官（金庸的乳名）四歲時，老奶奶去世了，蘭英便留在了徐祿身邊，伺候小少爺。在江南，如果老太爺、老奶奶在堂，第二代的叫作少爺、少奶奶、小姐；第三代的是官官、寶寶。

蘭英手腳勤快，做完了房裡的事務，便常去廚房做事。一日，少奶奶見蘭英往外走，問：「你怎麼不願意留在我身邊？」蘭英趕緊道：「不，少奶奶，我是習慣了，不願意閑着。其實這廚房也挺好的，還能學到手藝，要是學到做點心的手藝，以後就能到鎮上開點心鋪了。」查家在袁花鎮上開了多爿店鋪。徐祿笑了笑：「你想學手藝？我教你吧，不過不是廚房裡的事，我教你針線吧。」

教自己做針線？蘭英的眼睛眨了眨，女兒家都要學針線，蘭英雖然沒人正經教過，可訂扣子補補丁這樣的簡單活也是會做的，至於做荷包香囊更甚於做衣服，這些就要有人教了。徐祿這次是真的笑了：「你眨什麼眼睛，難道是嫌我的針線活不好，年輕時候，娘家弟妹的針線都是我打點的，那時弟妹都不穿別人做的衣衫。」徐祿想起了娘家人，有點兒惚神，唇邊顯出兩道紋路。

此刻，少奶奶在蘭英心裡，真是這世上頂好頂好的人了，長的美，待人和氣，從沒有一絲一毫的傲氣，查家大院上上下下誰個不說她好呢？

蘭英見少奶奶又在出神，還以為自己說的話衝撞了她，急忙小聲地道：「少奶奶，我不是嫌你的針線活做的不好，是怕我學的不好。」

徐祿從回憶中醒過來，低頭含笑：「你到我屋子裡也小半年了，我瞧你雖不是那種頂機靈的，可是也算得上是穩重的，做事也踏實，橫豎我平日閑着沒事，教了你也沒什麼，這有一手好針線活，以後嫁出去婆家也喜歡。」

蘭英歡喜點頭。徐祿拿出針線來，手把手地教她做起了荷包。

金庸不至一次地回憶過小時候拿小鳥換荷包的情景。

端午節快到了，蘭英已經做好了很多隻荷包，有圓形的，方形的，也有桃形的，如意形和石榴形的，上面繡着娃娃騎魚、娃娃抱公雞、雙蓮並蒂等形狀的圖案，裝飾意味很濃。那時候，海寧有端午節掛荷包的習俗，荷包裡放有朱砂、雄黃、香藥，外包以絲布，清香四溢，因而稱「香囊」。端午節小孩佩香囊，不但有避邪驅瘟之意，而且有襟頭點綴之風。

她要把荷包送給查家大院的孩子和老人們。

忽然聽得一陣「嘰嘰咕咕」，抬眼一看，見小少爺宜官奔跑着進來，手裡提着鳥籠，裡面有一隻黃鸝，送到她面前，笑眯眯地說：「蘭英姐姐，你看小鳥，姑姑給我抓來的。」

姑姑是未曾出嫁的大小姐查玉芳。少爺在鎮上管錢莊，時常不在家，少奶奶懦弱而疏懶，查玉芳就幫少奶奶管家，管理官官寶寶們，管理廚子、長工和丫鬟。

蘭英心善，說：「宜官寶寶，你看，這小鳥被你關在裡面，見不着媽媽，小鳥多可憐呀！」說着，眼中已有了淚水。

宜官說：「小鳥好玩，我要玩！」

蘭英伸出右手，手掌裡有一隻繡着娃娃抱公雞的荷包，遞給宜官：「我給你荷包，你快把小鳥給我，放了它！」左手去拿鳥籠。

宜官奪回鳥籠，抬腿往外跑，一甩，鳥籠脫手在地。撲嚓嚓，小鳥從打開的門兒飛了出去。

宜官轉過身，手指蘭英：「你賠，賠我小鳥！」

蘭英嚇得臉上有點變色，右手不由自主的擋在自己面前，似乎怕宜官打她。她逃也不敢逃，兩條腿已在輕輕發抖了。

「宜官寶寶，你在喊叫什麼呀？」大小姐聞聲走了進來。

查玉芳心好，見蘭英嚇得發抖，叫她不用怕：「小鳥飛了還可以去捉一隻，怕什麼呀！」她拍拍宜官的頭說：「今天端午節一過，你明天就拿不到小荷包啦！你看，蘭英姐姐做的荷包多漂亮啊！」宜官小小的臉上現出了笑容。

宜官接過荷包，從口袋裡拿出一塊糖：「你把荷包給我，我給你糖吃。」蘭英奇怪地瞪大眼睛：「你怎麼知道我喜歡吃糖？」

宜官說：「我不打你！」幾塊紙糖放在蘭英伸出的右掌裡，蘭英不敢要，呆呆地看着自己的掌心。宜官說：「很甜的，慢慢吃！媽媽說，女孩子都喜歡吃糖，讓我在口袋裡放着糖，給你的。」

蘭英膽怯地望着宜官。

大小姐說：「蘭英，寶寶給你的，別害怕，你就吃吧！」

見到鼓勵的神色，蘭英似信非信地剝下包紙把糖送到嘴裡，慢慢咀嚼，向身後門口偷偷瞧了瞧，怕給人見到。

過了幾年，宜官入學了，蘭英也十六歲了。學校離查家有好幾里路，接送小少爺上下學的路上，她帶他去湖邊看白鵝，捉蝴蝶玩，兩人快快樂樂地在小路上奔跑。下雨天，蘭英撐着傘，讓宜官伏在她的背上，駝着他走幾里路。

這天黃昏，少奶奶正把着宜官的手練習寫字，歪歪扭扭的字跡，如同鬼劃符的模樣，看得蘭英也不禁發笑，可徐祿卻是一臉的認真和專心。看着，看着，蘭英忘記了做事，呆呆地站在那兒。

徐祿抬頭看見蘭英，說：「你也想學字嗎？來，跟寶寶一塊學。」

蘭英默然不語，只是無奈地笑了一下，轉身回到了自己住的房裡。

她坐在一面舊銅鏡前，暗暗嘆氣，心道：「要是父親不生病不借債，我怎麼會是這樣一個小丫鬟？」

凝視鏡中，望見一張甜美清秀的臉蛋，輪廓雖然有點模糊，可是並不減俏麗的姿態。攬鏡自照，映出一副苗條的身材，胸前卻甚為豐盈，比同齡少女有所勝出。低頭一看，一雙手也是柔嫩白皙，十指纖巧。自己雖然不好意思稱讚，可是男人見了這樣可愛的姑娘，若有機會，絕不會吝惜一聲讚嘆。

她有點開心地觀賞着自己，對鏡子聳聳肩膀，暗道：「唉，罷了，罷了，總是我命中注定。既然當了丫鬟，就好好做吧。少爺和少奶奶一直待我不錯，我也別怨嘆什麼了。」

小良鏞一直把秀英當做自己的大姐姐看待，在他的記憶裡，留存着很多讓他回味的故事，因此，他後來寫了紀實散文《月雲》，紀念這段時光。

後來，金庸上了中學。日本兵佔領了這個江南小鎮，家中長工和丫鬟們逃散了。金庸一家逃難逃過錢塘江去，媽媽在逃難時生病死了，一個弟弟也死了。後來，金庸上了大學，在杭州工作了，「蘭英」的名字常常出現在兄弟姐妹的家信中。

反攻倒算的地主婆

蘭英長到二十歲時被母親領回，後來去了上海做女傭，因而，查家逃難時她沒有跟着過江。徐祿病亡滿三年，查懋忠續弦，小他十七歲的蘭英便做了他的新妻子，改名為「秀英」，擔當起撫育幼子的責任。後來，她先後生下良鉞、良楠、良斌、良根四子和良琪、良珉二女。

顧秀英是位賢妻良母，對丈夫唯謹唯慎，處處謙讓；對前房和親生的兒女，沒有親疏之別，給予同等的母愛。

一九五一年四月的那個日子，丈夫被抓走了。顧秀英面向西南的龍頭角方向，跪在屋前的棗樹下，雙手合十祈求，但願仗佛慈力，讓丈夫逢凶化吉，安然無恙。

龍頭角逼打地主的聲音如颶風在夜空咆哮：「手槍藏在哪里？不招吊起來！」「惡霸地主不老實，死路一條！」

顧秀英蜷縮在棗樹下，身子篩糠般抖着。

中年喪夫，顧秀英成了一個守寡的地主婆。

顧秀英含辛茹苦，撫養自己生養的六個兒女成才，又深明大義，將徐祿留下的四個孩子送往外邊念書，支持他們遠走高飛，尋找自己的生活道路。

一九五八年，在無糧無柴的歲月裡，她偷偷賣掉了幾間房屋，給外邊的孩子寄錢，給家裡的孩子買一點充飢的糧食。儘管賣房是讓孩子們不挨餓，不失學，但她仍覺得對不起查家祖先，有割肉般的疼痛，想着孩子長大以後再去買回來。晚上，她悄悄記錄下了房屋的間數和大小。不料有人發覺匯報了，她被抓了去關押，挨了無數次的毒打，最後，脖頸上掛着「地主婆反攻倒算」的牌子遊了三天街，奄奄一息了才被抬回家裡。蘇醒過來，她對臥懷痛哭的兒女說：「什麼苦我都能忍受，只盼着養大你們，有書念，對得起你們早死的父親。」

接着而來的一個個政治運動，作為成為村裡「職務最高的五類分子」，顧秀英的厄運就開始了。被批判，被批鬥，被遊街，被管制等等的被專政的事情是少不了的了。兒子良楠還在上學，學校召開批判會或者是憶苦思甜教育大會，顧秀英被批判、被陪綁的時候最多，良楠還被學校要求要同地主婆的媽媽劃清界限，還要上台，開展兒子批判地主婆媽媽的發言。她被抬到高高的方桌上，低着頭，向孩子們低頭認罪，一站，就是兩三個小時。

不應該做的一件事情，也是當年的鄉親不能容忍的一件事情，就是她同土改時的分房農戶的糾紛，也就是這個事情的出現，在那樣的年代，終於演變成了一個嚴重的階級鬥爭事件，顧秀英被關押了大半年。

那是一九五九年的時候發生的事情了。早在土改的時候，「赫山房」劃分成若干單元，土地、農具、牲畜等農業生產資料都分給了貧苦的農民，這樣的事情也已經成為了歷史。可是，同住一院的一戶鄰居要在公用的花園裡砌牆蓋屋的時候，顧秀英卻站了出來，與這戶鄰居發生了爭議。顧秀英的意思就是房子是查家的，別人不能隨意的翻蓋。而鄰居的意思是，房子是土改的時候分得的，花園在他家門前，翻蓋房子根本就不需要徵求別人的同意。那個鄰居初以為一個寡婦地主婆不敢吵鬧的，可是當他在翻蓋房子的時候，顧秀英卻真的鬧起來了。她披頭散髮破口大罵，嚷出來了：房子是查家的財產，誰要是拆房抽樑就是扒她的皮抽她的筋！這樣的話，在那樣的年代裡，從顧秀英那樣身份的人口中說出來，無疑是一個驚天的地震，是一個嚴重的階級鬥爭事件！

於是，從大隊報告了公社，公社的武裝部長和公安員來了；然後又報告了縣裡，接着就這樣，顧秀英以地主婆反攻倒算的罪行，被逮捕關押了。

一九六七年，突然來了一群臂戴袖章的年輕人，喊着口號闖進查家大院。顧秀英拉過一張桌子堵住大門，手握着一根大門栓，一步跳上桌子，威風凜凜地說，：「誰膽敢動我家一片磚瓦，瞧我砸了他的腦袋！」那些「不速之客」竟然被她嚇住了。有人喊「打倒地主婆」，她厲聲喝叱：「我是一個丫鬟，不是地主婆，你亂喝什麼！」然而，當有人要她恢復丫鬟身份，馬上與查家劃清界線的時候，她拒絕了，說「查家的當家男人死了，我就是這個家的女主人了！」於是，她甘願做地主婆遭受無盡的批鬥，也不願意在甄別她丫鬟身份的表格上按捺自己的手印。⑲

「地主婆不老實，頑抗到底死路一條！」夜空裡又響起揪心裂肺的吼聲。

顧秀英堅信丈夫是無辜的。在查懋忠死後的三十餘年裡，她多方申訴，為他平反而奔走。直到一九八五年，海寧縣法院才認真覆查舊案，並且宣佈係屬錯殺，予以平反昭雪

查家橋頭盼兒歸

鬥爭地主的高潮已經過去，鄉村又恢復了往昔的平靜。

金庸不是顧秀英所生，但他是查家的根苗，一去香港五十多年，顧秀英直到臨終仍對這個繼兒一腔情深。

⑲ 查良琇《在海寧的日子裡》，《海寧日報》，一九九八年三月四日。

距龍山十來里路，錢塘江畔有一座山，孤峰突起。山頂有一大石臨江而立，遠遠望去，宛如一位慈母，眺望遠方，盼兒早早歸來。這座山就叫望兒山，它有着一個催人淚下的傳說。相傳很久以前，海邊有一戶貧苦人家，母子二人相依為命，苦熬了十幾年。這年，母親送兒子進京趕考，對兒子說：「孩子，考上考不上，都要早早回來，別讓娘擔心啊！」兒子乘海船赴京趕考去了。母親晝耕夜織，等待兒子歸來。但是，一直沒有兒子的音訊。母親着急了，就天天到海邊眺望。一年，兩年，三年……母親的頭髮都花白了，卻不見兒子的身影。七年，八年，九年……可憐的母親，一次又一次地對着大海呼喚：「孩子呀，回來吧！娘想你，想你呀……」十年，二十年……年邁的母親倒下了，化成了一尊石像。原來，他的兒子在趕考途中翻船落海身亡了。上天被偉大的母愛感動了，在母親佇立盼兒的地方，兀地矗立起一座高山，拔地而起的獨秀峰叫做「望兒山」。[20]

離望兒山十來里，有一座查家橋，有一個母親一年，兩年，三年……倚在橋頭，踮腳向前面的大路眺望。這個母親是顧秀英，遠方的兒子是她的繼子查良鏞。

四十多歲時，顧秀英常常呆坐在東側門外的一條石凳上，望着面前的小河。這裡原來有一個

[20]《海寧民間故事》，海寧文化館編，一九八五。

河埠，停着三四艘船，有一艘客船是她和宜官寶寶經常乘坐的。

大年初二，少奶奶回硤石娘家，坐在船艙裡頭，而宜官寶寶執意要看岸邊的風景便掙脫媽媽的懷抱，蘭英小心翼翼地陪着，牽着他的小手。

從袁花到硤石大概有二十來里水路，路上是浩浩蕩蕩的蘆葦塘。船夫老劉搖着船，蘭英和宜官寶寶坐在船頭，看天上的太陽慢慢的升上來，河水閃着金光，無邊的蘆葦蕩里卻是黑壓壓的，偶爾撲棱棱的飛出幾隻水鳥嚇人一跳。

到了鎮上已近中午，蘭英隨着少奶奶左轉右轉的才到了保寧坊，徐家很有氣派，門口還有幾個石頭獅子。沒有看到管家，少奶奶喚一中年女子為大少奶奶。

大少奶奶很潑辣，算盤打得劈里啪啦響，一條烏黑的頭髮散發着好聞的桂花油味道。蘭英在她身後發起呆了。大少奶奶覺到後面有人，忽然回過頭來，那雙大杏核眼和蘭英打了個照面，嚇得她氣都不敢喘，趕忙往外走。

「唉！你……這小妹妹長得還挺清秀呢。你認字兒嗎？」

「認得幾個字兒，是少奶奶教的。」蘭英怯怯的。

「噢，你看看這幾個字可認得。」蘭英湊上去，雙手捧過，看那黃草紙上寫着「星星月亮」，她一一念出。

大嫂子點頭，很高興：「你以後就別幹粗活了，以後跟着我去上海吧！」

蘭英傻愣愣的站着，少奶奶徐祿說：「你還不快謝謝大少奶奶。」

第二天跟着少奶奶上街，買閨房裡用的東西。到了西頭，少奶奶要繞過一家藥店，蘭英不知道為什麼，後來聽船夫老劉說，那是少奶奶有了身孕，回婆家要避忌。原來少奶奶是很講究的！

過兩天回查家大院，徐祿對蘭英說，大少奶奶是徐志摩的元配妻子張幼儀，離婚不離家，幾年前徐志摩遇難去世，她仍掌管着徐家的大小事務，在上海還有產業。「過幾年，你不用做丫鬟了，我送你去上海找她。」作為出嫁前徐家大院的「掌上明珠」，張幼儀很敬重這位小姑媽。

後來，在荒唐的歲月裡，徐志摩被視作「反動文人」遭批判。一日，顧秀英悄悄地對兒女說：「廣播裡淨是胡說八道，徐志摩不會是壞人。」一九三二年十二月二十五日，徐志摩遇難一年後歸葬，停柩於硤石西山麓，徐祿因懷着身孕，讓顧秀英陪着九歲的金庸前去吊唁，她看到許多大教授、大學者從北京、上海而來。「他是壞人，怎麼會有這麼多的朋友來吊唁他。」

金庸與顧秀英最後一次見面是一九四六年八月，在大哥查良鏗的婚禮上。當時，金庸考取了杭州《東南日報》記者，剛從重慶歸家。臨別時，顧秀英問起他這幾年孤身在外的情況。金庸對庶母說：

「杭州離家很近，我會常常回來的，您要照顧好這個家，我還要回來跟您一塊吃糖炒年糕呢！」

一九八九年春天，七十七歲的顧秀英去世。

金庸是個很重感情的人，他少年時離家，格外留戀親生父母的愛撫，因而也忘不了童年時的丫鬟，對這一位庶母格外親近。雖然他早早去了香港，以後沒有與顧秀英相聚過，但他還是用文字追念這位平凡的庶母。

二〇〇〇年初，《收獲》雜誌發表金庸的一篇散文《月雲》，回憶他和一個丫鬟的生活插曲。從回憶中，金庸夫子自道，一家人是地主，雖然自覺從沒有虧待月雲，但她每天擔驚受怕、要挨餓、跟父母哭別，金庸說：「（地主）沒有做壞事，沒有欺壓旁人，然而不自覺的依照祖上傳下來的制度和方式做事，自己過得很舒服，忍令別人挨餓吃苦，而無動於衷。」

在《月雲》的結尾，金庸這樣寫道：「金庸的小說寫得並不好，不過他總是覺得，不應當欺壓弱小，使得人家沒有反抗能力而忍受極大的痛苦，所以他寫武俠小說。他正在寫的時候，以後重讀自己作品的時候，常常為書中人物的不幸而流淚。他寫楊過等不到小龍女而太陽下山時，哭出聲來；他寫張無忌與小昭被迫分手時哭了；寫蕭峰因誤會而打死心愛的阿朱時哭得更加傷心；他寫佛山鎮上窮人鐘阿四全家給惡霸鳳天南殺死時熱血沸騰，大怒拍桌，把手掌也拍痛了。他知道這些都是假的，但世上有不少更加令人悲傷的真事，旁人有很多，自己也有不少。」

紀實文學作家竇應泰在《俠聖奇情》一書中描繪了金庸當年寫作《月雲》的情景：「金庸好像回到了童年，又回到他在海寧大家族的宅院。青竹蒼蒼，屋宇依舊，他好似在鏤刻着古詩楹聯的書齋裡，又見到了那位名叫月雲的少女……金庸在寫這些文字的時候，不同於從前在香港寫的那些武俠小說，前者是他心靈的真實感受，而後者則為純粹的藝術虛構。他筆下的宜官就是金庸本人，鄉間女侍月雲則是他少年在故鄉家裡常見面的姑娘。所以，他到杭州後動筆寫這篇文稿的時候，似在寫一篇滲透文學想像力的文史資料，而不是從前那些讓讀者神迷志癡的武林英豪。晚年金庸已經感受到寫作不再是艱辛的勞動，而是一種別人體會不到的快慰，沒有什麼比描寫自己身臨其境的人和事，更讓他心蕩神馳的了。」

當有人猜測月雲就是「蘭英」顧秀英時，金庸在一本書的《後記》中說：「我在這裡更正一下……她（蘭英）照年齡在我家的丫鬟中排第三，至於月雲則排第七，她的年紀和我差不多，一直到抗戰時分別，她還沒有能力照顧我，對我如同朋友一樣，按年齡說，她決不可能做我庶母。」㉑

㉑ 金庸《金庸散文‧後記》，香港明河出版社，二〇〇七。

四、讓金庸迷上武俠的「女俠」——姑媽查玉芳

一九〇七年七月十五日凌晨，一位女英雄從容不迫地走向紹興古軒亭口，英勇就義，她就是我國辛亥革命時期著名的巾幗英雄秋瑾，別號「鑑湖女俠」。就在這一天，也是凌晨，查文清的側室黃氏生下了一個女孩，取名查玉芳，她是金庸的小姑媽。

這個姑媽在查家做了很長時間的「剩女」，因而，金庸的童年是離不開這個姑媽的。

野蠻女生打不平

查玉芳出生時，父親查文清年已五十九歲，辭官在家也十五年了㉒。因為是老來得的「千金」，又是么女，她是在寵愛和放任中長大的。

幼年，爸媽說她像頭小野馬，大人怎麼拴都拴不住。到了塾館放學時間，她和小伙伴跑到河邊的蘆葦叢中躲貓貓去了，不玩到日落西山是不會回家的。

爸爸是個戲迷，到花溪鎮聽書看戲常帶着她。看完戲回家，她把自己的上衣都塞到褲子裡，

㉒《海寧查氏族譜》（五卷本），中國書畫出版社，二〇〇六。

然後勒緊褲腰帶，用蒙被子的大紅毯子圍在脖子上，當作威風凜凜的紅披風，然後從被垛上往下跳，嘴裡「哼哈哼哈」地叫着，拿着一把哥哥早已不要的木質寶劍，煞有介事的在炕上給大家表演所謂的上乘武功！大人都嘻嘻的笑着看着，大哥二哥的嘴卻撇得跟瓢似的，她卻不管不顧，依舊練得汗水直流，興緻盎然！

稍大，玉芳成了個野蠻女生，愛打不平。有次冬天打雪仗，鄰居妹妹被幾個男孩圍着給打哭了，她出手相助，上來就給一個男孩一巴掌，那男孩不示弱，結果兩人扭打到一起，互相扯頭髮，抓臉，摳嘴角，拳打腳踢。不一會兒，那男孩被她摔了個狗啃泥，滿嘴是血，一顆門牙磕掉了，趴在地上滿地找牙。這次回家，爸爸沒有饒她，讓她上門去賠禮道歉不說，還關了她三天的「緊閉」，任她一個人哭鬧。

玉芳喜好舞劍，大大咧咧的。一天，她拿着這把木質寶劍，用一根紅毛線拴着繫在腰間，在爸媽面前晃蕩來晃蕩去，將腰板挺得特別直，偶爾還擺幾個經典的揮劍動作。看着她一本正經一副正氣凜然的樣子，媽媽問她幹啥了，她嚴肅地說：「我要去闖蕩江湖，專門去殺壞蛋的！」

媽媽咯咯地笑着：「你看看，我多本事，養了一個大俠女！」爸爸說：「跟你大姐小時候一個德行，傻樣兒！」

有一年中秋，她跟媽媽去趕潮神廟會。從海神廟出來，娘兒倆慢慢地往家走去，從鹽官到花溪裡還是有一點距離。

「抓賊！」一聲呼喊從娘兒倆身後傳來。

玉芳還沒來得及查看，只感覺一陣猛力撞來，玉芳一個不慎被撞退了幾步。

「你個瘟賊骨頭，偷人家的錢包！」玉芳很快穩住身子，只見一個高高瘦瘦的年輕男子在前面拼命地逃跑，後面一個胖乎乎的嫂子在努力地追趕，嘴裡不停地罵着。

玉芳怒從心底起惡從膽邊生，轉身去追那賊。一忽兒快追趕上了，她轉身一個飛旋飛起一腳砸在那賊的背上，那賊「哎喲」一聲趴倒在地，玉芳又飛身撲了上去一肘搗在他背上。那賊「哎喲」一聲慘叫起來，手裡卻仍緊緊抓着包。

玉芳一把揪住了那賊的衣領，飛快地揚起右手掌像刀子一樣朝他的頸項砍了下去。

「哎呀！」男子再次吃痛地大叫。

「呀嗨！」玉芳大吼一聲，再次揚起手掌朝那賊砍去。

又是一陣殺猪般地大叫。

「快點把錢包交出來，否則姑奶奶我不客氣！」玉芳幹脆一屁股坐在那賊的背上，然後發泄似的狠狠地掌劈那個倒在地上的賊。

「啊！啊！姑娘饒命，我這就給，這就給！」玉芳一把奪過那賊手中的包，交還給一旁看呆了的胖嫂：「這是不是你的錢包，你數數錢少了沒有！」

胖嫂連聲說：「沒少錢，沒少錢！今天我遇上女俠了，真的遇上女俠了！」

在一旁目睹女兒抓賊全過程的媽媽，好久才從驚愕中清醒過來，悄悄問女兒：「芳兒，你這飛腿撇掌功夫從哪兒學來的？」

玉芳才將秘密透露了出來，春上她去花溪鎮上看戲時，街頭一個賣藝人收她為徒，她叩了三個響頭，摸出兜裡的一塊銀元給了他。

她曾為秋瑾守墓

鹽官鎮海塔下有座海神廟，海神廟旁邊新建了一座私塾學館。十五歲，玉芳從家塾轉往學館念書，雅好詩詞，性厭脂粉。這年，父親編纂《海寧查氏詩鈔》，她幫助搜抄。

翌年，父親去世，母親臥病，大哥和二哥一直在外，唯有一母所生的三哥懋忠（金庸的父親）是她最親近的人。有一日，三哥懋忠走進妹妹的閨房，見牆面上掛着一幅手拄利劍的秋瑾全身相片，英姿颯爽的，嚇得他好半天說不上話來，秋瑾可是被朝廷砍了頭的革命黨人。玉芳讓他安靜後仔細再看，原來是小妹的相片，是她仿照着「鑑湖女俠」的打扮和姿態拍攝的。

查懋忠驚魂未定，將妹妹的相片拿下藏匿了，告誡她：「這是要殺頭的，掛不得。」三哥不知道，小妹正與革命黨人密切來往呢。一九二七年春，查玉芳偶然讀到了一本江蘇革命博物館出版的月刊創刊號，上面有南社女詩人徐自華為紀念秋瑾而作的詩文，得知她是秋瑾的摯友，便打聽她的住處，特意去上海競雄女校拜訪。

查玉芳雖然比徐自華小了三十四歲，兩人卻以姐妹相稱，時以詩詞唱和，成為了莫逆之交。徐自華字蘊淑，鄰縣石門人。一九〇六年春，南洵鄉紳創辦洵溪女校，徐自華被聘為校長。適逢秋瑾從日本歸國也來洵溪女校執教，兩位才女一見如故。她的妹妹徐小淑正在洵溪女校就讀，成為秋瑾最得意的女弟子。秋瑾就義後，徐自華發起在西湖鳳林寺公祭秋瑾，安葬秋瑾於西泠橋畔。會後，陳去病、褚輔成等人相約秘密成立秋社，徐自華被推為社長，決定每年秋瑾殉難日舉行紀念活動。查玉芳得知徐自華的身份後，十分欽佩，常常瞞着家人或去上海或去石門找她，經常參加她們的女俠聚會和詩人雅集，認識了天南海北的許多女俠、女詩人，她自稱「寒梅女俠」。那張效仿秋瑾的相片，大概是她在這個時候拍攝的。

一九二七年秋，查玉芳到杭州與自華相會並同登鳳凰山，在風雨亭憑吊秋瑾。正逢秋瑾逝世二十周年，秋瑾墓幾經遷移終於還葬西湖原葬處。然後，徐自華將上海競雄女校交給秋瑾之女王燦芝接管後，從上海回到石門，相約查玉芳一同移居杭州西湖秋社，籌備紀念活動。玉芳打算隨同自華大姐在這兒與秋瑾墓朝夕為伴，只因三哥懋忠的激烈阻撓，她住了半個月才戀戀不捨離開。

這期間，查玉芳參與了捍衛秋祠、秋社的鬥爭。武昌起義後，浙江新政府允許秋社請求，撥西湖劉典祠堂為秋祠、秋社。劉典湖南人，清廷為表彰他屠殺太平軍志士之「功」，建劉果敏公祠。秋瑾生前在杭州秘密活動，常借此祠會議，所以秋社同人請求指撥為秋祠、秋社。僅過幾年，孫傳芳在浙江時竟指還劉氏，一九二七年在徐自華、陳去病等人的力爭下，才由西湖秋社收回，但祠宇坍損不堪。徐自華、陳去病捐助修建，查玉芳典當首飾捐了五百元。㉓

金庸在她的影響下迷上武俠

舊時，女子二十歲稱為「桃李年華」，正是出嫁的年齡，許多女子早已經生兒育女當母親了。一般女子，如果不太苛求的話，有個過得去的丈夫，有衣食無憂的生活，也就滿足了。然而十四

㉓ 屠倩《徐自華與秋瑾交往與情誼》，《人民政協報》，二〇〇七年五月九日。

歲的查玉芳不是。三哥樾忠與這個小妹最親，巴不得她多留在家裡幾年，也就順水推舟不着急將妹妹嫁出去，由着她做「剩女」了。

這年暑假，玉芳帶良鏞去鹽官玩，一起看海。一到海邊，良鏞就高興地跑到沙灘玩起了沙子。哇，這裡有好多漂亮的貝殼呀！於是撿起了貝殼。他順着有貝殼的地方走去，心想，我要多撿些回去給小伙伴們看，便一門心思地撿着、撿着。身邊的潮水悄無聲息地漲起來了，姑媽在後面呼喚着，他卻全然聽不到。姑媽的心一下子緊張起來，跑過去準備把他抱上高一些的岸邊。呼，大海不知怎麼一下子變得狂怒起來，正當玉芳快要抱上良鏞時，「嘩」地一聲，一個海浪把良鏞卷進了大海中。良鏞不會游泳，玉芳也不會游泳！他在水裡掙扎着，心裡只有一個念頭，完了！哪知，姑媽一下子跳到水裡，把他救了上來。這真是一個奇跡，難道是姑媽的勇敢感動了上蒼，才讓他們有了這奇跡般的脫險？上岸後，姑媽一臉的蒼白，她還關切地問着良鏞：「怎麼樣，沒事吧？」良鏞這才「哇」地一聲哭了。

這事發生以後，姑媽便帶良鏞去查家橋下的小溪裡學習游泳了。

良鏞十二歲時迷上了小說書，常常廢寢忘食地閱讀，父親擔心兒子缺少鍛煉身子虛弱，便將兒子的課外生活托付給妹妹玉芳管教。沒想到，這個姑媽常與天南海北的女俠、女詩人聚會，一回家便給良鏞講述剛剛聽來的故事。這樣，良鏞竟然迷上了行俠故事，喜歡看武俠小說了。後來自己寫武俠小說，小說中出現眾多女俠，其一招一式劍式的名稱，也應該是聽姑媽講過的㉔。如《笑傲江湖》中，風清揚給令狐冲說劍，「活學活用只是第一步，要做到出手無招……獨孤大俠是絕頂聰明之人，學他的劍法，要旨在一個『悟』字，決不在死記硬背。等到通曉了這九劍的劍意，則無所施而不可，便是將全部變化盡數忘記，也不相干。臨敵之際更是忘記的越乾淨徹底，越不受原來劍法的拘束……」風清揚的說劍，其實是從當年查玉芳的故事中演化而來的。良鏞聽姑媽說過：「劍術之道不可拘泥于現成的一招一式，而要活學活用，活用活變，高手正是領悟到其中的道理才成為了高手。」

當良鏞背着行李和書籍從河邊上船到外面去讀中學時，姑媽沒有來送他，因為她已於前年出嫁了……

姑媽也是你的媽

一個風清月明的夜晚，三哥懋忠囑咐玉芳下廚做些拿手好菜，說有幾位故友造訪。席間，一

㉔ 蘇宏時《金庸長兄查良鏗先生和我聊的話題》，海寧論壇，www.haining.com.cn。

位留着平頭、戴着眼睛、黑黑瘦瘦、個頭不高其貌不揚的青年男子，連連稱讚懋忠有口福，閨中小妹是烹飪高手，所以養在閨中人不識。這男子溫文爾雅的舉止，談笑風生的神情，眉宇間透射出的那份自信與堅定，讓玉芬感到敬佩和愛戴。他是懋忠的同學趙正龍，也是石門人。

這對俊男靚女真是風雨生情，相見恨晚。趙正龍長得一表人才，氣質非同凡響。查玉芳體態豐滿，嫵媚動人，雙眼瑩亮。

一個激動難耐，一個芳心湧動。

此後，每次聚會時只要趙正龍在場，玉芳就一定在旁聆聽，還會特別製作一些江南小吃點心供大家品嘗。日子一久，懋忠看出了一些端倪，成了現成的「紅娘」。這年，查玉芳二十八歲，趙正龍三十七歲。

有一次聚會，查玉芳用古箏彈奏元好問的《雁丘詞》：「問世間情為何物，直教人生死相許？天南地北雙飛客，老翅幾回寒暑。歡樂趣，離別苦，就中更有癡兒女，君應有語……」㉕一側，趙

㉕《神鵰俠侶》引用元好問原詞，實為：「恨人間，情是何物，直教生死相許。天南地北雙飛客，老翅幾回寒暑。歡樂趣，離別苦，是中更有癡兒女。君應有語……。」金庸改為「問世間」、「就中更有癡兒女」，另外下文「千山暮景」亦被金庸改作「千山暮雪」。見潘國森《金庸詩詞學之二：倚天屠龍詩附射鵰三部曲詩詞巡禮》，心一堂，二〇一九。

正龍眠着眼睛，隨着音樂節拍搖晃着身子，似癡似醉。玉芳奏畢，趙正龍向眾客講述起了其中的故事。他說，當年，元好問去并州赴試，途中遇到一個捕雁者。這個捕雁者告訴元好問今天遇到的一件奇事：他今天設網捕雁，捕得一隻，但一隻脫網而逃。豈料脫網之雁並不飛走，而是在他上空盤旋一陣，然後投地而死。元好問看看捕雁者手中的兩只雁，一時心緒難平。便花錢買下這兩隻雁，接着把它們葬在汾河岸邊，壘上石頭做為記號，號曰「雁丘」，並作《雁丘詞》。

結婚不久，趙正龍在國民政府江西行署任職，玉芳隨之前往南昌。後來，蔣介石和宋美齡聯手發動的新生活運動在全國蓬勃開展，由宋美齡任指導長的新運婦女指導委員會成立，查玉芳進入這個機構任宣傳總幹事。㉖

一九三七年十一月，日寇侵入海寧，三哥查懋忠帶着全家逃難越過錢塘江，在餘姚庵東鎮落腳時，嫂子徐祿患病不幸離世。此時，查玉芳隨丈夫轉移至重慶，而侄兒良鏞在外求學。抗戰軍興，趙正龍投筆從戎，一九四三年時在與日寇的一次決戰中陣亡。查玉芳隨即離開政壇在南京教書。

一九四四年夏，查良鏞在中央政治學校外交系讀完大一。秋，目睹國民黨的學生毆打同學，

㉖ 蕭繼宗主編《新生活運動》，《革命文獻（第六十八輯）》，臺北中央文物供應社，一九七五。

向校方投訴，被勒令退學。一九四五年五月，良鏞與中學同余兆文赴湘西經營農場。

抗戰勝利後的第一個暑假，良鏞的哥哥良鏗從南京回鄉結婚，查玉芳獨個兒回到海寧，與三哥一家團聚。回鄉的良鏞坐在姑媽膝下，把他這幾年一邊流亡一邊念書的苦難往事盡情吐露：一九三八年九月初，浙江聯中正式開學，金庸進了初中部，和大多數淪陷區來的學生一樣，良鏞失去了經濟來源，完全靠「戰區學生救濟金」維持生活、學業。聯中成立時按規定將救濟費分甲乙丙三等，來自淪陷區的都是甲等救濟，一切應繳的費用全免，所有外穿的制服、書籍、伙食全部國家供應，每月發幾元零用錢，可以買紙張、文具用品。良鏞在校享受甲種救濟待遇，穿的衣服都是訓練團留下來的軍服，內衣褲、鞋襪等衣物則沒有着落，就算天寒地凍也只是穿兩件單衣，赤腳穿草鞋，沒有鞋襪穿……說起慈母病死自己不在身邊的辛酸事，眼淚一滴滴地往下掉。查玉芳含淚輕撫侄兒的頭說：「媽媽不在了，姑媽也是你的媽……」

一九四六年七月，良鏞從湖南沅陵返鄉，在姑媽的勸說下，決定去重慶工作，為自己籌集出國留學的錢款。正值戰後返都，到重慶和南京的火車票一票難求，從浙江到重慶，行程幾千里，他和姑媽一人一輛自行車蹬著去，騎到南京後才踏上一艘客輪，一個半月後才到達重慶。㉗

㉗ 金堅《我所知道的金庸》，《六合報》，一九八五年三月二日。

後來，查玉芳在杭州執教，查良鏞也回了浙江，在《東南日報》當記者。

喪夫後，查玉芳一直獨居。在重慶、在杭州，她曾憑着自己的一身武術功夫，將企圖強暴她的好色之徒打得落荒而逃。在《俠客行》中，金庸將姑媽「寒梅女俠」的名號按在了這位武功高超、智謀過人的美貌女子花萬紫的身上。

一九四八年查良鏞考入《大公報》調往香港，查玉芳也獨個兒離開浙江，從此失了音訊，不知姑媽去了台灣還是漂泊海外。幾十年間，金庸曾托台灣親友、海外朋友找尋不遇。上世紀七十年代初，海外傳來一個不確定的音訊，查玉芳晚年有可能在加拿大獨居過，六十年代初客死他鄉。

五、槍聲引來異國情緣——姑父蔣百里

金庸有個大姑叫查品珍，從小許配給了硤石蔣家。一九一一年，郎君從德國留學歸來與她成婚時，她已經二十九歲了，因而，著名軍事家蔣百里成了金庸的姑父。

金庸很可能與這位姑父從來沒有見過面，但他多次提到姑父的名字，引以為傲。一九七四年訪問台灣時，金庸對蔣經國說：「我的姑父蔣百里是國民黨陸軍上將、軍事委員會顧問兼陸軍大

學校長。作為陸軍大學的畢業生，您的父親蔣公很崇敬他，喚他『蔣校長』。在抗戰時期，他曾成功周旋於墨索里尼、希特勒、戈林之間，竟為中國從德國、意大利購得急需的軍火，有功於抗日戰場。」㉘

蔣百里對這個「父母之命、媒妁之言」的封建婚姻是不滿意的，婚後不久即離家北上，後來又娶了一個日本女孩為妻。查品珍則一直居住在硤石老家，侍奉婆婆楊太夫人，直至蔣百里病逝後的下一個冬天，悄然離世時僅五十八歲。

百里自殺，日本女護士給他療傷

一九一二年冬，保定陸軍軍官學校來了位新校長，他是陸軍少將蔣百里。

保定陸軍軍官學校是當時全國最高的軍事學府，軍校所屬的陸軍中學，陸軍小學的畢業生日後構成了抗日軍隊的骨幹，蔣介石、白崇禧、陳誠、張治中、黃紹閎、葉挺、薛岳等等名將皆出於此。

蔣百里是懷着一腔熱血赴任的，因為他在這之前去過日本去過德國，進行過考察，又督練過

㉘　薩蘇《蔣百里將軍側記》，山東畫報出版社，二〇〇四。

新軍，他一心一意想辦好這個學校，以加強中國的國防。到校第一天，在給全校師生訓話時，他就絕了自己的後路。他對學生們說：「我跟你們說，凡是我要求你們做到的你們必須做到，凡是你們希望於我的我要盡一個校長責任，辦好這個學校，把你們培養為最優秀的軍官，而且能夠通過辦好這個軍校，把軍隊辦好，把國防辦好。為了這個目標，如果你們沒有按照我的要求去辦，我就要責罰你們，如果我作為校長達不到今天這個承諾，那我就自己懲罰自己了。」

於是，他撤換舊教員，聘請當時學成歸國的青年才俊；改革教學內容，注重外語和戰術課程；遇有教官請假就親自登台授課；讓學員人手一冊梁啟超所著《中國武士道》，以端正軍人道德；請西裝裁縫為全體學員量體裁衣，定製新軍服、新馬靴，以整頓軍容風紀。可是，他的銳意改革遭到了北洋舊派軍人的阻撓。

一九一三年六月十八日拂曉，全校二千多名師生集合在尚武堂前。

蔣百里面向大家，說：「你們還年輕，希望你們好好學習，以後能有為國家報效的那一天。我上任之初已經向你們說明了，我讓你們做到的一定要做到，而今，你們都做到了，但是，作為校長，我想做到的並沒有達到這個目標，我對不起你們，也對不起國家。」作完簡短的訓詞後，蔣百里突然拔出手槍，朝自己的胸口開了一槍。

拔槍的時候，一名勤務兵上前拉他胳膊攔阻，所以槍口一偏，子彈沒打着他的心臟，將肺葉打穿了。

槍聲劃破了黎明前萬里長空的寂靜，同時引出了一段異國情緣。

百里自殺獲救後，照護他療傷的是一名日本女護士，名叫佐藤屋登，二十三歲。一天，她在百里的枕頭下搜出一把安眠藥，顯然，他自殺的念頭沒有打消，她對他說：「自殺不是勇敢而是逃避。您這樣一位有熱血、有志氣的將軍，如此不愛惜自己的生命，那麼，您的國家將由誰來承擔責任呢？」百里心裡好羞愧，向她表示：「我聽你的話，不再輕生了。可是，以後遇到生死關頭，沒有你在我身邊，誰來鼓勵我的勇氣呢？」佐藤從他的眼神裡發現一道異樣的光芒。

蔣百里痊癒了，佐藤屋登沒有接受百里的示愛，也回了日本。然而，蔣百里的一封封信徹底摧垮了佐藤屋登的情感壁壘，在睡夢中，一個青年將軍的形象常常出現在她的眼前：他穿一身軍裝，騎着大馬，披着紅色大氅，非常英俊威武。她終於回信，接受了蔣百里那份熾烈的感情。

離國前，佐藤屋登祭告祖先：「佐藤因為熱愛中國，仰慕蔣將軍，決意嫁到中國去。現在，佐藤已經死去，我是個中國婦人了……」

一九一四年冬日的一天，一艘日本輪船緩緩駛入天津塘沽口，佐藤屋登再度來到中國。蔣百里委托一個朋友作媒，到碼頭迎護佐藤屋登姑娘，隨後兩人在天津德國飯店舉行婚禮。因蔣百里生平最愛梅花，因而為妻子取了一個中國名字：左梅，並在故鄉浙江海寧的東山西麓購了幾畝地，種梅二百多株，名為「梅園」，以紀念這段異國情緣。

這一年，蔣百里三十二歲，左梅二十四歲。

此後，左梅再也沒有回過日本，先後生下了昭、雍、英、華、和五個女兒。

烽火映耀至深情愛

一九一五年底，袁世凱稱帝，蔡鍔在雲南起兵討袁，組織護國軍。蔣百里決心投奔。一天，他將幾封信交給左梅，悄悄吩咐：「我明天南下了，你收到我的電報後，將這些信寄出去，然後離開這裡避一避。」幾天後，蔣百里果然打來平安電報，左梅遵囑發出那些信件，其中一封是寫給袁世凱的，勸袁及早回頭取消帝制。

一九二七年，蔣介石在上海發動反革命政變，百里的門生唐生智在武漢起兵，東征討蔣，百里赴漢幫助訓練軍隊。事敗後，百里被捕入獄，被關押在南京。此時，左梅和女兒們定居在上海，獲知消息，她搜集了古今中外名人在獄中的生活片斷，抄寄給百里，鼓勵他不屈不撓度過難關。後來，左梅被允探監，便帶着兩個小女兒到南京租屋居住，每日進監照顧百里的生活。一九三一年「九一八」事變後，為「共赴國難」，百里才得以保釋出獄。

「七七事變」後，抗日戰爭全面展開，蔣百里與周恩來等人受任為國防參議員，晉升為陸軍中將。一天，百里在家裡喝完酒，將酒杯往地上一摔，對妻子說：「好，我們決心去打，打到最後一個人！」他對女兒們說：「你們年輕人要活着看國家翻身的日子，我的老命卻要拼在這一次了。」百里打算到前線服務，他有不少學生做了抗日的高級將領，去做參謀也好，做一個老兵也好，決心戰死在疆場。

左梅也激昂地說：「這是日本軍閥的過錯，你愛中國，我也愛中國，我和你一同抗戰，一同去拼命！」她抹一把眼淚，將丈夫送上征程，回頭參加了抗日救亡的婦救會。她忙着買布做軍衣，做繃帶，將首飾全部換成了布匹。八月十三日，日寇進攻上海，八百壯士拼殺吳淞口。左梅和女兒參加擔架隊，冒着彈雨救護傷員。她還寫信給在香港讀書的二女蔣雍，讓她輟學回內地，支援前線。

一九三七年夏，蔣百里到廬山為幹部集訓團講課，將講稿和歷年軍事論文匯編成《國防論》一書，卷首寫道：「萬語千言，只是告訴大家一句話：中國是有辦法的！」

當年秋，百里奉命出使德國、意大利，開展軍事外交，左梅同往。途中，傳來南京失守、日寇進城大屠殺的消息，百里激憤滿懷，對左梅說：「我們一定要抗戰到底，對得起捨身保國的軍民同胞。」左梅說：「這是日本軍閥的大罪，中國人不會殺絕。」夫妻倆越說越激憤，和船上的中國旅客一起振臂高呼：「打倒日本帝國主義！」㉙

在德國柏林，百里觀看了莎士比亞名劇《哈姆雷特》，想到南京大屠殺，心有感觸，便着手撰寫《日本人——一個外國人的研究》一文，將日本侵華比作一場比《哈姆雷特》更為悲慘的悲劇，日本在自掘墳墓。他在結語中寫道：「勝也罷，敗也罷，就是不要同他講和！」此文發表後轟動了整個世界，日本人因此深恨蔣百里。後來，左梅在香港暫住，日本人千方百計想找到她，企圖利用她刺探百里的行蹤，套取軍事情報，左梅與家人閉門不出，生人不見。為了跟從蔣百里抗日，她自行斷絕了與日本親人的一切來往，也不教孩子們說日語。晚年時，左梅說：「這樣做，因為她認為中國的戰鬥是正義的。」

㉙ 林穎《錢學森與中國傳奇軍事家蔣百里一家的親緣》，《解放日報》，二〇〇九年十月三十一日。

西安事變當了「陪客」

一九三六年十二月十二日，張學良楊虎城聯手發動「兵諫」，將蔣介石扣留於臨潼華清池，並通電全國，提出停止內戰、聯共抗日的八項主張。西安事變發生時，剛從德國歸來的蔣百里向蔣介石匯報出國考察情況，正在華清池碰巧當上了「陪客」，與蔣作賓、陳誠、蔣鼎文等十餘名軍政大員一起被張學良軟禁在西京招待所里。

一忽兒天已大亮，蔣百里聽見門外有人找他，聲音很生疏。他還未作答，一個青年軍官就進來了，拱拱手對他說：「您是蔣百里先生嗎？您的人格學問，您的用兵思想，敝人很欽佩。」這位青年軍官便是張學良。他喚副官上酒，烟也是上好的。張學良坐在桌邊，端起酒杯向蔣百里敬酒。在南京政府裡，蔣百里屬於無黨無派的「客卿」，正是這種超然地位，他呼籲國共合作，全民抗戰。因而，張學良十分敬重他。

三杯酒下肚，張學良開口說：「百里先生，先父生前常常說起您，他很敬佩您……」

蔣百里點點頭，不語。其實他心裡清楚，他和張作霖可是一對冤家對頭。一九〇六年，他從日本士官學校學成歸國，被東北「盛京將軍」趙爾巽任命為新軍督練公所參謀長。此時，張作霖也在趙的帳下擔任前路統領，張視新軍為障礙，極力排斥蔣百里，兩人常有摩擦，百里到任僅三月便離開了奉天。五年以後，蔣百里從德國學習軍事歸來，清廷破格封以「二品頂戴」，派往奉天，回任新督軍參謀長，暗地裡他着手建設抗俄抗日的國防基地。一九一一年十月，武昌起義勝利，百里與新軍首領藍天蔚策動東三省獨立，響應革命。總督趙爾巽調派張作霖率部進駐奉天，監視新軍。百里起兵事露，潛逃浙江。在京奉列車上，張作霖親自帶兵搜索，百里躲在廁所里才幸免被捕。一九二五年，第二次直奉戰爭時期，蔣百里擔任吳佩孚軍參謀長，策划與孫傳芳、馮玉祥結成討奉聯盟，並派門生劉文島南下廣州與國民革命軍聯絡，共同反對奉系張作霖。後來，孫傳芳軍投靠奉軍，百里在張作霖的追捕下，幾次險落虎口。

此刻，百里被張作霖的兒子拘禁於此，不竟感慨萬分。然而，兩人抗日主張相同，竟然忘了前塵恩怨，酒逢知己，暢談起了舊事。

張學良接着說：「先父跟我談起過，您這個人很了不起，在日本得了士官生第一名，日本天皇親賜一把指揮刀；後來到德國實習，又受到興登堡元帥賞識，稱是東方將才。先父雖與您為敵，但也敬您為忠純之友……」

蔣百里喝下一口酒，接過話頭：「你父親張大元帥被日本人炸死，他是愛國的，他不願意簽下賣國協議，儘管他過去親日，是個土匪出身的大軍閥，但他不做賣國賊，還算是一條好漢。」

由舊事說到眼前之事，張學良誠懇地說：「今天我有幾個難題，想聽聽先生的意見。」他隨即遞上那篇「兵諫」通電的全文。

百里摸摸自己的眼角，道：「沒有眼鏡，我是看不清楚的。」學良連忙叫衛士將百里的那副老花鏡找來。百里把全文看過了，沉吟道：「今日之事，就看誰的力量大了。」學良湊近身：「請先生說得具體一點。」百里道：「在西安，你們的力量當然很充分了，尤其在這兒，只要兩條槍就夠對付我們了。不過，西安以外呢？」

學良回答得很老實：「我能掌握的，僅東北軍和十七軍，西安以外，我們就鞭長莫及了。」百里哈哈地一笑：「那麼，你自己有了打算，我不必多說了。」說罷，只顧喝酒，不再開口。

張學良捉摸不透，拱手而出。此時，蔣的三女蔣英正在德國讀書，張學良喚衛士給百里送上筆墨信紙，准許他逐日寄信給女兒，說明這兒的境況。

十四日上午，張學良再去看蔣百里，遞給他一摞電報說：「先生昨日說的力量問題，果然應準，南京已發兵，準備攻打西安，那些黃埔生也要同我們拼命，聲言要救他們的校長。先生乃運籌帷幄之人，您看，南京的飛機來炸西安，我們該怎麼辦？」百里擺了擺手，說：「你放心，蔣委員長在西安，他們一定不會來炸的。」這時，張看了看手表，又匆匆出門去了。這一天，南京的飛機整天在空中掠過，並沒有「下蛋」，顯然是示威嚇唬的。

十五日早晨，張學良又去看百里，一進門就說：「先生說的對，果然是力量問題。此刻，蔣委員長在我們的包圍之中，而我們又在中央軍的包圍之中。」他告訴百里，昨日端納從南京飛來西安，帶來宋美齡的信。百里接信念過，問他：「你打算怎麼辦？」張學良說：「主要是委員長的態度。」蔣百里點點頭。學良遞上一支烟，點上，說：「我想請您去見委員長，勸勸他。這幾天，委員長肝火大，見了我就發脾氣，還是您去勸勸他。」蔣百里說：「如果你覺得有這個必要，我可以試試。」

十六日，南京空軍轟炸了隴海鐵路沿線的渭南、華縣，同時，地面部隊開過潼關，進逼赤水等地。對於南京政府咄咄逼人的攻勢，西北軍和東北軍的將領非常氣憤，內戰大有一觸即發之勢。張學良非常焦急，如果「兵諫」引發大規模的內戰，這與他的本意是相違背的，他寄希望於百里的「勸說」。當晚，蔣百里在張學良的陪同下前往高公館見了蔣介石。此事，蔣介石後來在《西安半月記》中有詳細記載：「是晚，張挽蔣百里先生來見余……百里先生對余言：『此間事已有轉機，但中央軍如急攻，則又將促之中變。委員長固不辭為國犧牲，然西北民困乍蘇，至可憫念，宜稍留回旋餘地，為國家保持元氣。』再四婉請余致函中央軍事當局，告在不久即可出陝，囑勿遞進攻，且先停轟炸。余謂：『此事殊不易做到，如確有一最少期限可送余回京，則余可自動去函，囑暫停轟炸三天，然不能由張要求停戰，則中央或能見信。』……百里先生謂：『當再商之，總須派一人去傳述消息。』」從這段話可以看出，由於蔣百里出面請求，使蔣介石找到了台階可下，事情由此出現了轉機。

派誰去南京？蔣百里問張學良：「留在西安的軍事大員中，你最恨的是誰？」張回答：「我不恨什麼人，只有蔣銘三（蔣鼎文）這個人好出壞主意，我看他不順眼。」「那麼最好派銘三去。」張不明其意，蔣百里說：「派一個你最不喜歡的人去，就可以表示你絕無傷害其他中央大員之意，也表示你對和平解決時局抱有極大的誠意，這樣，南京方面才會相信你。」張學良接受了蔣百里的意見，並請蔣介石寫一道停止轟炸西安的手令，給蔣鼎文帶到南京去。但是，蔣介石怕親筆手令落在張的手裡，傳出去將成為一個笑柄，因此不肯寫；張學良也怕蔣介石直接交手令時，與蔣鼎文關起門來說話，對己不利。蔣百里又給張出主意，叫張陪同蔣鼎文去見蔣介石，當蔣把手令直接交給蔣鼎文後，兩人同時退出。這樣，蔣鼎文當天從西安飛往南京。

在西安的兩周裡，蔣百里每天寫信給德國的女兒，他輕鬆地寫道：「今天，張將軍又來了，備了一桌好酒菜，還有好烟，爸爸的胃口真好！」「在那一段短期的俘虜生活中，好似一幕喜劇，那麼多的軍政大員都在扮演丑角，因為他們離開了權力，回到本來生活中，便顯得軟弱如嬰孩，只得由環境來擺布了。只有爸爸是可以冷眼看事件的人，惟有爸爸同意張的主張，給予斡旋。」他寄的明信片幽默地寫道：「今天飛機軋軋聲，南京有人飛到西安來了……」「今天又一聲軋軋，委員長又回南京去了……」「明天還有一聲軋軋，你們的爸爸將離開這座古城飛回上海……」

西安事變終於和平解決。十二月二十五日，張學良留下一紙手令，把軍隊交給楊虎城指揮，然後登上蔣介石的飛機，親自送蔣離開西安。當蔣百里在南京見到受「軍法會審」的張學良時，含淚讚嘆：「張將軍敢作敢為，英雄本色，不愧為張作霖的兒子……」

一年以後，國共合作，抗戰軍興，蔣百里的抗戰名篇《國防論》、《日本人》聲震朝野，鼓舞了全國軍民的抗戰鬥志。百里在廬山為高級將領組成的暑期訓練班講課期間，探望了被蔣介石軟禁着的張學良，並贈送自己的軍事著作。

一九三八年十一月，蔣百里在陸軍大學代理校長的任上，因勞累過度引發心臟病而逝世。此前幾天，他還與馮玉祥將軍在桂林暢談，請他在蔣介石面前說情，釋放張學良，「給他一個雪恥家仇國恨的機會」。然而，兩位愛國將領自廬山一別，再未晤面。

金庸為姑父的「移情別戀」辯護

五十六歲的蔣百里病逝後，蔣介石親自頒令追贈他為陸軍上將。

中年喪夫，左梅悲痛得肝膽俱裂。她帶着女兒們冒着敵機的轟炸，從廣西宜山幾經輾轉到達重慶，繼續從事着抗日救亡工作。

一九四五年秋，一家人回到上海寓所，她面對丈夫的遺像，告知抗戰勝利的喜訊，以慰英靈。此後，她因為日本女子的身份而遭人白眼，但她一直留在中國，肩負起教養子女的責任，使女兒們個個在海內外最高學府畢業，成為國家的建設人才。

建國後，左梅隨三女蔣英、五女蔣和長居北京。

蔣百里的「移情別戀」，讓金庸的姑姑查品珍獨守空閨，此事受到一些舊觀念人士的批評。一九八〇年代初，蔣百里的生前好友、大牌記者陶菊隱為撰寫《蔣百里傳》一書到香港採訪金庸，金庸為姑父蔣百里辯護說：「百里的故鄉硤石還有查夫人，是百里留學前奉父母之命訂下的婚事，迎娶也是迫不得已的。就像魯迅的元配夫人朱安、郭沫若的元配夫人張瓊華一樣，都是父親攀交情，母親討媳婦，而不是丈夫討妻子，所以這是不足於為百里病的。」㉚

㉚ 薩蘇《蔣百里將軍側記》，山東畫報出版社，二〇〇四。

一九七八年，左梅病逝，享年八十八歲。骨灰與蔣百里的靈柩一起合葬在杭州南山公墓，墓碑上刻着她的名字：蔣左梅。不遠處是那片日本友人栽種的櫻花樹，與「日中不再戰」的紀念碑隔湖相望。一九九六年五月，金庸夫婦到杭州，由妹妹查良璇、妹夫曹時中陪同來到南山，在姑父蔣百里夫婦墓前獻花祭奠。

金庸在一九七五年出版的武俠小說《書劍恩仇錄》後記中寫道：「我是浙江海寧人。海寧在清朝時屬於杭州府，是個濱海小縣，以海潮出名。近代的著名人物有王國維、蔣百里、徐志摩等……海寧不出武人，即使是軍事家蔣百里，也只會講武，不會動武。」一九九五年十一月，金庸與日本創價學會會長池田大作對話，說到中國人的多元思考與歷史觀時，金庸說：「我們海寧是出俊才人物的地方，比如蔣百里，一個只講武不動武的陸軍上將，他的名氣在日本比在中國還大，日本人至今還記得他的《國防論》……一個蔣百里就兩次打敗了整個日本陸軍，第一次，蔣百里在日本士官學校畢業，他輕鬆奪魁，在日本畢業生面前把日本天皇佩劍拿了回來，他的同學荒木貞夫之流後來是打太平洋戰爭的日軍將領。第二次，中日八年血戰，蔣百里為蔣介石制定抗日戰爭戰略，日本軍隊正是按照蔣百里將軍的指揮，老老實實自東向西，推進到湖南，其後陷入中國泥沼式的持久戰中不能自拔，直到投降……」

第四章　兄弟姊妹的親情事兒（上）

海寧查氏源自婺源查氏，自第七世起，字輩為：「秉志允大繼嗣克昌，奕世有人濟美忠良。傳家孝友華國文章，宗英紹起祖德載光。」①金庸是「良」字輩（原名查良鏞）。

一九三六年八月，查良鏞小學畢業後考入嘉興中學。那天，良鏞踏上查家橋頭，轉身揮手向父母告別。他看到了媽媽眼中的淚花，他沒有想到，這一次離別竟然是與媽媽的永訣；他更沒有想到，他的哥哥、他的幾位弟妹也會跟他一樣，一個個跨過查家橋悄然離去……

一、「情比金堅」手足情——哥哥查良鏗

愛讀小說的引路人

查良鏗生於一九一六年五月，比金庸大八歲，名字是爺爺查文清起的。

金庸曾回憶：「我哥哥查良鏗學習古典文學和新文學。在上海上大學，他花費不少錢買書，

①【清】查世綋《刻本海寧查氏族譜》十六卷列傳四卷，清嘉慶十三年（一八〇八）纂修。

常常弄得飯錢也不夠，受到我父親的嚴厲責備。他買的書有茅盾、魯迅、巴金、老舍等人的著作……」

良鏞五歲時，良鏗開始教他識字，給他買了一本段玉裁註釋的《說文解字》，並告訴弟弟：「每天你認字十個，三年內就可以讀完這本書了，一生也就受用不盡了。」查良鏞的早年教育，就是在哥哥的遙控下開始的，他還背誦了《千字文》、《詩經》和《爾雅》等書，結果是囫圇吞棗，不求甚解。七歲的良鏞就讀於村口巷裡十七學堂，喜讀課外書，常看《兒童畫報》、《小朋友》、《小學生》等書刊。老師給良鏞下了這樣的評語：「已有啟悟之意。天資雖不甚高，然頗好誦讀。」

良鏗十五歲時被父親送往北京的章太炎文學院學習，後來轉入上海正風文學院。假日，良鏗將小說本帶回家，正念小學的弟弟偶然會翻一翻，漸漸地也就迷上了，甚至拿到書就讀。哥哥對他說，中國小說容易讀，外國小說是經過翻譯的，文字的結構小孩子不大容易接受。哥哥指導他讀了《三國演義》、《水滸傳》、《西遊記》和《紅樓夢》。

八歲那年，良鏞在哥哥的枕邊看到一冊《紅玫瑰》雜誌，上面有連載的武俠小說《荒江女俠》，便拿來讀。這是良鏞看到的第一部武俠小說，「琴劍二俠」的行俠生涯令他讚嘆不已。《荒江女俠》是舊派武俠小說家顧名道的代表作，書中寫方玉琴為父報仇，並與同門師兄岳劍秋相偕鋤奸的故事。顧名道原為言情小說家，因此《荒江女俠》既寫「俠」客鋤奸，又寫男女劍俠之間的「情」，為言情武俠小說開山之作。這樣，曲折的劇情描寫，豐富的情感張力，對童年金庸產生了強大的吸引力；而伸張正義、維護弱小，正貼合了他從小以來的夢想。

良鏞對鴛鴦蝴蝶派小說沒什麼興趣，但雜誌上有連載的武俠小說卻吸引了他。哥哥看他喜歡，每次回來便帶上幾冊《紅玫瑰》，良鏞又讀了平江不肖生的《江湖奇俠傳》。這些小說讓他看到了一個充滿詭詰而又新奇多變的世界，於是，他去學校圖書館找，去書攤上租，到處搜羅武俠小說，一睹為快。

這年暑假，哥哥回家時給他買回來許多本武俠小說，有《七俠五義》、《小五義》、《蜀山劍俠傳》等，他如獲至寶，整天躲在書房裡閱讀。有時，他會將書中故事有聲有色地講給父母聽。金庸從小就很擅長講故事，講鬼故事可以把弟弟妹妹嚇哭。②

良鏞九歲那年的舊曆五月二十日哥哥帶著他一塊看龍王戲《明末遺恨》，良鏞覺得崇禎皇帝「有些可憐」。

金庸後來回憶：「年幼時最愛讀的三部書是《水滸傳》、《三國演義》以及法國大仲馬的《三

② 孔慶東《金庸的小說人生》，中國社會科學出版社，二〇〇五。

個火槍手》及其續集，還有一部法國小說《十五小豪傑》我印象也很深，是十五個法國少年航海及在荒島歷險的故事。稍微大一些的時候喜歡看巴金的小說。在九歲左右的時候，我全部看中國的小說。外國翻譯的小說，也以舊小說為主。這些書都是哥哥借給我讀的。」

附帶一提，金庸看書有一個特別的習慣，他總愛把一本厚書的內頁撕開，拆成幾疊，一疊一疊地來看。凡是他看過的書都變得零散了③。但那是後來自己有錢買書之時的事，在家裡書房和學校圖書館中當然不能這樣辦。

兄弟倆讀書，常常為某一個問題而發生爭辯：「我小時候讀《三國演義》，全面站在劉備的蜀漢一方，決不承認蜀漢居然會比東吳、魏國先亡，為此和我大哥激烈爭辯了幾個小時。大哥沒有辦法，只好搬出他的中學歷史教科書來，指着書上清清楚楚的幾行字，證明蜀漢為鄧艾、鍾會所滅，我才悻悻然服輸，生氣大半天，流了不少眼淚。其實，鄧艾、鍾會滅蜀和姜維被殺等情節，《三國演義》中也寫得很詳細的，但自諸葛亮在五丈原歸天，以後的故事我就沒有心思看下去了。」④金庸回憶說。

冬天，一場大雪過後，良鏗和弟弟在後院裡堆起了兩個栩栩如生的雪人。一個圓頭圓腦，瞪

③ 張圭陽《金庸與明報傳奇》，湖北人民出版社，二〇〇七。
④ 《探求一個燦爛的世紀：金庸／池田大作對話錄》，北京大學出版社，一九九八。

着一雙大眼睛，笑呵呵的，他說這是哥哥良鏗；另一個則瘦小秀氣，頭上還戴着一頂絨線帽，他說這是大妹良琇，對此良鏞點頭認可了。他們看着這對雪人兄妹，會心地笑了。從此以後，良鏞對下雪天盼了又盼。每當北風呼嘯、大雪就要飄飛的時刻，他總愛站在滴水成冰的後院裡，任憑寒風刺面，仰面望着那滾滾的烏雲，祈盼着大雪快快降落下來。因為大雪天裡他們可以滾雪球，堆雪人，打雪仗。

過春節了，鄰居們燃放烟花、鞭炮，這本來是男孩子的高興事，良鏞卻害怕不敢放。良鏗又問妹妹良琇害怕不害怕，良琇果敢地說：「不害怕，我也要放炮仗。」於是，兄妹倆在院子裡嬉笑，蹦跳，放啊放，從小年放到大年，從初一放到元宵佳節。這時候，良鏞總是站在一旁，捂着耳朵，一邊躲藏一邊歪着頭看。一次，良鏗拿起一個冒着火星的小鞭炮往弟弟身上丟，小鞭炮在良鏞的背上炸響，良鏞嚇得直嚷：「哥哥別呀！」直往妹妹身後躲。

夏天，葡萄架上的葡萄熟了，弟兄倆一塊摘葡萄，良鏞的手指被一隻蜜蜂螫了一口，他哭了。良鏗捧起弟弟的小手指放在自己唇邊吸吮了一會，然後捉了一隻蜻蜓讓他玩，良鏞破涕為笑了。

兄弟倆在友愛中一塊長大。

這天，良鏗從上海大學畢業回家，良鏞正欲動身去嘉興念中學。弟兄倆來到後院，一起用鍬挖坑，栽下兩棵棗樹，哥哥祝願弟弟早早成才，弟弟祝願哥哥早娶嫂子早生貴子。

站在查家橋頭，兄弟倆依依不捨。良鏗囑咐弟弟，不要偏科，不僅學好漢語，還要學好英文和數學。後來他給弟弟寫信，說：「現在時勢，不懂英語，正如啞巴一樣，將來什麼地方都走不通，什麼事業都趕不上。你必須將每日教過的英文生字，在自習時，默得爛熟。一星期之後，再將上星期所學的生字，熟理一遍，總要使其一字不忘為止。算學也要留心，卻不可厭倦懶學，遇有疑難問題，務求徹底了解。」⑤

一九四七年六七月間，上海《大公報》刊出廣告，要在全國招聘兩名國際電訊翻譯，有三千多人報名參加考試。金庸一路過關斬將，十月底，查良鏞進入《大公報》上海館開始工作。後來去了香港，就得益於他扎實的中文和英語基礎。

「金屋藏嬌」的教授

抗日戰爭爆發後，查良鏗曾經在張治中將軍的軍中當軍事記者。然而，三個月後，良鏗得了一場大病，差一點丢了命。張治中將軍親自下令，讓他脫下軍裝，返回南京。他執意不過，只得

⑤ 金堅（查良鏗）《我所知道的金庸》，《六合報》一九八五年三月二日。。

回中央大學去教書了。⑥

過了春節，學校剛開學，一名中年男子攜着一名少女走進中大校園，說是找查良鏗的。一見面，父女倆雙膝一屈就跪下了，男子說，他姓曹，丹陽人，父親是當年「丹陽教案」中被查文清救出的鬧事者之一。遵照老父臨終遺言，那男子願將女兒嫁與查良鏗為妻。他已經打聽清楚，查良鏗是查文清的孫兒，所以將女孩送了來。

這女孩名叫曹聖因，年方十八，亭亭玉立的，還算漂亮。

良鏗再三推辭，那男子說：「如果不願意娶她為妻，你就留在身邊當作女傭使喚，但萬萬不可退回。」並以「違拗父訓，難留人世」相挾，良鏗只得答應留下此女。此年他二十四歲，正是男大當婚的年齡。⑦

那男子走了，將女兒留下了。

窗外，桃花正盛，仰着粉紅美麗的笑臉。查良鏗覺得天高了，地寬了，花花草草在向他點頭。

幾日後，中大校園裡出現了流言：查教授得了桃花運，天上掉下個小妹妹。還有同事當面笑

⑥ 蘇宏時《金庸長兄查良鏗先生和我聊的話題》，海寧論壇，www.haining.com.cn。

⑦ 金堅（查良鏗）《我所知道的金庸》，《六合報》一九八五年三月二日。

問他：「你這金屋裡可不可以讓我們進去看看，藏的是哪一位嬌娥啊？」

查良鏗犯難了。他想把她送回海寧，可家裡人都逃難去了；讓她回自己的家，這兵荒馬亂的，怕她走丟了；留在身邊吧，孤男寡女同處一室，真的有損教授的名聲。

最後，還是姑娘自己拿主意，她說：「我去當保姆，吃住都在東家，以後你明媒正娶我就是了，我等你。」這樣，她就留在了南京。

一九四三年，顧孟餘辭去中央大學校長，教育部擬派復旦大學校長朱南軒接任，朱是國民黨CC派中人，查良鏗和學生們四處張貼標語，予以反對，隨後，教育部又擬由部長陳立夫兼任中大校長，師生們以其為黨棍，仍不買賬。最後由蔣介石親自兼任校長，風波這才平息。

蔣介石一上任為了對付進步學生，將校警全部換成對他忠心耿耿的憲兵警衛隊，並派遣大量的「特務學生」、「職業學生」混在學生中，監視師生們的一舉一動。查良鏗寫文章批評說：「這哪像一位校長，分明是一個三軍統帥嘛！」

身着便裝的蔣介石在中央大學的禮堂作報告，先是老師們照例坐在前面，學生站在後面。後來乾脆把所有凳子統統撤掉，讓老師不管是古稀之年還是體弱多病，一律與學生一同站着聆聽訓教，一站就是一兩個小時。查良鏗又寫文章詰問：「你是蔣校長還是蔣司令？」

因而，查良鏗被蔣介石視作「令人頭疼的教授」，上了逮捕嚴辦的「黑名單」。得到消息，查良鏗將未婚妻曹聖因找回，兩人乘夜逃出南京，潛往蘇州。

查良鏗有個堂叔在蘇州，在堂叔查忠禮的主持下，他和曹聖因圓了房，一度躲藏在蘇州中學任教⑧。

戰勝利後，良鏗攜妻回鄉，補辦了拜堂大婚。夫妻倆很恩愛，生育了二子三女（幼女早殤）。

一九四八年八月，南京政府頒令改革幣制，許多巨商、富戶、官僚囤積金幣予以抵制，蔣經國以經濟副督導員身份到上海「打老虎」，動了真格。為此，查良鏗在《新民報》上發表文章稱讚，「經濟新政策不僅只是法令，也有心發動社會革命運動，象徵着實現民生主義的開端。」「富人的財富和洋房是建立在人民的骨骸之上的，『打老虎』打在了要害。」這樣，他的前嫌被一筆勾銷了，獲准可以回南京了。

他不願意再回中大，選擇了無錫國學專修學校，古文字學和中國古典文學。後來成為著名「紅學家」的馮其庸是他班上的學生。新中國成立以後，查良鏗隨妻子到了她的娘家，在六合縣一所中學裡教書。從此，他再也沒有離開過六合，因為他的祖父查文清在丹陽為官做過好事，在丹陽、

⑧ 查良安的信，轉引自《金庸和我都在热盼查氏家譜》，查氏宗親聯谊會，www.zhashi.net。

六合一帶很受尊敬，有「大善人」之譽。

查良鏗一邊教書，一邊著書，妻子是他的得力助手。雖然她沒上過學，嫁給他以後才隨他識字讀書，卻會寫一手好字，且寫字的速度特快。查良鏗一生只寫了一部書，即《秦之興殤》，研究秦朝興亡歷史的，一九四八年由商務印書館出版。這部洋洋百萬言專著的原稿，是由曹聖因一字一句謄抄的。其間，查良鏗還寫過一部研究古文學的工具書，不料在躲避內戰炮火的奔波中，書稿散失僅存幾十頁，也是妻子的筆跡。

一九七〇年六月，身患晚期癌症的曹聖因逝世。遭遇喪妻之痛，查良鏗的情緒非常低落。撥亂反正以後，為了照顧他的日常起居，有關部門先後物色了很多個人選，但都被查良鏗一一婉拒，他一直沒有續弦。

「情比金堅」的哥哥

一九五七年的鳴放運動，意外激發了師生結社的高潮，江蘇青年作家高曉聲發起組織「探求者文學社」，六合高級中學的三十一名師生踴躍加入，查良鏗是帶頭者。緊接着「反右」運動，查良鏗順理成章地扣上了「右派」帽子。

六十年代中期，正當金庸以《書劍恩仇錄》、《雪山飛狐》、《射鵰英雄傳》等小說大紅大紫的時候，這個遠在江蘇六合的哥哥卻因有他這個弟弟背上了「裡通外國」的罪名。罪證是三年自然災害時期，有人從郵局寄給他奶粉等食品，還有人從香港郵來物品和外匯。他解釋，郵寄的人是他在無錫教書時的學生，現在北京工作，香港寄來錢物的是弟弟，但沒人相信，逼迫他每天「請罪」，戴着黑臂章掃街。

一九八二年三月的一天，查良鏗收到一封來自北京的信。信是當年班上學生馮其庸寫來的，接着又寄來他的照片，希望老師去北京一聚，還有三百元的車旅費。五月，當火車緩緩駛進北京站時，查良鏗一眼就認出了站台上迎接他的當年學生。他住在西苑賓館，馮其庸每天陪他逛街、看風景。原計劃在北京待三天，學生不依，硬讓他住了五天，還讓他乘飛機回南京。

查良鏗跟學生講了「文革」時期的遭遇。他說，早年在上海，他是一個思想進步、積極進取的文學青年，多次參加一個進步文人聚會的「文化沙龍」。就是在這個「沙龍」裡，他認識了藍蘋，即後來的江青。「藍蘋是個電影演員，年輕漂亮，能歌善舞，交際廣泛，深得圈內人讚許。我認識她，她也認識我。如果我受迫害時，抬出江青來保護自己，或者因此而誘發了江青對我的記憶的話，不知會造成什麼樣的後果。」後來，查良鏗看到了熟悉江青的人遭受的迫害，很慶幸自己當時未抬出江青來保護自己，這當然與他的性格有關。

由查良鏗的介紹，馮其庸見了金庸，兩人有了很深的友誼。隨後，馮其庸發表了《讀金庸的小說》、《既是武俠的更是文學的》等文章，從人生的角度、欣賞的角度談金庸的武俠小說，是對金庸小說很好的導讀。

查良鏗的兒子查傳咸回憶，父親六十六歲時病了，當他獲悉金庸就是查良鏞時，特別想見見這位給自己帶來不少「麻煩」的弟弟，就讓兒子代他寫信。他再三叮囑兒子，自己受過的苦在信中一個字都不要提，只要向弟弟報個平安，告訴他自己很想念他，想在臨死之前見他一面就夠了。

很快，金庸回了信，信中這樣寫道：「慈愛兄長：收到來信，方知兄長近況。想念年幼時手足友愛，融洽相處，又蒙兄長親授讀書，至今仍深印腦海不忘。弟在香港，也和常人一般工作和生活，過着平淡的日子，我正打算着退休，以享受晚年的安逸。數載之後，弟當親赴內地看望兄長，此祝健康愉快。查良鏞。」這封信一直被查良鏗完好地保存着[9]。

一九八四年十月，金庸再赴北京訪問，在與胡耀邦總書記會見之後，直接轉道江蘇，看望哥哥。這是繼一九四六年查良鏗回家結婚一家人團聚後，三十八年來的第一次兄弟聚首。據當日在現場

⑨ 蘇宏時《金庸長兄查良鏗先生和我聊的話題》，海寧論壇，www.haining.com.cn。

的記者描述：「見面時，哥哥哽咽着，先哭了，金庸替哥哥拭了拭眼角上的淚水，然後張開雙臂抱了抱哥哥，我發現他的眼眶裡也滾動着淚珠……」據說，那天兄弟倆除了對望和擁抱，很少說話。

也許他們都不願意提及往事，當地報紙在報道中將金庸的故鄉寫成了江蘇六合。查良鏗立即以「金堅」的筆名，寫了一篇《我所知道的金庸》，除了澄清誤傳外，他深情地回憶了與弟弟讀書的童年往事，敘說困難時期弟弟寄錢寄物助他渡過難關的事兒。

有人問他，「金堅」這個筆名，是不是學你弟弟的，將「鏗」字一分為二了。他說：「不！我說的是『情比金堅』的含義，兄弟情深麼！」

一九八八年六月，查良鏗在江蘇六合去世。金庸於香港家中，在哥哥遺像前擺設多盆菊花，和妻兒一起胸佩白花，追思悼念。

二、代哥當上董事長——大弟查良浩

查良浩最喜歡的是《書劍恩仇錄》，因為在這部書中，小阿哥寫的就是兄弟之間情和事。捧讀時，小阿哥查良鏞對他們的關心和愛護不時浮上腦際，常常不覺淚下。

查家橋下打水仗

查良浩生一九三四年七月十二日，查良鏞喚他「大毛弟」，比查良鏞小了十歲，弟弟良鈺自然是「小毛弟」了。小阿哥良鏞從外地回到家裡，常帶着兩個弟弟去學游泳。

抗戰結束不久，良鏞因與國民黨職業學生衝突，向校方投訴而被勒令退學，離開中央大學後，由重慶返家住了近半個月的時間。午飯以後，小阿哥帶着良浩、良鈺去打水仗。打水仗是在查家橋下的河裡，兩個人在橋上守，其餘的人可以從任何方向對橋上人實施進攻，看誰在橋上守的時間長，誰也不用擔心會變成落湯雞的。

小阿哥先做守橋人，得站在橋上，左右防備着進攻。而橋孔全被水淹了的，良浩和弟弟悄悄淌水到橋下，或者穿過橋孔，到另一面突然發起進攻，把小阿哥打下水，或者拖下水。這樣，小阿哥就算是失敗了，只能變換成進攻者。有時候，小阿哥不想守橋了，自己主動跳進水裡變成進攻者。於是兄弟仨不斷地變換角色，你來我往的，把一個花溪鬧得水花四濺，笑聲一片。

打水仗累了，小阿哥帶着兩弟弟去游泳。在查家橋下的花溪裡游來游去。他游泳的姿勢非常好看，良浩很佩服他。

晚上，家裡有小阿哥的住房，他偏不住，非要同良浩、良鈺擠在一起。那時，他見了外人講話很慢，還有些口吃，但同弟弟在一起完全變了樣兒。每天晚上，小阿哥給弟弟講故事。他的故事都是現編現講，可編得天衣無縫，講得引人入勝，常常是講到興頭上，一下子跳起來站在床上，連比劃帶摹仿，手舞足蹈的，有意思極了。

眼看已經很晚了，良浩仍纏着小阿哥講故事不肯睡覺，良鏞就編出一些鬼怪故事嚇唬他們，弄得兩個弟弟又害怕又想聽，越聽越害怕，嚇得閉上眼睛連大氣都不敢出。小阿哥見他們睡着了，偷偷溜出來又鑽進書房裡看書。

良鏞在小學時就愛讀課外書，低年級時看《兒童畫報》、《小朋友》、《小學生》後來看內容豐富的「小朋友文庫」，再似懂非懂地閱讀各種各樣章回小說。到五六年級時就開始看新文藝作品了，最愛讀的三部書是《水滸傳》、《三國演義》以及法國大仲馬的《三個火槍手》。良浩印象最深的，小阿哥講述的十五個法國少年在大海中航行，漂流到了一座荒島上，經歷了一個個驚險的故事，是小阿哥從一部法國小說裡看來的，然而添枝加葉講出來的。

父親給良浩講過，當年日寇侵略中國，海寧淪陷，日寇放火燒了袁花鎮，父親開在鎮上的幾家店鋪全都成了灰燼，家庭一下子破敗了，幾個哥哥姐姐上學的費用沒了着落。這時候，十五歲的小阿哥做了一件十分了得的事，他和同學一塊出版了一本暢銷書。他搜集了當時許多學校的招考試題，加以分析解答，同時用一種易於翻查的方式來編輯，二百多頁的《獻給投考初中者》在浙江麗水出版，書籍一直行銷到福建、江西、安徽等地。這本書的收益，除了支撐他自己和同學順利讀完高中畢業，還寄錢讓兩個妹妹繳費上了學。後來良浩對人說，十四歲的小阿哥能了解到師弟師妹的需要，用簡捷的方式來滿足他們，此後他創辦《明報》而得到成功，大概就源於這種洞悉讀者心理的直覺能力。

一九四八年底，查良鏞被派往香港《大公報》工作。「身無分文走香江」的查良鏞從此就得靠自己的雙手打天下了，從此，良浩再也沒有機會與小阿哥一同下河打水仗了。

兄弟之間情和事

一九五〇年，海寧家中遭遇變故，父親查樞卿作為「反動地主」被「鎮壓」而死，大家庭霎時土崩瓦解，上上下下十來口的生活沒有了着落。此時，良浩正在上海念書，一下子斷了家裡的供給，他懵了，哭着給小阿哥良鏞寫信。隻身在外打拼的金庸，扛起照顧家人的責任。來信關照弟弟：「書一定要念下去，千萬不可退學，小阿哥會保證你的學費和生活費。」那時候，小毛弟良鈺也在上學，也是在小阿哥的資助下順利完成學業的。查良浩念完中學，在小阿哥的資助下考上了華東師範大學的中文系。

查良浩後來說：「要是沒有小阿哥的幫助，還不知道我們能不能熬過那段困難的日子。那時候，他自己也沒錢，社會上有一些人說金庸寫書是為了出名，我聽了都覺得可笑，飯都吃不飽會想着出名嗎？小阿哥那時候寫書就是為了掙錢養家。小阿哥這麼多年在外，受了很多苦。但他從來沒和我們提過一句。我們有困難的時候，卻總能在他那裡得到幫助。」

一九五五年，小阿哥查良鏞突然成為了金庸，他先後創作了從《書劍恩仇錄》、《天龍八部》到《鹿鼎記》共計十五部三十冊一千餘萬字的武俠小說，其作品深受各階層讀者的喜愛。

一九七二年，金庸掛印封筆，金盆洗手，這對於眾多喜歡武俠故事的讀者來說無疑是個遺憾。

若干年後，良浩問哥哥：「你的年紀又不是很大，好耽耽的怎麼不寫了呢？」哥哥解釋：「因為從小喜歡看武俠小說，我就開始自己來寫，所以後來停了筆，是我覺得一個人一生中有很多很多的階段，有很多不同的事情要做。我已經寫了十幾年了，而且後來報紙也不需要通過小說來支撐了，覺得夠了，可以用剩下的時間去做點其他的事，寫些其他的文章。」

哥哥要寫什麼文章呢？後來，金庸在與日本名作家池田大作對談文學中，高度評價了他喜愛的中國古典小說《三國演義》，還透露，他打算寫一部以東吳為主體的《三國演義》。良浩看到報道以後，致信問哥哥：「是真的嗎？」金庸回信答覆他：「在中國的古典小說中，《三國演義》享有崇高之極的地位，沒有任何一部小說比得上，我欣賞『虎牢關三英戰呂布』、『周公瑾赤壁鏖兵』那樣的場面。」他打算寫一部新《三國演義》，以東吳為主體，主角是孫堅、孫策、孫權以及美人大小二喬。

金庸說，他小學時代就把《三國演義》讀得津津有味。但《三國》故事的說書人以及貫串史實與民間傳說而寫成小說的羅貫中對蜀漢的偏袒實在有點過份。羅貫中因為是山西太原人，所以偏袒他的同鄉山西關羽，痛貶曹操，那也罷了，連東吳人物也一並貶低，年紀大了之後，我常常感到不舒服。「然而，我覺得孫堅是孫策、孫權的父親，孫策、是孫權的長兄，於是想寫一部新的《三國演義》，寫寫他們父子之間、兄弟之間的情和事，向羅貫中叫板。」

那麼，金庸版《三國》將是怎麼樣的呢？金庸說，《三國演義》裡最放射異彩的人物是趙雲、周瑜、陸遜。在史實上，赤壁之戰打敗曹操完全是周瑜的傑作，諸葛亮並無貢獻。於是金庸就想像「小喬初嫁了」之時周瑜如何「雄姿英發」，如何「曲有誤，周郎顧」，寫與周瑜交朋友，就像喝最好的美酒，不知不覺就在他的個性魅力中醉倒了，再描寫一些江南風光，就怡然自得了。而陸遜則文武全才，政治上能忍辱負重，是中國歷史第一流人物。

不管哥哥要怎麼寫新三國，查良浩最喜歡的還是《書劍恩仇錄》，因為在這部書中，小阿哥寫的就是兄弟之間情和事。捧讀時，小阿哥對他們的關心和愛護不時浮上腦際，常常不覺淚下。

代替哥哥擔任董事長

一九五八年，查良浩大學畢業應徵入伍，曾在解放軍空軍第六預科學校擔任教師十幾年，後轉業回滬任上海紡織職工大學教師，曾獲上海市先進教育工作者、全國紡織系統先進教育工作者稱號。

一九八一年七月，金庸偕妻子兒女回到內地，鄧小平會見了他。很快，弟弟妹妹就接到金庸發來的電報，相約杭州一聚。隨電報寄到的，是金庸給大家的去杭州的路費。

一九九三年三月十九日，中共中央總書記江澤民在中南海會見金庸，兩人敘談了一百分鐘。

臨別時，江總書記拿了一疊書送給金庸，一共十七本，都是與他家鄉有關的。會見後不久，小阿哥便在杭州同良浩見了面，詳細地把江總書記會見他的情況告訴了他。

金庸在一九九三年辭去明報掌門人的職務，宣佈退休，他分別給弟妹們寫信透露自己的心跡。在寫給良浩的信中，他談到自己一生中有「四個理想」。第一理想，青少年時期努力學習，得到相當的知識和技能；第二理想，進入社會後辛勤發憤，做幾件對自己、對別人、對社會有利的事；第三理想，衰老時不必再工作，能有適當的物質條件，以健康、平靜、愉快的心情和餘暇來安渡晚年；第四理想，創辦明報，確信這事業對社會有益，希望它今後能夠長期存在，繼續對大眾做出貢獻。第五個理想是退休後靜靜地讀書。他說，以前每天晚上都有明天社論寫些什麼的心理壓力，現在呢，無憂無慮了，可以有時間看電視劇了。

江澤民在上海工作時，邀請查良浩擔任上海市政協委員，他婉言拒絕。他對小阿哥說：「你的榮譽是你努力創造的，我不願意沾光。我不當政協委員，一樣可以做許多事，為國家作貢獻。」

一九九五年三月二日，金庸在香港家中突發心臟病，送至醫院搶救，做了「小球彈性通塞手術」，才轉危為安。查良浩赴香港探望時，勸二哥靜心養息，病愈後不要像以前一樣經常外出了。金庸嘻嘻一笑說：「生命在於運動，靜坐在家裡不是讓各個器官都堵塞了。」有一封信，他對良浩說：

「我要學范蠡，久尊不祥，人生事業不可能永遠擁抱，生命也不知何時結束，看準了的事要辦就辦，再去創造更新的世界，人生才有意思。」金庸退休後，在家鄉投資三十五萬美元，跟嘉興中華化工廠合辦「安發香料有限公司」，生產的高級香蘭素通過廣交會打入國際市場。

查良浩的妻子陳明秋退休前也是教師，其女兒虹飛是美籍工程師，現居美國。良浩幾次去信讓女兒尋找可以引進國內的尖端項目，一九九七年，虹飛將一項節能技術項目推薦給了伯父金庸，當年，金庸投資一百四十八萬美元，與中華化工廠合資興辦「中華熱電開發有限公司」，由查良浩代替金庸擔任董事長。熱電開發項目當年投產，發電三三九七萬度電，不但解決了當地農村用電，還並入華東電網一九一五萬度電，金庸分得紅利一百三十九萬多元。

查良浩的兒子青松畢業於華東政法學院經濟法系，長期擔任世界五百強企業在滬投資企業的法律顧問，對房地產法、著作權法有獨到的領悟和運用。在內地，在一九九四年「三聯版」出版之前，除了天津百花文藝出版社授權而出版了《書劍恩仇錄》外，許多金庸小說都是盜版的，粗製濫造，錯訛百出，還有人借用「金庸」之名，撰寫及出版武俠小說，充滿無聊打鬥、色情描寫之作，不免令人不快。查青松擔任金庸的法律顧問和金庸作品法律代表以後，相繼代理了查良鏞、明河版權（香港）有限公司訴文化藝術出版社 雲南人民出版社 中國科技圖書公司侵犯著作權案 為維護伯父金庸的作品著作權出了力。

兄弟品茶看京劇

一九九二年以後的十年間，金庸每年回內地一二次，每次途經上海就住在弟弟良浩家。兄弟相聚，有時一塊品茶，有時一同去看京劇，留下許多家常話。

一九九六年的一天，金庸從杭州抵上海，告訴「大毛弟」：「我捐造的杭州雲松書舍已經落成，但我改變了主意，將它送給了杭州市政府，作為文學藝術界一個聚會的地方。」良浩知道雲松書舍原來是作為私人藏書樓，哥哥夫婦來內地時可休憩讀書，便問他現在為什麼改變了初衷，哥哥以溫和的語氣說道：「房子太豪華了，不適合。」千萬元的房子，他輕輕的一句話就送出去了。

有一天，哥哥告訴「大毛弟」，一九九五年他出資二十萬港元在浙江大學設立了「浙江大學金庸人文基金」，覺得捐錢少了點。這次應聘到浙大任職，校方給了他最高的待遇，可拿院士的薪水，他已經跟夫人商定，將所有薪水都放到這個基金中去。「我小時候家裡清貧，讀書很苦，現在條件好一些了，應該資助那些清貧的學生。」

二〇一〇年九月二十二日，位於海寧鹽官的金庸書院正式向世人揭開其神秘的面紗。由於身體原因，金庸沒能親自前來，特委托胞弟查良浩參加落成開放典禮。

金庸的武俠小說處女作《書劍恩仇錄》提到的乾隆身世之謎就在海寧的鹽官，他以細膩的筆法刻畫了陳家洛離家十年後重返海寧的情境，字裡行間充滿了對故園的遙望與思慕。此外，他的封筆作《鹿鼎記》又曾在鹽官拍攝，因此選擇在鹽官古城東南面建起了金庸書院。

金庸書院佔地面積四八五平方米，其中建築面積一千九百平方米，園林綠化面積二千九百平方米。內部格局江南水鄉韻味十足，書院主體部分有講學、展示、藏書三大功能，由大堂、水閣、偏廳、水榭、爬山廊等組成。整個書院按清式風格建造，建築群層層疊進，體現了「禮樂相成」的思想。二〇〇八年九月十七日金庸書院奠基時，金庸親臨現場鏟下了第一把土，並在西院手植了金桂、銀桂。金庸捐贈的手稿、佩劍、聘書等都一一呈列在展覽櫃裡。

查良浩現場宣讀了金庸的委托信：「本人因健康的關係，未能前來海寧參加今天『金庸書院』的開幕盛會，深表遺憾。特別感謝海寧市的各級領導，感謝故鄉的人民給予我榮譽，並在這書院的建造中付出了辛勤的勞動。本人希望健康恢復後能親自來海寧，向大家致謝。金庸謹上。」查良浩用「好大喜事」來表達自己對中秋佳節金庸書院落成開放的喜悅心情。

少年時離家，返鄉已是兩鬢斑白。當地媒體欲採訪查良浩時，他卻連連擺手說：「今天回鄉是遇上了大喜事，過去的事、家裡的事就不說了吧！」

三、唐山大地震的逃生功臣——小弟查良鈺

二〇〇〇年三月，有人到淮南拜訪查良鈺，於是，淮南市政協副主席、淮南礦業集團高級工程師查良鈺的另一個身份得以徹底暴露，在這之前，同事們並不知曉，連他的妻子也不知道他是金庸的胞弟。

小阿哥來信

查良鈺一九三六年五月三十一日出生時，二哥金庸已到嘉興上中學了，平時很少回家，偶爾來家一次，抱起小毛弟就親個沒完。

兩歲多的時候，中日戰爭爆發，家鄉淪陷，良鈺躺在媽媽的懷抱里，逃難去了浙西。後來母親怎麼死的，父親怎麼抱着他回家，他一點兒不知道。

他小毛弟只記得，小阿哥良鏞首次回家是抗戰勝利後的一九四六年的夏天，那時他在龍頭閣小學讀四年級。前幾天，家裡接到小阿哥的來信，說他要回來住一段日子，然後出外謀職。由後幾天的日子，全家人非常高興，每天都念叨着小阿哥的歸期。放學後，良鈺一跨上查家橋便停下

腳步，踮起腳尖向大路上眺望，盼着見到小阿哥的身影。

學校放暑假了，良鈺一日幾次地踏上查家橋去了望。一天，他像往日一樣，在橋上呆了很久，才失望地走回家，遠遠地望見一個大男孩向他招手。「小阿哥，小阿哥回家了！」他大步奔跑着撲向哥哥。原來哥哥搭乘別人和船兒回了家。

小阿哥是陌生的，又是親近的。那天，良鏞身穿一件普普通通的長衫，沒戴帽子，頭髮很長也很亂，面容瘦瘦的，帶着疲倦的神情，卻是一臉的笑容。他對來家探望的人非常客氣，但話語不多。

小毛弟良鈺跟這個相差了十幾歲的小阿哥特別親熱，整天纏在他的左右。

着小阿哥在家，在江蘇教書的大阿哥良鏗也帶着新嫂子回家來了，父親替他們補辦了一場熱鬧的婚禮。這樣，小阿哥在家裡一共住了半個多月，兩個弟弟纏着他講了半個多月的故事。

小阿哥要走了。上次走後，十年多才見面，這次一走，不知何時才能再見。良鈺的心裡非常難過，站在他面前一個勁兒地抹眼淚。良鏞把他摟進懷里：「小毛弟，好好讀書，小阿哥會常常寫信來的。」於是，小毛弟天天盼着小阿哥的來信。

一九四八年，良鈺小學畢業準備報考省立杭州初級中學。遠在香港的良鏞小阿哥來信了，把他以前親自編寫的二百多頁的「升學指導」教材寄給他。

三年後，良鈺中學畢業了要北上去撫順上學，小阿哥來信了，匯給他一百元錢，從那以後，每學期小毛弟會收到小阿哥的來信，收到他念書所需的費用。

從大地震的井下逃出

一九五三年，良鈺中專畢業分配到唐山開灤煤礦，入礦五年後任採掘技術員，即被送往北京礦業學院讀書深造。其間，查良鈺結婚，妻子林淑芳是安徽五河人，比他小兩歲。六年間，家裡接連添了六個孩子，其中兩對是雙胞胎。

孩子多，又趕上國家經濟困難時期，良鈺家窮得不成樣子。此時，小阿哥寄來了錢，還專門為孩子寄來了小衣服、糖、奶粉、餅乾等。

一九六二年，查良鈺從北京礦業學院畢業，回到唐山開灤煤礦。從技術員到區長，他在唐山一幹就是二十多年。他經歷了一九七六年的唐山大地震。

一九九九年九月，查良鈺回海寧，跟小阿哥金庸一樣，他沒有跨過查家橋，沒有去看看查家大院。然而，他接受了寫書人的採訪，開口就說：「我很幸運，我在唐山大地震的井下活着，並且逃了出來。」

他講述了歷險的經過。

「唐山大地震時我在開灤煤礦，在井下，我和一千多名礦工一起逃了出來，我們創造了奇跡。」他說。一九七六年七月二十八日三點四十三分的時候，在唐山地下十二公里的地方，相當於四百顆廣島原子彈的能量瞬間釋放。

地震前幾小時，開灤煤礦也在放高產，那時全國工業戰線盛行的口號是：「學大慶，趕開灤！」快到月底了，為了達到產量，大多數機關幹部和工人一起下了礦井。作為分管煤礦工作的區長，查良鈺也下了井。

荊各莊礦，當時井下工人一千零六十多名，其中有一百多名機關幹部，有兄弟單位的打井隊，有參加大會戰的洗煤廠工人，不少是年輕女孩。最高的領導就是他這個分管煤礦工作的區長。

大震來臨那一刻，先是一陣強烈的震風，煤塵轟然而起，什麼也看不見。接着，從底板方向傳來巨大的聲響，由遠而近，漸漸地震耳欲聾了。整個巷道都在晃動，頂板上的煤和矸石嘩嘩地往下落。鋼製的拱形支架接頭，在激烈的碰撞和摩擦中發出巨響，令人恐怖的火花四處亂濺，地下深處的礦井立即陷入了地獄一般的絕境。

現場管理者即是抗震指揮者。查良鈺沉着地組織大家撤退，讓打井隊工人先走，然後是井上工人、採煤工人，最後是機關幹部，他是最後撤離的。

從採面撤到大巷，從大巷撤到井口，在撼人心魄的餘震中走完十幾里路，攀上一千多米的陡坡，是何等艱難。在黑暗和恐怖中，誰也看不清誰，一千多人在並不寬敞的巷道裡，猶如一條前不見頭、後不見尾緩緩蠕動的長龍。但是，在這個決定生死的通道下卻沒有擁擠，也沒有嘈雜，有的只是查良鈺鎮定自若的指揮和鼓勵。

終於來到最後的關口，風井的梯子道。每次只能上一個人。上的人多，會造成擁擠，甚至梯子倒塌。假如梯子一塌，上井的路就斷了；上人少了，又拖延時間，如果地震再次發生，井口變形，剩下的人便會失去生存的機會。「在這種情況下，只有一條路：那就是絕對維護好秩序，做到緊而不亂，以最快的速度按順序撤離。」查良鈺說。

「女同志先上！」查良鈺指揮着，她們一個接一個地爬上了幾百米高的鐵梯，每攀上一級便向生還靠近了一分。她們頭上是暴雨般的淋水，腳下是不斷搖動的大地，無數礦燈光柱無聲地照耀着她們。

「新工人上！」……「老工人上！」……當查良鈺最後一個爬到地面時，已經是上午八點半。⑩

⑩ 龐清輝《唐山大地震萬名開灤礦工生還奇跡》，《中國新聞周刊》，二〇一〇年第三十一期。

他一眼看見，昨日好好的家此刻已經夷為平地了，與他相處二十多年的妻子沒能逃出來，被壓死了。幸好，一對雙胞胎兒子住在學校，竟然從廢墟下逃了出來，其他的孩子都不在唐山，躲過一劫。

岳父母的家在安徽，在兩老的要求下，查良鈺於一九七九年從唐山調到了淮南煤礦，先後任助理工程師，主任工程師、總工程師，一九九一年任淮南礦務局總工程師室副處長，高級工程師。

在香港小阿哥家

查良鈺五十歲時再婚，妻子朱鳳英是個安徽女子，也是個金庸小說迷。結婚後很長一段時間，朱鳳英不知道丈夫在香港的小阿哥查良鏞就是寫武俠小說的金庸，當良鈺將實情告訴她時，她還不敢相信，說他在胡扯蛋，撒謊騙她的。

一九九〇年九月二十七日，查良鈺和妻子在香港與小阿哥金庸相聚。⑪

那時，金庸一家住在太平山。太平山俗稱扯旗山，可以俯瞰維多利亞港，日落後能欣賞「東方之珠」的夜景。金庸的家是山頂道一號，那是一幢大洋房，約二千多平方米，花園也大得驚人。

⑪ 賓語、潘澤平《金庸是我的「小阿哥」》，《人物》，二〇〇〇年第七期。

見面時，妻子很拘謹，喊金庸為「金老師」，金庸馬上糾正：「你該叫我小阿哥。」妻子見丈夫和小阿哥的熱乎勁兒，很快就習慣叫「小阿哥」了。

一到家，小阿哥就問這問那，把每個孩子都問到了。良鈺告訴他，孩子們繼承了查家書香門第之風，有教書的，有在歌舞團拉小提琴，還有一個女孩是做醫生的。三子查傳明是英語高級教師，現在上海格致中學教書，他主編的《穆旦自選詩集》即將由天津人民出版社出版。也有搞實業的，四子查傳皓是淮南潘三實業有限責任公司的董事長，一個在當地頗有名聲的「挖煤王」。

上年五月，在《明報》創刊三十周年之際，金庸下決心淡出江湖，他卸任了《明報》社長職務，擔任明報企業董事局主席之職，仍習慣於晚上工作，每天早上五六點鐘才睡覺，中午十二點左右起床，吃過午飯後稍稍休息一下又進書房寫東西，寫好後直接傳真出去。晚飯後如果沒有社交活動和客人來訪，哥弟倆便坐在客廳裡敘談一會，然後他又走進書房，一直工作到天亮。

金庸的圍棋下得很好，是業餘六段。在他的書房裡，懸掛着由李夢華簽名的圍棋段位證書。小阿哥告訴弟弟，中國棋院院長陳祖德、棋聖跟他下過棋，當然是金庸輸了。陳祖德患病在香港醫治時，金庸專門把他請到家裡來住了半年多。聶衛平麼，交情更深，哥跟他拜過師，聶棋聖吃螃蟹打破紀錄的事兒，就是在這個客廳裡發生的，香港報紙說得神乎其神呢！

一天，哥倆在客廳閑聊。良鏞問小阿哥：「你真的打算淡出江湖了嗎？」金庸說「是」，弟又問：「你回內地嗎？」金庸說：「我會去旅遊，去見見故朋老友，要見的人很多。」

兩個月前，《鹿鼎記》在內地出版，因為金庸在書中說了自己的祖先和家庭，浙江海寧便引起很多人的關注。良鉦說：「離開老家幾十年了，你老了，我也老了，我們該回去看看了……」說着，他望着哥哥，長久不說話。

金庸沉默着，屋子裡很靜。

金庸打開了唱片機。「上河的鴨子下河的鵝，一對對毛眼眼照哥哥……」耳邊響着的是信天遊，是電影《人生》裡那甜美中略帶野味的歌聲。這曲本來是一首男女情歌，而在良鉦聽來卻是弟弟對哥哥的呼喚，直聽得心裡酸酸地疼。

他對哥說：「回家吧，我們一塊回家！小阿哥！」

仍是沉默，哥哥望着弟弟，弟弟望着哥哥，眼神中盈滿了期待。

「雙扇扇門來單扇扇開，叫聲哥哥你快回來……」一遍遍重覆着、回味着這深情的旋律，良鉦的心兒顫顫地，淚兒盈盈地。

終於，金庸站起來，走近去，握住了弟弟的雙手：「我和你一塊回去看看……」

良鉦夫婦和小阿哥一家共同生活了兩個多月。

弟弟發覺，小阿哥的幾十年的生活習慣沒有改變，除了愛吃霉乾菜紅燒猪肉，其它葷菜都不大喜歡，一碗蔬菜一碗湯，他都吃得有滋有味。

弟弟發覺，金庸從來不去娛樂場所，從未見他跳過舞。有許多社會活動他都讓嫂子林樂怡代表他去參加。有時候，小阿哥陪同他們一同去看京劇。許多人認識小阿哥，走在路上，不時能聽到「查先生好」的問候，小阿哥總是點頭微笑。

小阿哥家開車的司機姓陳，他讓孩子們叫司機陳叔。他們全家對長期在家服務的菲律賓女傭也非常好，完全像對自己家人一樣。

離港前，金庸為良鉦寫了一幅字：「待人以誠，治事則謹；知足常樂，不取非分；謙可受益，滿必招損；盡心竭力，為國為民。」⑫

一九九三年三月，金庸再到北京，江澤民總書記在中南海會見了他，談了一百分鐘。會見後不久，金庸來到杭州，同弟弟良鉦和良浩見了面，詳細地把江總書記會見他的情況告訴了他們。因為哥哥着急回港辦理「退休」，他們沒有一塊回家。

⑫ 賓語、潘澤平《金庸是我的「小阿哥」》，《人物》，二〇〇〇年第七期。

一九九六年，住在淮南的查良鈺忽然嘔吐不止，渾身抽搐，淮南的醫院查不出毛病，查良鈺的家人束手無策，金庸知道後馬上動用自己的社會資源，親自安排小弟轉到杭州邵逸夫醫院。經檢查是腦部瘤出血，必須立即手術。金庸得知後，竟然細心到提出手術不能破壞面部美觀。為此，邵逸夫醫院將浙江省有名的專家全部請到了場，四十多位專家進行了四次大會診。查良鈺手術成功後，金庸又趕來看他。那時香港直飛杭州不方便，得從北京轉機。轉機那天，有大霧，飛機不能起飛，金庸在首都機場等了整整一天。一到醫院，顧不上自己休息，就親自推着小弟進行康復鍛煉。

查良鈺逝世於二〇〇二年六月，金庸回鄉也就沒有小弟的陪同了。

四、「軍官太太」的遭遇——大妹查良琇

金庸的《神鵰俠侶》與《明報》一同問世。一九五九年五月二十日，《神鵰俠侶》在《明報》連載時，《飛狐外傳》也在《武俠與歷史》上連載。那是《明報》創業最艱苦的時候，金庸為求生計，不得不同時寫兩部小說。那麼胡斐程靈素、楊過郭襄兩組「兄妹情」也就差不多是同時發生的，就不能簡單視為巧合。雖然寫胡程是濃墨重彩、鋪張揚厲，寫楊郭是含蓄蘊藉、不絕如縷，前一對是較明晰的單戀，後一對因男女雙方的克制和分寸感更趨微妙，但一生離，一死別，都是從此「天涯思君不可望」，可稱異中有同。

金庸在這一創作階段格外關注「兄妹」，並給他們留下了惆悵的結局。我們從「查家雙妹」各異的境遇中，可以窺見金庸感情世界的波瀾。

查家雙姝

一九九九年九月，金庸舊居「赫山房」在查家橋畔重新修建，舉行落成慶典，金庸沒有來，只有他的胞妹查良琇來了。查良琇居家時間最長，家中之事數她最清楚，因而給鄉親講述了金庸

的少年故事，還透露了許多家庭隱事。

一九八一年七月，金庸攜妻兒初訪內地，查良琇是他第一個會聚的親人，然後是查良璇。

查良琇和查良璇是親姐妹，都是金庸的妹妹。

姐姐查良琇生於一九二六年五月七日，字蘊玉，小名大玉寶，妹妹查良璇生於一九二八年七月三日，字蘅玉，小名小玉寶，姐妹倆相差二歲，長得都很漂亮，在當地有「查家雙姝」之譽。

姐姐皮膚略黑，有一雙圓圓的大眼睛顧盼生輝。但妹妹一來，立刻就把她給比下去了。妹妹良璇長得極纖細又極白淨，往那兒一坐，好像把整個屋子都照亮了。唯一美中不足的是不會笑，但是仔細想想，女孩子學會衝陌生人微笑也都是在懂得人情世故之後，因此這也不能算作缺點。尤其是一對姐妹花擺在那兒，自然有好多閑人品頭論足。鄰居瘸腿大媽就開玩笑說：「大玉寶啊，看了你妹妹之後，就不想看你了。」良琇總是假裝生氣一下，隨即又很開心，而且更加喜歡領着妹妹到處見人了。

五六歲時，良琇像男生，很淘氣，喜歡和小伙伴們一起爬樹，去河塘捉魚，曾經還有過掉進水中的歷險記，詳細的落水經過被哥哥金庸寫進了小說。總之，小時的她真的好頑皮，常常玩到身上衣服髒兮兮的才回家。為此，媽媽曾經打過她好多次，打屁股、敲腦袋，她只是不出聲的哭泣。

那時心裡賭氣的想道，等我以後長大了，就不會再讓你打了，我自己一個人住一個人玩，找個你看不到的地方去！

也許是因為被打得太多，上小學後，良琇開始喜歡用武力的方式來解決問題，小學一到三年級，她打過好多次架，每次被人惹煩了，她都懶得廢話直接出手。別的孩子本來還等着跟她爭吵幾句，還沒張口，身上早就挨了她的拳頭。她跟女生僅打過兩次，是因為和她要好的女生又和另一個女生走得很近，她一好生氣就動手了。打的時候還特委屈：「『你為什麼不喜歡和我一起玩？』結果她說我太霸道。」她跟男生打過最多次，打得一個男生放學後哭着告狀他爸，結果爸爸將她關進了書房。她還很不服氣，你們打不過我就只會告狀，沒本事！那時，良琇是出了名的打架王，只到三年級後，我愛打架的習慣才慢慢緩解。

「姐姐，好看嗎？」說話的是妹妹良璇，她穿着嶄新的裙子站在姐姐的面前問着，微微扯了扯那十分短的裙子，感覺和平時穿的那長一點的不怎麼習慣。

「嗯……」圍繞着妹妹的身體轉了一圈，良琇伸出手臂摟住了妹妹：「好可愛，好漂亮，可愛的像洋娃娃一樣。」

「我很漂亮……」良璇點着童年無辜的可愛臉蛋，笑得花枝亂顫。

此時的姐姐也只有十三歲，而妹妹還要再小兩歲，媽媽在逃難路上死了，整個夏天姐妹倆親熱地在一起。

夏天的夜晚，遊戲和前幾天一樣就要開始了。

小玉寶對古代閨閣中的小姐有興趣，她常常畫一些長出黑色兔子耳朵的美女頭，在這些漂亮的腦袋上插滿古怪的花朵。而小玉寶沉迷在書房裡的繡像畫本，如《水滸傳》中的彪形大漢，甚至劫財劫色的江洋大盜，她都喜歡看，摹仿着畫。

爸爸已經催促過她們去睡覺，可是她倆裹進床單在草席上打鬧起來。爸爸吼了幾句，於是她們安靜下來關燈假寐。

夏天的夜晚總是很明亮，星辰等人們真寐的時候開始大膽活動。姐妹倆爬起來，裝扮起戲中的角色。姐姐托起一條床單緊緊地一圈圈纏在身上，就像那些小姐們的裙子，使得走路頗費力氣；而妹妹扯住另一條床單，披在肩上，威風凜凜，蓋在肚皮上的小浴巾此時已經圍在她的腰間，然後把床單披風的兩個角掖進去，扎緊，裝束齊備了。她哈哈地輕聲叫了叫，做了個誇張的口形。

爸爸在這個時候已經在鄰屋睡着了，而哥哥們也離家去外地念書了。

沒有了媽媽，姐妹倆成功地將自己安置在白天看過的戲劇中，全身纏裹着卻並不感到夏夜的燥熱。

此時，小玉寶突然有了靈感，小步地挪着，忸怩作態，真想照一照鏡子，看看是不是足夠美麗了。姐姐奪下鏡子，說夜晚照鏡子是會引出鬼怪來的。

姐妹倆開始細聲細氣地對起台詞。首先是美麗柔弱的小姐和丫環走丟了，正着急詢問着；彪形大乘虛而入，百般戲弄。胖姑娘挑了挑姐姐的下巴殼，然後一把抱住小姐姐的腰。床單裹得太緊了，加上一個大枕頭，姐姐行動笨拙得像個真正的大家閨秀，稍微掙扎了兩下偽裝就開始崩塌了。妹妹踩住了姐姐的床單，兩個人一起翻倒在草席上。

這一次聲音大了點，爸爸被吵醒了，在那屋又怒斥了幾聲。姐妹倆迅速扯下身上的床單，擺好枕頭，慌亂地躺回自己的地方。大約是困了，一會兒，姐妹倆互相摟着入睡了。

第二天早晨醒來的時候，姐妹倆誰也不記得前夜有夢。

金庸十五歲時，曾出版了一本《給投考初中者》的參考書，成為浙江、江西、福建一帶的暢銷書，所得的版稅，除了供自己的學費和生活費外還支持妹妹良琇讀書。

⑬ 李鷺芸《弟弟、妹妹眼中的二哥》，《環球人物》，二〇一一年第二十六期。

嫁了一個逃往台灣島的人

日寇入侵，海寧淪陷。一九四〇年的秋天，查良琇由哥哥金庸帶着逃難出來讀書，一起到衢州中學插班，進入師範部學習。

一九四五年秋，在歡慶抗戰勝利的鑼鼓聲中，十九歲的良琇從杭州師範學堂畢業歸來。前來查家道賀的客人中，有一人是國民黨軍統系的一名下級軍官，名叫吳志遠，在衢州機場供職。吳志遠曾參加了著名的崑崙關戰役，跟日本人有過浴血搏鬥，查父便視他為座上賓，偶有來往。在查家，他見到大小姐查良琇天生麗質，聰明伶俐，便親口向查父求婚。

美女配英雄，查父爽快地答應了。

父親對女兒說：「這小伙長得英姿勃勃，還是抗戰英雄，將來會做很大的官，你做官太太了，對這個家庭總是有好處的。女孩兒總得嫁人，早一點嫁就好。」

當年年底，一艘花船上擺着一頂花轎泊在了查家橋下的河面上。在弟弟妹妹的簇擁下，查良琇很高興地上了花轎。女人出嫁是要哭嫁的，可是看到弟妹們那般高興，她沒有一點想哭的感覺。花轎被抬上了花船，繼母一再叮囑她，沒有出村子千萬別掀起蓋頭，更別回頭，一回頭會把娘家的財氣帶走的。花船搖搖晃晃地搖向了遠方……

一年後，良琇生下了兒子，取名石英。吳志遠親吻着兒子的小臉，對兒子說：「石英，你媽媽真是好樣的，過了年，再讓媽媽給你生個妹妹。」果然，一年後良琇又生養了一個女兒。

一九四八年四月，國民黨軍隊開始節節敗退，吳志遠所在部隊開始撤往台灣。赴台前夕，查良琇正懷着孕，吳志遠專程回家與查良琇告別，夫妻倆連續三個晚上沒有合眼，他們知道，這一別又不知何年何月再相見。夫妻倆說一會兒，哭一陣，哭完了再說。良琇叮囑丈夫不要忘了家鄉，不要忘了家鄉的她。

吳志遠走後，查良琇帶着孩子回了娘家。[14]

在新中國的鑼鼓聲中，鄰村新辦小學校。一天，村長上門來對剛生下孩子的良琇說：「聽說你在師範念過書，你去當老師吧！」

十月的龍山美不勝收，黃澄澄的梨子壓彎了樹腰，清香無意間爬滿了行人的衣袖，鄉親們質樸的臉上掛着燦爛的笑容：「我們有金色的陽光。」不遠處村小學傳出了孩子稚嫩的歌聲：「在那金色的陽光下，我們挎着書包上學堂，我們要好好學習，天天向上。」鄉親們說：「那是查老師教的歌。」課堂上，查良琇執着教鞭，沐浴在午後溫暖的陽光下。

⑭ 金堅（查良鏗）《我所知道的金庸》，《六合報》一九八五年三月二日。

這就是鄉親們眼中的「金色陽光」——查良琇老師。

當查良琇第一次走進課堂的時候，孩子們嘩然了，他們從未見過如此漂亮的女老師。從此，教室裡常常洋溢着孩子們的歡聲笑語。說是教室，其實也就一間遮風擋雨的土瓦房，樹幹埋成的牆，門板搭起的課桌，磚頭碼起的講台，最值錢的就是那塊用青磚砌起之後經打磨又刷了黑漆的黑板了，粉筆不夠用，常以石灰與泥巴代替。就是在這樣條件下，查良琇教會孩子們認識了幾千個漢字，也教會了他們很多做人的道理。

當年有一部風行一時的蘇聯電影《鄉村女教師》，戲中人生活愜意，鄉村風光無限，引發出查良琇許多美好的聯想。每天天未亮，靜靜的校園裡就出現她的身影，她正拿着掃帚清掃樹葉和垃圾；接着生爐子為學生們燒開水。下午放學後，她急急趕回家，替孩子和爹媽做好晚飯，然後回到屋裡批改學生的作業，為明天備課。半夜時分，鄰居一覺醒來，還能看到她家窗戶上映着她瘦弱的身影……

這裡晚上看的到銀河，有個叫阿慧的小姑娘，總拉着她的手：「小查老師，吹口琴給我們聽。」

走在路上，聽到孩子們叫「小查老師」，她好開心的喲！

每天都有同學捧了好多新挖的土豆，女孩子們好害羞的，往她手裡一塞就跑。

鄉村孩子上學遇到最大的難關就是輟學，許多有天賦的孩子都因為家境貧寒而失去了茁壯成長的機會。查良琇盡一切努力，把一個個瀕于輟學的孩子挽救了回來。班上有個學生因為媽媽臥病在床，她只能輟學糊紙盒掙錢為媽媽買藥。查老師把這件事告訴了班裡的學生，全班三十七個學生爭先恐後把家裡帶來的錢交給查老師，有的兩角，有的三角，最多的一元，可錢還是不夠，她上門找了全鎮十七位校長，向着他們深深三鞠躬，請求他們發動募捐。那天，校長們沒有一位不是流着熱淚離去的查老師就站在門外，始終保持深鞠躬！在她的努力下，那位學生的媽媽得到住院治療，當她回校上課的時候，一頭撲進查老師的懷里，從心裡叫出了一聲媽媽。

學生和家長給查老師做了一雙雙布鞋送來，幾年都穿不完。純樸而善良的鄉親們，讓查良琇感到了溫暖。

一九五〇年十二月，全國展開了大張旗鼓的鎮壓反革命運動。查良琇是逃往台灣的「國軍官太太」，又出身於地主家庭，理所當然從骨子裡「反動」，她被首先揪了出來批鬥了。她被學校除了名。

然而，更大的災禍接踵而至。父親被作為「惡霸地主」，一槍斃了命。查良琇痛不欲生，悄悄離開了娘家。

飢荒日子裡的「盜竊犯」

查良琇的夫家在臨安縣西天目鄉部嶺村，這是一個風景秀麗的山谷小村。金庸在《射鵰英雄傳》中這樣描述：不一日過了錢塘江，來到臨安郊外，但見暮靄蒼茫，歸鴉陣陣，天黑之前是趕不進城了，要待尋個小鎮宿歇，放眼但見江邊遠處一彎流水，繞着十七八家人家。黃蓉叫道：「這村子好，咱們就在這裡歇了。」周伯通瞪眼道：「好甚麼？」黃蓉道：「你瞧，這風景不像圖畫一般？」……

回到家中，看着年邁的公婆和年幼的兒女，查良琇開始追求新的生活。那年，她才二十四歲，長得端莊秀麗，身材頎長豐滿，一雙水靈靈的大眼睛，充滿着年輕媳婦特有的青春魅力，在村上算得上美女了。

春天明媚的最後一縷陽光還未消逝，深秋的淒涼就已經提前降臨。當她獨自佇立在冬雨中的時候，婆婆勸她：「孩子，你再嫁個人吧！」她說：「婆婆，我是你兒媳婦呀，你怎麼說這個話？」婆婆說：「你還年輕，我們看着不忍心呀！要不，我們將你當作女兒，給你找一個上門的？」查良琇回答得斬釘截鐵：「不，我要等着丈夫回家。」

白天地裡幹活，晚上在燈光下，查良琇取出油布包好的結婚照片，一遍遍地撫摸。在查良琇的記憶裡，永遠也忘不了她站在村頭與前夫吳志遠告別的一幕，那十公里的山路，兩人走幾步，並肩歇一會，整整走了一天。以後的日日夜夜，她常常在夢裡與丈夫相見，醒來淚濕枕巾。

然而，她的「國民黨軍官太太」的身份時常遭人唾罵，甚至還有人監督她的一舉一動，監督她是否跟台灣丈夫有聯繫，是否準備着顛覆新生的共和國。

一九五九年秋，政治氣候稍有緩解，查良琇被安排在一家糧站曬穀。

一個盛夏的下午，眼看着一場雷陣雨就要來臨，如果不及時把曬場上的稻穀挑回倉庫，一場大雨後就會被水沖走。查良琇和幾名「四類分子」正忙活着，忽然心口一陣絞痛，她手捂胸口趴在地上，汗珠子一顆顆從臉上滾下來。她感到自己好像被牢牢地粘在了地上，手指也緊緊地扣進乾硬的土裡。她強忍疼痛站起來，但沒走幾步，眼前一黑，就倒下去了。

醒來時，發現自己已經躺在了家中的床上，兒女們正眼淚汪汪地看着她。原來，她昏倒以後，一起幹活的地主婆趕忙喊人將她抬回家。女兒鳳如說：「媽媽呀，你可不能這樣不顧性命，這一家幾口就靠着你呢！」查良琇沉默了半天才說：「唉，熬到頭就好了……」一家人抱頭痛哭！⑮

不遠處，有一匹瘦骨嶙峋的馬兒拉着破舊的車子，吃力地爬行在曲曲折折的鄉村小道上，儘

⑮ 查良琇《不堪回憶的歲月》，《海寧日報》，一九九九年十二月二十九日。

管艱難，那嘎吱嘎吱响的車子仍在往前爬行，儘管瘦骨嶙峋，這匹馬兒仍倔強地昂起了頭。

熬呀熬，苦難還是沒有盡頭。緊接着三年自然災害，一場飢荒接踵而至，查良琇一家六口因飢餓而面黃肌瘦，甚至浮腫。糧站沒糧可曬，她和其他的工作人員每天外出挖野菜，捋樹葉，大家分了帶回自己的家。她將野菜、樹葉，用清水煮後去除苦味，和上定量的米麵熬成糊糊飯，供一家老小一日兩餐食用。

倉庫里有幾袋含有石子沙粒的「場邊穀」，是良琇每天從曬場地角掃回來，偷偷藏在一個工具房裡，趁沒人時，脫殼成大米。那個年頭，粒米如金啊！

那是夏天的下午，查良琇收工後踏進家門，看見一雙兒女斜坐在木凳上一股勁乾吼叫餓，婆婆站在一旁一籌莫展地流着淚。她一句話也沒說，順手抓起一個放在腳邊的竹簍往手臂上一套，頭也沒回一下出去了。過了很長時間，良琇背着沉重的背簍，從後門一閃身進了灶房，隨即傳出喊婆婆的聲音。婆婆聞聲進去後，良琇出來並輕輕將門關上，叫孩子去鄰居家的天井裡與小伙伴們乘涼。

晚上，孩子們摸黑爬到床上躺下不久，母親便進屋來，端給他們每人一小碗熱燙燙的大米粥，吩咐他們別說話快快吃。

然而，就在他們狼吞虎咽吃完，還打着飽嗝躺下正要睡着的時候，忽然聽到敲門聲。開門後，良琇大吃一驚：一大群人高舉着火把氣呼呼地站在門前，沒等她開口說話，便「呼」的一下湧進屋裡。領頭的是一個大隊幹部，坐到飯桌上，冷冷地指着良琇高聲說：「快把偷來的糧食交出來！」

屋裡，頓時被火把照得通明。有人去掏灶堂，向領頭的報告說：灶堂還有火星，——說明剛燒過鍋；有人去摸灶台，報告說：灶台還很熱和——說明剛煮過東西；有人去屋裡屋外及柴草堆裡翻找，報告說，找到了一袋稻穀。

於是，人贓俱獲，「反動軍官家族」查良琇偷竊糧食鐵證如山！

第二天上午，大隊部召開群眾大會，隨即宣佈：查良琇犯有破壞統購統銷罪和盜竊罪，予以逮捕法辦。

飢荒下的「盜竊犯」查良琇坐牢了。⑯

那天，三個才十幾歲的孩子倚在牆角瑟瑟發抖，頭埋得很低，好像在看哪裡有地縫要鑽進去似的。

⑯ 查良琇《不堪回憶的歲月》，《海寧日報》，一九九九年十二月二十九日。

三十五年後的見面

一片片翠綠色的枝葉下一顆顆黃橙橙的桃子懶散地掛在上面，因為山不是很高，所以看着真切。半山腰的羊腸小路的拐角處，一間看不起眼的小草屋斜靠着斷開的山坡屹立着，上面的茅草已經長出了些許的墨綠色的青苔，在被一夜雨的清洗下顯得有些凌亂。

這是出獄不久的查良琇新安的家。

在獄中幾年，查良琇認識了憨厚老實的童金旺，他也是因為歷史和現行犯而坐牢的，歷史問題是他當過三青團的骨幹，自然是頑固的「反革命分子」，現行犯罪是他倒賣糧票，也是破壞了國家的統購統銷政策，受到嚴懲。

他們一同出了獄，一同回到了臨安。然而「革命風暴」還沒有結束，他們不願意讓兒女再受牽累，兩人一同鑽進了西天目山，在一個名叫「青果里」的小山坳裡搭建小屋，過起了與人隔絕的「世外桃源」生活。

山溝溝裡一住四年，在獲得冤案平反和政策落實後，兩人一同回到了良琇的家。

很多年前，哥哥金庸去台灣時見到了她的前夫吳志遠，托他轉寄一封信，信說：四年溫馨的夫妻生活，支撐着他在台灣的日日夜夜。部隊進入台灣以後，與大陸通信中斷，吳志遠一直沒有辦法與查良琇聯繫。現在，他已經決定卸下征衣，然後成家立業，不知良琇是否同意。

捧着來信，已四十歲出頭的查良琇，一股複雜的心情湧上心頭。這一天，她頭一回喝了很多酒，對着南方，一會大哭，一會大笑。半夜裡酒醒後，查良琇讓丈夫找出紙和筆，她一字一句地寫了分別二十多年的第一封信：

志遠：來信拜讀，恍若隔世。「睡夢中思念，枕頭邊掏出照片看了又看」之句，淒切感人，真不忍卒讀，令我感動灑淚！另寄一張小照給你，以慰遠懷。想你看到我這張不再年輕的相片，更堪回味。唯願你早早成家，安居樂業，而後聚會有期，暢敘衷曲。在此相互一拜，同聲互祝。又，現夫童金旺為人忠厚，一起期盼着和你團聚。良琇拜上。

一九七九年元旦，查良琇從廣播裡聽到了一個讓她興奮不已的消息，全國人大發表了《告台灣同胞書》。她自言自語：台灣的前夫還在嗎？我們還能相見嗎？

時過幾月，哥哥金庸給妹妹轉寄來吳志遠的第二封信：「得知良琇守望着他的家，將他的兒女辛苦撫養長大，很欣慰。他等待着會聚的那一天。我和你隔海守望了三十多年，你已經盡心了，我不在乎你已經再嫁，我也已經娶妻生子了，只要見你一面，看看我的兒女。」

一九八一年，查良琇等到了一條更好的消息，時任全國人大委員長的葉劍英，發表了關於台灣回歸祖國，實現和平統一的九條方針政策。前夫吳志遠回家的路漸漸有了希望。

當年，哥哥金庸來訪，兄妹倆商定了會聚的路徑。

一九八四年九月，吳志遠報名出境旅行申請終於獲批。聞訊，查良琇頓如大赦般的喜悅，三十五個寒暑，離愁別恨，總算等到了結束的一天。當年十月三日，吳志遠從台灣啟程，經泰國到香港，十五日到達上海。查良琇夫婦帶着孩子們專程來上海見面。三十五年的分別，使這對「英雄美女」夫妻早已成了白髮蒼蒼的老人，但雙方還是一眼就認出了對方，兩人久久相擁着。

「志遠，你終於回來了……」良琇再也說不出話了，一任老淚縱橫。

夫妻聚談，百感交集。去時青春年少，如今已是花甲老人。然而，在他們彼此看來，出現在眼前的，依然是心中的他（她）。

查良琇告訴他，一九五二年從海寧娘家回到臨安以後，她帶着三個孩子艱難度日，她心中唯一的希望，就是在有生之年能再見到他。後來出嫁不離家，為他守住了這個家。

吳志遠稱，前妻是他這一輩子最虧欠的人，也是他永遠無法難忘的人。

吳志遠返回台灣後，利用自己的特殊身份，為兩岸人員尋親訪友牽線搭橋。二〇〇四年十一月在台灣逝世。

在金庸的《飛狐外傳》中，程靈素並不漂亮，卻冰雪聰明，與胡斐初識不久，程靈素就回腸蕩氣地唱過一首歌：「小妹子對情郎——恩情深，你莫負了妹子——一段情，你見了她面時——要待她好，你不見她面時——天天要十七八遍掛在心！」這歌兩次提起，一則以喜，一則以悲，見證了胡程感情的全過程。程靈素為愛獻身，固然催人淚下，胡斐對愛堅執，也不能說是錯了。

查良琇說：「這支歌在我念書的時候很流行，我唱給哥哥聽過。」⑰

有一次，友人訪問查良琇，發覺她的家境也不富裕，午飯的主菜是絲瓜豆腐湯，突然聯想起金庸在《明報》時「摳」作者稿費是出了名的，忍不住問：「看您家條件不是很好，金庸也資助過您嗎？」

「當然有！我的前夫當年在國民黨部隊裡當官，一九四九年去了台灣。這樣的情況，導致我的家庭成分一直不好，不能分到土地，也沒法參加招工去工作。我帶着兩個兒子和一個女兒，孩子正是長身體的時候，沒飯吃，更沒錢讀書。二哥知道後，就開始給我寄錢。那時候他自己也沒錢，社會上有一些人說，『金庸寫書是為了出名』，我聽了都覺得可笑，飯都吃不飽會想着出名嗎？二哥那時候寫書就是為了掙錢養家。我五十多歲的時候，幾個孩子都長大了，才和現在這個丈夫

⑰ 查良琇致《海寧日報》編輯的信，二〇〇〇年一月十七日。

在一起生活，他也是農民。二哥就繼續給我生活費，來臨安看我，連孩子穿的衣服都帶了很多。直到二〇〇二年，政府每年給我補貼，我就讓二哥不要給我寄錢了，他都已經為我操了半個多世紀的心了！他說那就給我在杭州買房吧，我說孩子都在鄉下，杭州的房子用不上，我沒要。」⑱

金庸從香港回來看妹妹以後，查良琇的命運發生了轉折。她成為了杭州市臨安區政協委員、人大代表。她積極宣傳「一國兩制、和平統一」的對台方針，並為家鄉建設獻計出力。她和前夫一起，先後為該縣的「台胞大廈」、「臨安中學」、「三胞聯誼街」等項目引進台資。

二〇一八年十月，查良琇九十三歲了，身體健朗，頭腦清晰，平時還看書讀報，聞訊哥哥去世的消息，心情悲痛。她從家中找出相冊，翻看着和哥在一起的照片，回憶着以往的點點滴滴。

⑱ 李鷺芸《弟弟、妹妹眼中的二哥》，《環球人物》，二〇一一年第二十六期。

五、糾偏專家的「蓮花仙子」——小妹查良璇

應了那句「性格決定命運」的格言，查良璇與姐姐查良琇恰恰相反，她嫁了一個從台灣島逃回祖國大陸的人，因而，她的遭遇也就跟姐姐不盡相同了。她和古建築糾偏專家曹時中結婚近五十年，始終相親相愛，攜手相扶，風雨同舟。

愛上一個從台灣逃回來的人

十五歲的良璇高傲地挺着胸，雖然那胸還沒有山峰，充其量只是個小山坡。

農曆二月初八，皇崗軋太平的日子一到，人們從四面八方涌來，一時間，一條半里長的土路上人山人海了，大家你擠我軋，越軋越來勁。

「軋太平」的風俗與太平天國有關。那年，天王洪秀全駕崩，湘軍攻入天京南京，太平軍忠王李秀成和幼主洪天福逃到了海寧。二月初八，皇崗廣福寺恰逢廟會，湘軍在此捉拿李秀成，民眾為了保護李秀成，在寺外的一條大道上，男男女女擁擠在一起，互相軋呀軋，掩護忠王和幼主逃離了險境。從此，每年的農曆二月初八，人們從四面八方湧來，一時間，一條半里長的土路上

人山人海，大家你擠我軋，越軋越來勁，並稱之為「軋太平」。皇崗還保存着反清護天國的紀念碑。

這天還是紀念「蠶花娘娘」的生日，民間也叫「軋蠶花」。春秋時期，范蠡護送西施到吳國，路經此地的時候，西施教會了當地老百姓種桑養蠶，老百姓感激她，把她敬為「蠶花娘娘」。那時養蠶，婦女們先將蠶種分成幾份，裝在一個個小布袋裡，然後分批捂藏在自己胸脯裡，兩陀鼓鼓乳房的凹陷處，蠶子得到溫暖後便結束了「冬眠」，出蟻了。這是蠶兒的嬰孩期，女人的雙乳便是蠶兒的「孵房」，自然是越豐滿越暖和，越利于蠶種出蟻了。那時，女孩子十三四歲就當蠶娘了，可是她們的胸脯還沒有鼓起來，還沒有形成「孵房」，也就是說太平了。因而，小蠶娘一定要去「軋蠶花」，女孩子的乳房讓男人們摸一摸，受到刺激後會奇跡般地迅速發育，豐滿起來，女孩子便成為真正的蠶娘了。這樣，就有了一個鄉間規矩，尚未出嫁的姑娘軋過了蠶花才可以「對貼子」，與男孩子交換庚貼訂婚。老人說：「軋一軋，發一發，蠶訊大發了，女孩兒也太平沒事了。」因而，又稱「軋太平」。從前，女孩子先要扎幾朵「蠶花」（用彩紙或絹綢扎成的花朵），隨後換上新衣裳，頭插「蠶花」隨姑姑或姨姨同去，一個個擠到人堆里去軋呀軋。據說，經歷過「軋太平」的養蠶姑娘，飼養蠶兒結出的繭子又大又白，能夠賣個好價錢。

這一日，良璇跟隨着姑媽去了三里外的皇崗，軋了太平。

沒想到，此後每天學校門口都有男生等着，路上會有好些個跟在後面，每次良璇沿路跑着，和他們躲着迷藏才能跑到家。有一次，一個男子居然跟着沖到她家屋前，媽媽聽到叫喊聲，順手端起一盆水全潑在了他的身上，嚇得那人落荒而逃。那時，沒有女生願意再和她同行回家，因為極不安全。後來爸爸給她買了一輛脚踏車，她用了半天時間學會了騎單車，從此，良璇感覺自己就像一只自由的小鳥，因為沒有人能追得上她了，因為她騎得飛快。她家離學校走路大約半小時，她居然能五六分鐘就騎到學校。⑲

少女時代的查良璇生就一張很古典的臉，清清秀秀的，宛若一枝雨後荷塘里盛開的蓮花。男生偷偷摸摸的目光讓她覺得興奮。她開始做夢，夢中總有草地，湖水，還有一個白馬王子。雖然他的面孔模糊，但她知道他英俊、瀟灑，就好像戲劇中那些小生。從夢中醒來，她心旌搖蕩，偷偷地在被窩裡罵自己不害臊。

隨着初三的到來，低年級的同學也入校來了。良璇最得意的，全校最可愛最漂亮的小女生和小男生都是她的乾弟弟乾妹妹，那時候學校很流行認乾弟乾妹。甚至有一個班的男生全是她的乾弟弟，他們在課間找到她一定要認她做姐姐。

⑲ 查良琇《不堪回憶的歲月》，《海寧日報》，一九九九年十二月二十九日。

因為這樣那樣的騷擾，良璇的心再也靜不下來，學習成績退步了。爸爸將她送到了杭州繼續讀書。

不久，爸爸死了，上千畝的田地和家產被分了，正在杭州師範學校念書的查良璇一下子懵了，她已無家可歸。此時，她和小一歲的曹時中有姐弟般的情誼。

一九五二年，曹時中從浙大土木系畢業，分配到浙江省建築設計院工作，從事建築結構設計、科研、教學工作，心情非常愉快。

查良璇在延安路第一小學教書。

這天是舊曆五月十六，正是良璇的二十三歲生日。

曹時中來到孔廟路查良璇的住處，找到良璇單獨晤談。曹時中親昵地問良璇道：「良璇姐，你知道今天是什麼日子嗎？」

良璇思索了一下，搖搖頭。

時中指了指牆上的日曆牌，說道：「今天是農曆五月十六啊，是你的生日啊，蓮花仙子的生日！」

良璇羞怯地笑了，臉也紅了：「你記錯了，蓮花仙子的生日應該是六月二十四，還有許多天呢！」

「不，良璇姐，你才是我心中的蓮花仙子。」時中走到良璇面前，懇切地說：「良璇姐，雖然我們認識不久，但我了解你，你也知道我的身世，我和你都是命苦之人呀，多麼需要在一起，互相提攜，互相安慰！我們結婚吧，成為一家人，你答應嗎？」

曹時中的童年在瑞安鄉下，家裡窮，經常以番薯藤煮米糠來充飢，他從來沒有吃過一頓飽飯。外祖母給他的話是「讓讀書改變貧困」，這對曹時中印象深刻。於是在中學時，因為買不起校服，身為班長的他從來沒有做過一次早操。高中畢業時，二哥正在台灣打工，為使兄弟倆有個照應，他去了。十八歲，曹時中考入了台灣大學。

不久，傳來家鄉解放的喜訊，一九四九年七月，時中躲進油桶裡，乘船回到祖國大陸。第二年，他考入了浙江大學。四年大學，曹時中沒有一個寒暑假回瑞安老家，因為沒錢買票，他就在杭州做苦工。這樣，他和同樣在杭州打工的查良璇相識，一個「有家難回」，一個「無家可歸」，命運讓兩個同病相憐的年輕人走到了一起。

可是，查良璇並沒有像曹時中期待的那樣，立即撲向他的懷抱。她回答曹時中的竟是許久的沉默。因為，對良璇來說，她感到曹時中的求婚來得似乎有些突然。出於姑娘的自尊，她竟然讓曹時中碰了一個軟釘子，她沉默了一會兒，說道：

「時中，你提出結婚的事，我感到有些突然。這樣的大事，我需要一定時間去考慮。今天，我不能回答你，還請你原諒！」

有人說，愛情會使一個女孩變得更加可愛，更加莫名其妙，查良璇就是這樣的。儘管她的《第一場雪》上得多麼聲情並茂，引導學生認識「雪」時是多麼有技巧，學生的朗讀多麼有感情，師生配合多麼默契，查良璇卻始終如坐針氈，心想：「自己以前上課都是極其認真的，今天怎麼變得這麼反常，難道這是人們常說的神秘愛情嗎？記得有位哲人說過，愛情要來的時候，是任何力量都阻擋不了的……難道是自己……」

晚上，查良璇在夢幻中出現了這樣的場面：她把滿頭的烏髮挽起來，盤成一個東方式的美麗髮髻，再披上潔白的婚紗，伴娘和童男童女，在身後用手擎起那長長飄逸的裙帶……她右手捧着一束紅玫瑰，左手臂由他挽着，走進那莊嚴又神秘的教堂。當神父問她：「查良璇，你願意做曹時中的妻子嗎？」

她果斷而神聖地回答：「願意！」

神父又轉向曹時中問道：「曹時中，你願意娶查良璇做你的妻子嗎？」

她聽到了時中那堅定而愉快的回答：「願意！」

接着，時中給她戴上新婚戒指，神父為他們的結合進行祝福祈禱。頓時，親朋好友向她和他鼓掌祝賀，向他們拋撒鮮花瓣，她眼前是五彩繽紛的花雨和花的海洋……

幾天之後，曹時中又來到查良璇面前，兩顆相愛的心撞擊在了一起。一九五三年三月八日，查良璇和曹時中結婚，沒有教堂和神父，沒有新婚戒指，只是兩人對拜以後手牽手進入了簡陋的洞房。⑳哥哥良鏞請了假，此日趕到杭州赴宴慶賀。

曹時中和查良璇的家在杭州龍遊路，與美麗的西湖僅一路之隔，與著名書法家沙孟海毗鄰。可是，生活並沒有給兩個相愛的人更多的恩惠，反而厄運一個連着一個。因愛妻查良璇出身海寧名門，她的二哥金庸在香港；他本人又在台灣讀過書，當然他被懷疑成「港台敵特」雙料貨，戴上手銬關押審查了二百多天，被送到農村工地勞動，最後結論是錯捕，但仍被作為「內部控制使用」對象，所有工資調整都輪不到他，讓他在經濟上更是陷入了窘迫。上有雙親，下有兩個年幼的孩子，那一段時間，他備受羞辱，百般無奈之下，只有等待，度日如年。

生活給了曹時中一個又一個磨難，但是，他沒有垮下，因為上天在賜予他悲苦的同時，也賜予了他一個秀外慧中、善良賢惠的好妻子查良璇。在最為艱難的時候，妻子給了他善良熱情的懷抱，孝敬公婆、愛護子女，勤儉持家，是工作上的得力助手，是生活中的好伴侶，共同營建一個幸福

⑳ 陳釀《曹時中：糾偏大師別樣人生》，《國立浙江大學論壇》，二〇〇六年四月十六日。

美滿的家。

有了妻子的關愛，曹時中不怨天不怨地，照樣沒日沒夜地幹工作。他承擔了多處重點工程的設計，如杭州飯店小禮堂、省體育館等設計工作。在設計省體育館八十米大跨度懸索屋頂中，他採用新技術，創新了世界大跨度屋頂用鋼量最少的紀錄，此舉在國內建築界引起轟動。於是，曹時中有了點名氣。他創造的曹氏建築物糾偏理論與技術，曾扶正了八十多幢建築物，成功率達百分之百，如杭州舒公塔、太原古塔等，因而，他的「傾斜古塔糾偏方法」獲得國家發明專利。

撥亂反正後，曹時中被破格提升為省建工局總工、教授、博導，成為央視《東方時空》第一批接受採訪的「東方之子」。

查良璇是杭州市第五、六、七屆政協委員，她曾被評為優秀高級教師。

「代夫救塔」坐鎮青龍村

曹時中的老家浙江省瑞安縣城郊，有一座傾斜了的古塔。小時候，外婆經常給曹時中講述有關斜塔的故事。小小的曹時中，望着傾斜了的古塔，口出驚人之語：「我長大了，一定給它撥直扶正。」連他自己也沒想到，孩提時代的戲言竟然成了終生奮鬥的目標。

在浙大讀書時，曹時中在圖書館偶然看到了一則比薩斜塔日益傾斜的報道。

大利比薩斜塔修建於一一七三年，由著名建築師那諾．皮薩諾主持修建。它位於羅馬式大教堂後面右側，是比薩城的標誌。開始時，塔高設計為一百米左右，但動工五六年後，塔身從三層開始傾斜，直到完工還在持續傾斜，在其關閉之前，塔頂已南傾（即塔頂偏離垂直線）五．七米。

於是，許多專家對比薩斜塔的歷史以及塔的建築材料、結構、地質、水源等方面進行充分的研究，並採用各種先進的儀器設備進行測試。比薩中古史學家皮洛迪教授研究後認為，建造塔身的每一塊石磚都是一塊石雕佳品，石磚與石磚間的粘合極為巧妙，有效地防止了塔身傾斜引起的斷裂，成為斜塔斜而不倒的一個因素。但他仍強調指出，現在當務之急是弄清比薩斜塔斜而不倒的奧妙。

上世紀六十年代開始，曹時中收集研究資料，萌生了拯救比薩斜塔作為一生攻克課題的理想。當資料積累到一定程度時，他試着研究糾正的方法。一九八七年，曹時中向世界宣佈：中國的糾偏技術可以拯救比薩斜塔㉑。

一九八八年初，曹時中公開提出要去糾正意大利的比薩斜塔，並到處利用業餘時間兼職，籌集資金試圖去比薩。然而，當年十月，曹時中因「涉嫌受賄」而受到了檢察部門的傳訊。

㉑ 劉志武《立志扶正比薩斜塔的中國人》，《四川建材》，一九九八年第四期。

面對這場「官司」，查良璇對丈夫說：「我們負案在身，可不能懷疑黨的實事求是政策呀！事情一定會水落石出的，你的工作不能停止！」

那段時間，夫妻倆遭受壓力，家裡少了許多歡樂。查良璇不時用堅定的語氣鼓勵丈夫，仍為拯救比薩斜塔盡心盡力。一九九〇年三月，成功地扶正了與比薩斜塔土質相似的餘杭舒公塔。兩個月後，浙江省科委受國家科委的委托，論證通過了他的拯救「比薩斜塔」方案。

這時候，上海市文管會派人來邀請他扶正青龍塔。青龍塔位於上海市青浦縣，建於一千二百多年前的唐代。該塔因年代久遠，塔身疏鬆，傾斜厲害，隨時有倒塌的可能。此時，曹時中身處立案偵查期間，行動有嚴格的限制。夫婦倆好生為難。幹，有風險，萬一失敗罪上加罪；不幹，千年古塔一旦倒掉，那就愧對後人了。在這節骨眼上，查良璇鼓勵丈夫：「幹！」

終於，曹時中在取得省科委和省科協的支持下，根據檢察院宣佈的規定，不顧已是花甲之年，不辭辛勞地乘坐凌晨四點的火車赴滬考察，又急忙於當日深夜趕回杭州。他向上海方面表示了「青浦訪古，志在必成」的決心。

然而，要拯救青龍塔談何容易。單是檢察院規定的曹時中「不能離開杭州」這一條，就將使這次拯救古塔行動缺少一個關鍵人物，而沒有一個現場技術總指揮，這怎麼行?!好個查良璇，她居然說出了一個驚人的主意：「古有花木蘭替父從軍，今有查良璇代夫救塔，我去！」

她說，救塔方案在家中製定，現場指揮由她充任。

這顯然是一着「險棋」！曹時中思慮再三，在無可奈何之下，只得鋌而走險了。於是，一個沒有學過建築加固專業和糾偏技術的專家夫人，卻帶着丈夫面授的「錦囊妙計」，直奔上海市青浦縣青龍村坐鎮現場技術指揮，幹起了糾正千年古塔的「大動作」。

這期間，身居杭州的曹時中更是心急如焚。青龍村沒有電話，曹時中只好一個星期赴上海去一次（不能超過二十四小時），「指點」一下他的夫人。這種「遙控式」的扶塔操作方法，可謂是他夫婦倆的一個「創造」。

功夫不負有心人。經過他們夫婦倆的共同努力，這幢被譽為「上海的比薩斜塔」的青龍塔，終於被扶正了。上海建築專家紛紛稱讚這是一個「世界奇跡」。㉒

歷經曠日持久的立案審查之後，曹時中案終於得到了最高檢察院的直接干預，於一九九四年初宣佈「撤銷立案審查」。當晚，查良璇給哥哥金庸寫信，告訴他這個好消息。

金庸聞訊後十分高興，乘回故鄉海寧探親之機、特來杭州看望他們。當查良璇講述完這一段

㉒ 郭西村《誠信心安雙飛翼》，《浙江名人採訪錄》，二〇一〇年十月十三日。

不尋常的經歷之後，他欣然命筆，為妹夫和小妹題寫了兩句發人深省的箴言：「自足則常樂，誠信必心安！」是的，一個「誠信」黨和人民的人，黨和人民也一定會給他回報！

「妹倩時中」的情意

為拯救比薩斜塔，意大利在一二九二年成立第一屆拯救委員會，至一九九〇年第十七屆已有六百九十八年，聘請全世界一百六十多位專家到實地考察，並提出糾偏方案。然而，絕大多數方案都沒有被採納，偶有被採納並進行糾偏的，結果卻事與願違，越糾越偏，斜而未倒成為世界一大奇觀，同時是世界一大難題。為此，意大利政府於一九九〇年成立第十七屆拯救比薩斜塔工作委員會，由英、美、意等國家十一位委員組成。

一九九八年七月，意中友協主席列奧納多・蘭西奧邀請曹時中赴意，為比薩斜塔「診斷把脈」。臨行時，妻子良璇只對他說了一句話：「這是你為國爭光的時刻，看你的！」

曹時中對妻子說：「比薩斜塔不僅僅是意大利的，也是全世界的，你放心！」作為一名中國知識分子，他有決心拯救人類文明出力，做出成績。

在二十多天的實地考察之後，曹時中提出了以柔克剛的救塔方案。拯救比薩斜塔委員會主席亞苗爾科夫斯基稱曹時中為「超一流水平的專家」，當即邀請他參加拯救比薩斜塔委員會工作，並特許他登塔考察。曹時中向世界宣稱：十個月內讓比薩斜塔或站直，或回復剛建成時的斜度。這要看亞苗爾科夫斯基主席是否給他這個機會。

至今，曹時中還沒有拿到這個機會。但在金庸的眼中，小妹良璇的夫婿才是他們這個家族的「大師」，而自己還只是個「大俠」。金庸曾經為他們題下這樣的文字：「時中妹倩、小妹良璇：知足則長樂，誠信必心安。小兄金庸。」

曹時中一開始不懂「妹倩」的「倩」字為何意，金庸解釋說：「倩是美好的意思，你這位大師太美好了，所以不叫妹夫，叫你『妹倩』。」

從上世紀八十年代開始，金庸頻頻回大陸。每次回大陸，總要回到西子湖畔小妹良璇的家。每次一進門，總是先高聲呼叫妹夫曹時中為「大師」，妻舅妹夫也總有說不完的話。對於小妹和妹夫的艱辛和幸福，金庸對小妹全家關懷備至，每次來小妹家中，對外甥們關愛有加。他曾分別給外甥女和外甥親筆題過詞：「小燕甥女、谷昌外甥：正正派派做人、快快樂樂生活。舅父金庸。」

一九九七年，不幸小妹被查出身患癌症，且癌細胞侵入頭腦。金庸得知後，多次到家中、醫院看望病中的小妹良璇。而妹夫和小妹的深厚夫妻之情深深感動了這位善寫情感的「大俠」。

在曹時中的心目中，賢妻良璇是人間女子極品，多少年來，美麗善良的妻子忠心耿耿地伴隨他度過人生一個又一個災難，相濡以沫、不離不棄。當得知愛妻身患絕症時，曹時中曾經質問蒼天為何對他的愛妻如此不公。在妻子患病時，曹時中不惜任何代價，全面停止糾偏工程、放棄了工程院院士的申報工作，全職專心護理在妻子身邊。就這樣，在曹時中的悉心周到的呵護照顧下，妻子又多活了五個年頭。

這一切，二哥金庸都看在眼裡。他每次來杭州，總要給妹夫曹時中帶去自己的作品，扉頁上，都親筆寫上「妹倩時中惠存」幾個字。

二〇〇二年，查良璇去世後，曹時中了陷入了深刻的懊惱當中，他感覺多年建築的家庭堡壘瞬間瓦解，於是就命令孩子和保姆，讓家裡保持在查良璇離去時的模樣。這麼多年來，幾乎沒有多大的改變，時間似乎在曹家靜止了，停頓在女主人離世的二〇〇二年，而曹時中，每每說到夫人，總是老淚縱橫，令人動容。㉓

如今，小妹良璇已經和自己的夫婿、二哥陰陽兩隔，但是每年金庸回杭州，照樣還要去看看自己的國際大師級的「妹倩」曹時中。

㉓ 古道西風《曹時中和查良璇》，新浪博客，二〇〇七年二月九日。

六、癡情守望舊居盼哥回——同父異母的弟弟查良楠

聽說有客人參觀金庸舊居，一個面相敦厚、皮膚黧黑的老農，笑臉相迎上來，他叫查良楠，金庸的六弟。儘管金庸幾過家門而不入，然而，他依然默默地守護着他和哥哥查良鏞的舊居，期盼着哥哥有一日回到老家來望上一眼，看一看這幢讓他們引以為傲的查氏祖宅「赫山房」。

他讓參觀者待在大門外，自已繞到後門進入院內再到前門來開大門。

與二阿哥模模糊糊的離別

一九四九年初春，金庸攜着新婚妻子悄悄回到了家鄉——浙江海寧的袁花小鎮，在「赫山房」住了三天，然後與父親、繼母和弟妹們告別，他又悄悄上路了，一走就是幾十個年頭。在送行的人群裡，曾有一個七歲的小男孩，好奇地目送着這個陌生的「二阿哥」，挽着新嫂子的手臂一塊離開。

他就是金庸同父異母的弟弟查良楠。在金庸弟兄的排行中，查良楠列第六，稱六毛弟。

相比哥哥查良鏞白淨而豐腴的鐘形面龐，查良楠與金庸毫不相像。皮膚黝黑，身形雖有些佝僂，

但是仍算筆挺健碩，雙手則布滿了老繭。

距離金庸舊居不遠就是良楠的家，那是一座被稻田和菜地圍繞的二層小樓。地下是空蕩蕩的大堂，牆上分別貼着一人高的毛澤東像和財神爺的畫像，地上則擺放着自家收成的番薯、南瓜、橘子和柿子。正中擺着一張老舊的八仙桌和四把椅子，良楠在這裡回憶起他和二阿哥唯一的一面。

查良楠比哥哥查良鏞小十九歲，良楠的生母叫顧秀英，原先叫「蘭英」，是金庸母親徐祿的隨侍丫環。查良鏞小時候跟秀英親近，念小學時，奶奶便讓秀英接送他上學。龍山學堂距「赫山房」有一里多路。晴天，兩個人手牽着手，捕捉着蝴蝶一路歡笑而去；下雨天，小良鏞就趴在秀英的背上，合撐一把雨傘回家。這時，他會偷偷地拉扯她的秀美長髮，惹她哭，逗她笑。小良鏞一直把秀英當作自己的大姐姐看待，記憶裡保存着很多讓他回味的故事。

一九三七年查良鏞十三歲，他離開「赫山房」就讀省立嘉興中學，此後輾轉到了重慶，直到一九四六年七月，良鏞回家時才見到繼母。當時，顧秀英拿着良鏞的手一起坐在長條凳上，問起了他這幾年孤身在外的情況。良鏞告訴繼母，他打算離開重慶到杭州謀職，他對繼母說：「杭州離家很近，我會常常回來的，您要照顧好這個家，我還要回來跟您一起吃糖炒年糕呢！」

的確，查良鏞顧不得那許多了，因為他已經長大了，為了有一個好前程，他不得不離開「赫山房」

——那個其樂融融的大家庭：很大的院子，還有書房，有兄弟，還有父親。

三年之後，金庸與杭州姑娘杜冶芬結婚，他打算在「赫山房」裡舉行新式婚禮，因遭到族中長輩的反對，他不得不選擇在上海結婚。婚裡，他攜新娘回來過，僅僅住了三天。

一九四八年三月，金庸去了香港，也就躲過了「思想改造」、「反右」、「文化大革命」等一系列災難，憑着殖民地香港賦予他的自由，創辦《明報》、撰寫武俠小說並獲得了空前的成功，以一介文人名列億萬富豪榜之上。他在世界各地擁有數億計的讀者，有着大量惟他馬首是瞻的「金迷」。他本人生活在香港這個「世界的自由港」，到過世界上許多地方，按常理推斷，金庸是海寧查氏一族的驕傲，一個「俠之大者」，他會常常回家來，給查氏兄弟帶來許多榮耀和現代文明，可是，這一別，他就再也沒有跨進過這幢老宅子。

一九五一年，金庸和良楠的父親查樞忠冤死後，金庸在香港哭了三天三夜，傷心了大半年。而對於遠在家鄉海寧的查家卻幾乎是滅頂之災，徐祿留下的四個孩子為躲避迫害各奔東西，顧秀英則要獨立撫養六個兒女。良楠稱，最困難的時候母親不得不將一兒一女送給他人撫養。「家裡成分不好，哪怕是查氏同宗也不敢幫助，平時幹活都要被分配重活，別人割稻子，讓我們去田裡挖泥。」回憶令他悲憤，眼淚奪眶而出。

良楠說，金庸還是整個大家庭的「大哥」，父親和生母死得早，庶母又沒有收入來源，他便照顧庶母，平時來信噓寒問暖，生活費都由他一人承擔；在海寧的弟弟們要蓋房子，他也是二話不說就寄錢來。

二阿哥記憶中的「澹遠堂」

「我小時候在一個大家庭中長大。我曾祖父有兩個兒子，我祖父是大兒子，住在一座大宅子的東半部，我叔祖父住在大宅子的西半部。這座大宅子有五進，前廳掛着一塊大匾，是康熙皇帝給我祖先查昇寫的堂名，『澹遠堂』三個大字，周圍有九條金龍作裝飾……」這是十多年前金庸與日本創價學會池田大作對話時說的話。

「陳家洛到得家門，忽然一呆，他祖居本名『隅園』，這時原匾已除，換上了一個新匾，寫着『安瀾園』三字，筆致圓柔，認得是乾隆御筆親題。舊居之旁，又蓋着一大片新屋，亭台樓閣，不計其數。心中一怔，跳進圍牆。一進去便見到一座亭子，亭中有塊大石碑。走進亭去，月光照在碑上，見碑文俱新，刻着六首五言律詩，題目是『御製駐陳氏安瀾園即事雜詠』，碑文字跡也是乾隆所書……由西折入長廊，經『滄波浴景之軒』而至環碧堂，見堂中懸了一塊新匾，寫着『愛日堂』三字，也是乾隆所書……出得堂來，經赤欄曲橋，天香塢，北轉至十二樓邊……便是母親的舊居筠香館。只見館前也換上了新匾，寫着『春暉堂』三字，也是乾隆御筆。」金庸在《書劍恩仇錄》中，借主人公陳家洛的眼光，詳細描寫了皇帝對海寧大家族的恩寵。這種皇帝題匾、題詩，在金庸舊居中隨處可見，正是查氏家族曾親身享受過的榮耀。

到金庸這一代，查家昔日的榮耀與顯赫都已成為悠久的舊夢，但是，金庸從小生活在這樣一個大家族中，耳濡目染，對自己的家世無疑有一種特殊的感慨。晚年他還清楚地記得家裡掛的牌匾，因為那是康熙所賜。

穿過前廳，沿着回廊往里走，拐角處有一間小屋，屋中是一張舊式木床和一個雕花梳妝台，金庸就是在這裡呱呱墜地的。旁邊的書房還保留着，少年金庸正是在這間書房里秉燭夜讀，打下了最初的文學基礎，如今人去樓空，只剩木桌。

那時，查家有三間書房，大多是線裝書，幾乎都「逃不過」金庸的眼睛。據說他八歲時讀了此生的第一本武俠小說《荒江女俠》，之後又讀了平江不肖生的《江湖奇俠傳》與《近代俠義英雄傳》等書籍，開始與武俠小說結緣。據他自述：「我年輕時最愛讀的三部書是《水滸傳》、《三國演義》以及法國大仲馬的《三個火槍手》及其續集。」

然而，經歷日寇擄掠以後，查家人死的死，散的散，「赫山房」早沒了當年的繁華景象。在上世紀五十年代初，金庸和良楠的父親作為「反動地主」被處死了，「赫山房」搬入了十來戶人家。查家兩堂二十幾口人居於堂屋後面的幾間小披屋裡。「赫山房」東改西拆的，遭到了嚴重破壞。一九五八年，「赫山房」被當作生產隊的食堂，堂屋被打穿，木頭鑲板被拆，用泥巴壘起大灶做大鍋飯，屋裡的許多家具被搬走，圍牆的磚被拆下來去修建商店。這樣，老房子和裡面的家具越來越少了。到了六十年代，書房裡的書、金庸坐過的大書桌，用過的筆硯被當作「四舊」全燒了，砸了，「赫山房」已經殘破不堪了。

長大後，良楠常常一個人站在天井里，仰頭望着天空。淡白的月光灑落在深深的天井里，幼時的哥哥查良鏞就是坐在這裡聽大人講綠林故事的。

只有在清晨時分，良楠和弟妹們在廊下湊着微光念書，這裡才隱隱現出二阿哥記憶中的「澹遠堂」的昔日景象。

過了幾年，上一輩的人相繼離世，叔伯們紛紛搬離了「赫山房」。哥哥和三弟做了別人家門女婿，兩個妹妹先後出嫁，只有良楠和四弟與母親依然住在「赫山房」里，苦度歲月。

一九八九年，七十七歲的顧秀英去世，彌留之際，她給良楠留下了「不要離開老屋，等着你二阿哥回來」的遺囑，二阿哥就是金庸。

查家橋依然流水潺潺，不過已經改名為「花溪橋」了。

後來，因為金庸的名字被越來越多的人知道，全國各地的人都前來尋訪他的出生地。眼看老房子已經殘破不堪，查良楠心情十分沉重。於是，他就產生了繪製老宅全圖的想法。老宅以前是什麼樣子的，他憑着自己的回憶，用一根竹子做成的五米長的竿子，仔細丈量老宅的面積，一點一滴地記錄起來。然後，又用了幾天時間繪製了「赫山房」原貌的平面圖。一九九八年七月，海寧市政府對「赫山房」進行全面修復，這幅平面圖發揮了重要的作用。

一九九九年九月，「赫山房」恢復了晚清民居風格，坐北朝南，風火牆高六米多，正中三間為廳堂，東西兩側為臥房、書房、廚房和起居室，屋宇分五進，每進之間有兩米寬的南北向走廊，有牆門和天進，總面積達一千一百平方米。規模不大而具大家氣象，結構不繁而見氣韻流動。大門門楣之上，懸掛一方匾額「赫山房」，係著名紅學家、金庸好友馮其庸題寫。

迎面牆上鑲嵌一塊牌子，上書「金庸舊居」，也是馮其庸的手跡。

查良楠說，「赫山房」原為查氏族人祖居的大屋，原有的建築遠比復建的面積廣大，現在復建的只是書房「澹遠堂」等主要建築。

此刻，站在澹遠堂，查良楠仰頭看到了這塊藍底金字的堂匾，四周鑲着九條金龍。查良楠說：「那塊當年的大匾早沒了，這一塊，是後來補掛上去的。」

大匾下還掛着一副楹聯，上書「唐宋以來巨族，江南有數人家」，據說清代康熙皇帝感動於查家「一門七進士，叔侄五翰林」的文瀚之風，欣喜之下才親筆題寫的。原先彰於查氏祠堂內，由於祠堂被人砸了，楹聯掉落在地上，無人匿藏，便在土裡腐爛了。自然，現在掛着的也是後人模仿着寫了補的。

海寧鄉親是懷着滿腹期待的，期待着金庸前來參加落成慶典，並題上幾幅字，期待着他的兄弟姊妹和兒女們相約而來，在這兒留下一幅「全家福」。

守着一份兄弟重逢的期待

查良楠有過幾次與金庸擦肩而過的「重逢」。

在查良楠看來，一九四九年那次不算，那時他「太小了，只有模模糊糊的印象」。一九八一年七月，金庸偕妻兒從香港回到內地，鄧小平會見了他。查良楠聽到這個消息，十分高興。原來金庸就是查良鏞，二阿哥很快要回家來了。他盼着、望着。

一九八一年七月，金庸偕妻兒從香港回到內地，鄧小平接見了他。也就在此時，在家鄉務農的查良楠才知道金庸就是查良鏞，就是自己的二阿哥。查良楠十分高興，「二阿哥很快要回家來了」，他盼着，望着。

一九九二年十二月裡的一天，查良楠聽說二阿哥回來了，正在訪問他中學時代的老師，就趕緊跑回家，吩咐妻子快將「赫山房」裡裡外外打掃干淨，一家人全換上新衣裳。查良楠見人就說：「我的二阿哥金庸回來了，我在家等着他。」然而，天黑了，他沒有見着金庸。

事後，查良楠聽人說，這天金庸確實回到了袁花鎮，他乘坐的轎車駛到天仙府河畔的小學校時，他執意要下車，說：「這裡是我念小學的地方，我要看看。」他下車看望了學校的師生們，還捐了款。這天，金庸興緻很高，竟然忘記了去「赫山房」，忘了看一看自己出生的地方。

一九九六年中秋，金庸陪同楊振寧教授到鹽官看潮，然後在硤石鎮住了兩天。袁花距硤石鎮不足十五公里，他依然沒有跨進「赫山房」。

二阿哥為什麼不回家？查良楠開始給金庸寫信，只說些自己家裡的事情，害怕引起哥哥心中的不快，往事他一概不提。金庸回了信，雖然話語不多，卻也主動問些父母當年的事，也不忘問問繼母受過的苦難。

後來，金庸聽說良楠弟兄從「赫山房」搬出，選址蓋房，立即給兩弟弟匯來數萬元錢。查良楠寫信告訴金庸，「赫山房」修復了，掛的是「金庸舊居」的牌子。金庸很快覆信，詢問房子的結構怎樣，花了多少錢，查良楠一一回信說明，並真摯地邀二阿哥「回家看看」。

再後來，金庸十分敬佩的爺爺查文清的墳墓找到了，並且遷址重築。收到查良楠的信不久，金庸即與池田大作對話，讚揚祖父「捨身救民」的情懷。

又後來，香港紀念回歸祖國一周年，查良楠的小女兒婉敏隨嘉興市採訪團赴香港，在金庸的大書房裡，十六歲的婉敏乖巧地喚着大伯：「大伯，您可要回家來呀，爸爸和媽媽盼着，我和姐姐也盼着您呢……」這時候，婉敏發現大伯眼裡有微微的淚光，只聽他輕輕地回了一句：「我回家，要住在哪裡呢？」

查良楠一直守着查家舊居，守着母親沉甸甸的囑托，守着一份兄弟重逢的期待。一見着戴眼鏡的斯文人，他便領他們走進書房，翻閱查家族譜，指着查家世代知名人物的畫像滔滔不絕在數說着。有人問他「查慎行故居在哪裡」，他說在袁花雙豐村，離這兒不到三里，但查慎行的故居已經沒有了，宅地成了一片桑樹地，查慎行的墳墓也不知在哪裡了。

開始修「赫山房」時，查良楠的家也遷了出去，在相距百來米處新蓋了樓房。但是，他晚上仍然住在這裡，捨不得離開。如今，他和老伴梅先艷仍是老宅唯一的住戶，也是最後的守護者。雖然女兒和侄子們多次讓二老搬回家裡去住，但是他們不肯，他們已經習慣了老宅裡的味道，看慣了老屋下的蜘蛛，聽慣了屋外雨打荷葉的聲音。

查良楠是海寧市政協委員，每次上縣城開會，讓妻子代替管理，他總要囑咐一遍又一遍：院子裡樹木多，房屋多是木質結構，任何人進來參觀都不得吸烟。金庸舊居不僅是他們的老家，還是一個重點保護的文物單位，防火不可掉以輕心。

幾年前，金庸的《鹿鼎記》收入了中學生語文教材，很多學校的學生「捧着課本訪故居」，這裡一下子顯得熱鬧，良楠夠忙了。有一名教師問他：「你替他看管舊居，金庸連個照面也不給你，你覺得冤不冤？」良楠連說「不冤」，他指了指專心看畫的學生：「你瞧，有這麼多孩子喜歡金庸，崇敬這個大家族，我應當高興才是。」這裡已是一個有名的青少年教育基地了。

有一年春上，一對老華僑由北京客人陪同走進「赫山房」，介紹說是從美國賓夕法尼亞州來的，夫婦均是大學教授，那老太太叫「查露茜」，此行目的是尋根問祖。良楠幫助她查了《查氏家譜》，一核對，查露茜教授的祖先與海寧查家同出一房，有據可查。老太太認定自己與金庸是「一家人」，感到非常激動，表示下次帶着家人再來「認祖」。事後，良楠自誇說：「我守着『赫山房』，不是為金庸管家產，我是在為查家光宗耀祖，作用大着呢！」

二〇〇六年春節前，張紀中為籌拍新《鹿鼎記》來到海寧，他在「赫山房」裡轉悠了幾天，終於拍板：海寧是這部電視劇的一個拍攝地。當他知悉良楠的身份時，不由驚嘆道：「好偉大，金庸老家有這麼一個鄉村老弟，一直默默地等待他，他應該回來看看才是！」

門又關上了。良楠說：「除了來人參觀從裡面開門，其餘時間這扇大門得關上，因為要等候着金庸來開啟它。」

「二阿哥認為祖墳已經被破壞，無祖可祭，所以便不來此了。」查良楠一如既往地守護着。他曾對參觀者說：「二阿哥可能嫌我們沒有保護好爸爸，所以他不願意見我們。」其實，這僅僅是他的猜測，心中並不肯定。因為有一次，別人這麼說時，他拿出金庸的話予以反駁。金庸曾經說過，對於父親之死，「我當然很悲傷，但並沒有懷恨在心，因為我已充分了解，這是大時代翻天覆地大動蕩中極難避免的普遍悲劇……」

查良楠一直自責於在飢荒年代沒有將父親的墳墓保護好，那年代平整土地，父親的墳地就跟老房子一樣被鏟車推平了。「那些年生存都成問題，誰還管得了祖墳啊？」他喃喃道，似乎是在向二阿哥哭訴。後來，良楠把祖父查文清的墓遷到了自己家的菜園裡，守護着。

查良楠理解二阿哥「人在江湖，身不由己」，但他還是盼望着：「我已是古稀之年，不知道今生還能不能見上二阿哥一面……」

他最終還是沒把二阿哥盼回來。

二〇一八年十月三十一日，金庸逝世第二天，「赫山房」設了靈堂，查良楠靜靜地守了一整夜。

第五章　兄弟姊妹的親情事兒（中）

著名社會學家潘光旦在《明清兩代嘉興的望族》中對海寧查氏的「世澤流衍」做過研究。他發現，萬曆年間有查氏一支遷到順天府，這樣分成了南查和北查。天津水西莊的建造者，便是北查的後人。南查一支「恪守祖訓，以儒為業，耕讀傳家」，北查一支則以經商為主，主要是經營鹽業，「家財豪富」，民間俗稱「闊查」、「查半城」。

到了現代，著名詩人穆旦（原名查良錚）、著名教育家查良釗、著名大法官查良鑑都出生於天津，他們都是金庸的堂哥，堂姐查良英則是查氏祖產天津「水西莊」莊主查為仁的後裔。

二〇〇五年九月中旬，金庸赴台參加台灣遠流出版社和《中國時報》聯合舉辦的「金庸家族同樂會」，海峽兩岸的海寧查氏後人有了一次大團聚。

一、「觀化樂天」的「查活佛」——堂哥查良釗

查良釗是金庸的堂哥，字勉仲，生於一八九七年。

一九四三年，金庸同時考取了中央政治大學、西南聯大和四川大學的外文系。那會，堂哥查良釗在西南聯大當教授兼任訓導長，因而，「我考大學，第一志願就是報考西南聯大，西南聯大是由北大、清華和南開大學三所大學合辦的，我有幸被錄取了。……不過那時因為我沒有錢，西南聯大又在昆明，路途遙遠，沒法子去……」①

一九七三年四月，金庸以《明報》記者身份訪問台灣，特意給堂哥查良釗帶上他愛喝的茅台酒和宣威火腿、松茸、乾巴菌等昆明特產，金庸在台十天，查良釗相陪有六天。一九七九年五月，金庸到台北開會，兩人匆匆見面，臨別時相約，下次在昆明湖畔再重逢，可惜此約沒有兑現。

和徐志摩同行赴美

一九一八年八月十四日，查良釗乘南京號輪，從上海浦江碼頭啟程自費赴美留學。與他同行的有徐志摩、汪精衛、朱家驊、李濟之、張海歆、劉叔和等一批日後在中國現代史上頗有影響的人物②。查良釗與徐志摩同庚，赴美之前，徐志摩在北京大學讀過預科，而查良釗僅在南開中學讀

① 艾濤《金庸新傳》，山東友誼出版社，二〇〇二。
② 韓石山《徐志摩傳》，北京十月文藝出版社，二〇〇一。

過高中。

當輪船航行在浩瀚的太平洋上時，查良釗站在甲板上，遙望茫茫的國土，眼觀洶湧的波濤，耳聽浪花的轟鳴，在海天一色中，他思緒萬千，激動不已。在國內時，他親身感受了軍閥混戰的場景，目睹屠殺無辜的慘象，決計到國外留學，尋求改變現實中國的藥方，踐行他的「救中國先救民眾，救民眾先救教育」的志向。

查良釗的父親查厚基在天津做官，所以將家從浙江遷至津門。母親顏氏早亡，他由大姐撫養長大。一九一四年畢業於天津南開中學，次年進南開英語進修班。一九一七年，他二十一歲時與何鈺琦結婚，洞房花燭之夜，他與新婚妻子立下「夫婦一體，爾我不分，平生相處，互愛互敬，邦國社會，肇端家庭，共同努力，服務人群」的盟約，互相勉勵。

赴美後，查良釗初入格林奈爾學院，這是一座文理學院，位於愛荷華州，是地處「全美最美好的小鎮」之一的格林內爾鎮，大片的稻田地遍布學校周圍，環境優美、雅緻，這樣的環境也是十分有利於學生學習的。十二月中旬，查良釗邀請徐志摩、汪精衛、張海歆、劉叔和同聚格林內爾，大家在稻田中合影，然後同去波士頓，住康橋青年會。

念了一個學期，查良釗終於收到家中一筆匯款，轉入學費非常昂貴的芝加哥大學。

芝加哥大學創建於一八九一年，美國石油大亨約翰・洛克菲勒是有史以來最富有的人，他把大部分的財產投資慈善事業，他稱「而我最好的投資就是芝加哥大學」。芝加哥大學是美國最富盛名的私立大學之一，非常注重學術研究，在學術創新上享有盛譽。校訓譯成中文是「益智厚生」，意思是「提升知識，以充實人生。」在芝大教育學院一年，查良釗的名字一直都很響亮。在老師的眼中，他是一個好得不能再好的學生，長得很帥，敦厚而不失幽默，這一秒還在聆聽，下一秒開始提問。他是一個聰明的聆聽者、一個睿智的質問者。

是年，「五四」運動的浪潮輾轉波及到遠隔重洋的美國的中國留學生群中，查良釗為愛國心所驅使，參加了當地留學生所組織的愛國活動。

芝大全年向低年級學生不間斷地提供基礎課程，不分寒暑假滾動式授課和學習，同時允許完成學業的學生在任意學年的任意時候畢業，然後進入「深入研究」階段。次年，查良釗獲學士學位畢業。

一九二〇年九月，正當徐志摩離開哥倫比亞大學乘船赴倫敦進入劍橋大學攻讀博士的時候，查良釗乘車到了曼哈頓，進入哥倫比亞大學師範學院深造。哥倫比亞大學是美國歷史最悠久的五所大學之一，也是培養諾貝爾獎獲得者最多的大學之一，基因學的奠基人摩爾根在這裡掀起生物界最徹底的的革命，後來的歐元之父蒙代爾在這裡留下光輝的足跡，胡適也曾於一九一五年至一九一七年在這兒留下青春的印跡。

這時候，查良釗與大他兩歲的馮友蘭相識並同學。馮友蘭，字芝生，河南南陽唐河人，後來創立了新理學思想體系，使他成為中國當時影響最大的哲學家。在馮友蘭的引見下，查良釗有幸拜會了蒞美訪問講學的印度學者泰戈爾，共同探討了東西文化的若干問題。

查良釗和馮友蘭一起受業於美國著名學者杜威和桑戴克。杜威是美國著名哲學家、教育家，他認為，「學校即社會」，所以教師應把教授知識的課堂變成學生活動的樂園，引導學生積極自願地投入活動，從活動中不知不覺地養成品德和獲得知識，實現生活、生長和經驗的改造；在教學方法上，杜威主張「從做中學」，認為學生不從活動而由聽課和讀書所獲得的知識是虛渺的。杜威總結說「教育即生活」、「教育即生長」，教育即為「經驗改造」。

杜威的這些觀點深深地影響了查良釗的教育思想形成。

次年，討論「一戰」善後問題的「華盛頓會議」召開，查良釗聯合留美同學發起組織中國學生華盛頓會議後援會，被推為執行幹事長，與國內民眾團體和海外華僑相呼應，支援參加會議的中國代表團。

在美國讀書期間，查良釗還結識了吳宓、趙元任等中國留學生。

一九二二年夏，查良釗獲碩士學位回國，任北京高等師範學校教授兼教務長。業餘，兼任國立北京八校教聯主席，為各校教工謀福利。曾參加蔡元培等領導的中華教育改進社，並與人合辦《教育評論》。一九二八年春，查良釗任國立河南大學校長，並應河南省政府主席馮玉祥之邀，兼任河南省教育廳長。

救民眾人稱「查活佛」

北伐結束不久，中原大戰拉開序幕。一九二九年五月，西北軍將領推馮玉祥為「護黨救國軍西北路總司令」，發出反蔣通電；蔣介石則下達討伐令，委任唐生智為討逆軍第五路總司令。抱着「救民於水火」宗旨的查良釗不願意參與國內戰爭，向馮玉祥辭職，意欲深入基層，探求民生之解決辦法。馮玉祥再三挽留，他堅辭不從，只得委派他為「華北慈善聯合會」總幹事，隨朱慶瀾賑濟救災。

朱慶瀾（字子橋）是辛亥革命前後叱咤風雲的名將、「封疆大吏」。他曾為孫中山先生回國領導辛亥革命提供二十個營的兵力（即黃埔軍校前身），為國民革命成功打下堅實基礎。後奔赴黑龍江平戰亂，剿土匪，收復失地，為中蘇邊界的重新界定立下不朽功勳。孫中山先生曾誇他：「朱子橋有遠見，是位難能可貴的朋友，是個卓越的軍事家和政治家。」一九二五年初，朱慶瀾脫離軍政界，專事慈善救濟，成為名噪一時的社會慈善家。查良釗的辭職，除了本人的救國志向外，很大程度是受了他的影響。因為志同道合，朱慶瀾很歡迎這位助手。③

一九三〇年陝西大旱，查良釗隨朱慶瀾將軍到達陝甘地區，為賑災奔走呼號，不辭勞瘁。在西安，他們親睹旱災之慘狀：樹皮草根都有已啃光，哀鴻遍野，餓殍遍地，數見黃狗吞食死人肉，肚腸狼藉，甚是駭人。此後查良釗十多年不吃肉。

回到天津，兩人合計提出「三元錢救一命」的口號，號召津滬等地募款救災。在此期間，《大公報》、《益世報》等報刊均發專題或辟專欄進行報道，並定期刊登捐款者姓名及所捐款額。勸募行動感動了民眾，開灤礦務局等一些大企業及團體紛紛捐出為數不小的款額；寓居天津的前清遜帝傅儀對他說：「陝甘的災情如此之重，古來少有，你們提出的『三元錢救一命』口號，鮮明有力。我現在得不到政府補助，手中沒有多少錢，救一千條命就是了。」遂捐三千大洋。④

③ 王睿《慈善愛國先驅朱慶瀾》，《紹興文史資料選輯》第十七輯，二〇一〇年十一月。
④ 師謙《責掉「壯學廬」三元救一命》，《北京晚報》，二〇一一年二月二十四日。

十一月，查良釗獨個兒在西安扶風縣工作，晚上住在一個小村子農家，突然屋門給砸開了，擁進來許多土匪，拿槍對着他，喊着要他將錢交出來，否則就沒命了。他並不覺得恐懼，因為募來的錢早就發放給百姓了。他很自然地和他們談話，問他們：「你們為什麼要打劫我？」一個長着一臉麻子的土匪頭兒說：「為什麼你不開門？」查沉着地說：「假若你是我，我是你，你也不會開門的！為什麼呢？因為你來是想拿我的東西，不是來給我送禮。」土匪頭兒說：「快拿支票來！」當時查的身上穿了一件破舊的納袍：「你看我穿這種衣服，像不像有支票的人呢？」那頭兒又問：「募來的錢放在哪兒？」查說：「全在銀行裡邊啊！我是做慈善的，是為窮人募捐的，做的是救人一命的活，你們打劫我，劫的不是我一個人，是千千萬萬條生命！」土匪沒找到錢，便把他帶進了山裡。因為沒錢自贖，查良釗被囚了八十一天才被放回。⑤

翌年秋，長江大水成災，查良釗任長江水災賑濟委員會常委兼災區工作組總幹事，聯合「華洋義販會」修建徑渭渠。水渠修建以後，於西北水利貢獻極大，救活民眾無數，時人稱他為「查活佛」。

「九一八」事變，東北淪陷，東北義勇軍不顧一切，揭竿而起，以血肉和敵人相拼，這種民族正氣、

⑤ 崇蘭《查姓書簡・查良釗》，《小說閱讀》，二〇〇八年八月二十日。

愛國精神深深感動了查良釗。這時，朱慶瀾經上海各有關團體和一些知名人士的支持，以歷年辦賑有關的救濟團體和個人為基礎，成立了「遼吉黑民眾後援會」，查良釗擔任總幹事兼主任秘書。後援會用捐款購置了大量物資和槍支彈藥，以接濟東北義勇軍。

一九三三年一月前後，在蔣介石不抵抗政策的影響之下，東北義勇軍的情況愈趨不利。馬占山、李杜、蘇炳文、王德林等先後退出國境，他們的殘部和馮占海部撤退到熱河邊境開魯一帶。遼寧省東邊唐聚五和其他幾位將領都逃到北平。遼南的義勇軍遭受日冠瘋狂的「掃蕩」，也難於立足。敵人佔領錦州以後，更大舉向榆關進犯，平、津震動。

在北平，與東北義勇軍直接有關的兩個團體「東北民眾抗日救國會」、「遼吉黑民眾後援會」都集會討論應付緊張局勢的措施。朱慶瀾召集查良釗、何遂、嚴寬等人開會，決定了四項事宜：後援會進駐熱河；向國內外發出抗戰號召，募集捐款；聯繫十九路軍蔡廷鍇、翁照垣諸人；設置電台，添購、募集交通用具等。

二月十七日凌晨二時，朱慶瀾、查良釗率救國會和後援會宣傳隊以及隨行人員共八十多人，分乘八輛卡車並載運炮彈向熱河出發。車子多半破舊，道路坎坷不平，顛簸過甚，行起路來，三里一停，五里一修。但因行將抗戰，人人精神振奮，忘卻疲勞，且歌且行，勇往前進。過紅石樑時車子上不了坡，查良釗帶頭倡議每人背一箱炮彈，減輕重量，始得過嶺。三月下旬到達凌源，查良釗與張學良取得聯繫，為支援古北口的防禦，給東北軍送來了地雷和食物及慰勞品。張學良贈給他一枝平日自用的左輪手槍，以示慰勞。⑥

在東北三個多月，查良釗白天帶着宣傳隊展開工作，在前方主持援助各部抗日軍隊事宜；收容整理散在熱河的義勇軍；協助古北口防務，接納了自熱河退回的後援會技術隊、救護隊，安置在石匣鎮。為避免敵機轟炸，夜車返凌源參加軍事會議，會商宣傳、救護、民夫、運輸等有關支援各項問題。有一天，查良釗徒步返石匣，途中挨凍患了重感冒，發高燒，於昏睡中被朱慶瀾和救國會同志送到北平協和醫院醫治。

病愈不久，朱慶瀾吩咐查良釗資助了一位朝鮮抗日志士。一九三一年十月的一天，查良釗將一位素不相識的客人介紹給朱慶瀾的秘書陶茀卿，查稱林先生在此地四馬路電報局工作，並叮囑陶不要到電報局找他，路上相遇亦要形同陌路。查良釗關照陶：「以後有許多事要你去做，到時會通知你。」陶茀卿心有所悟，明白這是一樁秘密大事。

不久，朱慶瀾對陶茀卿說：要動用存在中國銀行久未啟用的一筆專款，內賬之名為「特義款」。

⑥ 邵桂花《朱慶瀾支援十九路軍淞滬抗戰》，《團結報》，二〇〇七年三月六日。

朱交代說：「只要查先生招呼你，你就照辦好了。」幾天後，查良釗私下對陶說：「今天急需支用五千元，要付現金支票，不要轉賬，你先準備好。」陶候至中午，先前晤面的那位林先生前來取款。陶茀卿填好支票，由查良釗簽字，爾後交給了林先生。此前後，經查良釗簽字共資助朝鮮抗日志士現款總計四萬餘元。

十一月二十日，李濟深、蔡廷鍇發動「閩變」，旨在反蔣抗日。一次，李濟深打來電報，準備買些武器以應對事變，朱慶瀾即令查良釗操辦此事。查找到了昔日朋友馬德建，馬從前是搞兵工廠的，贊成抗戰，對查良釗努力於抗日後援表示敬佩。馬說大數不易辦到，頂多能爭取一個師的裝備。後來這批武器還真的買妥運去了。李、蔡兩位還回電對朱、查表示了深切的謝意。

「難得糊塗」的訓導長

蘆溝橋事變後，日本帝國主義全面發動侵華戰爭。為保存中華民族教育精華免遭毀滅，華北及沿海許多大城市的高等學校紛紛內遷。

一九三八年初，查良釗以教育部參事、賑務委員會專員身份，在西安辦理戰區青年的救濟工作。他率領一千七百餘名來自戰區的中學師生，由陝西鳳翔縣步行至甘肅天水縣，在玉泉觀設立國立甘肅臨時第一中學，一九三八年五月一日開學。不久改為國立第五中學，學生上學不要錢，吃飯不要錢，校服不要錢，全部享受超級「公費」教育，教室和學生宿舍都在觀中大殿裡。舉辦八載培育專家英才逾千，遍布海內外，其中投奔延安的師生不乏其數。天水縣志在評價查良釗創辦的國立五中時，稱它為「甘肅教育史上的獨特一章」。今玉泉觀入口旁的天靖山岱廟腳下，立有「國立第五中學紀念碑」一塊，背面鐫刻「一九三八年，查良釗由陝入甘途中聯語：關山萬重為國為民的同志來此鍛煉自己，途徑多端自私自利的人們去吧免累他人。」⑦

同年十一月，查良釗被國立西南聯合大學聘為教授，他立即趕赴昆明。

一九三七年十一月一日，北京大學、清華大學、南開大學在岳麓山下組成了長沙臨時大學。開學一個月後，日軍沿長江一線步步緊逼，危及衡山湘水，師生們於一九三八年二月搬遷入滇，四月二日，學校正式改名為國立西南聯合大學，五月四日開課。

在西南聯大本部那狹小的校園內，行走着多少聰慧的頭腦，中國最優秀的學者，各學科的泰斗級人物，陳寅恪，朱自清，聞一多，錢鍾書，吳宓，吳　，馮友蘭，金岳霖，潘光旦，費孝通，沈從文，華羅庚，周培源……聯大的教授，副教授大都是二十世紀二三十年代留學歸來的博士，碩士，

⑦ 白尚禮《國立五中在天水》，《天水日報．隴右週刊》，二〇〇八年十一月九日。

正值壯年。昔日留學美國時的同學吳宓和馮友蘭，如今成了查良釗的同事，讓他喜出望外。

國難之中，聚居龍頭村的查良釗、聞一多、朱自清等教授，「七八人但吃兩樣菜，一炒蘿蔔，一豆豉，外加一湯而已」，就是校長梅貽琦也在集體食堂搭伙，「經常吃白飯拌辣椒，有時吃菠菜豆腐湯就很滿足」。查良釗八十歲時回憶說：「那時，師生們住最簡陋的屋，吃最粗糙的飯；在轟炸下學習，在硝烟中授課。西南聯大，如此悲壯。」⑧

一九三九年，查良釗兼任訓導長。在民國時期，大學實行「訓導長制」，由國民黨任命的人對大學實行監督，特別是對大學生實行思想控制和監控，從而普遍引起了大學師生的厭惡和反感。然而，西南聯大主持校政的梅貽琦校長竟起用了曾經辭去黨職埋頭做慈善的查良釗，他說：「吾從眾，無為而治。」「眾」指的其實是教授，這句話落到實處，就是今天人們呼喚不已的教授治校。查良釗在美國留學時接受了杜威的辦學理念，且有興辦國立五中的成功經驗，經慎重考慮，梅校長決定起用脾性溫和、視學生為兒女的政治學教授查良釗出任訓導長。於是，原本在高校扮演了一個尷尬角色的「訓導長制」卻在西南聯大「變形」為杜威「教育即生長」和服務於學生的「改良版」。⑨

⑧ 謝軼群《永遠的精神家園：國立西南聯合大學》，九州出版社，二〇〇七。
⑨ 昆明市文史委員會《西南聯大紀事》，《昆明市文史資料選輯》（第四十六輯），二〇〇八。

西南聯大第九十五次常委會確定以「剛毅堅卓」為校訓。在抗日戰爭這一特殊的歷史條件下，查良釗要求訓導工作很好地體現校訓的內涵。在學生管理方面，除要求學生遵照學校制定的守則，對其在校內的一切活動和行為，都採取學生自我管理、自我教育的方式，注重「自治的啟發」與「同情的處置」。學生在自由的空氣中展開各種各樣的課餘活動，社團林立，壁報滿目，講座、晚會連續不斷。

每年的十二月十二日是西南聯大師範學院的校慶日，查良釗是最受歡迎的的老師。活動安排在晚飯後，查良釗都會分一支點燃的紅蠟燭給大家，由他領導秉燭繞室齊唱：「傳播光明，傳播，傳播，光明，光明，還要光明，還要光明！」

一九三九年，國民政府教育部長陳立夫三度訓令西南聯大必須遵守教育部新規定，由教育部安排應設課程、統一教材、舉行統一考試等。聯大對此不以為然，查良釗推文學院長馮友蘭教授執筆抗辯。抗辯函說，這種做法的結果是「大學將直等於教育部高等教育司中一科」，如果什麼都由教育部規定，那麼「教授在學生心目中為教育部一科員之不若」；而且，如果大學內部事務、甚至課程的設置都要聽命教育部，「則必將受部中當局進退之影響，朝令夕改，其何以策研究之進行，肅學生之視聽，而堅其心志？」

查良釗也以訓導長的身份致信教育部：「蓋本校承北大、清華、南開三校之舊，一切設施均有成規，行之多年，縱不敢謂為極有成績，亦可謂為當無流弊，似不必輕易更張。」

西南聯大不但抵制了國民政府對內部事務的干涉，查良釗支持聯大常委會的主張，在一九四二年把大一新生必修的「三民主義」課改為若干專題，不做考試，不計學分。

查良釗在西南聯大時有個外號「查婆婆」，因為他樂於助人，又做事糊塗。其實，這位敦厚樸實的訓導長樂於助人是真的，做事糊塗不見得，「難得糊塗」也是有的。

一九四〇年十月，教育部又公布《大學及獨立學院教員資格審查暫行規程》，要重新「審查」大學教師的「資格」。這一文件在西南聯大教授會上激起公憤，全體教授拒填「審查」表格。作為訓導長的查良釗「糊塗」地將表格全部弄丟了，導致他和大家被扣除了當年的學術津貼。

為了加強對高校的控制，國民黨當局規定，凡擔任院長者都必須加入國民黨。查良釗聽到消息，沉下臉來脫口而出：「扯淡，他們是大學教授不是黨棍！」他又「難得糊塗」放棄了監督權。

在訓導長查良釗的全力呵護下，充滿自由思想和獨立意識的知識精英們得到了保護，西南聯合大學不僅是戰火中的寧靜港灣，也是民國末年污濁社會中的綠洲。

黃鈺生和查良釗是西南聯大師範學院（今雲南師大）的第一、二任院長。有一年聯大校慶，黃鈺生談到三校同仁在一起工作和諧應歸功於三校具有如雲、如海、如山的風度，即清華智慧如雲，北大寬容如海，南開穩重如山。查良釗就配上「自然、自由、自在」為下聯。他解釋說，自然是求真不貴做作，自由是同善不尚拘束，自在是無求有所不為（含有清靜無為的意思）。他認為在如學、如海、如山的氣氛中，三校同仁必然嚮往自然、自由、自在。這副對聯是對聯大紀念碑「八年之久，合作無間，同無妨異，異不害同，五色交輝，相得益彰，八音合奏，終和且平」的最好註釋⑩。抗日戰爭期間，全國有許多聯大，但只有西南聯大由於雲南特殊的環境提供了天時、地利，又有三校的人和，才能培養出一大批高水平甚至超水平的人才。「人和」中自然包含着訓導長的「觀化樂天」和「難得糊塗」。這就是西南聯大能成為學術殿堂和民主堡壘的奧妙。

一九四五年末，以西南聯合大學為中心，青年學生掀起了反對內戰、爭取民主的運動。年十二月一日，五十多名國民黨軍人和便衣特務闖進校園，向學生大打出手。中共黨員學生潘琰帶領同學們與之抗爭，凶惡的敵人竟將兩顆手榴彈投向人群。潘琰胸部中彈犧牲，與潘琰一起壯烈犧牲的還有于再、李魯連和張華昌。這次慘案是昆明國民黨軍政首腦李宗黃、關麟徵有預謀、有計劃挑起的，憤怒的聞一多痛斥國民黨是「白色恐怖」。慘案發生後，西南聯大師生掀起了聲勢浩大的反抗活動。這就是歷史上的「一二・一運動」。

⑩ 余家俊《黃鈺生和查良釗的六字對聯》，《今晚報》，二〇〇九年十月二十七日。

「一二・一」慘案發生後一周，傅斯年由重慶來昆明，處理聯大師生的罷課事件。傅斯年是「五四」運動中最著名的學生領袖，而這次雖然同情遇難學生，但完全維護國民黨的利益。當年聞一多非常反對學生罷課鬧學潮，這一次卻完全支持學生罷課。在十二月十七日的教授會議上，傅斯年要求學生限期復課，聞一多反對，兩人發生了激烈的爭執。在雙方僵持不下時，訓導長查良釗和馮友蘭聯合提出一個方案：學生先復課，教授會保證於復課後十五天內使關麟徵去職。雙方都做了妥協⑪。

一九四六年三月十七日，在經過停靈復課後長達兩個多月的反覆鬥爭下，昆明學聯決定為「一二・一」犧牲的烈士出殯，查良釗擔任了公祭典禮的主祭人。

抗戰勝利後，西南聯大於一九四六年七月解散，三校分別遷回北京、天津復校，為報答雲南父老八年的恩情，西南聯大回遷時將師範學院留在了昆明，單獨辦起了國立昆明師範學院，查良釗任院長。

飾演唐僧傳佳話

一九四九年夏，在昆明湖畔散步，查良釗賦《赤子吟》曰「孩子頭，孩子頭，有顆赤子心，走遍天涯不知愁：盡所能，取所需，憑着赤子心，為人服務何所愁。不怨天，不尤人，發揮赤子心，

⑪《昆明師院附中大事記》，《昆明師院學報》，二〇〇八年第一期。

教教學學何所憂；既不愁，亦不憂，保我赤子心，觀化樂天更何求。」詞中查良釗自稱為「孩子頭」。

不久，查良釗赴印度出席聯合國教科文組織主辦的成人教育會議。翌年春，應印度政府之聘，任德里大學中央教育學院客座教授，並參加印度鄉村教育運動。

一九五一年，馮友蘭隨中國文化代表團赴印度訪問。在德里大學見到老同學、當年的訓導長查良釗，不但沒有說話，而且立刻迴避。後來查良釗在《憶一位失去自由的教授》一文中回憶了此事。當時他怕馮友蘭有不便之處，便提前寫了個便條給他，說：「芝生兄，今天何幸在此德里大學相遇，恰值西南聯大第十四周年紀念日，盼望吾兄歸去後向我們共同的老朋友和當年同事們代我致意。弟，良釗，十一月一日。」可當馮友蘭見到查良釗時，他們幾個沒和任何一個人打招呼，就匆匆離開了會場，讓當時所有在座的客人感到十分吃驚。而馮友蘭也有自己的苦衷，因為當時有紀律規定，在國際場合不能和台灣方面的人同時出現，無奈久別重逢時形同陌人了。

一九五三年，在甘地修道院與印度總理尼赫魯合演印度歷史劇，查良釗飾演唐僧玄奘，一時傳為佳話。

一九五四年五月，查良釗由印度去了台灣，任台灣大學教授兼訓導長，後改兼僑生輔導委員會主任，曾任「考試院」考試委員達十八年，直至一九七二年退休。

查良釗的老友、台灣《中央日報》董事長陳紀瀅撰文回憶說：「我還沒有看見過第二個人像查氏這樣與學生們關係密切親近與學生們傾心愛戴的師長了。有的人或因學術地位崇高，或因歷史關係成為某一校的靈魂、偶像，他們的學生才奉為精神領袖，攀附之不暇，引為自己的光榮。獨有查氏不是因這種因素才獲得愛戴，才獲得接近。確實因為他當年對於每項位受業的學生照顧普遍，也可能因為他的一言一行，使學生受了一生用不盡的恩惠……他懷有充沛的慈悲心腸，待學生如子女、如友朋。因而出了校門，他仍能叫出每位學生的名字，他也仍然照顧每位學生。」故在當時，他有「查菩薩」、「查善人」和「查婆婆」之稱。

一九七六年三月一日，值八十大歲，台灣各界人士及其故舊門生為其舉行祝壽茶會，海鹽陳大齊教授賀以聯曰：「無有猶有何非有，人謀是謀不自謀。」⑫這是查氏一生為人服務，公而忘私之最佳寫照。

剛過完春節，查良釗不慎摔了一跤，臥床十個月後于一九八二年十二月逝世，享年八十七歲。他的生前好友及學生編有《永懷查良釗先生》一書紀念他。

⑫ 崇蘭《查姓書簡・查良釗》，《小說閱讀》，二〇〇八年八月二十日。

二、嚴懲「金老虎」的大法官——堂哥查良鑑

查良鑑，生於一九〇四年，字方季，他是金庸的堂哥。

抗日戰爭結束後的一九四六年，金庸在杭州的《東南日報》做記者，還不足一年，他突然向總編輯提交了一份報告：「竊職至社工作將近一年，深感本身學識能力至為不足，故工作殊乏成績。現擬至上海東吳大學法學院研究兩年，懇請准予賜請長假，俾得求學之機會，而將來回社服務或可稍能勝任也。」說是請長假，實是辭職。因為幾日前他收到堂哥查良鑑的來信，「一切業已調置妥當，可速來上海」。金庸憑借查良鑑的關係，得以在上海東吳法學院插班修習國際法⑬。

這時，查良鑑是上海市法院院長，並在東吳大學法學院做兼職教授。這位堂哥比金庸年長了二十歲，因而金庸尚在家鄉小學堂里主編「喔喔啼」牆報時，堂哥早已經嶄露頭角，是上海灘上赫赫有名的大法官了。

⑬ 傅國湧《金庸傳》，北京十月文藝出版社，二〇〇三。

抗戰時，他手書文天祥「正氣歌」

查良鑑自幼聰穎過人，敏而好學，十四歲就學於天津南開中學，十七歲考入南開大學政治系，對法學產生深厚興趣。他覺得領事裁判權對我國國家主權之侵害實在巨大，主張廢除領事裁判權有賴於司法之改革，於是再入東吳大學法律系攻讀，畢業後再去美國密西根大學深造，獲法學博士及法理學博士的雙學位。

一九三一年學成歸國，查良鑑初任省立安徽大學法學教授、國立中央大學國際私法教授。因為他的精湛的法學才能，司法局特聘他為上海地區地方法院編纂，候補推事，兩年後提升為第一特區推事兼書記官。這期間，他編著的《民事訴訟強制執行法》成為全國司法界必讀用書。

當時，領事裁判權已被廢除，在上海公共租界設立第一特區地方法院，因為國際條約的關係而能倖存。中國法官受理當地一切中外民、刑案件，但公共租界政治背景十分複雜，外國人掌握租界行政大權，流氓幫會勢力十分猖獗，時有同事被暗殺或遭遇綁架。二哥查良釗幾次寫來信，動員他離開上海去天津暫避，但無論情況多麼危急，他始終沒有離開，與同事們一起堅守崗位。一些洋人對他施加壓力，威脅利誘，百般阻撓他行使我國的司法權，查良鑑以「富貴不能淫，貧賤不能移，威武不能屈」自勵，外國人及其走狗對他無可奈何，他勇敢地維護了國家的司法主權。

一九三七年三月，查良鏞將美國著名犯罪學家齊林（J. L. Gillin）的名著《犯罪學及刑罰學》翻譯成中文，由上海商務印書館出版。《犯罪學及刑罰學》一書分為兩卷，上卷為「犯罪學」，包括「犯罪與罪犯問題」、「犯罪的構成」兩篇，對於犯罪的定義、分類、現狀及犯罪的原因做了細致地探討。下卷為「刑罰學」，包括「刑罰史」、「近代刑罰制度」、「司法上的工具」三篇。這樣一種將犯罪學與刑罰、刑事司法結合起來的犯罪學研究模式，是美國犯罪學的特色，對於系統地研究刑罰制度與犯罪改造的關係有着啟發性的作用。這部譯作於一九三七年和一九三八年兩次被列入「漢譯世界名著」。

抗戰開始後，上海淪為「孤島」，中國所有軍政機關均已撤離，留在上海的只有特區法院，在日偽重重包圍下，處境十分險惡，留在租界的中國司法人員，經常收到日偽寄來的恐嚇信，甚至附有子彈，查良鑑堅持民族立場，率領全體司法人員與敵偽相抗，他手書文天祥的「正氣歌」與僚屬共勉，準備隨時以身殉國。在此期間，一位民庭庭長被敵偽暗殺了，全體人員仍堅持崗位，毫不動搖。珍珠港事件發生後，租界淪陷，日本佔領軍獲知他在司法界的威望，登報懸賞找他，許以他高官厚祿，可他出於對祖國法學事業的忠誠，不為名利所動，堅決拒絕敵偽組織的聘任。

一九四一年十二月八日，太平洋戰爭爆發，日軍佔領租界，層層包圍法院，查良鑑決定突圍，連夜焚燒了全部重要文件。為了防止被日本人發覺，他緊閉全部門窗，將一疊疊公文投入火爐，室內濃烟滾滾，嗆得喘不過氣來，高度近視的雙眼疼得無法睜開，淚水直流，汗水浸透了內衣也全然不顧。次日凌晨，他化裝為勤雜人員，逃出日偽包圍圈，避入法院附近一位友人開的醫院裡。敵人發覺他已逃走，十分惱怒，在上海各大報登載，懸賞緝拿，並下令搜捕家屬，幸其夫人及其子女事先已得風聲，改名換姓，避入親友家中。後來查良鑑在哥哥查良釗的幫助下逃離上海，闖關入蜀，屢次經歷危險之境。此舉深得司法行政部部長謝冠生的讚許，委任他為四川高等法院第一分院檢察官，不久又升任司法行政部參事。

維護司法，與蔣介石較勁

一九四三年，英美等國廢除不平等條約後，國民政府決心推行法治，指定重慶地方法院作為實驗法院，以此來建立改良司法制度，遂派查良鑑擔任院長。

上任伊始，查良鑑對屬下的法官說：「我們是中國司法界的維法者之一，所以，我們提倡『之一』精神，所謂『之一』就是盡己之力的意思，也許是千萬分之一，也許是百千分之一，總是盡了『之一』的責任，積少成多，自然匯成一股巨大的力量，使我們的社會更進步，我們的國家更強盛。」

查良鑑審理的「直接稅」創辦人高秉坊的「貪污」一案就踐行了他的「之二」精神。

高秉坊是山東博山人，在南京金陵大學林科畢業後，經人介紹與孔祥熙相識，並在孔手下做事。高秉坊為人憨直，辦事幹練，且敢於負責，因此深得孔祥熙的賞識和信賴，後來孔祥熙任國民政府工商部部長（後改為實業部）時，委任高秉坊為總務處處長，掌管全部事務，以至當時有人稱高秉坊為孔祥熙的「靈魂」。孔祥熙後來從實業部卸職時，身為總務處長的高秉坊居然以一副公事公辦的面孔，為孔祥熙辦理移交手續——此事惹得孔祥熙很不快。此時一些對高秉坊頗有成見的人趁機向孔祥熙搬弄是非，孔、高之間因此有了隔閡，孔自然就冷落了高秉坊，不讓他參與機要工作。此事過去好長時間後，孔祥熙才讓高秉坊擔任財政部賦稅司司長。財政部賦稅司管理全國的賦稅，當時中國，田賦及地方財政是各省為政，財政部根本無法過問，賦稅司在財政部可以說是個冷清衙門。喜歡幹實事的高秉坊儘管心裡不情願，但也只得去坐這個冷板凳。

高秉坊的性格決定了他不會甘於寂寞，在冷清衙門的冷板凳上坐了一段日子，他針對當時地方財政的諸般弊端，決定發起籌備一次全國財政會議，以整頓地方財政。

說幹就幹，高秉坊居然將各省財政廳長以及有關人員召集到一起，召開了一次頗具聲勢的大會。為開闢稅源，高秉坊決定籌辦所得稅，進而又開辦直接稅。僅僅幾天時間，高秉坊就由寂寞的賦稅司司長，成為了所得稅處處長、直接稅處處長及署長，成為了一個開創中國新稅務的新聞人物。

為了適應新的稅務工作，高秉坊倡導「新稅新人新精神」，本着培養新人的目的，陸續開辦了幾期稅訓班。只是他怎麼也不會想到，當他為此忙得不亦樂乎時，早有幾十雙不懷好意的眼睛盯着他了，那些居心叵測的人說他「私結黨徒」。

一個可怕的罪名就這樣逼近了高秉坊。他所做的一切都有案可稽，有證可查。他怎麼也不會想到，在孔、陳兩大家族爭奪財權的鬥爭中，他採用的稅訓班考試用人制度得罪了陳果夫。在陳果夫眼裡，高秉坊畢竟曾經是、也許現在仍然是孔祥熙的「靈魂」。陳果夫在當時的國民黨中央以中央政治大學為CC系的幹部培養所，把持着政治大權，不但CC的嫡系由此出身，就是高試及格人員，在中央訓練團黨政班受訓後，也須再到中央政治大學的研究部接受半年的復訓，合格後才確認係「自己人」。現在高秉坊另外搞出個稅訓班，不是分明和陳果夫分庭抗禮嗎？陳果夫自然是無法容忍的。他向孔祥熙提出，希望高秉坊打消開辦稅訓班的計劃，高那裡如果需要用人，可由中央政治大學推薦，他的稅訓班也可由中央政治大學代辦。陳果夫的要求孔祥熙含糊答應，卻在高秉坊面前碰了釘子，高秉坊堅持要按自己的計劃辦。陳果夫由此與高秉坊結怨。

陳果夫利用CC系掌握的中統特務，捏造假證據，誣陷高秉坊犯有「貪污罪」，並伺機向蔣介石進讒，誣稱高秉坊「圖謀不軌」。不久，蔣介石就以軍事委員會委員長的名義向財政部發文，文中說：直接稅署署長高秉坊與各地分局串通舞弊，類多藉詞挪墊，移以經商等情。經飭審計部徹查該署及各分局，此項保證金收支賬目，究竟有無弊混，以憑核辦理方知……

於是，為直接稅整整工作了八年七個月零四天的高秉坊被撤職。一九四五年二月十五日，法警將他高秉坊帶到看守所關押起來，高的案件即由重慶實驗地方法院查辦。有人猜想，高秉坊之所以能在家裡過完春節，或許是查良鑑院長對他的「照顧」。當得知高秉坊已到案，並已被押進看守所後，CC系的人便四處活動，頻頻暗示查良鑑必須判處高秉坊死刑。一位同僚鄭重其事地告誡他：「你辦這個案子，千萬別較真，否則與上頭較上勁了，沒你好果子吃。」更有人出主意：「高秉坊已經是一條落水狗了，你沒必要救他上岸，讓他死吧，反正拿刀子的不是你，你明哲保身吧！」

作為一位英美系的法學專家，查良鑑儘管與CC系也有淵源，但在他身上也不乏正義感。查良鑑認定高秉坊罪不至死。於是他就以各種理由拖延高秉坊一案的審理進度。與此同時，查良鑑允許高秉坊妻子出面為丈夫爭取取保候審，但沒有獲准——畢竟高秉坊一案已驚動了蔣介石，誰也不敢提着腦袋輕率從事。

重慶地方法院的調查尚未展開，蔣介石續發的文電又飛至查良鑑的手上，與上一份代電稍有不同的是，這份文電着重點明「高秉坊貪污瀆職」，共列出四大罪狀：跋扈、舞弊、營商、榨取。

查良鑑知道，此刻他必須拿司法的獨立性與蔣委員長較勁了。

審理過程中，查良鑑發現高秉坊的實際情況與「四大罪狀」不符，如稅票回印、勒令捐獻、任意賞賜，均有不實。以致後來法院在處理此案時，為了顧及蔣委員長的顏面，只得閉口不提那份出自委員長名下、漏洞百出的續發文電。

重慶地方法院於一九四六年一月二十九日做出判決：「高秉坊連續對於主管事務直接圖利，處無期徒刑，褫奪公權終身，其餘部分無罪。」高秉坊不服此判決，依法向最高法院提出上訴。最高法院受理後，維持重慶法院原判。至此，高秉坊的命總算保住了，其冤屈雖然不得伸張，可查良鑑已經盡力了。

此案過後，查良鑑仰天長嘆：所謂三權獨立的司法一門，面對強權和腐朽政治同樣是無可奈何的，唯有「之一」精神可以慰藉自己了！

一年過後，重慶監獄的部分政治犯移送中美合作所，有CC分子曾想將高秉坊弄去那裡，可是遭到了查良鑑院長的抵制。此時，解放軍解放四川的隆隆炮聲已越來越逼近重慶了，國民黨政府崩潰在即。查良鑑暗地裡向監獄長授意，西南軍政長官公署終於獲准了重慶監獄的呈請，高秉坊遂於一九四九年十一月二十五日出獄。⑭

上海打虎，「查大膽」嚴懲「金老虎」

抗戰勝利後，司法部考慮到上海地處要衝，華人洋人雜處，而司法混亂，在國際上造成了不良影響，於是將查良鑑派往上海。一九四五年九月十五日，江蘇上海第一、第二特區法院、地方法院及南市上海地方法院合並，成立「國民政府上海地方法院」，查良鑑任院長。

一九四七年，上海金號業公會和銀樓業公會的成員在數月之間，吞掉國民黨中央銀行庫存的黃金八百餘萬兩，製造了國民政府最大的金融案。是年三月，國民政府監察院院長于右任派出較為精明幹練的何漢文、谷風翔、張燦和張慶楨四個監察委員，赴上海辦理「黃金案」，打擊「大老虎」。查良鑑負責法庭調查和審理。

面對百業凋敝、法幣貶值、物價狂漲的時局，蔣介石責成行政院院長宋子文拿出辦法來「立刻解決」。宋說：「為今之計，只有拋售中央銀行庫存黃金這個辦法。黃金一上市，法幣就會大量回籠，法幣一回籠，幣值就會提高，物價自然下跌。不出一個月，人心也會趨於穩定，困難迎

⑭ 吳元浩《中國「直接稅」創辦人「貪污案」》，《檢察風雲集萃》，二〇〇四年一月號。

刃而解。」於是拋售黃金方案便在緊鑼密鼓中出台。

正當宋子文自以為施出殺手　，立可挽救危局的時候，出乎意料的是，頃刻之間搶購黃金的風潮鋪天蓋地而起，貪得無厭的「金牛黨」應運而生。

查良鑑調查獲知，金牛黨中有個叫詹蓮生的，神通特別大。為了趕搶購黃金的風潮，臨時成立了個「同豐餘」金號，並被捧為金號業公會的主席。詹蓮生首先打通了中央銀行貝祖貽總裁的關節，成天跑到中央銀行業務局長林鳳苞、副局長楊明仁的公館，陪他們的太太小姐這家金號進、那家銀樓出，專門選送最貴重的金銀首飾、珠玉寶石，就是對業務局的次要官員他也處處燒香，做到「恪盡孝道」。當黃金拋售一開始，別的黃金投機商只能排隊登記，按定額分配得到官價黃金，而詹蓮生走的卻是後門，甚至還有中央銀行官員自動送貨上門。僅一九四七年一月十五日至二月十五日一個月，詹蓮生到手的黃金就達四十多萬兩。據國民黨監察院檔案記載：詹蓮生前前後後吞進的黃金有案可查的就有一百二十萬兩左右，而無案可查的尚不止此數。

這是民國最大的金融案。

何漢文、谷風翔、張燦、張慶楨四個監察委員來到上海，先從中央銀行着手調查。他們問該行業務局局長林鳳苞和副局長楊明仁：「究竟拋售了多少黃金，為什麼要交與『金老虎』詹蓮生總攬其事?」林、楊二人答道:「拋售黃金數量是國家機密,貝祖貽總裁交代不得向任何人泄露,由金號 銀樓出面這是根據宋院長的指示,詹蓮生是金號業公會主席,交由他去辦是理所當然的事。」

何漢文等人去找貝祖貽問拋售黃金的數字,貝祖貽推到宋子文身上。四監委碰了一連串釘子,便去上海地方法院找查良鑑拿主意。查說:「此案的關鍵是拋售黃金的數字,只要拿到證據,不怕他『金老虎』還會咬人。」關照四監委可用非常手段獲取證據。

何漢文找到詹蓮生 當面問他:「你賺的大筆黃金究竟弄到哪裡去了?」詹蓮生滿不在乎地說:「告訴你又能把我怎樣?我是賺了一二十萬兩黃金,賺項大應酬也大,剩下的只是金磚改鑄金條的火耗,每天二百四十兩,半年下來不過四五萬兩。」何漢文打開錄音叫詹蓮生聽了一遍。詹蓮生聽後方覺不妙,不可一世的神氣一掃而空,像泄了氣的皮球。他哀求何漢文:「委員您高抬貴手把錄音交給我吧 那是我以為房內只有我們兩人才信口開河,哪知您就當真了……」何漢文笑笑:「詹主席,你有貝祖貽做後台,又何必怕呢?」

何漢文把調查資料和錄音交給了查良鑑院長,上海地方法院據此順藤摸瓜,牽出此案的大量證據,判處詹蓮生有期徒刑十二年,另外二人各領刑十年。一九四七年五月,監察院根據宋子文、貝祖貽貪污的確鑿證據,向新聞界曝光之後,兩次提出對宋、貝的彈劾案,迫使宋子文引咎辭職,貝祖貽也被撤職查辦。

查良鑑成了打虎英雄，被譽為「查大膽」。⑮

「查大膽」在上海審理的第二大案也與黃金有關，是一樁劫殺大案。一九四七年八月，上海灘發生了一樁駭人聽聞的黃金劫殺案，一名中國百姓的五根金條被劫走，人也被槍殺。案件不久被中國警察偵破，兩名真凶中竟然有一名是美軍現役士兵，另一名則是英國人。此案很快轟動了整個上海灘，在中國輿論的壓力下，美軍軍事法庭最終做出判決，開除這名現役士兵的軍籍，並處以無期徒刑，那名英國同案犯也受到中國法律的制裁。

審理此案、讓行凶作案的洋人繩之于法的大法官正是查良鑑。

案件的起因是這樣的：一九四七年八月一日下午五時四十分，上海市警察局新涇分局接到一個報案電話，報案的人說他在途經虹橋機場青滬公路吳家巷路邊的草叢時，發現一個奄奄一息的男子，男子說他叫余盛孝，家住本市天潼路，外國人卻利搶他金條，還沒說完便咽了氣。

警察很快查到了卻利，將他拘留。卻利是英國僑民，職業是經紀人。他交代說，開槍殺人者是美國現役軍人馬萊，美國芝加哥人。十八歲時因犯持械搶劫罪入獄，一九四五年獲釋，出獄後

⑮ 張森奉《震動朝野的民國最大金融案》，《文史博覽》，二〇〇九年第一期。

來到中國，認識了郤利。馬萊找不到工作，只好混進駐扎在上海的美軍兵營，成為一名美軍士兵。

一九四七年八月一日一大早，囊空如洗的馬萊從南京返回上海後就去找郤利，要郤利物色一個搶劫對象。郤利這時也正為錢的事發愁，與馬萊一拍即合。郤利想起了余盛孝。余盛孝是浙江寧波人，原在四川中路以擺地攤為業，近來改做黃金掮客，從事黃金黑市買賣，經常與外國人廝混。郤利與雖與余盛孝認識才三個月，但余已做的六筆黃金生意，每一筆都很順利。於是，郤利與馬萊便密謀了一個搶劫余盛孝黃金的計劃。郤利打電話告訴余盛孝，有一位美國少校軍官急需黃金，可用美元兌換，他問余盛孝有多少黃金。余盛孝告訴郤利，現在手上有五條「大黃魚」（指每根重十兩的金條），兩人約定下午三點在面談，面談時商定每根金條兌換五百八十五美元，郤利得佣金十五美元。下午五點時，郤利開車載着余盛孝到馬萊處交易。

余盛孝上車後坐在副駕駛座位上，車子便飛快朝西駛去，過了市區後越開越快，余盛孝覺得不對頭，就問郤利到哪裡，郤利支吾了一聲，這時事先趴伏在後卒上的馬萊突然起身，凶相畢露地要余盛孝交出金條。

此時，余盛孝才知上當，就與馬萊廝打起來。當車行至吳家巷附近時，隨着「砰」地一聲槍响，余盛孝倒在血泊中。郤得和馬萊拿走了余盛孝身上的五根金條，將余拖出車外丟棄在草叢中。

依據中美一九四三年五月二十一日簽訂的有關協定，凡美國軍人在中國犯罪，必須由美國軍事法庭處理，中國司法機關只能「觀審」（即列席旁聽）。因此，上海警察局只得把郤利的口供及有關證據交給美國駐滬軍事當局。八月四日，美軍憲兵將馬萊拘捕。在事實面前，馬萊承認自己參與謀殺了余盛孝，但矢口否認是自己開的槍，把開槍的責任推給了郤利。

余盛孝被劫殺的真相揭開後，很快轟動了上海灘，一時群情激奮，不少人跑到上海市政府和警察局請願，要求為被害的國人伸冤。

九月二日上午九時，美軍軍事法庭對馬萊的審判正式開始，中華民國外交部、上海市政府和上海地方法院、檢察院、警察局等派十四人前往「觀審」，查良鑑也在其中，接受了以中國法律的名義為國人伸張正義的艱巨任務。

審判過程中，馬萊對開槍前後的事實供認不諱，但死不承認是自己開的槍。法庭安排馬萊與郤利對質，雙方都指證是對方開的槍。在這種情況下，查良鑑以中國檢察官的身份參與問訊，提出各種證據和問題要馬萊回答，馬萊的回答破綻百出。

九月十二日，美軍顧問團致信中華民國外交部稱「馬萊於一九四七年八月一日與郤利在上海近郊共同預謀，以凶惡違法行為，用手槍殺死余盛孝。馬萊予以開除，並將其所有薪金取消，處以終身苦役。」這相當於無期徒刑。

上海地方法院在九月十八日下午公開審判卻利，查良鑑親自擔任審判長，並宣佈了判決結果：「卻利犯搶劫並致受害人死亡，處無期徒刑，剝奪公權終身。」⑯

在上海地方法院院長任上三年，查良鑑大力改革，建立司法信譽，使之成為全國的模範法院。與此同時，他還兼任安徽大學、中央大學、中央政治學校、上海法政學院、東吳大學教授及系主任。

赴美國辦案，將蔣介石親信毛邦初逮捕歸案

一九四九年，查良鑑隨國民政府遷往台灣，在台灣大學法學院當教授。一九五〇年，國民黨「司法行政部」部長林彬邀請他出任「司法行政部」政務次長。

國民黨初赴台灣時，外匯枯竭，步履維艱。就在這個節骨眼上發生了「毛邦初案」。毛邦初乃蔣介石原配夫人毛福美的親侄子，從黃埔軍校第三期畢業後即投身軍事航空界，先後留學於蘇聯、意大利，成績優異。由於毛邦初身上具有為蔣介石所器重的多重因素，諸如浙江人、黃埔生、內戚、軍事航空指揮幹才等，特別是毛邦初在組建、主持中央軍校航空班、軍政部航空學校（即爾後的

⑯ 梁茂芝《解密一九四七年美軍士兵上海灘黃金搶劫案》，《黨史縱橫》，二〇〇九年第八期。

中央航空學校）以及指揮一九三七年八月十四日中國空軍對日空戰過程中，勳績斐然，故深為蔣介石所器重，屢以高官厚祿酬其功。毛邦初曾任國民政府航空委員會副主任、國民革命軍空軍司令部副總司令等職。抗戰時期毛出任空軍駐美辦事處主任，專司空軍在美軍的採購業務。

毛邦初多年來即對國民革命軍空軍總司令一職覬覦不已，但天不遂人願，一九三四年四月，中央航空學校兼任校長蔣介石，任命與空軍毫無瓜葛的周至柔接任校長。及至國民政府敗逃台灣後，毛、周舊怨未去，新仇又添。此時的周至柔炙手可熱，不僅仍任空軍總司令，而且還兼任參謀總長，權傾一時。在美國柯克上將的協助下，周下令在空軍司令部內成立「中國國際商業公司」，意在取空軍駐美辦事處軍購業務而代之。周、毛矛盾日益激化。

蔣介石在被迫第三次下野之前，內外交困，曾密令毛邦初把軍購公款一千萬美元轉入蔣在美個人賬戶，以免遭美國凍結，並規定：動用此款須由俞國華、毛邦初兩人同時具名，但如遇緊急情況，毛邦初個人也有支配權。蔣介石未曾想到，正是自己的這個命令，正是這個自己高度信任的毛邦初，後來不僅膽敢將此巨款貪污挪用，而且還利用採購軍火的機會，挾帶數百萬美元逃到了美國。

這個案子發生以後，老百姓都睜大眼睛瞧着，能不能將毛邦初逮捕到案，繩之以法，這是關係到國民黨綱紀能不能伸張、威信能不能建立的大問題。查良鑑接受了這個艱巨的任務。⑰

一九五一年九月二十八日，查良鑑等五人攜帶大批相關文件飛往美國，擬對毛邦初提起民事訴訟。十月二日查良鑑一行抵達華盛頓後，風聞毛已把公款轉移他處，根本不打算移交。經縝密調查得知，毛邦初在美任職六年期間，大肆揮霍，不僅花光了五百八十萬美元的辦公經費，還超支三十八萬美元。並查證，毛邦初挪用公款與一中國古董商人合伙在芝加哥開了一家商店，還在美國西岸開了一家商行做生意。

十一月十四日，訴狀經律師遞至華盛頓地方法院，要求法院令毛邦初十日內禁止動用或貸出款項及轉移文件；將全部公款和文件交還台灣當局。然而此時，毛邦初已避居紐約到了李宗仁的府上，並通過律師發表聲明稱：蔣介石已非合法總統而是篡位者，李宗仁才是合法總統。故華盛頓地方法院依據蔣提出的訴狀採取法律行動是不合法的。這時，孔祥熙次子孔令傑（駐美外交官），受宋美齡之托勸毛邦初返國，結果，弄巧成拙，目的不但沒達成，反向毛泄露了周至柔違紀的把柄。毛拒不辦移交又多了新理由。

訴訟和緝拿遇上了多重法律障礙。此時，查良鑑運用自己的國際法知識，動用他在國際法律

⑰ 秋思《毛邦初鬥蔣》，《文史春秋》，二〇〇五年第十一期。

界的私人關係和威信，終於取得美國、瑞士和墨西哥等國法院的支持，歷時三年，將改名換姓、攜款潛逃到墨西哥的毛邦初逮捕歸案，追回了數百萬美元。至此，轟動一時且令蔣介石頭痛不已的「毛邦初案」終於畫上了句號。因此事功勞頗大，查良鑑被台灣當局授予三等金星勳章。

從一九七一年起，查良鑑擔任私立東海大學董事長達二十年。除在台灣各大學執教外，曾創設中國文化大學、東海大學法律系，培養法律人才無數，成為台灣法學界的權威。

一九七三年四月，金庸以《明報》記者身份訪問台灣，特意給堂哥查良鑑帶上他愛喝的茅台酒和宣威火腿、松茸、乾巴菌等昆明特產，金庸在台十天，查良鑑相陪有六天。一九七九年五月，金庸到台北開會，兩人匆匆見面，臨別時相約，下次在昆明湖畔再重逢，可惜此約沒有兌現。

查良鑑一九九四年三月十三日病逝於台北，享年九十歲。他一生著譯頗多，事功遍及台灣的司法、外交、教育等方面，但他從不居功，自稱「渺小」。查良鑑病重期間，曾手書《渺小的自我》自勉：「把自己想成是這世界上最渺小的生物，那麼生活中既少苦悶，又乏優傷。因為與世無爭，與人無怨，自然烟散云散。」

樂壇新星查家雯

二〇一二年六月，在山東衛視《天籟之聲》長春賽區晉級賽上，來自台灣地區的樂壇新星查家雯以傲人的實力順利晉級全國總決賽。令人想像不到的是，查家雯乃是頗具實力的櫻桃幫樂團主唱，歌迷都喜歡叫她「查查」。同時，她還有一個更有來頭的身份：武俠作家金庸的侄孫女。

台灣妹查家雯頂頂金庸叔公的光環來大陸參賽，一時引發網友熱議，查查的身世也被曝光。查良鑑的孫女查家雯，小名查查，畢業於台灣輔仁大學法語系，現是台灣新人樂團「櫻桃幫」的一名歌手。查家雯參加選秀後自曝家譜，她說，海寧查氏家族最近的四代分別按「忠、良、傳、家」排輩分。金庸原名查良鏞，跟爺爺查良鑑一樣排在第二十二世的「良」字輩，而查查又叫查家雯，排在第二十四世的「家」字輩，是目前海寧查氏家族輩分中是最小的一輩。而兩家現在居住地相隔這麼遠，只是因為當年爺爺和金庸兩個人分別去了台灣和香港發展。

生於一九八三年的查查畢業於台灣知名私立大學輔仁大學法語專業，而五月天貝斯手瑪莎、著名歌手蔡依林、主唱詹雯婷及吉他手黃漢青均為該校畢業生。二〇〇三年查查與同校三名女生組建「櫻桃幫」樂隊任主唱，創作風格受台灣樂團五月天所影響，以流行搖滾、抒情音樂、另類搖滾、視覺系搖滾、硬搖滾、龐克搖滾、重金屬音樂為主。

查查說，唱歌憑實力。查查曾是櫻桃幫的主唱，主打曲《再見我的愛》曾名噪一時，同時她也是一名風格奇特的原創型歌手，她的音樂曾經得到過資深音樂人包小松、張培仁，歌手張震岳等的肯定和指導。選擇了參加音樂選秀節目，並且是名符其實的實力派，在《天籟之聲》長春賽區的舞台上，她也曾以一首王菲的《悶》獲得了評委朱樺老師的稱讚。由此可見，查查或許會成為海寧查氏家族中最年輕的一位名人，也可能是他們家族目前唯一一位在音樂界發展的名人，為查家在音樂領域添上一顆新星。

查查稱，頂着金庸侄孫女這個所謂的光環，自己並沒有很大壓力，她說：「我還是做我自己，（金庸的名氣）就是家族的力量，我不會覺得有是什麼壓力。」

查查也是「金庸迷」，她說，她最愛是叔公筆下的「阿紫」，阿紫的任性和復仇心深得她的心。身為金庸的侄孫女，查查自曝最喜歡的是阿紫和黃蓉這對一正一邪的女孩。談及自己當初在樂團光景，她表示：「開始玩搖滾樂時家裡人並不是很支持，自己也一度很叛逆，然而欣慰的是現在他們理解了，已經是全力支持我了。」

查查家人都愛看書，但叔公金庸寫書給全世界華人看，所以查查難免會有俠女精神不時漏電放出來。她說，她最愛是叔公筆下的「阿紫」，阿紫的任性和復仇心深得她的心。

在山東衛視二〇一二年《天籟之聲》全國總決賽第一場三十進三十四強的比賽當中，查查在舞台上瀟脫奔放的演唱風格和不俗的唱功，吸引了同樣來自台灣的評委齊秦亮燈轉身。在比賽前查查說，評委齊秦的歌聲陪伴了台灣一代人的成長，如果最後能吸引到老鄉齊秦亮燈，那她一定會跟齊秦走。果不其然，查查終究不負眾望，最終加入到齊秦老師的麾下。「太高興了，沒想到最後他真的會為我亮燈！我一定會加油好好唱，不辜負大家的希望！」

查查的父親查台傳曾任台灣陸軍中將、金門防衛司令部司令、陸軍總部參謀長，是台灣軍隊重量級的人物。二〇〇五年陳水扁當政時期，因他堅持「一個中國」立場、反對「台獨」言論而遭撤換，被迫退役。

三、從野人山爬回來的詩人——堂哥查良錚

查良錚一九一八年生於天津西北角老城區恆德里三號。他的祖上從海寧袁花遷來天津。查良錚與金庸（查良鏞）同「良」字輩。儘管查良錚一生沒有踏上祖居之地，但在他的履歷表上，每次填寫籍貫總是恭恭敬敬地填上「浙江海寧」四個字。這是一條無形的臍帶，流動着一個赤子歸根的血液。

如果說「九葉」詩人穆旦，許多人也許就熟悉他了，因為當代人喜愛他的現代詩。其實，穆旦就是金庸的堂哥查良錚。

「九葉派」中的一片「葉子」

查良錚自幼聰慧，六歲在報紙發表習作，十一歲考入天津南開中學，開始創作詩歌，現在保存下來的他十六歲寫的詩歌，已經頗有特異之處。十七歲考入清華大學地質系，後改讀外文系。和許多詩人不一樣的是，穆旦一開始就沒有沉浸在一己的情感天地裡。他一顆少年的心，當真廣大得很，他關注的是一個成人世界。

一九三五年，查良錚參加了著名的「一二．九」運動，因為「華北之大，已經安放不下一張平靜的書桌了」！後來抗戰全面爆發，一九三七年十月，十九歲的查良錚作為護校隊成員，隨清華大學南遷，從北京長途跋涉到長沙，又步行三千里遠赴昆明，進入了著名的西南聯大。西南聯大是中國教育史上空前並且絕後的傑出大學。幾千里的長途跋涉，給詩人這樣的象牙塔學子以巨大的心靈衝擊。大遷徙讓他看到了中國的廣袤無邊，也讓他看到國土的滿目瘡痍。詩人的心變得開闊而沉重。從一九三八年十一月起，查良錚和王佐良、周珏良等同學一起由吳宓老師補授功課，學習「文學與人生」、「第三年英文」，選讀了外籍教師威廉．燕卜蓀的「當代英詩」，還有葉公超的「十八世紀歐洲文學」，錢鍾書的「文藝复興」等課。其時，他接受了威廉．燕卜蓀的現代派詩歌啟蒙。第一首署名「穆旦」的詩歌是《防空洞裡的抒情詩》，一九三九年初的作品。

抗日戰爭時，西南聯大不斷南徙，查良錚也在其間徒步行進三千五百公里，他每天撕下一頁或幾頁《英漢詞典》，一邊行軍，一邊背單詞及例句，到晚上背熟了，就把這幾頁棄置，到達昆明，厚厚一部詞典已經不見了。

功課一堂接一堂，同學們擁擠着坐在長凳上，伏在條桌上，忙着抄錄老師在黑板上寫的講課內容，因為學校印發達國家給學生的講義非常有限，也極少參考書籍，甚至連教科書也買不到、買不起。夜晚，查良錚手拿一盞油燈——用小碟子加一點兒菜油，以一根燈芯點亮了照明，趕往圖書室，回到宿舍後，又把油燈放在包裝用的空紙盒上，繼續溫課。

一九四〇年八月，二十二歲的查良錚畢業於西南聯大外文系，並留校任教。那個時候的昆明，雲集了聞一多、朱自清、冰心、馮至、卞之琳等一大批著名詩人。在學校裡，他積極組織和參加了「南荒社」、「冬青社」等進步學生文藝社團活動，並得到聞一多、馮至、卞之琳等前輩的支持和指導。穆旦對詩藝的探索有了質的飛躍，成為當時最受歡迎的青年詩人。著名的《讚美》以飽滿的熱情，寫出了詩人對國家和人民的熱愛：

我有太多的話語
太悠久的感情
我要以荒涼的沙漠
坎坷的小路，騾子車
我要以槽子船
漫山的野花
陰雨的天氣

我要以一切擁抱你，你
我到處看見的人民呵
在恥辱里生活的人民
佝僂的人民
我要用帶血的手和你們一一擁抱
因為一個民族已經起來

現在，這首極富感染力的愛國主義名作如今入選中學語文課本。這一時期，查良錚寫出許多風格獨特的現代詩，是大後方最受矚目的青年詩人。

二十世紀的四十年代，就中國詩歌史而言，是屬於穆旦的。查良錚的一系列傑作比如《小鎮一日》、《春》、《旗》、《甘地》、《森林之魅》、《隱現》等，均創作於此。在詩歌的民族性主題與新詩文體的確立方面，四十年代沒有一個中國詩人的作品可以超過穆旦。而寫出傳世之作的穆旦，那時也不過二十五歲左右的年齡。他先後出版了《探險者》、《穆旦詩集》、《旗》三部詩集，將西歐現代主義和中國傳統詩歌結合起來，詩風富於象徵寓意和心靈思辨。穆旦被稱為「九葉派詩人」中最為耀眼的一片「葉子」。

爬出野人山「死亡谷」

一九四一年底，太平洋戰爭爆發，日軍入侵緬甸，企圖切斷滇緬公路。為了保衛滇緬公路的暢通，確保抗戰物資的補給，一九四二年二月，在羅卓英、杜聿明的率領下，十萬精鋭部隊組成中國遠征軍開赴緬甸參與對日作戰。剛從西南聯大畢業、二十四歲的查良錚應徵入伍，在杜聿明將軍的第一路司令長官部擔任翻譯官。

到達緬甸之後，中國遠征軍浴血奮戰，捷報頻傳，沉重打擊了敵人的囂張氣焰。三月十八日，日軍集中四十架飛機，掩護「王牌軍」中的兩個聯隊的兵力，向中國第二百師防守的仰光到曼德勒之間的重鎮同古進攻。第二百師在獨立作戰十二天、殲滅敵人五千餘人之後，補給斷絕，傷亡嚴重。此時，日軍秘密派遣部隊迂迴到了遠征軍的後部，切斷了歸國通道，欲將遠征軍全部剿滅。腹背受敵的遠征軍不得已選擇了撤退。在杜聿明的帶領下，第五軍一萬五千人於一九四二年六月三十日拂曉渡河轉移，被迫進入野人山，準備從那兒繞道回國。

進山之前，查良錚和其他戰友一樣都天真地想：快點撤吧，野人山是天然屏障，撤進山，日本鬼子就拿我們沒有辦法了，山裡可能還有很多野果和野味呢！走進野人山後，他們才發現原先的想法是多麼幼稚，野人山分明就是一個可怕的「綠色魔窟」！

野人山原名胡康河谷，緬語意為「魔鬼居住的地方」，位於緬甸最北端，重巒疊嶂，林莽如海，還有綿延不斷的沼澤，瘴癘橫行，據說還有野人出沒，所以當地人稱之為「野人山」。杜聿明將軍後來回憶說，一個士兵病死之後，螞蟥吸血，螞蟻啃嚙，加上大雨沖洗侵蝕，往往數小時內即變為白骨。

野人山上的原始叢林非常陰森可怕，終日不見陽光，地上也沒有道路，部隊只朝一個方向前進，由一個團的武裝在前面用槍炮驅趕猛獸，用砍刀斬斷荊棘和藤蔓。部隊在晚上是無法行軍的，戰士們就用芭蕉葉和樹枝搭成簡易的棚子擠在一起過夜。夜晚是豺狼虎豹的天下，它們全都跑出來了，淒厲的叫聲回蕩在山谷裡，讓人毛骨悚然。

穆旦的部隊擔負自殺性的殿後戰。日本人在後面窮追，查良錚的馬倒了地，傳令兵也死了，不知多少天，他給死去的戰友的直瞪的眼睛追趕着。

進山十多天以後，熱帶原始叢林的雨季到來了，天天都下着傾盆大雨，道路泥濘不堪，他的腿腫了，舉步艱難，疲倦得從來沒想到過人能夠這樣疲倦。下山的時候就在泥水里滾。有時山洪「轟隆隆」地沖下來，一下子能沖走很多人。軍部那張地圖也不管用了，他們經常是走了好幾天又回到了原點。在這片原始森林裡，他們迷失了回國的方向，回家的路出乎意料地艱難而漫長。

一個月後，部隊開始斷糧，有好多戰士被活活地餓死，杜聿明只得把馱物資的一百多匹戰馬全都殺了。戰馬吃光以後，大家就只能夠靠樹皮和草根來維持生命了。

連續多日以樹皮和草根果腹，許多戰士的身體開始浮腫起來，步履蹣跚，有的戰士走着走着，突然「撲通」一聲跌倒在地，然後再也爬不起來。剛開始，查良錚看到路邊死去的戰士還有點害怕，到後來見得多了，也就習慣了甚至麻木了：人少的時候，離屍體遠一點睡；人多的時候，只能挨着屍體睡了。

查良錚自然也要忍受飢餓之苦，不過還有令她們感到心驚肉跳的，那就是螞蟥和蚊蟲。豺狼虎豹倒並不可怕，手中的槍炮可以嚇退它們，而雨季的叢林簡直就是螞蟥的天下，戰士們走在路上，這些嗜血的魔鬼就昂着頭在樹葉上等候，人體只要接觸到樹葉，它們就會趁機爬到人的身上來吸血，怎麼拍打都難以下來，除非是它吸飽了血自己滾下來。

和螞蟥一樣猖獗的還有蚊子。野人山的蚊子大得出奇，戰士們被咬得滿身是包。有一天早上醒過來，查良錚發現自己臉上滿是大紅包，原來這些都是蚊子咬的；他叫人仔細數了數，竟然有二十多個。查良錚覺得疼癢難受，只好用手拼命地抓臉，結果把臉抓得鮮血淋漓。

在這條險象環生的死亡之路上，死神緊緊地尾隨着戰士們，隨時都在伺機吞噬他們的生命。越往山林深處走，越顯得陰森恐怖。這時，更加可怕的事情發生了，瘴氣開始在軍隊裡肆虐橫行，成千上萬名戰士倒下再也無法爬起來。同伴們一個接着一個地慘死，六十多名西南聯大同學只剩下查良錚和其他五個人了。山裡又下起雨來，查良錚開始腹瀉和發燒，瀉出來的全都是黑水，臭味也不正常。他躺在那兒，病情越來越嚴重，一動也不能動了。他想：「就是死也要爬回祖國的土地上去死。」一絲僅存的幻念在支撐着他向前攀爬。

一九四二年八月的一天，在遮天蔽日的「死亡谷」裡行走了三個多月後，查良錚忽然看見了一片藍藍的天空，下面還點綴着許多五彩斑斕的帳篷。「剛開始我以為是自己的幻覺，當我逐漸走近，看到有人在向我招手，那一刻覺得全身都有勁了，眼淚忍不住流下來，我用幾近嘶啞的聲音喊道：『我回來啦！』」幾天後，查良錚才知道，他是活着走出野人山的三千多士兵中的一個！

震驚中外的野人山戰役改變了詩人。查良錚變得沉默了。然而，在內心，他卻變得更堅韌了。他對偉大的民族戰爭有了切身的體會和更深的認識，對戰勝敵人也有了更堅定的信心。這從他的詩作中可以看出。一九四二年到一九四四年，他寫了《活下去》、《給戰士》、《農民兵》、《野外演習》等抗戰題材的詩。⑱

關於野人山戰役，查良錚幾乎沒有向人提過。直至抗戰勝利後的一九四五年九月，詩人才寫

⑱《海寧歷史人物名錄》，政協海寧市文史資料委員會編，浙江人民出版社，二〇一〇。

了《森林之魅——祭胡康河谷上的白骨》。詩作寫出了當年艱苦環境的恐怖和戰爭的殘酷，表達了詩人對死去戰友的深切懷念：

在陰暗的樹下
在急流的水邊
逝去的六月和七月
在無人的山間
你的身體還掙扎着想要回返
而無名的野花已在身體開滿
靜靜的，在那被遺忘的山坡上
還下着密雨，還吹着細風
沒有人知道歷史曾在此走
留下了英靈化入樹干而滋生

《森林之魅》，是令人極度震驚的詩。這是查良錚詩歌的頂峰之作，因為它來自最讓人驚駭的煉獄經歷。森林與人的交替宣敘詠嘆，讓外部世界瞠目結舌。那熱帶雨林的原始繁茂，那欣欣向榮的綠色，正是外來人類的森森地獄。連繁茂的野花都令人驚悸。野人山，就這樣嵌入了穆旦的詩歌、嵌入了穆旦的生命。

林徽因替穆旦做大媒

一九四六年中秋，老同學周珏良在清華大學任教，查良錚到北平看望他，正巧，清華大學工字廳有一個周末聚會，他被邀請了。那天，林徽因來了，她正協助梁思成籌建清華大學建築系，與清華、北大的師生很熟。

林徽因是三十年代一位多才多藝、美麗的女詩人。一九三七年「七七」抗戰爆發後，她和丈夫梁思成被迫中止了古建築研究工作，帶着一雙兒女，幾隻皮箱，同一批北大、清華的教授們一道，離開即將淪陷的北平，輾轉到達西南大後方昆明。次年春，北平大學、清華大學和天津南開大學由長沙遷至昆明，組成西南聯合大學，穆旦是該校外文系學生，頗有詩名。

當時，林徽因一家住在郊外龍頭村，距「聯大」校舍很近。房屋是他們自己用土坯磚蓋造的三間大瓦房，很寬敞，因而，聞一多、金岳霖等教授常來這兒飲茶、聊天。一天，金岳霖帶來的一張重慶《大公報》，綜合版上有一首詩：「……黃昏幽暗寒冷，一群站在海島上的魯濱遜，失去了一切，又把茫然的眼睛望着遠方……」林徽因讀着，眼睫閃着淚光。這是穆旦在遷校途中徒步行軍時寫的組詩《三千里步行》中的詩。

從此，查良錚常約同學周珏良一塊去林徽因家，視她為長姐，向她訴說自己的鄉愁和種種苦悶。穆旦的第一本詩集《探險隊》就是在這裡開始整理後出版的。不久，穆旦等人畢業，曾邀請林徽因、梁思成做他們的「名譽家長」，出席畢業典禮。穆旦留校任教，參加了聞一多領導的「南荒社」、「冬青社」等文學社團，梁家成了他們從事文學活動的「大本營」。

林徽因一家在昆明生活了三年，後來隨中央研究院西遷四川，據說，她與「聯大」師生告別時淚水漣漣，難捨難分。後來，她重回昆明，看望老朋友和小朋友，此時，查良錚參加中國遠征軍任杜聿明將軍的翻譯，出征緬甸抗日戰場去了，林徽因沒有見上他。

此刻，查良錚與林徽因久別重逢，查良錚遞上一本新出的《穆旦詩集》。席間，林徽因問他：「你的詩寫得很好，幾則愛情詩別有韻味，是不是有了女朋友？」二十八歲的穆旦臉紅了，搖了搖頭。「那好，我把這位小姐介紹給你，我看她挺喜歡你的詩集，你也送她一本啊！」說着，她將身旁的女孩子推到他面前，燕京大學的學生周與良，才二十三歲。

她是周珏良的妹妹。周與良出身名門，周家也是家學淵源深厚的家族，父親周叔韜是著名民主人士，早年為天津華新紗廠經理，啟新洋灰公司總經理。與查良錚一樣，周與良也是「良」字輩，一個「良」字嵌入他們各自的名字，「良」字就是他們品性的象徵；或許也可以看成是「千里因緣一字牽」，這大約是冥冥中的安排。周家這「良」字輩中大學教授之多，被稱為「足能辦一所大學」，著名的就有周一良、周紹良、周珏良、周杲良，以及後來成為南開大學生物系教授的周與良。

看着查良錚和女孩湊在一塊，熱烈談論着新詩，林徽因哈哈一笑，對梁思成說：「好啊，月下老人是我了，咱等着喝喜酒吧！」

也許本來就有緣，林徽因的一句話使查良錚喜結了良緣。一九四八年前後，他倆一同赴美國留學，於一九四九年十二月在佛羅里達州舉行了簡樸的婚禮。一九五二年，周與良獲芝加哥大學生物學博士學位。

一九五三年年初，查良錚與妻子周與良一起由美國回到天津，自五月起任南開大學外文系副教授，周與良同時被聘為該校生物系副教授。周與良在真菌學研究領域頗有造詣，著有《真菌學》一書，為高校通用教材。

查良錚從緬甸熱帶雨林「野人山」逃了出來，卻逃不過十年後荒謬年代的一次次政治風暴。一九五四年，穆旦因曾參加過「中國遠征軍」的歷史而被列為「審查對象」，歸為需要「專政」

的異類。隨着「審查」不斷深入，詩人穆旦陷入了再也逃脱不掉的由政治壁壘構成的深山大澤。

一九五八年，穆旦被定為「歷史反革命分子」，降職降薪，逐出課堂，接受管制，監督勞動。自此，作為詩人的穆旦被迫從詩壇上銷聲匿跡。

一九六二年，在横遭迫害的境遇中，查良錚開始翻譯拜倫的巨著《唐璜》以及西方現代派的詩歌。十幾年的長夜孤燈，他向世人奉獻了拜倫、普希金、雪萊、濟慈、艾略特、奥登等詩人的作品譯著二十多部。

在經歷過人生的重重苦難後，一九七五年穆旦恢復了詩歌創作，心中郁積已久的詩情在亂世風雲中再次得到噴發，他一口氣創作了《智慧之歌》、《停電之後》、《冬》等近三十首作品，其中《神的變形》以「詩劇」的形式，通過「神、魔、權、人」四種人物的戲劇性衝突，展示了一個寓言式的人類悲喜劇，充滿苦澀的智慧，表達了「中國知識分子的受折磨而又折磨人的心情」，這個詩劇是他在生命的晚期對人生命運的回顧和總結。

可惜，這最後的輝煌太過於短暫。一九七六年三月三十一日晚，查良錚騎自行車在南開大學昏暗的學生宿舍樓區摔傷，次年二月二十六日因突發心臟病去世，才五十九歲。

查良錚和周與良的伉儷情深、患難與共。查良錚去世後，為出版丈夫的遺著和譯作，周與良訪親托友，四處奔波，從香港找到了三本查良錚早期出版的詩集。

一九八一年十一月六日，《九葉集》出版，人們開始重新評價這個四十年代的詩歌流派，開始重新評價「九葉」之首的穆旦的詩歌成就。至今，穆旦，這個一度在當代詩壇蒸發了的詩人，已經被尊為現代文學最了不起的詩人之一。

一九九六年，《穆旦詩全集》由中國文學出版社出版。在一些新出版或重新印行的穆旦譯著里，周與良還特地補寫了後記，介紹每本書翻譯的經過。她在《拜倫詩選》的後記中，她安慰着丈夫的冤魂：「回顧往事，歷歷在目，我和四個孩子為你的過早離世仍然痛心不已。如果你泉下有知，對你的譯作出版，一定會感到欣慰，而我和孩子們也為你的欣慰而欣慰。」

二〇〇二年，周與良在赴美探親時不幸病逝，享年八十歲。二〇〇三年九月，子女們遵照母親生前的囑咐，將穆旦和周與良的骨灰合葬在北京香山腳下的萬安公墓，與林徽因夫婦之墓相鄰。

北京大學教授孔慶東說：「查氏兄弟太厲害了，一個查良錚是二十世紀中國詩壇盟主，一個查良鏞是二十世紀中國武林盟主。一個把『查』上下分開叫做『穆旦』，一個把『鏞』左右分開叫做『金庸』，他們跟茅盾、徐志摩等文豪又都是轉折親，再加上周氏兄弟，這中國二十世紀文學差不多被一群浙江佬給壟斷了。」

「查氏兄弟」的迥異命運

查良錚和查良鏞，都是來自那個被康熙皇帝讚為「唐宋以來巨族，江南有數人家」的海寧查家。在近現代文學史上，「查氏兄弟」已經成為僅次於「周氏兄弟」的一對文學兄弟。

穆旦長金庸六歲，較金庸要早慧些，並且接受的教育也要好些，但是他的生活經驗卻不如金庸，他太過理想主義了點，換句時髦的話，他沒有金庸「成熟」。金庸十五歲和人合寫的書名叫《獻給投考初中者》，這在今天叫暢銷書，而穆旦發表的第一篇短文是《關於事業和努力》，之後是詩歌《流浪者》和論文《亞洲弱小民族及其獨立運動》，這在今天叫「幼稚」（有志）青年。並且從金庸兩次譏諷當局被學校開除的事件看，少年時代的金庸應該是屬於「豪放」型的，而相比之下，穆旦要顯得「婉約」些了，——這是他們氣質的不同。然而，「現實」和「豪放」使得金庸最終選擇做一名武俠小說家，而「理想」和「婉約」使穆旦最終選擇做了一名現代主義詩人。——而在二十世紀，詩人注定沒有小說家顯赫，在二十一世紀，詩人幾乎成珍稀動物了，而武俠小說家卻可以大紅大紫名揚華夏。在這個意義上，我們基本上可以這麼說，穆旦現在的寂寞和金庸現在的顯赫，都是由他們的性格決定的。

金庸和穆旦兄弟都是在四十年代後期的同一年離開了中國大陸，並又同在五十年代初期重返大陸，只是，其中一個留了下了，另一個轉了一圈，又離開了。當年，穆旦赴美國芝加哥大學研究生院攻讀英國文學，同時學習俄國和俄國文學，金庸隨《大公報》去了香港，後又興高采烈地跑回北京，欲在外交部謀職，最終悻悻而歸；穆旦取道香港，途徑上海，來到北京謀職，後被安排到天津南開大學任副教授。在那個時候，金庸是不幸的，而穆旦是幸運的，然而星轉斗移，在更長久的歲月裡，我們卻悲哀的發現：不幸即幸，幸即不幸！

金庸返香港不久，一九五五年，三十一歲的他開始創作武俠小說，此後一發而不可收，到一九七二年四十八歲的金庸宣佈功德圓滿，封筆不作了，這之後他憑這些武俠小說風靡神州，名利雙收。令人喟嘆的是，在金庸大展鴻圖，文學創作最為碩果累累的時候，可憐的詩人穆旦卻在喂猪、挑糞或者打掃廁所。

金庸在一九七五年出版的《書劍恩仇錄》「後記」中寫道：「我是浙江海寧人……海寧在清朝時屬於杭州府，是個濱海小縣，以海潮出名。近代著名人物有王國維、蔣百里、徐志摩等，他們的性格中都有一些憂鬱色調和悲劇意味，也都帶着幾分不合時宜的執拗……但海寧不出武人，即使是軍事家蔣百里，也只會講武，不會動武。」金庸其說，大體不差，無論是王、蔣、徐乃至穆旦的人生皆充滿了悲劇意味。就人生的瀟灑超脫而言，可能只有金庸在亂世中左右逢源，為海寧的「俠之大者」，無論是性格還是人生際遇都沒有他的堂哥穆旦那樣憂鬱與悲涼。

四、夢回大觀園的五小姐——堂姐查良英

二〇〇一年五月，金庸來到天津，下榻賓館時已經夜間十點鐘了，他讓秘書馬上打電話給水西莊學會秘書長韓吉辰，說他打算第二天看一看水西莊遺址，還想見一見他的堂姐查良英的兒子。南運河畔的水西莊是查家在天津的一份祖業，堂姐查良英向他介紹過水西莊的歷史。

查良英於一九九四年去世，她與堂弟金庸未能謀過面。

查家五小姐

這是一張泛黃的老照片，身着旗袍、腳穿繡花鞋的女子手握絲扇，坐在台階上，朝遠處微笑着，一叢綠葉伸入鏡頭一角，更平添幾分情趣。

照片中的女子就是查為仁後裔，金庸的堂姐查良英，照片背景中的園子為北京的查家大院，這是查良英二十三歲之前的家。

二十世紀初，老北京的「八大家」聲名顯赫，鹽商「查家」排列第三。查忠益獲得京師食鹽的專賣權，年收入十萬兩白銀，遂成巨富，來往於京津兩地。查家宅院坐落於北京南五老胡同，

院子套園子，園子里又有院子，大大小小幾十座，最小的一處院落也有一兩百平方米，戲台、溜冰場、游泳池一應俱全。

一九一九年「五四運動」發生那會，查良英出生在這幢大院裡。上有三個哥哥和一個大姐，她從小被喚作五小姐。長到十三歲時，查良英和大姐、六妹因相貌出眾、天資聰慧合稱「查家三小姐」而遠近聞名。

進入順天中學堂的第一天，學校舉行了盛大的開學儀式。「五小姐！」順着鄰家女孩周和鳴指的方向望去，大家發現有一位隱在花叢深處的標緻女孩。剛才在大家唱《國歌》的時候，她最動感情，那雙大眼睛裡汪着淚花。她本來不喜歡拋頭露面，只是靜靜地觀望着人群中姿容秀美、儀態萬方的周和鳴出神，可她萬沒想到周和鳴這時會將她引薦給同學們。她感到有些窘迫不安，想向花叢里藏身，不料又被一位叫錢雲琲的姑娘一把扯住了衣袖。錢雲琲說：「查良英，她確實是個才女，十歲時就在《順天新報》上發表過一首詩詞，就是那首有名的《竹枝詞》呀！」

「喲，真想不到，原來，你就是那位善寫詩的女神童查良英？」女同學們圍攏過來，大家萬沒有想到在自己的校園裡居然會結識心儀多年的查五小姐，而且成為了同校學友，一時高興得有些忘乎所以了。

查良英長到十七歲的時候，表現出機智幽默和風趣自然的一面。也許因為她是一個女學生，還是一個孩子，她說什麼話別人都不在意。有一次，一名來校參觀的法國教師看到低年級學生做操的動作很不整齊，他奚落道：「你們中國孩子大概從小沒有教養，與世界各國的孩子不相同吧！」良英迎上去機智地回答：「沒什麼不同，全因為你是法國教師，長得很漂亮，大家見到你不由得激動，所以動作無法整齊。」她的回答既挽回了學校的面子，也讓法國教師愉快之餘對中國人有了好感。這樣令人讚嘆的表現，只有良英這樣聰明、伶俐、大膽的女孩可以做到。有這樣令人滿意的經歷，查良英自然是老師和同學們眼中的「校花」。

她的許多看似稚氣，實則聰明的舉動和言語，既是良英機智天性的表現，也是她獨具個性的特質。有一次，她隨父親參加一個節日宴會，人很多，大概是聯誼會一類的活動，不僅有外賓和上流社會的許多重要人物，還有他們的孩子們。孩子們興沖沖地拿着氣球玩，可是有些驕蠻的外國人，為了取樂，用烟頭把中國兒童的氣球點爆，然後捧腹大笑。良英看了氣憤不過，也仿效外國人的做法，把外國兒童的氣球點爆。外國人看得目瞪口呆，而中國人卻不免有幾分擔心和恐懼，良英像無事人一樣繼續玩她的，這就是她的個性，尊嚴的，是驕傲的，絕不忍氣吞聲。

上中學的時候，夏天游泳，冬天溜冰，已是北方大戶人家年青人的生活定式。每年暑假兩個月，良英一家基本都是在北戴河過的。北京地方買辦多，舊官僚也多，很多人家在北戴河都有別墅，查家在北戴河有兩棟房子，大人孩子一到夏天就去避暑。張學良的弟弟妹妹，夏天多半也是在北戴河度過。財政部長李思浩的女兒李蘭雲、津浦鐵路局局長趙慶華的女兒趙一荻（趙四小姐）……都是良英中學時代認識的朋友，基本都是由於家長們常來往，孩子們也就「扎堆」了，課餘常在一起游泳和溜冰。

然而，這樣的平靜生活隨着日軍侵華北京淪陷戛然而止，一九四二年初，由於家道衰落，查忠益搬離了祖輩留下的大宅子，帶着一家十幾口人回到了祖居地天津。

夢回水西莊

「水西莊當年的繁榮，我們後人無法想像。」查良英對兒子金兆新說。這是上世紀八十年代末，她已經年近七旬了，手裡拿着一幅清代名畫家朱岷所繪的《秋莊夜雨讀書圖》，這幅畫真實地描繪了查氏祖產「水西莊」的一個書院，是她父親查忠益留給她的遺物。

查良英將一代代傳下來的「水西莊」歷史講給兒子聽：

乾隆十三年（一七四八）初春的一天，天津北運河上駛來一支規模龐大的船隊，這是時年三十八歲的乾隆皇帝，攜帶孝賢皇后前來巡幸。乾隆皇帝乘坐的龍船名「安福艫」，孝賢皇后乘船名「翔鳳艇」，都是氣派宏大，雕樑畫棟，後面還有一支龐大的宮廷船隊，浩浩蕩蕩，好不威風。船隊並沒有停在哪個官衙或官員的府邸，而是徑直開過三岔河口進入南運河，在天津城西南一處私家園林前拋錨停泊。這裡，就是在天津歷史上曾赫赫有名的私家園林——水西莊（芥園）。

西莊的創建者，是大鹽商查日乾、查為仁父子。

清代，由於京杭大運河的南北貫通，天津成為入京必經之站，或者說，是倒數第二站。在古代，入京之前的船隻都會停留在天津稍作休整，成為當時黃河以北最大的貨物轉運地，往來商客漸漸定居於此。

在這個往來商旅定居津門的過程中，有一支歷史上的名門望族，也隨著潮流入駐津門。查家，這個對明清兩朝，乃至近代中國，都有著深遠影響的家族便是此時定居天津的。在康熙年間，長蘆鹽政署、長蘆鹽運司從北京、滄州移至天津，從此天津便成為了清代鹽商的大本營，這極大地刺激了天津的快速發展。

康熙六年，查日乾出生，三歲時父親去世，無以為家，因此沒有太多的讀書機會，便放棄功名之路，生活的奔波練就了查日乾的經商本領。早先他投靠津門大鹽商張霖門下，後來自立門戶，從事鹽業，來往於京津兩地，遂成巨富。

依靠運銷官鹽發家致富的查日乾，在三十八歲時攤上一樁賄賂案被判入獄，四年後他的母親求見康熙，「乞賜矜全孤子留養」，感動了康熙，才開恩將查日乾赦免。為報答皇恩，查日乾精心撫養兒子，以功名成就來效勞朝廷。長子查為仁八歲能文，深研經史。十八歲參加順天府鄉試得了第一，眼看就可以做官了，不料，命運又一次和查家開了玩笑，查為仁的試卷被旁人誹謗有犯上嫌疑，使得查氏父子雙雙入獄，一關就是八年。這第二次官司後，查日乾無心官場，一心投身於漕運。

雍正元年（一七二三年），他們在天津城西南運河邊購買了一塊三面環水的荒地，開始建設他們的私家園林。歷時十一年，這個園子初具規模。因在衛河之西，因此命名為水西莊。後又多次增建，前後經營達五十年之久。他們廣招能工巧匠，對於園中的一草一木、一亭一台，都務求盡善盡美。因此，建成後的水西莊立刻成為津門一大勝景。

水西莊占地百畝有餘，園門之前有一牌坊，進門一道溪流，上有紅色板橋，連通園中諸景。

園中共有景三十多處，景點命名極為考究：攬翠軒、枕溪廊、數帆台、候月舫、繡野簃、碧海浮螺亭、藕香榭、課晴問雨、一犁春雨、淡宜書屋、竹間樓、香雨樓、花影庵、水蝶琴山畫堂、琵琶池等，這些名稱絲毫沒有商賈的俗氣。每一景各有特色，絕不重複。攬翠軒清幽典雅，枕溪廊曲折縈回，數帆台視野開闊，繡野簃竹影婆娑，一犁春雨玲瓏剔透……這些景點，或為讀書之處，或作休憩之所，查家的公子、小姐們無不飽讀詩書，他們日夜流連於其間，或吟詩作畫，或對月撫琴，真是說不盡的文雅風致。

水西莊有南運河這個用之不竭的水源，因此有山有水，而以水面取勝，江南色彩極為明顯。園中江南植物非常茂盛，富有天然野趣。園中種植了芭蕉、蘭花、梅花、紫藤、竹子、海棠、垂柳等各種花卉樹木，開闊的水面種植紅菱碧蓮，岸邊繞以蘆葦。根據《天津縣志》的描述，水西莊中水池環抱著亭台，翠竹、綠樹在重重畫樓之間若隱若現。暮春時節，飄落的花瓣灑滿了臺階。每到夏季，池中出產紅菱，香甜脆爽，嬌嫩欲滴，在天津是水西莊的特產。乾隆四年夏天，有貴客自江南來，水西莊主人查禮曾以五十枚園中紅菱餉客，使江南詩客大發思鄉之情。秋季的水西莊也有一獨特景致，名為「秋雪庵」，建在水中，四面都是蘆葦，深秋蘆葦花開時節，遠遠望去就像紛紛揚揚的白雪，襯著秋日碧藍的晴空，景色之美令人讚歎。

無怪乎《天津縣誌》稱讚水西莊「水木清華，為津門園亭之冠」。

水西莊是園林文化的精品，不僅由於「景幽」，更由於「人名」與「文勝」。查氏父子並不是純粹的商人，他們自小受到了良好的教育，可稱儒商。查日乾與大文學家厲鶚合著的《絕妙好詞箋》被收入了《四庫全書》，查為仁所著的《蓮坡詩話》被編入了《清詩話》。所以，他們對於文化、文化名人有著非同一般的熱情。當時天津的文化名人，如詩書畫三絕的天津才子金玉岡、《天津府志》的編纂者汪沆等，都常年在水西莊流連盤桓。天津作為水路要衝，是文士入京的必經之地。每當有名士來到天津，查氏父子都會熱情地把他們邀為座上客。這其中，包括馳譽全國的一流文人學者杭世駿、汪沆、厲鶚等。於是大江南北的文人墨客都慕名而來，水西莊一時成為天津高雅文化藝術的中心。清人袁枚在《隨園詩話》中，將天津水西莊、揚州小玲瓏山館、杭州小山堂並稱為清代三大私家園林，這是十分難得的。要知道當時地處北方的天津，剛剛「開埠」二百餘年，而杭州、揚州早已是「千年古城」，園林也是天下聞名了。

水西莊聲名大振，還由於乾隆皇帝四次駐蹕水西莊。第一次駐蹕後，這個私家園林給乾隆皇帝留下深刻美好的印象，在這裡他減免了天津地區三成的錢糧，對天津七十歲以上的老人進行了賞賜。此後的乾隆三十六年二月，乾隆三十八年三月，乾隆四十一年二月，乾隆皇帝又三次駐蹕水西莊，五年之內連續三次駐蹕水西莊，留下三首御詩，一次正值春夏之交，園內紫芥花盛開，幽香宜人，遂欣然命筆題名「芥園」。⑲最後一次駐蹕水西莊時，乾隆皇帝已經六十六歲高齡了，欣喜之餘，他並任命查家為京津鹽業總代理，管理進京鹽運。這樣，傳到查良英父親時，鹽商查氏便成了「老北京八家」中的老三，在北京南五老胡同置有家產。

這座文化品位極高的古代園林，隨國運的昌盛而誕生、興旺，隨社稷的衰微而衰敗、湮沒，昔日的樓臺亭榭如今已蕩然無存，只留下水西莊（芥園）這個地名和豐富的檔案文物：一對石獅，查氏詩詞文稿，兩幅圖畫，查氏家譜及祖像，以及一些日常用品。

幾十年來，查良英珍藏着《秋莊夜雨讀書圖》，也珍藏着一個關於查氏祖產「水西莊」的一個夢。小時候，金兆新牽着母親衣角說：「媽媽，你家可真有錢啊！」母親若有所思地回答：「你不知道啥叫有錢啊，你哪見過有錢人家，這宅院趕不上水西莊一角，我們過的日子是富裕，也不及水西莊幾分。」⑳

⑲ 據《天津運河故事》，天津市檔案館編纂出版，二〇一四。

⑳ 韓吉辰《金庸與天津水西莊》，天津《每日新聞》，二〇〇九年三月二十一日。

上世紀六十年代中期，查良英因為鹽商巨富「五小姐」的身份，因為她結識了張學良的弟妹，又因為她是香港《明報》老闆查良鏞的堂姐，她被扯上了「社會關係複雜」、「反革命」的罪名。金兆新回憶說，母親在被扣上了「反革命」的帽子之後，特別想見見遠在香港的堂弟查良鏞。從那時起，金兆新就千方百計打聽舅舅的聯繫方式，終於在一九八八年得到了確切的地址，兒子代替母親寫了一封長信，信中說了「水西莊」，說了天津北查後人的情況，六十九歲的查良英老人告訴堂弟，她自己很想念他，想在臨死之前見他一面就夠了。

令人意外的是，金庸很快回信，六十五歲的金庸認了這個堂姐，信中寫道：「良英吾姊：來信拜讀，知悉吾姊為先祖天津一支，又聞天津水西莊祖上產業，輝煌無比，頓感欣愉。日後回內地省親，定當拜訪吾姊，並趨步一遊舊莊遺址。多謝函鴻問候。並祝健康愉快！查良鏞。」這封信一直被查良英完好地保存着。㉑

此後十多年裡，每次找到有關水西莊歷史的新資料，查良英都會給金庸寄去，金庸不但認真閱讀，而且保留下來。在香港的一次聚會中，金庸專門找上一位天津教授，興奮地告訴他：「查家在天津有一份祖業，叫水西莊。」

㉑ 張鋥《「微服」金庸偕夫人天津尋夢》，《新報》，二〇〇三年十一月十六日。

查良英於一九九四年去世，和堂弟金庸見面的願望一直未能實現，但查良英對水西莊的懷念之情深深感動了她的堂弟，查良英之問「水西莊是不是《紅樓夢》裡的大觀園」引出的話題吸引着金庸。一次赴北京，他特意拜訪了紅學專家周汝昌，問他：《紅樓夢》的大 园是否克隆了天津水西莊？

也許是巧合，也許是有意，《紅樓夢》中的「大觀園」有些帶有名稱的軒館、庭院，與先於它問世的水西莊中一些景物名稱相同或相近。比如，有一勝景「藕香榭」，大觀園中也有一處同名同字的勝景「藕香榭」。水西莊中的景點「藕香榭」景色幽靜，四面環水，菱藕香深，荷花盛開，遊船蕩槳，景色迷人。而且池中生產一種江南特產，名叫「紅菱」，據《天津府志》記載，紅菱原產江南，引種到水西莊，成為北方獨特的美味特產，名聲很大。而《紅樓夢》第三十七回表述，海棠詩社中開始缺少史湘雲，賈寶玉以送禮物為由向史湘雲傳遞消息，襲人揭開小攝絲盒子，裝的是紅菱、雞頭。第六十七回，寫襲人見李紈的丫頭素雲捧個洋漆盒子，素雲說：「是我們奶奶給三姑娘送去的菱角雞頭。」韓吉辰認為，與第三十七回對比，作者分明指出：「紅菱」是園內產，外頭買的是「菱角」，大觀園裡的「紅菱」與水西莊中的「紅菱」都是珍貴的禮品，表明作者深切的用意。

還有，大觀園中的瀟湘館酷似水西莊中的繡野籍。「龍吟細細、鳳尾森森」的瀟湘館居住着多愁善感的林黛玉。如果大觀園原型在北方，必須找一處翠竹茂盛的園林，可惜在江北地區，翠竹很難成片生長，私家園林更難栽培。可是在津門水西莊，卻有一處翠竹成林的景點，名叫繡野籍。《津門雜事詩》中：「蕙烟籠月影檀欒，繡野籍前竹萬竿。」詩自注：「津門少竹，水西莊繡野耪前後，栽竹數畝，蓊鬱深翠，不減江南。」周汝昌十分肯定地對金庸說：「是大觀園克隆了水西莊！」另外，水西莊中還有一景點名叫「秋白齋」，而大觀園中有一景點名叫「秋爽齋」。根據《辭源》，「爽」和「白」是具有相近意思的兩個字，而與「秋」聯用則完全同義，「秋爽」即為「秋白」。這樣的名稱我們可以找到十幾個。說大觀園中部分軒館名稱源自水西莊，恐怕不算沒有憑據了。

「水西莊是大觀園原型之一」，這一觀點受到紅學家的普遍重視。

根據紅學家的研究，查家是名門望族，與曹雪芹祖父曹寅為世交。著名紅學家周汝昌專門撰文寫道：「明清時代，北京有個有名的查家。查家的人才、詩文、著述、園林、建築，以及駭人聽聞的文字獄政治災難，種種掌故軼聞，那是一時敘之不盡的。如今則單說一樁十分新奇的故事：查家與曹雪芹有過密切而重要的關係。」㉒雍正年間，在南方居住的查氏家族與當時的曹家、佟家、李家四大家族顯赫一時，且四家過往甚密，全被雍正先後抄家。曹家被抄時曹雪芹尚幼，舉家赴

㉒ 周汝昌《水西莊查家和曹雪芹》，《天津日報》，二〇〇四年五月十八日。

京時因吉凶難測，遂將曹雪芹託付給水西莊查家，水西莊就成為了曹雪芹「避難所」。在曹雪芹生活在水西莊的日子裡，那豪華生活和豐富藏書文物古玩，以及每日接觸的人、發生的事成為了《紅樓夢》的部分生活素材。

按捺不住對水西莊的嚮往，金庸終於來到了天津南運河畔。二〇〇一年五月二十六日上午，金庸攜夫人來到天津紅橋區，與水西莊查氏後人查勝、金兆新等人見面。寒暄之後，金庸直奔主題，希望能看到與祖業有關的資料以及重建水西莊的方案。在看過真實再現了水西莊原貌的《秋莊夜雨讀書圖》、《水西莊修禊圖》和乾隆皇帝的御筆詩之後，金庸對重建水西莊規劃產生了濃厚的興趣。他表示如此精緻的園林文化如果得以傳承，將是一件流芳千古的好事，而天津能擁有這樣一座「景幽意美」的古跡，也會令人刮目相看。盡興之餘，金庸題詩一首：「天津水西莊，天下傳遺風。前輩繁華事，後人想像中。」[23]

金庸在香港寓所書房中懸掛着一個條幅，是水西莊莊主查為仁《蓮坡詩話》中的一首詩：「書畫琴棋詩酒花，當年件件不離它；而今七事都更變，柴米油鹽醬醋茶。」金庸十分珍惜，經常向來客介紹。

㉓ 查勝《金庸尋根水西莊》，《今晚報》，二〇一二年十月二十一日。

第六章　兄弟姊妹的親情事兒（下）

蔣英、蔣華姐妹是蔣百里的女兒，儘管不是金庸的姑姑所生，實際上沒有血緣關係，但仍然按表姐弟相稱。蔣百里的侄兒蔣復璁就是金庸的表哥了。

因為蔣、徐、查三家有姻緣相牽，徐志摩是金庸的表哥，也是蔣英、蔣華的表哥。

一、錢學森的「童養媳」——表姐蔣英

蔣英生於一九一九年，比金庸年長五歲，後來成為著名的女高音歌唱家。

一九五六年十月三十一日，金庸為《大公報》專欄《三劍樓隨筆》撰文，回憶了一段往事①：

一九四六年的秋天，金庸在杭州做記者。表姐蔣英從上海到杭州來，這天是國民軍空軍軍官學校一班畢業生舉行畢業禮，她應邀表演獨唱。表姐便邀請金庸參加晚會，他就去了筧橋。當時，航空學校裡有許多高級軍官是蔣百里的學生，所以金庸聽到大家叫她為「師妹」。那晚，表姐蔣英

① 金庸《錢學森夫婦的文章》，《三劍樓隨筆》，香港文宗出版社，一九五七。

唱了很多歌，有《卡門》、《曼依・郎攝戈》等歌劇中的曲子。金庸覺得她的歌聲實在精彩之極。她是在比利時與法國學的歌，曾在瑞士得過國際歌唱比賽的首奬。她的歌唱音量很大，一發音聲震屋瓦，完全是在歌劇院中唱大歌劇的派頭，這在我國女高音中確是極為少有的。

金庸的表姐夫就是我國的「航天之父」、「兩彈一星」功勳錢學森。

蔣英過繼給錢家

蔣英對上門拜訪的朋友誇奬錢學森的一手好廚藝：「我們家錢學森是大師傅，我只能給他打打下手。」錢學森則俏皮地說：「蔣英是我家的『童養媳』！」②

蔣英的父親蔣百里和錢學森的父親錢均夫都是前清秀才，又是杭州求是書院（浙江大學前身）的同窗，兩人一同赴日本留學，回國後都在北京供職，因此兩家互相來往甚密。

一天，錢均夫到百里家閑聊，看見五歲的蔣英長得漂亮，踢着毽子，玩得正開心，便對百里說：「我家只有一個兒子，孤零零的，你家卻有五個閨女像五朵金花，老同學，我真羨慕你呀！你可不可以將這個閨女過繼給我，好嗎？」百里一愣，望望妻子，見左梅不語，沉吟片刻，說：「我

② 陳海燕《錢學森：作為蔣英丈夫的趣緻人生》，《申江服務導報》，二〇〇九年十一月四日。

有女兒可沒有兒子啊，我的女兒天真活潑，你的兒子聰明好學，也不賴啊！」他巧妙地將話頭扯開了。

蔣家閨女是多了些，可是，要把蔣英要走，等於是摘下蔣家夫婦的掌上明珠，自然是難於從命。但是，經不起錢均夫的再三懇求，加上蔣百里的軍人性格，三磨兩磨，蔣百里只好答應了。幾天後，錢家辦了幾桌酒席，百里將蔣英和奶媽送進了錢家，蔣英改名為「錢學英」。從那個時候起，學森喚蔣英「英妹」，蔣英喚學森「森哥」，兩人青梅竹馬，兩小無猜，終日相隨。

在蔣英的記憶中，童年時對錢學森的最深印象是大哥哥的那只小口琴：「那時我才五歲，而錢學森已經十多歲了，跟我玩不到一塊，我記得他會吹口琴，當時我也想吹，他不給我吹，我就鬧，他爸爸問我怎麼回事，我說大哥哥欺負我。他爸就帶我到東安市場買了一個口琴給了我……」錢學森手裡的那個小口琴，可能就是小蔣英對音樂世界的最初認識。有意思的是，當時錢學森並沒意識到他「欺負」的小妹妹，從此再也沒有走出他的視線，後來成為他一生的摯愛。就因這一隻小小的口琴「欠」下了一世情，也結下了一生緣。

很快，蔣英十二歲生日到了，那天，錢均夫邀來百里夫婦和孩子們，兩家聚會。用完餐，孩子們輪流表演，唱歌，跳舞，還有彈小提琴的。

輪到蔣英唱了，她拉着哥哥一起上場。英妹張口先唱：「樹上小鳥啼，江畔帆影移，片片雲霞在天空，陣陣春風輕輕吹過……」森哥接着唱：「……這裡是天上人間，青蛙鳴草地，溪水清見底，雙雙蝴蝶飛呀飛，飛舞在花叢裡……」最後，森哥英妹合唱：「這裡是天上人間，你嬌我艷，羞得金魚兒也不敢出水面……」這首名為《燕雙飛》的歌曲是電影《芸蘭姑娘》中的插曲，當年很流行。前幾天兄妹倆看過電影。

唱得那樣自然、和諧，兩家父母一齊高興地笑了。蔣百里忽然明白了什麼：噢，你錢均夫要我的女兒，恐怕不只是缺個閨女吧？但這是一層窗戶紙，誰也沒有捅破。

兩個孩子當然更不知道，兒時的一曲《燕雙飛》，竟然成為他們日後結為伉儷的預言，也成了他們偕行萬里的真實寫照。

從錢家歸來，蔣百里夫婦常常思念起三女蔣英，左梅更是夜不能寐，悄悄流淚。百里突然醒悟：兒女不可當禮物贈人，親骨肉不得長久分離啊！他去跟老友說想把女兒帶回家。錢均夫一口應允，但得做個交易：「這個閨女啊，現在是我乾女兒，將來得給我當兒媳婦。」蔣百里夫婦滿口答應：「好啊，門當戶對，我們贊成。」

錢學森赴美

「爸爸，森哥來了，他等了你很久了呢！」蔣百里剛跨進院門就聽到女兒蔣英的聲音。「蔣伯伯，我去美國還是去德國？我應該選擇什麼專業呀？您幫我拿個主意吧！」錢學森迎上前。

百里家沒有男孩，他將老友的兒子視作自己的孩子，關心備至。而那個吹着口琴一路長大的錢學森，不僅學業成績優異，而且對藝術也很熱愛。書法、繪畫、寫作、小品盡顯才藝，音樂課上貝多芬憧憬世界大同的聲響，時時激蕩着錢學森的血脈。一九二九年，錢學森考上了上海交通大學機械工程系，課餘時間他經常去聽音樂會，認真研討《藝術史》、《藝術論》等論著。

蔣百里得知錢學森考取了清華大學的公費留學，喜從心來。這幾年，蔣百里受蔣介石指派，以軍事委員會高等顧問的身份考察日本、德國，特別注意到空軍，先後給蔣介石提交了數個報告，建議中國應無條件迅速擴充空軍，主張空軍獨立並迅速發展，以應戰爭急需。此刻，他說：「好啊！你要留學就應該去美國。中國將來空軍獨立，現在急需航空技術人才。你可以去學習造飛機，研究空軍建設。」

出國前夕，蔣英隨父母到錢家去看望森哥。這時蔣英十五歲，亭亭玉立，楚楚動人。比她大八歲的錢學森已是成熟的男子漢，他很喜歡這個愛說愛笑的小妹妹。他親昵地對蔣英說：「英妹，你的笑聲特美，你能保持下來嗎？即使若干年後，依然如故，可以做到嗎？」蔣英調皮地反問道：
「為什麼？」錢學森坦誠地說：「因為，沒有什麼比快活和清純更可貴的了。」

蔣英兒時喜愛唱歌，頗有音樂天賦。父親讓蔣英學習鋼琴。這樣，就讀上海中西女塾時，蔣英已開始為將來當一名歌唱家而努力學習音樂。這天，蔣英特別高興，為錢學森彈奏了莫扎特的D大調奏鳴曲，錢學森聽得如癡如醉。她還送給錢學森一本唐詩，錢學森把它當作珍貴的禮物放在藤條提箱里，帶到了美國。

「我讀中學時，他來看我，我還覺得挺別扭。那時我已是大姑娘了，記得給他彈過琴。後來他去美國，我去德國，關係就斷了。」這是蔣英出國前記憶裡的錢學森，言語間，透露出那個時候姑娘家單純的性格和大哥哥對小妹妹心裡的惦念。

一九三五年底，蔣百里奉派出訪歐美各國考察軍事，蔣英和母親、五妹蔣和同往，蔣百里安排喜歡音樂的蔣英、蔣和留居德國柏林學習。於是，蔣英進入德國著名的馮・斯東凡爾德貴族學校學習。

辦完入校手續，一家子到柏林動物園遊玩，園中有一頭大獅子剛生下四隻幼獅，蔣英和妹妹好奇心重，和父母一人抱了一隻，拍了一張相片。後來，蔣百里將相片寄給女兒時，在上面題字：

「垂老雄心猶未歇，將來付與四獅兒。」蔣英在給父親的信中說：「唉！爸爸，柏林的獅子已經能跳出來吃人了，我們怎麼還如此幼稚呢？」

兩年後，蔣英她考取了柏林大學聲樂系。此後，她先後師從海爾曼・懷特堡、依羅娜・杜麗戈、艾米・克魯格等名家，系統地學習了西洋美聲唱法，掌握了大量不同時期、不同形式的聲樂作品。蔣英後來回憶：「當我進入德國柏林音樂大學時，這兒也想聽，那兒也想聽，什麼都感興趣，我彷彿掉到音樂的海洋裡，它象海濤一樣陣陣向我沖來。」每天能穿梭於音樂廳和劇院，聆聽交響樂、室內樂、歌劇、話劇和獨唱音樂會，充分享受着音符的激情。

一九三七年春，蔣百里夫婦到了美國，看望了正在麻州大學理工科留學的錢學森。

這一年是錢學森負笈美國的第二年，拿下了碩士學位。他見到蔣百里如見親人，說出了與父親的爭論：他打算下一步攻讀航天理論，其父回信說中國航天工業落後，落後就要挨打，他要兒子繼續研究飛機制造技術，不要見異思遷。錢學森則認為，西方國家航空工業非常發達，中國工業基礎薄弱，若從事飛機製造業研究，很難超過西方國家。掌握了航天理論，則能跨越式發展，有超越西方的可能。為此，父子倆書信往來，各執己見，爭論不休。

回國後，百里立即去見老友，對他說：「學森的轉向是對的，你的想法卻落伍了。歐美各國的航空趨勢，進於工程、理論一元化，工程是跟着理論走的。」他舉例說：「美國造一架飛機，如果有理論上的新發現，立刻可以拆下來改造，因為他們是個富國、有錢。我們中國就做不了，所以，中國人學習航空，必須在理論上用功……」這番話，讓錢均夫豁然開朗。他尊重老友的意見，致函兒子，表示理解他的想法。錢學森如釋重負，從內心感激蔣百里。

中日戰爭一觸既發，蔣介石籌建中國空軍，杭州筧橋中央航空學校迎來首批學生，錢學森受派實習並作指導，蔣百里也應邀為學生作《兵學革命與紀律進化》的演講，兩人在筧橋機場相遇。

一個在美國苦攻航空機械理論，一個在歐洲暢遊於聲樂藝術海洋之中，十多個年頭，他們彼此沒有來往，只有藝術的種子孕育在各自的心田。然而，當蔣百里把蔣英在歐洲的留影拿給錢學森看時，照片上那動人的微笑和兒時就依稀可見的美麗，在錢學森的心裡掀起了陣陣微瀾。

蔣百里得意地說：「你的英妹很有音樂天賦，再過幾年，我給她買一架鋼琴，大的，大鋼琴聲域寬廣聲音宏亮，彈起來好聽！」

說者無意，聽者有心，錢學森默默地記下了這句話。

然而，這次見面竟成永訣。一九三八年十一月四日，蔣百里在代理陸軍大學校長的任上，因過度勞累引發心臟病而逝世，年僅五十七歲。

噩耗傳到美國，錢學森手捧着蔣伯伯的一張半身相片大聲痛哭，稍後將蔣伯伯的一首言志詩「猶有書生氣，空拳張國威；高歌天未白，長嘯日應迴」，端端正正地抄寫在日記本的扉頁上。

一九四六年秋，查良鏞與同學在湘西經營農場結束，從湖南沅陵返回浙江。一天，聽說剛剛畢業回國的表姐蔣英在筧橋中央航空學校禮堂演出，便隨姑媽查玉芳前往觀看。後來他回憶：「表姐蔣英從上海到杭州，這天是杭州筧橋國民黨空軍軍官學校一班畢業生舉行畢業禮，那個胡姓的教育長邀她在晚會上表演獨唱，我也去了筧橋。……聽到許多高級軍官叫她為『師妹』。那晚她唱了很多歌，記得有《卡門》《曼農．郎攝戈》等歌劇中的曲子。不是捧自己親戚的場，我覺得她的歌聲實在精彩之極。」③

錢學森向蔣英求婚

一九四七年五月底，上海蘭心大劇院。上穿碎瓣梅花襯衫、下着百褶黑裙的蔣英款款走上台來，面向觀眾緩緩鞠躬，然後拉開甜美、圓潤的嗓音，演唱了幾首德國獨唱歌曲，接着，唱了兩首法國受難曲，最後，她改用高八度的長音聲調，連唱了三首彌撒曲。台下靜悄悄的，她緩緩彎腰、

③ 金庸《錢學森夫婦的文章》，《大公報》〈三劍樓隨筆〉，一九五六年十月三十一日。

鞠躬，霎時，掌聲像雷鳴，很久很久。

這是蔣英歸國後的首場獨唱音樂會。台下，她的表弟金庸在鼓掌捧場。第二天，新聞和照片刊登在上海、北京的各大報紙上，金庸撰文評論道：「她的歌唱音量很大，一發音聲震屋瓦，完全是在歌劇院中唱大歌劇的派頭，這在我國女高音中確是極為少有的。」

就是這篇報道，讓遠在美國的錢學森獲知了蔣英的音訊。

農曆七月初七，錢學森來到蔣家，問過蔣伯母安好之後，便與蔣英單獨晤談。錢學森親昵地問蔣英道：「英子，你知道今天是什麼日子嗎？」

蔣英思索了一下，搖搖頭。

學森指了指她家牆上的日曆，説道：「今天是農曆七月初七啊，是你們女士的乞巧節，也是牛郎與織女相會的日子！」

蔣英羞怯地笑了，臉也紅了。

一個月前，學森從華文報紙上獲悉蔣英回到上海後，乘暑期之隙也回到上海，見了父母，刻意選擇今天這個吉日良辰，約見英妹。

錢學森走到蔣英面前懇切地説：「英妹，12年了，我們天各一方，只身在異國他鄉，嘗遍了人生的酸甜苦辣。我們多麼需要在一起，互相提攜，互相安慰！天上的牛郎織女每年還要相逢，我們卻一別十二年，太殘酷了。這次我回來，就是想帶你一塊兒到美國去，你答應嗎？」

去美國？出於姑娘的自尊，蔣英竟然讓錢學森碰了一個軟釘子。她沉默了一會兒，說道：「森哥，你提出結婚的事，我感到有些突然。特別是要我跟你到美國，這樣的大事，我需要一定時間去考慮。今天，我不能回答你，還請你原諒！」

對於蔣英的回絕，錢學森並不追問「為什麼」，因為他心裡很明白，他們之間的關係由過去的朦朧狀態，一下子明朗化，的確需要有一定的過渡階段，但是並不存在不可逾越的溝坎。另外，女孩子有女孩子的自尊，何況蔣英的個性又很強，哪能一下子就痛快地說定了呢？不過，這對錢學森來說，只是個時間問題，娶蔣英為妻在他心目中是鐵定了的，這是經過他那聰穎的數學大腦的邏輯推理得出的結論，現在無須再作什麼論證了。

十二年前分別後，錢學森在美國加州理工學院攻讀，三年後獲得航空、數學博士學位。隨後，在他的老師、世界力學大師馮•卡門的指導與合作下，開始了高速飛機的氣動力學、風體力學、火箭和導彈的研究，並和同事一道為美國設計、研製出可以用於作戰的第一代導彈，為世界航空工業的建立奠定了可靠的理論基礎。自此，錢學森與馮•卡門齊名，成為世界著名的科學家。

聽從父親當年的囑咐，蔣英在德國學習音樂。從柏林音樂大學畢業後，轉入瑞士盧塞恩音樂學院研究生班深造。生活艱苦，她經常在地鐵買個麵包充飢。她有個堅定的信念：「我不能丟中國人的臉！一定要把西方音樂學到手！」一九四六年，蔣英結束了在歐洲長達十一年的求學生涯，回到了祖國，此時她已經是一位出色的女高音歌唱家。

整整十二年，因為戰亂，兩個人中斷了書信來往，但是，長久的分離，並沒有封凍兩顆相愛的心靈，相反，更加重了他們之間的思念。他們都在無言地等待着對方。

三天之後，錢學森又來到蔣英面前，依舊是那樣直率而明確地問道：「英子，怎麼樣，想好了嗎？咱們結婚吧！」

蔣英抬起頭，望着面前這位大哥哥，他率直得如此可愛，癡情得到了發憨的地步，這與在複雜的科研課題面前足智多謀的錢學森，簡直是判若兩人。這麼大的反差，使蔣英再也忍俊不禁了，她發出爽朗的笑聲。

蔣英笑得那樣開心，那樣誘人。

這笑聲，開始使錢學森感到莫名其妙，繼而，他完全明白了其中的奧秘，於是，他大膽地擁抱了蔣英。這是他們的第一次擁抱，一次破天荒的擁抱。

錢學森感到了蔣英急速起伏的胸脯，那顆熾熱的心在劇烈地跳動，那是因為幸福，因為就要決定一件大事而激烈地跳動。

錢學森親呢地說道：「英子，十二年了，你的笑聲終於保持了下來，你的笑聲依然如故，依然那樣快活和清純。我說過，沒有什麼比快活和清純更可珍貴的了。感謝你把最可珍貴的笑聲留給了我。現在，我再次向你求婚。你如果願意，就請點點頭好了。」

蔣英深深地點了點頭，而後把頭低下來親呢地埋在錢學森的懷裡。

錢學森再次緊緊地擁抱了她。這擁抱了卻了多年他們兩地的苦苦思戀，也把他們短缺甚多的花前月下相依相偎、互訴衷腸的浪漫一筆勾銷了。此刻，他們感到的是兩顆相愛的心在猛烈撞擊，他們感到了如願以償的最大滿足。

一個星期後，錢學森和蔣英的婚禮在上海國際飯店舉行。這一年，錢學森三十六歲，蔣英二十七歲。兩人從此相互呵護，終身不渝。

這年九月二十六日，錢學森與蔣英赴美國波士頓，租了一座舊樓房，算是安家了。新家陳設很簡樸，二樓一間狹小的書房，同時也是錢學森的工作室。起居間裡擺了一架黑色大三角鋼琴，為這個家平添了幾分典雅氣氛。這架鋼琴是錢學森送給新婚妻子的禮物。

在美國的日子裡，錢學森在事業上已處高峰，蔣英陪伴他左右，家中隨處蕩漾着她的歌聲。他們共同品味婚後的幸福，用藝術營造家庭的溫馨，以至於晚年回憶起當年，蔣英臉上仍洋溢着幸福：「那個時候，我們都喜歡哲理性強的音樂作品。學森還喜歡美術，水彩畫也畫得相當出色。因此，我們常常一起去聽音樂，看美展。我們的業餘生活始終充滿着藝術氣息。不知為什麼，我喜歡的他也喜歡……」

錢學森幾乎沒有對外人披露過他追求蔣英的經過，但是多次談及這位女高音歌唱家使他一生生活在幸福之中。每當聽到蔣英的歌聲，錢學森總是說：「我是多麼有福氣啊！」錢學森還說：「在我對一件工作遇到困難而百思不得其解的時候，往往是蔣英的歌聲使我豁然開朗，得到啟示。」

竹笛與吉他共鳴

一九四九年十月六日，錢學森夫婦和十幾名中國留美學生在加州理工學院附近的一個街心公園共度中秋佳節，他們興奮地談起新中國成立的特大喜訊，商議着如何早日回國服務。

第二年夏末，錢學森將行李以及八百公斤重的書籍、筆記本裝上即將開往香港的美國「威爾遜總統號」海輪，隨即準備全家乘坐加拿大太平洋公司的飛機回國。然而此時，美國已掀起麥卡錫主義的反共浪潮，錢學森被無端地懷疑為共產黨。根據五角大樓（美國國防部）的指示，美國海關非法扣留了錢學森的行李和書籍，移民局通知他不得離境。美國一位海軍次長甚至咆哮道：「錢學森無論在哪里，都抵得上五個師，我寧可把這家伙槍斃了，也不讓他回到中國！」九月九日，美國聯邦調查局逮捕了錢學森，把他關押在特米那島上的拘留所進行殘酷地折磨。後來，由於錢學森的抗議和美國友人的幫助，移民局不得不將其釋放，但仍然對他進行監視。

蔣英十分理解丈夫的處境和心情。那時候，美國聯邦調查局的人員經常闖入錢學森的辦公室和住地。為了防止意外，她不惜荒廢了自己的專業，毅然留在家中操持家務，以便照料丈夫和孩子。在那艱難的歲月裡，錢學森總是在家裡擺好三隻輕便的箱子，以便隨時可以動身回國。

為避免節外生枝，蔣英不敢雇用保姆，一切家庭事務，包括照料孩子、買菜燒飯，都由她一手包辦。

吃完晚飯，錢學森說一聲「回見」，蔣英還沒反應過來，他就拿了一杯茶到小書房裡去了，門一關不見人了。

在整整五年的軟禁生活中，錢學森和蔣英夫婦回國的決心並沒有減少。在那段陰暗的日子里，錢學森常常吹一支竹笛，蔣英彈一把吉他。笛子和吉他，共同演奏出十七世紀的古典室內音樂，排解心中的寂寞與煩悶。有時候，他們還為家裡的客人演奏，這個時候，彷彿可以暫時忘掉懷疑和監視。雖說竹笛和吉他所產生的音響並不和諧，但這是錢學森夫婦情感的共鳴。蔣英對丈夫說：「你的決定是正確的，我永遠伴隨在你的身邊！」

一九五五年八月，在中國政府的交涉下，美國移民當局最終不得不同意放行錢學森。但當他們在機場最後登機時，美國政府又無理扣留、沒收了錢學森在美國二十多年間積累下的研究筆記、資料、書刊。而那架隨他們一起赴美的結婚「信物」——黑色三角鋼琴和中國字畫等藝術品，在蔣英的據理力爭下，最終與他們一起回到祖國。這架三角鋼琴也因此成為錢學森和蔣英幸福、坎坷、勝利的見證，成為這個家庭不能割捨的「伴侶」。

一九五五年九月十七日，三十六歲的蔣英和夫君錢學森以及一雙兒女終於乘坐「克利夫蘭總統號」郵船，由美國返回中國。十月五日經過香港，然而抵達廣州。金庸曾在一篇文章中寫道：「當錢學森從美國回內地經過香港時，有些報上登了他們的照片。比之十年前，表姐蔣英是胖了好多，我想她的音量一定更加大了。」

回國後，錢學森任中國科學院力學研究所所長、研究員，國防部第五研究院院長，一頭扎在了大西北，冒着狂暴的黃沙，頂着火辣的烈日，在人跡罕見的大沙漠中與科技人員一起風餐露宿，一幹就是幾個月。有時，他神不知鬼不覺地返回來，蔣英問他去哪兒了，他只是淡淡一笑就算支應過去。

蔣英回憶說：「那時候，他什麼都不對我講。我問他在幹什麼，不說。有時忽然出差，我問他到哪兒去，不說；去多久，也不說。他的工作和行動高度保密，行蹤不要說對朋友保密，我們家人也絕對保密。」於是，蔣英講起那個聽來啼笑皆非的「索夫」故事。有一回，錢學森又「出差」，一去又是幾個月杳無音信，急得坐立不安、寢食不寧的蔣英，再也無法忍受這種親人死活不明的痛苦折磨，急沖沖地找到國防部問：「錢學森到哪兒去了？他還要不要這個家？」

幾個月后，蔣英在家裡突然聽見有人敲門。打開屋門，蔣英愣了幾秒，才認出來門外站的正是她朝思暮想的丈夫。只見錢學森身體瘦了一圈，臉龐曬得黝黑，兩隻有神的眼睛深深地陷了下去……

一九六〇年十一月五日，新華社發了一條電訊通稿：中國第一枚「東風一號」近程導彈在中國西北地區發射成功。蔣英心想：莫非是他？她猜中了。當蔣英向丈夫講述自己找國家領導人「索夫」的故事後，逗得錢學森哈哈大笑。

由於對新中國「兩彈一星」事業的巨大貢獻，一九九一年，中央授予錢學森「國家傑出科學家」榮譽稱號。蔣英陪同丈夫錢學森出席了頒獎儀式。

錢學森站起身，向大家真誠地一鞠躬，微笑着：「……蔣英同志是女高音歌唱家，而且是專門唱最深刻的德國古典藝術歌曲的。正是她給我介紹了這些音樂藝術，這些藝術裡所包含的詩情畫意和對人生的深刻理解，或者說，正因為我受到這些藝術方面的熏陶，所以我才能夠避免死心眼，避免機械唯物論，想問題能夠想得更寬一點，活一點。所以在這一點上我也要感謝我的愛人蔣英同志。」

錢學森常說：「在我對一件工作遇到困難而百思不得其解的時候，往往是蔣英的歌聲使我豁然開朗，得到啟示。」每當聽到蔣英的歌聲時，錢學森總是自豪地說：「我是多麼有福氣啊！」

對此，蔣英的表弟金庸稱之為「科學與藝術的結合」。金庸寫道：「最近在內地的報紙上看到他們夫婦合寫的一篇文章，題目是《對發展音樂事業的一些意見》，署名是蔣英在前而錢學森在後。我想這倒不一定是『女人第一』的關係，因為音樂究竟是蔣英的專長。這篇文章中談的是怎樣吸收西洋音樂的長處，和怎樣繼承我國民族音樂遺產的問題……我覺得這篇文章很有趣味，正如他們這對夫妻是科學家與藝術家結合一樣，這篇文章中也包括了科學與藝術。」④

回國後幾十年裡，每當蔣英登台演出或指揮學生畢業演出時，她總要請錢學森去聽、去看、去評論。錢學森也把熟識的科技人員邀去欣賞。有時錢學森工作忙，蔣英就錄製下來，放給他聽。如果有好的交響樂隊演奏會，蔣英也總是拉錢學森一起去聽，把這位科學家、「火箭迷」帶到音樂藝術的海洋裡。錢學森對文學藝術也有着濃厚的興趣，他所著的《科學的藝術與藝術的科學》出版時，正是蔣英給該書定了英譯名。

作為中央音樂學院的老師，蔣英編撰過無數教材，也出版過《西歐聲樂藝術發展史》等這類對我國音樂事業發展有貢獻的書籍，還翻譯過《蕭邦傳》、《舒曼傳》等。

據蔣英的兒子錢永剛透露，錢學森和蔣英還是金庸在內地最早的一批「粉絲」。一九七〇年代，當金庸小說在內地尚為禁書之時，錢學森就托人從境外買了一套金庸小說，他不僅在北京時經常看金庸小說，外出時還常帶着金庸小說。錢永剛說，母親蔣英非常喜歡《射鵰英雄傳》，她將小說拆成活頁，外出時帶幾篇，閑暇時看。她還對妹妹永真講過她的讀後感想，她說，《射鵰

④ 金庸《錢學森夫婦的文章》，《大公報》〈三劍樓隨筆〉，一九五六年十月三十一日。

英雄傳》中的郭、黃二人的愛情受人喜愛，一個比較木訥，一個比較機敏；一個其貌不揚，很本分，一個很漂亮，但是精靈古怪；一個純樸少知，一個機變博學；一個豪邁大度，一個活潑俏皮。但是，只要他們在一起的時候，正好像手足一樣互補起來，用我們今天的話說是達到一個雙贏的局面。黃蓉的巧慧是郭靖質樸的補充，而郭靖的天拙，有時候又能克制黃蓉的機巧，有時候她這個人太聰明了，全是鬼主意，有時候想使點壞，但是郭靖是非常純樸的，他有一個底線，什麼事能做，什麼事是不能做的。所以這兩個人才肝膽相照，生死相依。「這是媽媽對金庸小說的評點，也是她對自己和父親愛情生活的寫照。」錢永剛說。

一九八一年七月十八日，鄧小平在人民大會堂單獨會見金庸以後，蔣英曾讓人傳話給表弟：「可經常來北京，最好每年見一次面。」據金庸的弟弟查良浩說：「此後哥哥常去看望蔣英表姐和學森姐夫，三年中總有兩三次。學森哥哥喜讀金庸小說，他幾次贈送小說給他。」

二〇〇九年六月，香港鳳凰衛視赴京拍攝《中國記憶》節目採訪蔣英時，蔣英帶信問候金庸，金庸特意郵遞自己新出版的作品集給表姐留念。

二〇一二年二月五日，蔣英在北京逝世，走完了九十二年不平凡的人生。

二、「兩彈一星」的幕後功臣——表姐蔣華

蔣華是金庸姑父蔣百里的四女。半個世紀前，她巧妙地掩護三姐夫錢學森一家回國，成為「兩彈一星」的幕後功臣；半個多世紀，她旅居比利時，創業，辦中文學校，傳承中華文化；二〇〇六年，她葉落歸根，定居北京。

二〇〇八年九月，蔣華第一次踏上父親蔣百里家鄉浙江海寧的土地，與表弟金庸相遇，敘述了他的傳奇經歷。

傳奇的掩護經歷

一九四九年，新中國成立的消息傳來，三十八歲的錢學森早已打點好行李，準備攜妻帶子回國效力。錢學森當時在美國加州理工學院擔任教授，是世界航空科研領域一流的科學家。

就在錢學森打算離開美國洛杉磯時，突然收到美國移民局的通知——不准他全家離境。

美國人借口在錢學森的行李中發現了所謂的「軍事機密」，扣留了他的行李。美國海軍部還宣稱：「他知道所有美國導彈工程的核心機密，一個錢學森抵得上五個海軍陸戰師，寧可把這個

家伙槍斃了，也不能讓他離開！」

自此，錢學森在美國失去了自由。他的行動處處受到美國移民局的限制和聯邦調查局特務的監視，美國人不許他離開他所居住的洛杉磯，還定期查問他。

回國受阻，赤子之心反而更加熾熱起來。在閱讀華文報紙時，錢學森發現，與錢家相熟、時任全國人大常委會副委員長的陳叔通經常上北京，是毛主席、周總理的摯友。如果能聯繫上陳叔通，也許能求助於祖國將自己營救回國。

當時錢學森寄回國內的信件，無一不被美國人拆開審查。只有寄往歐洲的信件不受審查。錢學森腦瓜一轉，只能走「曲線回國」之路。他讓妻子蔣英趁看守不注意時，給旅居比利時的四妹蔣華寄去了一封信。

「一九五五年夏天，我收到了姐姐從美國寄來的信。信裡寫着：『我們像籠中的小鳥飛不出去。』信裡還夾着一張只有半張名片大小的香烟紙，上面只寫着一句話：『我想回國，把這封信交給陳叔通。』」蔣華一接到信，心裡就明白了。

蔣華的父親蔣百里，少年時曾拜杭州求是書院的陳仲恕為師。陳叔通正是陳仲恕的弟弟，也是錢學森父親的老朋友。

「於是，我立刻把這封信寄給了錢學森的父親，錢老爸又把這封信轉交給了陳叔通。陳叔通收到信當天，就向周總理做了匯報。第二天，他就上北京找周總理去了。」

錢學森在美國失蹤一事早就引起了中央領導的極大關注。在一九五四年的瑞士日內瓦會議上，周總理就一直在考慮如何營救錢學森等一批被扣留在美國的科學家和學生。

「周總理得到陳叔通的信後，終於知道了錢學森的下落。他立刻打電話給中國駐瑞士大使館。當時日內瓦會議上，美國一直想換回朝鮮戰爭中的戰俘。總理說，用幾個美國戰俘換錢學森，太值得了！」蔣華回憶道。⑤

經過十多次艱苦的談判，一九五五年八月一日中美大使級會談在瑞士日內瓦舉行。王炳南大使按照周總理的授意，拿出錢學森要求回國的這封信作為美國無理扣押錢學森的證據，與美方交涉，迫使美國政府允許錢學森離美回國。

一九五五年九月十七日，錢學森與他的夫人以及兩個幼兒終於乘坐「克利夫蘭總統號」郵船，由美國返回中國。十月八日，抵達廣州。

錢學森回國後，全身心投入到了「兩彈一星」的研製和中國現代國防事業的建設中，為中國

⑤ 林穎《錢學森與中國傳奇軍事家蔣百里一家的親緣》，《解放日報》，二〇〇九年十月三十一日。

火箭導彈和航天事業的迅速發展作出了重大貢獻。

開辦餐館成「豆腐西施」

與她傳奇的掩護經歷一樣，蔣華的人生也充滿了傳奇色彩。

一九二一年，蔣華出生在浙江海寧硤石一戶書香門第。曾祖父蔣光煦是一位藏書家。祖父蔣學烺也是一位學問和道德皆有口碑的鄉紳。蔣華的父親蔣百里精通詩書，才華橫溢。

少女時代的蔣華，隨父母從北京遷到上海，就讀於一所教會女子中學。不久，寧靜無憂的生活就被戰爭打破。

一九三七年，抗日戰爭爆發。次年，父親所在的陸軍大學遷往貴陽，蔣華也隨家人從上海奔赴貴陽。不幸的是，因過度勞累，蔣百里突發心臟病，竟在半途溘然長逝於廣西宜山。

「傷心啊，那時候真傷心。我們都在貴陽盼着他來，誰知道傳來這樣的噩耗。」蔣華回憶到這裡，眼裡閃着淚花。

父親去世後，母親為逃避戰火隱居四川山中。家道中落，少女蔣華初嘗人世的滄桑。不久，蔣華在父親朋友的幫助下，只身遠渡重洋，赴美留學。

「上學，實習，一個人在異國他鄉，天不怕地不怕。那時世界上到處在打仗，回國的船上都是兵，我一個女孩子不敢拋頭露臉，悄悄地把美金藏在襪子裡。」一九四六年，蔣華獲得哈佛大學營養學碩士學位後，回國出任震旦大學教授和生物系主任。

在回國的船上，她認識了未來的丈夫魏儒僕。魏儒僕是一位工程師，也出身名門。他的父親魏辰組是同盟會創建者之一，孫中山第一屆國民政府的外交部次長，曾任駐比利時大使等職。四十多天的旅途，兩個年輕人情投意合。回國不久，魏蔣二人結了婚。一九五一年，蔣華隨先生移居比利時，開始了她五十多年的旅比生涯。

雖然定居異國他鄉，享受着舒適悠閑的日子，但蔣華仍然割捨不了對同胞的深情。初到比利時，她特別關注當地華人的生存狀態。

蔣華發現，當時在比利時大多數華人都以經營飯店為生，但是卻沒有幾家正規的中國飯店。只有在海濱的安特衛普城，有一些「水手飯店」，大多是中國水手上岸後在當地開設的，菜品單一，條件也簡陋。即使在比利時首都布魯塞爾，華人飯店的規模也很小，多是在路邊擺個小攤，招攬三五客人。

「我在美國讀的是營養學，對怎麼吃特別敏感。中國菜蘊含着博大精深的文化，值得加以發揚。」

當時中國餐館只是沿襲舊有的經營方式和菜餚品位，對營養並不是那麼看重。蔣華認為，中國菜除了色香味俱全之外，還應以營養學為基礎加以改進，以展示中國豐富的飲食文化。

中國人的勤勞與自立，使她忍不住創辦起自己的事業。於是，她白手起家，開設了當地第一家正規的中國餐館——明園餐館。

創業之初，餐館規模不大，三十多人就坐滿了。蔣華當起了飯店總經理，迎來送往。有時候找不到合適的大廚，蔣華就自己圍上圍裙，親自下廚掌勺。

巧合的是，明園餐館就開在比利時外交部附近，不少比利時的外交官聞訊趕來品嘗。一時間，這座古香古色、裝修典雅的餐館轟動了布魯塞爾全城。

「我學營養學，知道豆腐的營養價值。那時候，我第一個在比利時開豆腐廠，種豆芽、做豆腐，還從國內找了一位祖傳三代做豆腐的大師傅到比利時傳授技藝。」

雪白嫩滑的豆花，濃墨重彩的麻婆豆腐，清香誘人的豆漿，外酥裡嫩的臭豆腐，讓人垂涎欲滴。當時，比利時人沒見過豆腐，無不驚異於這種來自古老異邦的美。

如今，明園餐館是當地規模最大、名聲最響的中餐館，可以同時讓一百多人就餐。

蔣華笑着說，大兒子成為一名比利時的高級外交官，不僅與家族職業的熏陶有關，與這家餐館也多少有些緣份。

「當時比利時的外交官們經常在這吃飯。他們聽說我有個兒子，就建議我把兒子送到外交部去考一考試。結果兒子一考就考上了。」蔣華的兒子魏崇明也是一個金庸小說迷，如今是比利時駐韓國大使。

興建中文學校冠名「中山」

創業，讓蔣華的經濟實力雄厚起來，這個實力為她傳承祖國文化打下了基礎。

當年，蔣百里與梁啟超參加「巴黎和會」後對歐洲文化做了一系列考察。回國後，蔣百里撰寫了《歐洲文藝復興史》一書。這部著作對中國近代文化產生過深遠的影響。

深受家學熏陶，蔣華也特別注重中國文化的延續。有了經濟實力後，她在比利時致力於華人後代的教育事業。

剛到比利時，她發現華人的孩子學會了一口流利的法語，卻不太會說漢語，不會寫漢字。而一些家長的文化水平不高，一說法語就結巴，孩子和家長之間竟無法暢通地交流。

「當時我也發愁，自己忙得沒空教兒子學中文，以後兒子連中國話都不會說了怎麼辦？」蔣華思前想後，決心創辦一所中文學校。

一九六五年，她花了一百多萬元比利時法郎，買下布魯塞爾市區的一座三層樓的花園洋房，開辦了比利時第一所中文學校。

為紀念孫中山先生，她將學校冠名為「中山學校」。時逢張大千旅歐路過比利時，在蔣華邀請下，欣然為學校題名。

從周一到周五，孩子們要上當地的學校接受教育。因此，這所特殊的學校只能在周六迎接孩子們的到來。

「一到周六，整個城區還靜悄悄的，我的學校早就沸騰起來了。家長從四面八方趕來，將孩子送來補習中文。整整三層樓都是學生，連屋頂下的閣樓裡，都擠滿了學中文的小孩。」

「讀古詩，練毛筆，寫作文，學國畫，有關中國傳統文化的課程我們都教授。」創辦初期，蔣華動用自己所有的社會資源，四處奔走，為學校採購課桌，添置教具，聘請老師，編寫教材……

「蔣校長太感謝您了！還好您辦了這所學校，我的小孩終於可以學中文了。」華人家長們眼睛一亮，多年的心結總算有人幫忙解開。

一位做金剛鑽生意的華僑商人，每個周末都要開車從外地趕來，將孩子送到中山學校學習。可是他的兒子讀了六年中文，畢了業，卻總覺得學了中文也沒什麼用。

證明的機會來了。一次，從中國國內來了一批買金剛鑽的大客戶。父親把兒子派上了用場。兒子說一口流利的中文，簽合同，辦手續，毫不費力，一大筆生意轉眼成交。父親欣喜若狂，帶着兒子，跑過來感謝蔣華。

「不到用時不知道！」蔣華笑眯眯感嘆道：「學漢語，不僅僅是為了做生意，更是讓下一代保留住中國的『根』。長着一副中國人的樣子，卻不說中國話，這行嗎？」

二〇〇〇年，中山學校三十五周年校慶時，蔣華收到了來自世界各地的賀電，其中一封就是兒子從韓國發來的。

「我兒子就是這所學校的第一個學生。現在他是比利時駐韓國大使。」說到兒子的成長與成就，蔣華非常自豪。

有一次，兒子代表比利時去開外交官會議。有人看他黃皮膚、說着一口純正的漢語，就跑過來問他，你是不是坐錯了位置？兒子回答說，我是華人，我也是比利時的大使。「你看，一個華人能代表比利時做駐外大使，不是讓外國人都很佩服我們華人嗎？」

如今，這所民間學校已培養出了大批有中文素養的華裔人才。他們活躍在比利時政治經濟的各個領域。

蔣華晚年保存着中山學校三十五周年校慶紀念刊，裡面珍藏着一屆屆畢業生的毛筆字、作文、水墨畫等作品，稚氣伶俐間飽含深情：「雪覆蓋着整個村莊，所有的樹枝上結了霜」……

晚年回國定居北京

在人們眼裡，蔣華不僅是一位優秀的企業家、教育家，還是一位活躍的社會活動家。十五年前，蔣華就成為比利時自由黨的亞裔分部總召集人，為華人進入比利時主流社會牽線搭橋。在她多年努力下，二〇〇三年華人終於步入了比利時國會，開始與主流社會溝通。

為促進祖國統一，她發起了比利時中國和平統一促進會。

「剛到比利時，台灣的華僑和大陸的華僑因為意識形態不同，坐不到一塊。我說，都是中國人，在外面就是一家人，分什麼彼此呢？」

近年來，八十多歲的蔣華仍奔波於世界各地，用英語、法語，用地道的京腔演講，反對「台獨」，促進統一。

「小時候爸爸說，成績單不能說明什麼，重要的是你的品質和能力。以國家、民族為重，為公眾服務，爸爸的身體力行對我的影響很深。」童年時代，蔣華曾目睹軍閥混戰時期，父親與他的學生們在夜闌人靜之時，憂國憂民，商討救國之策……

「爸爸雖然英年早逝，但他留給了我一生的精神財富。」父親也留給了蔣華一生的行動指南——以國家、民族為重，為公眾服務。

在離開祖國越遠的地方，祖國越是在心裡，珍貴而親近。蔣華的海外生涯，告訴了人們：祖國永遠是遊子心的方向。

二〇〇六年，這位馳騁海外的風雲人物，被心的方向牽引着，回到祖國，定居北京。「在比利時成天忙開會，在北京就很清淨。」每天上午，蔣華都會邁出家門，在附近的公園裡散步。逢年過節，她會到附近的三姐蔣英家串門。在簡樸的居室裡，她經常翻看收藏了半個多世紀的老照片，勾起對故鄉深深的記憶：「硤石雖然是一個小城，但出了徐志摩，還有蔣百里……」⑥

二〇一〇年九月，魏蔣華準備訪問家鄉浙江海寧、湖北武漢、河北保定軍校等，但不幸舊疾急發，安祥仙逝於北京海淀醫院。

⑥ 蔣華的事跡引用了林穎在《解放日報》報道中的一些材料。

三、自詡「圖書管理員」——表哥蔣復璁

金庸曾對好友嚴家炎說：「抗戰後期我在重慶中央政治學校念外交系，那個學校國民黨控制很嚴，國民黨特務學生把很多人看做異黨分子，甚至還亂打人。我因為不滿意這種狀況，學校當局就勒令我退學。我只好轉而到中央圖書館去工作，那裡的館長是蔣復璁，他是蔣百里先生的侄子，也是我的表兄。我在圖書館里一邊管理圖書，一邊就讀了許多書。一年時間裡，我集中讀了大量西方文學作品，有一部分讀的還是英文原版。」⑦表哥蔣復璁比金庸大了二十六歲。

在中央圖書館，金庸在表哥的慫恿下，和几個老同學一起辦過一期《太平洋雜誌》，他任主編，主要刊登國外翻譯過來的作品。一九四五年八月，蔣復璁赴南京擔任「接收大員」，金庸也就離開重慶去了湘西。

和徐志摩組織新月社

蔣復璁生於一八九八年，字美如，號慰堂，其父親蔣方夔（鹿蘋）是蔣百里（方震）的堂哥，

⑦ 彭華《金庸傳（揮戈魯陽）》，江蘇文藝出版社，二〇〇一。

為清歲貢生，詩詞俱佳，著作有《抱闕齋詩詞稿》，以辦學著名。故蔣復璁幼承庭訓，上私塾時由其父執教，長兄蔣壽劍是海寧最後一位舉人好詩詞、書法，對小弟復璁指導尤多。因此，蔣復璁自小打下了扎實的古文基礎。後隨仲兄公穀（抗戰之初任軍委會醫衛處副處長，《陷京三月記》之作者）往杭州上高等小學，是時適逢孫中山先生到訪杭州，蔣復璁榮幸地作為小學生代表向孫中山先生獻花並親聆訓詞，從此「天下為公」的教誨便牢記在他心頭，成為其一生做人做事的座右銘。之後他去青島、又轉天津上「德華中學」，後投考北京大學預科，升入哲學系。在北大讀書期間，他參加「五四」運動主張抵制日貨。

一九二〇年，經蔣百里引薦於梁啟超，進松坡圖書館任秘書編輯，書寫德文目片兩千多張，協助德文圖書的編目工作。一九二三年，北大哲學系畢業，兼任北京、清華兩所大學的講師。一九二六年，任國立北平圖書館編纂，負責中文圖書編目，開始深入研究公私簿錄，有志於中國圖書分類的改革。一九二九年，即在中華圖書館協會首次年會上發表了《中文圖書分類之商榷》論文，由此走上了從事圖書館事業的道路。在北京松坡圖書館時，向梁任公請益，收獲甚豐。一九二三年，參加圖書館協會並被選為書記。此時，他和同鄉表兄徐志摩同住在北京西城石虎胡同七號館舍，並與徐一起組織新月社，朝夕相處，切磋學問、詩詞、戲曲，並為志摩編印出版其

第一部的白話詩集《志摩的詩》。此時他還見證了徐志摩和張幼儀、陸小曼兩段婚姻的變化。

一九三〇年七月，蔣復璁經老師朱家驊及浙江省教育廳長陳布雷的推薦，獲浙江省政府選派考取「德國洪博基金會」獎學金，留學德國柏林大學哲學系及圖書館學院畢業。德國是聯邦制，柏林的普魯士邦立圖書館是在德皇威廉二世登位時所建，規模大藏書豐，具國家圖書館實力。在德國留學兩年期間，他先在普魯士邦立圖書館實習，任客座館員，從實踐中求知識，理論結合實際，學以致用，這對他以後返國籌建中央圖書館的實際工作大有助益。由此並養成了他此後一生事業不浮誇、重實幹的精神，凡事自必躬親、十分務實的習慣。

直闖市長辦公室索女

一九二一年，蔣復璁迎娶同鄉伊橋孫氏家宜為妻，夫妻恩愛，共育二女三男，依次為麗似、祖安、祖壽、婉似和祖怡。因仲兄公穀膝下無子女，當初兄弟約定，頭兩胎無論男女均過嗣給二哥，遂將長女麗似和長子祖安由仲兄公穀領養。然祖安每次到仲兄公穀處，不是小恙就是大病，只好作罷。仲兄公穀朱維瑰夫婦視嗣女麗似為己出，捧為掌上明珠，呵護有加。

抗戰爆發，蔣復璁奉政府之命赴德國，原住南京的妻兒遷居上海，與仲兄公穀合居一處，故兄弟妯娌在抗戰期間及以後長期和睦相處。蔣復璁安家雖然在上海，但自國外回來後即赴重慶，因公務繁忙之故，不得不重慶、上海兩地奔波輾轉。儘管繁忙，但蔣復璁仍時常關心子女的學業、生活諸事，對他們傾注無微不至的父愛。

一九三八年二月，女兒麗似就讀啟秀女中初二時，追隨老師茅麗瑛，參加了上海市學生界救亡協會（共產黨外圍組織），經常參與抗日救亡活動，得到父親的縱容⑧。麗似受到黨的教育，日後參加共產黨，走上革命的道路，這是蔣復璁始料不到的。當時麗似在上海方震小學工作，這所學校以蔣百里的字「方震」命名，由百里五女蔣和出任董事長，實際上是中共地下黨的秘密聯絡點。一九四八年九月，方震小學開始受到警備司令部的注意，麗似也受到傳訊，她乘監視者不在之際，在黨組織的幫助下，離家出走，轉移脫險。其時，蔣復璁正巧在美國考察，回國後獲悉「長女麗似失蹤了」，說是被警察局逼走的。於是，蔣復璁從南京星夜兼程趕到上海，第二天一早，直闖當時的市長吳國楨辦公室，立馬要吳交出愛女。吳國楨逐一向警察局等部門查詢。當時他們既沒有找到證據，人又跑掉了，自然無法交代，只得派了兩個小特務向蔣復璁當面賠禮道歉了卻此事。後一日，地下黨派交通員到蔣寓所，索要麗似的衣服等生活物品，並告「一切平安」，家中乃放

⑧ 姜燕南《我的外公蔣復璁》，《東方早報》，二〇一〇年二月三日。

下心來。蔣復璁這才離家返回南京。

一九四六年，蔣復璁率全家從上海返回故鄉浙江海寧硤石鎮老宅，為抗戰時期過世的其父親蔣方夔舉辦九十冥誕家祭。一九四八年，通過浙江省政府主席陳儀協助將其堂叔蔣百里靈柩從廣西宜山遷回，安葬杭州。在上海為其嬸母左梅慶祝六十壽辰時，特撰壽序，記述她年輕時從日本嫁來中國，一生相夫教女，貢獻一切之辛勞。此行期間，蔣復璁在硤石還專程去袁花查家探望剛從湘西歸來的表弟查良鏞。

從戴笠處收繳毛公鼎

一九四五年八月抗戰勝利後，蔣復璁出任國民政府教育部「京滬區特派員」，兼任華東五省教育輔導委員會主任委員，奉派接收南京、上海及華東五省地區所有的日敵、汪偽政權的文教機構和學校。

蔣復璁擔任「接收大員」期間，在社會上影響頗大的一件事，就是從「軍統」手中接收追回原葉恭綽、葉公超叔侄保藏，轉手由粵商陳存仁捐贈國家的國寶毛公鼎。從抗戰勝利以來，戴笠就染指搶先非法劫收文物國寶毛公鼎，從這件事看來，他也有意涉足文化領域胡作非為。蔣復璁調查核實後打報告檢舉揭發，通過教育部朱家驊部長告狀至蔣介石，由蔣親筆下了手諭要戴笠交出這件國寶來，才使他不得不吐出來[⑨]。知情者都為蔣復璁此舉而擔心，更為他這種無私無畏的精神所欽佩敬仰。蔣復璁還從日本追回抗戰時由大漢奸汪精衛送日本天皇裕仁壽禮的國寶「翡翠屏風」一座。毛公鼎和翡翠屏風，此兩件國寶，後均運往台灣，現由台北「故宮博物院」展出。

接收一切順利，三個月時間即完成了，創中央各部級派出的接收機構勝利完成者的第一名，所以蔣介石在上海巡視時特別接見了蔣復璁，表示十分滿意，當面嘉許。

以中央圖書館的實體為基礎，抗戰勝利前後，蔣復璁先後參與擴充新建了省立雲南、蘭州、貴州、西安、瀋陽圖書館以及重慶的羅斯福圖書館，制定了圖書館的各項規章制度。他一生從事研究，創立了中國圖書目錄學新的編目及科學分類法，成為著名的圖書館學專家。

一九四六年秋，蔣復璁受命教育部在南京北極閣中央研究院內組織主持舉辦中華國寶精品文物展覽會。後來，在南京中山門旁的中央博物院籌備處大殿，也曾舉辦過一次文物展覽，廣獲好評。在南京時，時任國民政府立法院院長的孫科，親自來中央圖書館拜訪蔣復璁，借閱圖書。蔣復璁並受接收東北的國民政府「東北行署」主任熊式輝、負責財經的副主任張嘉璈之邀，到瀋陽考察

⑨ 姜燕南《我的外公蔣復璁》，《東方早報》，二〇一〇年二月三日。

並巡視滿清的皇宮（號稱瀋陽故宮），計劃在東北籌組一座圖書館。同年，蔣復璁獲國民政府頒授勝利勳章。

蔣復璁任接收大員時，從政十分清廉，寧可在上海租住簡陋私房，不佔用原可享用的公家住房、汽車，平時一身藍布大褂，自己及家庭生活依然十分儉樸清苦。蔣復璁還以身作則，其一身正氣嚇得漢奸們四處躲藏，卻深知其清廉奉公，不敢行賄說情。這在當時接收大員普遍是「五子登科」（金子、銀子、房子、票子、娘子）的年代成為奇跡。

創建台北「故宮圖書館」

蔣復璁是一個善於創館的人，他能在資金缺乏的情況下，把一個日本神廟的舊建築，建成當時頗有規模的中央圖書館，受到了國民黨高層的重視，這也成為後來聘用他做台北故宮博物院院長的重要原因。

一九六五年夏，由蔣介石親自核定調蔣復璁出任台北「故宮博物院」首任院長，兼任台北「故宮」管理委員會常委。台北故宮主要收藏着宋、元、明、清等歷代宮廷瑰寶，共分十四大類，下設器物處、書畫處、圖書文獻處。

蔣復璁擔任台北「故宮」圖書館館長的十八年間，曾對「故宮」進行了三次改建、擴建院廈。在重視周圍環境綠化、文化休閑氛圍中，以中國宮殿結合庭園式的中華傳統建築風格，在台北外雙溪「故宮博物院」旁邊山腳下面進出口處，規劃設計了兩座仿宋花園「至善園」和「至德園」。以台北「故宮」收藏的歷朝各種歷史文獻、藏書成立了一座「故宮圖書館」對外開放，向國內外的學術界提供寶貴的各種研究史料。蔣復璁一生做的最後一件有影響的事，是上世紀八十年代由台北「故宮博物院」與台灣商務印書館合作，影印出版文淵閣版《四庫全書》，向全球發行。為此，台北「故宮」成為世界五大博物館之一而享譽全球。

蔣復璁被後人譽之為「中國國寶的守護神」，認為他是現代圖書館和博物館的奠基人，可是他一生自詡是一個「圖書管理員」。他曾經說過在口述回憶中說：「蓋棺論定，我是一個圖書館員，將來我死後墳上名字旁邊刻上『圖書館員某某人』。」蔣復璁一共連任八屆台北故宮博物院院長，任職時間長達十八年之久，直到一九八三年才退休。

然而，成為遺憾中的幸事，一九七三年四月，金庸以《明報》記者身份訪問台北十天，表兄弟重逢。金庸記述：「我到台北，我的表哥蔣復璁在故宮博物院做院長。他是我們海寧人，我們海寧地方小，世家大族通婚姻就這幾個人，所以徐志摩、蔣百里、蔣復璁都是我的親戚。蔣復璁帶我去見李濟、屈萬里……」蔣復璁陪同金庸拜訪了蔣經國。「那時候蔣經國生病很厲害，我去看他。我就跟蔣經國講：陳水扁在搞『台獨』，你一定要反對『台獨』。他說：『查先生，我現在每天都在反「台獨」，他講「台獨」，我就罵他。我最反對「台獨」了，我們中國人為什麼要搞「台獨」呢？』」⑩當年，姑父蔣百里在南京軍委部任職時，蔣經國是他的副官。

一九四九年蔣復璁離開大陸到台灣，由於海峽兩岸特殊的政治原因，一直到一九九〇年他去世，沒有踏上大陸一步，也沒有再看上故鄉浙江海寧硤石一眼，成為終身的遺憾。然而，幸運的是一九八九年五月，蔣復璁和大陸的子女在異國他鄉的一次團聚。那年，蔣復璁受邀赴德國受勳，遂相邀大陸的子女到歐洲比利時聚會。當時，他在海寧的女兒蔣麗似匆匆看了一眼剛誕生的外孫女，第二天便登上了飛赴布魯塞爾的航班，趕去和四十年沒有見面的父親團聚。

一九九〇年九月二十一日，蔣復璁逝世於台北市，立下遺願盼文物返歸大陸。

⑩　李懷宇《專訪金庸：辦報紙是拼命寫小說是玩玩》，《時代周報》，二〇〇九年一月十日。

第七章　三個老婆的艷事兒

金庸是一位真正的言情聖手，他的小說不僅是刀光劍影的武俠天地，而且也是豐富而深邃的情愛世界。在這個世界中，金庸編出了一個個纏綿悱惻、感天動地的愛情故事。有人評價說，書中瀟灑的愛情故事，多半是金庸自己美好願望的心理實現。究竟是不是，誰也無法印證。

金庸介紹自己時說：「我結過三次婚，也不是很守規矩的人。第一次太太離開我，離婚了；第二次我對不起太太，我跟她離婚了；這是第三個太太了。」①只要一說起金庸的三任妻子，許多人就以「小龍女」喚之。

「小龍女」是金庸小說《神鵰俠侶》中的女主角。容顏絕世、清麗脱俗、美勝天仙、生性冷漠、不諳世事，對待愛情堅貞不悔，一襲白衣若雪，猶似身在烟中霧裡。出生時被遺棄在終南山下，被古墓派林朝英的丫環收為弟子。十八歲那年破戒收了古墓派第一位男弟子楊過為徒，幾經波折與楊過互生情愫。但感情之路上劫難重重、幾度生死，與楊過在多番生死浩劫中更是深深相愛，其間跨越一十六年。十六年後，與楊過義助郭靖、黃蓉守衛襄陽，成為揚名天下的「神鵰俠侶」……

①《魯豫有約：大俠金庸不為人知的故事》，香港鳳凰衛視，二〇〇七年六月二十六日。

金庸的表哥徐志摩《愛眉小札》對陸小曼的稱呼計有：「小龍」、「愛龍」、「龍龍」、「我最甜的龍兒」四種。徐詩《我來揚子江邊買一把蓮蓬》：「忍含着一眼悲淚——我想着你，我想着你，啊小龍！」

於是，杜冶芬是金庸的初戀，結髮妻子，當然是「吳城小龍女」了，吳城小龍女的詞「荊州亭題柱」後人評價很高，被收錄進了《白香詞譜》作範詞，金庸焉有不看之理。

朱玫與金庸共創《明報》天下二十多年，與金庸生兒育女有四個，當然是傳說中「媽祖」林默娘的「龍女下凡」，而林朝英與林默娘同姓。

林樂怡秀麗嫻雅，金庸迷們在背後稱她為「小龍女」，覺得在情感之路上漂泊了大半生的金庸終於找到了歸宿。

金庸寫小說，慣用的題材是一男多女。

一、不願走斷橋，也該走走查家橋——第一任妻子杜冶芬

金庸曾說過：「我的小說裡，也寫到我的愛情故事。故事很多是不圓滿的。」他在回首往事的時候，無法迴避自己的愛情生活，曾對鳳凰衛視主持人發出這樣感嘆：「你愛一個人，要一生一世愛她，但往往做不到。不是你不想做到，是你沒法做到。世事難料，當初再好的夫妻，日後說不定也會分手……」②

「不願走斷橋，也該回家去走走查家橋」，這是她當年跟金庸的一句心靈對話。說話人是金庸的結發妻子杜冶芬——當今著名戲劇導演杜冶秋的姐姐。

兩個人的愛情故事得從風景如畫的西湖說起——

弟弟的信引來的情緣

一九四六年夏天，杭州西湖烟雨蒙蒙。查良鏞站在斷橋上，背對着遠遠的寶俶塔照了一張相。

查良鏞很帥，瘦而英俊，十分高大，戴一副近視眼鏡，顯露出幾分儒雅。那時候，他剛到《東南日報》工作。《東南日報》前身是杭州《民國日報》。

②《訪談：白岩松與金庸對話》，《生活時報》，一九九九年九月十六日。

在衢州中學期間，金庸開始向東南地區的一家大報《東南日報》投稿。老師替他取了一個筆名「查理」。「查理」撰寫的《一事能狂便少年》、《千人中之一人》等文章，陸續在《東南日報》副刊《筆壘》上發表，得到好評。該副刊由陳向平主編。當年所寫的散文，主要是批評文人自怨自艾的通病，激勵讀者自信自強，挽救民族危亡。

抗戰勝利後，查良鏞結束顛波生活，從西南回到故鄉。熱心的陳向平向總編輯汪遠涵推薦了查良鏞，使他得以順利進入這張有聲望的大報做外勤記者，主持一個「咪咪博士」專欄。

趕回編輯部，剛看過新一期小樣，查良鏞隨手拿起桌子上的一封信，讀了幾行，心頭不禁暗暗一驚。這是一封批評信，寫信人是一位小朋友，但言詞十分尖銳。幾日前，咪咪博士在報上回答讀者，買鴨子時需要什麼特徵才好吃，答案為：頸部堅挺結實表示鮮活，羽毛豐盛濃厚，必定肥瘦均勻。誰知，一個名叫杜冶秋的少年不買賬，寫信不客氣地質問：「咪咪博士先生，你說鴨子的羽毛一定要濃密才好吃，那麼請問，南京板鴨一根毛都沒有，怎麼就那麼好吃？」

沉思片刻，查良鏞回信：「……閣下所言甚是，想來你一定是個非常有趣的孩子，咪咪博士頗想能見你一面，親談一番。」

童言無忌，杜冶秋寫了回信：「暑假回家，天天有空，歡迎光臨！」

「咪咪博士」又來一信，又快又短：「……你候着，我在禮拜天登門造訪。」③

西湖邊有一幢四合院，在林蔭深處，那就是少年杜冶秋的家。他的父親在上海行醫，母親是杭州人，因為喜歡清靜，父親便用八根金條買下這幢臨湖的幽靜小院。平時，母親與女兒一起住在這兒。杜冶秋則跟着父親在上海念書，假日才到杭州來。

學校放暑假，全家人回到杭州的第二天，冶秋讀到了那張當時在杭州頗有名氣的《東南日報》，便給「咪咪博士」寫了這封有點兒惡作劇的信。

星期天上午，「咪咪博士」真的來了。

杜家的規矩，凡有客來訪，必由女孩送茶。

「先生，請用茶！」一位少女端着茶具從內室走了出來，查良鏞不由暗暗吃了一驚，這女孩非但生得標緻可愛，亭亭玉立，而且在純情中透出一股典雅的氣質，特別是她佈茶時的微微一笑，頓時勾動了他的心魄。她就是冶秋的姐姐冶芬，妙齡十七。

第二天，查良鏞再次造訪杜家，遞上一疊戲票。

晚上，查良鏞和冶秋一家人一起坐在西湖劇院裡，觀看郭沫若的名劇《孔雀膽》。劇終散場時，

③ 佚名《「金大俠」早年的一段婚緣》，《天津青年報》，一九九七年十一月三日。

杜父握着金庸的手，客氣地說：「有空常來玩。」這道口諭正合良鏞的心意。

查良鏞成了杜家的常客。不久，冶秋和隨爸爸回上海去了，小院裡只有姐姐和媽媽，金庸來得少了，即使來了，也只能夠跟杜媽媽說上幾句話便走。

一次，良鏞離開後，冶芬發現客廳沙發上有一隻大信封，上面寫着「杜冶芬師妹親啟」一行字。拆開抖出一本《西湖》雜誌，裡面夾着一張雪白的信箋，上面寫道：「冶芬師妹：送上雜誌一冊，請在無事時翻一翻，上面有我寫的拙文，寫得很不成樣子。請師妹閱正。」信尾沒留名，冶芬知道是誰寫的。

翻開《西湖》，冶芬找到了那篇署名查良鏞的散文《憶故鄉》。

他寫了故鄉的潮，自家的大宅院落，接着寫道：「我小時候是在故鄉海寧對寫作產生興趣的，那時，我們海寧出了位有名氣的翻譯家，名叫鄭曉滄，此人文才超群，應該引起我們海寧人的驕傲。我記得鄭曉滄翻譯的外國小說共有三部：一為《小男人》；二是《好妻子》；第三本叫做《小婦人》。這三本小說是我在海寧對文學的最初啟蒙。後來我之所以上大學並且以著文編報為業，現在回想起來，最初的動力就在這三本外國小說上……」杜冶芬沒有去過海寧，但是她從這幾千字的散文中，已經見到了那洶湧澎湃的海潮，還有查家那座偌大的宅院。

「他為什麼叫我讀這篇文章？為什麼讓我了解他的家鄉，他的童年？」想到這些，治芬臉紅了，心兒砰砰地跳。

此刻，她沉浸在甜蜜的心境中，甜蜜中還帶着幾分羞怯。

一個星期，他沒有來，又一個星期過去了，他還是沒有來。治芬提筆給查良鏞寫信，寫了撕，撕了又寫，最後落在紙上只有這樣的話：「查先生：謝謝你的《西湖》，我讀了。希望你在有空的時候再次到我家裡做客。」信尾，她連姓帶名一字不漏。

幾日後，治芬收到回信，信箋上是查良鏞漂亮的鋼筆字：「芬妹：如今正是桂子飄香的時候，我想約你在星期天上午九點，一同去南高峰觀賞桂花。……」稱呼變了。

剎那間，一陣醉人的歡樂，一種無限的柔情，浸潤了她急跳的心。不知是杜治芬防範不嚴，還是金庸進攻有術，在她不明白是怎麼回事之前，早已陷入了無形的情網。

治芬如約，兩人去滿覺龍賞桂。從此，柳浪聞鶯，湖光山色中輝映着一對青春戀人。

一次，查良鏞說起自己的流徙生活。那是抗日戰爭剛爆發的時候，他在嘉興念中學，張印通校長帶領師生走上流亡辦學的道路，他們經餘杭，過於潛，抵蘭溪，越永康，最後到達麗水碧湖。在「樹凝碧，溪如湖」的碧湖，他穿上灰布軍裝，參加了戰時青年訓練團，接受軍訓，學會了開槍、擲手榴彈。在家過完暑假的返校途中，日軍炸彈就在身旁炸開了一個大洞……後來，他在西南窮鄉僻壤生活了兩年，那是苗人漢人聚居之地，每一個人都是出口成歌的歌手。冬日晚上，當地漢人和苗人圍着火堆，邊烤紅薯邊唱歌。金庸就用鉛筆一首首地記下來，記了三大冊共一千餘首。中國民歌這種富有民族特色的文體，豐富了良鏞的文彩，如今當記者撰寫文章都能用得上。

杜治芬跟在他身後，默默不語。查良鏞回過頭來，停步，然後兩人並肩緩步而行。四五十隻不知名的小鳥彷彿被追逐似地結成群掠過水面，忽地被水浪激起，又向着空中高高地飛走了。

沿路的柳樹已經開始發芽了。

「咪咪博士」與情竇初開的杜小姐雙雙墜入愛河。

時過五十多年，金庸對此記憶猶新：「我平生唯一浪漫的一段時候，就是在杭州《東南日報》的時候，跟這些十五六歲的小女孩一起去玩耍、散步，也不能說太厲害，因為我那時候只有二十四五歲，她們十五六歲，還很小。」「在杭州時候我在《東南日報》，我們報館有個電影院的，很多女孩子來找我，她說目標就是我帶她去看電影不用買票。有些女孩子來找我，不知道她們是喜歡我，還是因為目的是來看電影，完全不喜歡我大概也不會來找我的。」④十五六歲的小女孩就是杜治芬。

④《魯豫有約：大俠金庸不為人知的故事》，香港鳳凰衛視，二〇〇七年六月二十六日。

畢竟嫁進了書香門第

不久，憑着堂兄查良鑑關係，查良鏞得以在上海東吳法學院插班修習國際法。一九四八年初，查良鏞考入上海《大公報》工作。

夏天，杜父不再行醫，回杭州定居。誰知，查良鏞也來到了杭州杜家。他開門見山地對杜父說，他將被派遣去香港工作，今天一來辭行，二來是向杜冶芬求婚的。

杜家父母感到非常吃驚，不僅因為兩位青年的保密工作做得非常好，事先未露出一點點風聲，更主要的是杜姑娘尚不足十八歲，怎捨得女兒婚後遠走香港呢？但是杜姑娘與金庸情深意篤，堅持締結婚姻。父母也只好遵從他們的意願了。

秋日的婚禮是盛大而奢華的。儀式在上海貝當路國際禮拜堂，婚宴在康樂酒家，洞房在國際飯店，都是上海檔次最高的場所。

數十年後，杜冶秋回憶起姐姐的這場隆重婚禮，曾經這樣說：「查哥哥當然要接受多種別樣的目光，但他始終面帶微笑，不卑不亢地朝四下點頭致意。一個二十來歲的外鄉人，在這等場合便具有如此沉穩的心理承受力，難怪日後是會幹出一番大事的。當時查家無人前來參加婚禮，因在海寧鄉下，又知婚禮按教會儀式舉行，所以托詞迴避。查家是望族，但那時已近衰落，故這一場婚禮花去了杜家的積蓄……」

那天，杜冶芬打扮得十分漂亮，她穿着雪白的婚紗，手挽着良鏞的手臂，沿着一條灑滿五彩繽紛花蕾的紅地毯，在鼓樂聲中緩緩走進大教堂的時候，她全然陶醉在無邊幸福裡。

新婚次日，小兩口回到了杭州，西子湖仍然像從前那樣秀麗嫵媚，杜家的小四合院仍然像當年那樣讓查良鏞倍感親切。他和新婚妻子在春雨蒙蒙中漫步遊覽西湖。滿覺隴、柳浪聞鶯，這裡曾是他們定情的地方，三潭印月、曲院落風荷和那有着古老傳説的斷橋，讓他倆沉浸在初戀幸福的回憶之中。

若干年以後，查良鏞在離杜家四合院不遠的九溪玫瑰園買下一幢大宅，雖然只是偶爾去住一住，此一時彼一時，他恐怕再也找不回當年的感覺了。

婚後第四天，查良鏞的父親匆匆從海寧趕到杭州。他是第一次見到杜冶芬，既驚嘆新兒媳的美麗，更佩服兒子的眼光。當天下午，老人就帶着兒子兒媳回了海寧老家。

家道中落後的查家，儘管早沒了往昔的榮華富貴，但查氏大院依然黛瓦粉牆，廳堂深深，顯示出與眾不同的森嚴。

冶芬發覺，良鏞對着他那居住了十多年，曾經充溢着父母親的愛撫和天倫之樂的屋子哽咽了一下……

送走了瞧熱鬧的親戚和鄰居，良鏞躲進了書房，杜冶芬一個人悄悄踱步。環顧「赫山房」四周，她覺得偌大的房子太幽靜了，似乎缺了孩子的笑鬧，少了些生氣。跨進「澹遠堂」，她翻了翻書櫃裡僅剩的幾本舊書，不知哪一本是良鏞曾經閱讀過的。「這裡是書房嗎？」她問，沒有人回答她。站在後院天井裡，她抬頭仰望着院牆外的藍天……這一切，覺得有些陌生，又有些熟悉，原來良鏞在文章中描寫過。

這裡是她的夫家。她感到很滿足：她畢竟嫁進了書香門第！

第二天，查良鏞陪她遊玩「龍頭閣」。龍頭閣在袁花鎮南端，因處於兩條水道分叉之間，就像龍嘴吐舌，所以別名「龍舌嘴」，嘴的左右環水建閣，匾額寫有「龍頭閣」三字，據說是良鏞的世叔公查昇的墨跡，還有世太公查慎行所詩：「崢嶸樓閣倚霄孤，烟雨闌桿竟日扶。掩冉山疑鱗隱露，微茫人在畫虛無。」龍舌嘴的西側有萬安橋，俗名叫丁家板橋，相傳是昔時為漁舟聚泊之處，夕陽西下漁人得魚，歸船搖曳，歌聲和櫓聲晚風中交合在一起，所以謂之漁唱。

袁花鎮雖小，卻有着杭州上海無可比擬的古鎮風情，她很快喜歡上了。她問良鏞：「你不留在杭州，不願意走斷橋，我還以為你想回查家橋了，你看，這兒多美呀！」

查良鏞回答新婚妻子：「袁花是我祖先的發祥地，也是我的出生之地，而我真正在袁花生活的時間還不到十五年，以前我很少回來，以致袁花、查家橋、這座大宅院常常出現在夢中……」他不說不回查家橋的原因，杜冶芬也明白：他有他的志向，他不會像父親那樣，把這兒當作人生旅途的終點，他要從艱難之林中開闢出一條道路來。

小兩口在大宅院裡度過了兩個良宵，然後告別長輩，徑直去了香港。離家時，查良鏞的父親給足了他們在香港定居的幾年生活費用。

「林歡」的溫馨生活

小夫妻到了香港，查良鏞在中環的香港《大公報》當編輯，沒有自己的住宅，便在灣仔租了一間臨街小屋居住。

香港位於中國南部、珠江口以東，西與中國澳門隔海相望，北與深圳市相鄰，南臨珠海市萬山群島，區域範圍包括香港島、九龍、新界和周圍二百多個島嶼。香港自古以來就是中國的領土，一八四二至一九九七年間曾受英國殖民統治，致力於貿易發展。對於英國來說，香港是遠東地區的樞紐，它有着四季不凍、港闊水深的絕佳特性。

顯然，那時候的香港還是一處處荒涼的小漁村，在杜冶芬眼裡，上海要比它繁華得多，與之相比，香港就好像是鄉下。身為杭州出生的大家閨秀，她喜歡恬靜而厭惡喧囂，所以長期以來，父親在上海坐堂巡醫，她隨媽媽一直住在杭州，喜歡上了恬靜的西湖景色。此刻，她給自己打氣，一定要努力克制，逐漸適應香港的生活。

初來香港時，查良鏞擔心新婚妻子不適應，他就陪她逛商店，逛維多利亞公園，去「快活谷」跑馬地觀看難得一見的賽馬。兩個人都有喜歡京劇，九龍的世界大戲院成為他們經常光顧的地方。

一天，夫妻倆來到銅鑼灣海邊。看着潮起潮落，查良鏞想起了故鄉的錢塘大潮。他說：「小時候做童子軍，曾在海寧乾隆皇帝所造的石塘邊露營，半夜里瞧着滾滾怒潮洶湧而來……」杜冶芬打斷他的回憶：「我在杭州看過錢塘大潮，聽說海寧才是觀潮勝地，那次一塊回家，你怎麼不帶我去看看海寧的大潮呀？」她嘟着嘴，不滿地說，眼底有一絲嬌嗔。

「將來我會帶你去的，晚上去，月光下的大潮才叫美麗呢！」海風吹來一陣涼意，查良鏞將妻子擁入懷中，殷殷地說。

香港有名的「八景」讓杜冶芬產生了好感，一種新的生活環境讓她從厭惡轉而漸漸喜歡上了香港。

為了多掙些錢，工作之餘，查良鏞還寫影評、編劇本，他用了一個筆名——「林歡」。

「良鏞，你為什麼把自己的筆名取為林歡呀？」有一天，她讀着他的文章，信口問道。

「你猜猜看。」他停下了手中的筆，抬頭望着妻子。

她忽閃着一雙大眼睛望着查良鏞，思索了一會，茫然地搖了搖頭。

「告訴你吧！林歡是我和你的共同體麼，我姓查，你姓杜，都有一個『木』字，雙木不是成『林』了嗎？」

「那麼這個『歡』字，怎麼說？」

良鏞笑了：「你不知道『男歡女愛』這個詞嗎？一個『歡』字，寓意咱倆甜蜜愛情的幸福生活。」

杜冶芬臉紅了，她已經體味到了「貧賤夫妻苦也甜」的歡樂，只要兩人長相厮守，她願意呆在香港，悄悄將返回杭州的念頭藏在心底了。⑤

「阿芬，我現在寫《大公報》以外的稿子，都是為我們將來的生活考慮。今後我用『林歡』的筆名寫稿子，需要你為我提供一些創作靈感，有了靈感，我寫起來得心應手，有你的支持，我才能夠妙筆生花，這樣潤筆豐厚了，咱倆的生活就會好一些，歡樂也就多一些了。阿芬，你要相

⑤ 憶初《金庸初見杜冶芬》，《杭州日報》，二〇〇〇年四月八日。

信我，我不會讓你長久住在租來的房子裡的。」查良鏞自信地說。

「謝謝你，良鏞，謝謝你的心裡始終放着我！」杜冶芬的眼神里充滿了感激。

「你別謝我，只要你多陪我看電影，多陪我聽戲就是了。阿芬，這也是我的工作，我希望你看了電影和戲劇以後，多談談你的不同意見，這樣，我就可以寫出許多影評和劇評出來。好嗎？」

香港電影有「東方好萊塢」之稱。五十年代初，香港電影產業蓬勃發展，大批量的內地影視從業人員紛紛湧入香江，同時期的東南亞勢力也過渡到香港，粵劇色彩的的戲劇片、文藝片、武俠片、喜劇片等等豐富著香港的電影市場。在影院、戲館裡，經常可見一對相依相從的夫妻身影。

杜冶芬喜歡胡蝶等影星的電影，回到家裡也喜歡談論她的觀後感。特別是夏夢和韓非主演的《禁婚記》，杜冶芬看了後更是感慨良多。那天晚上，杜冶芬從影院回家以後，和丈夫整整談論了半個通宵，話題始終沒有離開夏夢。她說：「一位上海少女初上銀幕就紅遍了香江，夏夢長得艷而不媚，貞靜平和，嫻雅大方，真可與西施相媲美。」

查良鏞接着說：「西施怎樣美麗，誰也沒見過，我想她應該像夏夢才名不虛傳。」

杜冶芬接過話題，叨叨不絕地說了起來：「夏夢的美麗在於她的氣質不凡，在於她擅演擅唱的表演，比如她扮演的霞芝……」

沒想到，妻子看了《禁婚記》之後，竟能對夏夢這位主演說出那麼多讓他耳目一新的見解。「好，阿芬，你的觀後感本身就是一篇影評了，明天我只要將你的話記錄下來，就是一篇好稿子了。這樣的文章見報，署上『林歡』的筆名，名副其實，再好不過了。」

兩日後，一篇署名「林歡」的影評《也說〈禁婚記〉》刊登在《新晚報》的「下午茶座」專版的頭條位置上。

一九五〇年朝鮮戰爭爆發，當時的《大公報》是可以內銷大陸的，但是一如其他的內地報紙，不可以報道朝鮮戰事；《大公報》為了及時報道戰爭消息，爭取香港讀者，於是籌辦另一份灰色的、政治旗幟並不鮮明的《新晚報》，一九五二年，金庸由《大公報》調往參與《新晚報》的籌辦工作。金庸在《新晚報》編副刊，又以「姚馥蘭」（取 your friend 的諧音）為筆名寫影評及多部電影劇本。

這時候，金庸和杜冶芬婚後的生活儘管並不富裕，但卻是溫馨的。

愛尚且存在不足

然而，溫馨的生活有時也會醞釀危機。事情源於查良鏞少年時就有的一個外交官之夢。

一九五〇年夏天，查良鏞想去北京外交部謀職，杜冶芬竭力阻攔：「這是你力不從心的，你的性格不適合在官場。良鏞，聽我的話，還是死了這條心吧！」

查良鏞沒想到妻子竟對他多年為之追求的理想如此輕蔑，他的自尊心受到深深刺痛，他發狠地一跺腳說：「阿芬，你別說了，有一天，我一定做個外交官給你看看！」

查良鏞前往北京，杜冶芬帶着滿腹的遺憾又回到了杭州，她才又有了家的感覺。一年前，她決定嫁給查良鏞的時候，父母曾對她追隨丈夫前去陌生的香港，表示了深深的憂慮，然而熱戀中的她，什麼也不顧，只相信她和查良鏞建立的小家庭一定會幸福，如今她才明白，愛情也需要環境，香港的生活不適合她。

回到小時候就看慣了的西湖風景裡，在娘家無憂無慮的生活，杜冶芬一住兩個月，不願意再回香港了。她給丈夫寫信：「良鏞：現在我才感到咱們還是在一起生活好。如果你在北京謀職不順利，那就請你馬上到杭州來吧。我相信你在這裡會得到自己滿意的職業。……」

果然，查良鏞在外交部謀職碰了壁，悄悄到杭州來了。「阿芬，咱們回香港吧！」查良鏞在《大公報》的工作沒有辭掉。

杜冶芬搖了搖頭說：「你還是辭了香港的工作，我們留在杭州吧！」自然，查良鏞不願意。

「既然你不願意留在杭州，不願意走斷橋，那你也該回海寧老家去，我跟着你一起去，一起走走查家橋！」杜冶芬大聲說。

杭州不留，海寧不去。在父親和丈夫的再三勸解下，杜冶芬十分不情願地跟隨着回了香港。重回香港，杜冶芬還是沒有合適的工作可做，加上她聽不懂粵語，沒有朋友可以交談，她感到寂寞難耐，無聊極了。讓她不滿意的事，莫過於丈夫拿黑夜當白天，一宿一宿不回家。查良鏞繼續在報館裡當編輯，工作繁忙不說，還得經常值夜班。正值青春的少婦，夜裡常常獨守空房，難以入眠。下班後一回到家，查良鏞倒頭便睡，拿白天當成了夜晚，夫妻倆說不上幾句話。久而久之，夫妻間有了一些口角。

為了改變這個尷尬的局面，查良鏞利用假日，帶着妻子去扯旗山觀看碧藍碧藍的維多利亞海，到赤柱山眺望晨曦日出；他和她還前往有名的「虎豹別墅」遊古跡，去鯉魚門觀賞當空皓月；有時他還攜她前往「宋皇臺」，一起尋古覓幽。所做這一切，查良鏞是為了使妻子愛上香港，讓她生活得不寂寞。他知道她喜歡杭州的西湖，便陪她去深水灣海邊游泳嬉戲。當然，小夫妻一同前去「快活谷」觀看香港膾炙人口的賽馬活動，會讓鬱悶的杜冶芬更加開心。她心中煩惱會隨着紛至沓來的疾奔馬蹄而消逝在歡悅的笑聲中。

一九五一年發生的一樁事改變了這個溫馨局面。查良鏞的父親被錯判槍斃了，這意味着斷了家中的經濟援助，杜冶芬心中的「書香門第」徹底崩潰了。悲傷中，查良鏞沒了攜妻遊玩的心情。日子恢復以往的寂寞，杜冶芬實在受不了，第二年春天她又一次離開香港，返回西子湖畔的娘家。

秋風又起，杭州西湖依然波光粼粼。幾個月里，查良鏞寫了無數封信，向她傾訴心曲，甚至向她求饒，請她原諒他的許多失誤，希望她回心轉意，回到他的身邊。然而，杜冶芬片言不覆。

一九五三年春，在杭州的妹妹結婚，查良鏞請假到了杭州。赴宴後，他去找杜冶芬。杜父對他說：「阿芬已經另有陪伴人，只好對不起你了！」杜冶芬不肯見他。

「這會也是一場春夢，一片流雲嗎？」查良鏞心問自己。他一個人靜靜佇立在西子湖畔，凝望着烟雨蒙蒙中的斷橋，耳邊忽然响起杜冶芬的聲音：「你不願走斷橋，也該回家去走走查家橋呀！」

一絲惆悵即刻從心頭掠過：她究竟不是我的人生伴侶，婚姻已經走到了盡頭，無法挽回了。

查良鏞在香港報上發表聲明，以杜冶芬沒生孩子為由，宣佈與她離婚。⑥

於是，單木不成「林」，男「歡」女愛不再，「林歡」由此消失。

⑥ 傳國湧《金庸婚變內情》，《旅伴》，二〇〇三年八月號。

這天，杜冶芬的弟弟杜冶秋正在人藝排戲，查良鏞突然來訪告知，他和杜冶芬已經離婚了。提起姐姐的婚變，杜冶秋一陣唏噓。他說：「他們離婚的主要原因，恐怕還是愛尚且存在不足。重回香港一年後，姐姐終於帶着滿腹遺憾回到了杭州，這一回，任父母怎麼勸說，她都不聽，還是留了下來。」⑦

細心的讀者發現，金庸的第一部小說《書劍恩仇錄》中關明梅的原形就是杜冶芬，關明梅的一顰一笑，似乎跟杜冶芬很相似：初戀時候不懂愛情，憑一時的衝動，稀裡糊塗地愛了，稀裡糊塗地嫁了。雖然是自由自主，卻無法做到自信無悔。

敘說當年情景，金庸是這樣描寫的——

關明梅心情歡暢，記起與丈夫初婚時的甜蜜，如不是袁士霄突然歸來，他們原可終身快樂。這些年來自己從來沒好好待他，常對他無理發怒，可是他對自己一往情深，有時吃醋吵嘴，那也是因愛而起。這時忽覺委屈的丈夫許多年，心中很是歉然，伸出手去輕輕握住了他的手。陳正德受寵若驚，只覺眼前朦朧一片，原來淚水淌入了眼眶。關明梅見自己只露出了一點兒柔情，他便感激萬分，可見以往實在對他過分冷淡，向他又是微微一笑。……

⑦ 葛霞《金庸諱莫如深的感情故事》，《新天地》，二〇〇八年第十一期。

其實，金庸曾經還是真心愛過她的。

對於兩人的分手還有一個傳聞，是杜冶芬有了外遇。對這個問題，金庸一直沉默，直到七十四歲時他對記者說：「現在不怕講，我第一任太太 Betrayed（背叛）了我。」他說：「第一次結婚的時候，她很愛我，我很愛她，但以後我們卻離了婚，你問我後悔不後悔，我說不後悔，因為在當時條件下，大家好真心真意的，事後變化，大家沒辦法知道。」⑧不管怎麼說，這場婚姻最終是這個結局：夫妻不能共患難，只得分手。

幾年後，金庸在《倚天屠龍記》中，殷素素死時對張無忌說：「漂亮女人說的話不可相信。」好友倪匡評說金庸留下一個謎團：說這話，他被美人騙過嗎？

寫書人看過一張當年他們的結婚照，杜冶芬長得秀眉皓齒，似乎比劉亦菲還要漂亮，「俏黃蓉」翁美玲也很像她。

⑧ 星島《「香港四大才子」情史》，《廣州日報》，二〇〇八年八月二日。

二、待香港回歸了，我跟你回查家橋去——第二任妻子朱玫

一九五九年五月二十日，金庸與沈寶新合辦的《明報》創刊。同一天，《神鵰俠侶》在創刊號上開始連載。小說裡，小龍女自小也就養成了孤高清冷，不諳世事，癡情重義的性格，有可睡繩床的本事。她一襲白衣，又是冰雪性情，更顯得她超凡脫俗，無與倫比。然後整部小說從頭到尾沒有提到她的名字，那她到底有沒有名字呢？還是作者故意隱去她的名字？如果是作者故意隱去的，那麼是出於什麼原因呢？

金庸不否定，「小龍女」曾是他的第二任妻子朱玫，金庸與她可說是患難夫妻，有過近二十年同甘共苦的時光。金庸的四個子女全是朱玫生育的。

找上門來的女學生

一九五五年二月八日，《新晚報》在第一版刊登啟事：「……今天起增加兩個新的連載：其一是金庸先生的武俠小說《書劍恩仇錄》……」金庸開始寫武俠小說事出突然，原因是《新晚報》武俠小說作家梁羽生（本名陳文統）在寫完《草莽龍蛇傳》之後，新派武俠小說暫停，引起讀者

不滿，於是《新晚報》「天方夜譚」版編輯及總編輯羅孚（本名羅承勳）一齊向金庸鼓動。可是，他從來沒寫過武俠小說，甚至任何小說也沒有寫過，所以遲遲不敢答應。最後抱着試試看的想法，他還是寫了。

《書劍恩仇錄》第一集，從一九五五年二月八日起，他的《書劍恩仇錄》在《新晚報》「天方夜譚」版開始連載，署名「金庸」，作為武俠小說家的金庸正式出場，「鏞」字拆成兩半就是「金庸」，他自稱「沒有什麼含意的」。從此人們往往只知金庸而不知查良鏞。這一年他已年過而立，離開故鄉已近七年，但故鄉在他的夢裡夜夜縈回，母親、父親、兄弟姐妹，故鄉的風物人情、民間傳說深埋在一個漂泊異鄉的遊子心中。當他凝神追思，寫下生命中第一部長篇小說時，他想到的就是遙遠而親切的海寧，海寧潮和那些古老的傳說，那是美麗得化不開的鄉愁。人生是什麼？也許人生就是懷着鄉愁的衝動到處尋找家園的過程。

家鄉海寧一直流傳着這樣一個故事，清朝的乾隆皇帝本是海寧陳閣老的兒子，雍正皇帝生了個女兒，用偷樑換柱的調包計換去了陳家的兒子，因而乾隆實際上是漢家的血統，這傳說越數百年而不衰，從小就銘刻在金庸的心田里。由此演繹出一曲家國恨、兒女情的蒼茫悲歌，江湖、江山、英雄美人、民族恩仇……一一浮現出來。他曾不無深情地說：「我是浙江海寧人，乾隆皇帝的傳說，從小就在故鄉聽到的。小時候做童子軍，曾在海寧乾隆皇帝所造的石塘邊露營，半夜里瞧着滾滾怒潮洶湧而來。因此第一部小說寫了我印象深刻的故事，那是很自然的。……歷史學家孟森做過考證，認為乾隆是海寧陳家後人的傳說靠不住，香妃為皇太后害死的傳說也是假的。歷史學家當然不喜歡傳說，但寫小說的人喜歡。」

而在《書劍》中，陳家洛與兩位少女的愛情悲劇，更是作品中最讓人印象深刻的情節。這兩位女主人公，性格的各異非常典型：才幹出眾、個性鮮明的霍青桐，和美麗絕倫、天真純潔的香香公主喀絲麗。在這部小說中，金庸通過陳家洛在兩位少女中的抉擇，寫出了他個人性格悲劇；霍青桐至今仍是他筆下最受喜愛的女性之一，而香香公主雖被譏為「花瓶」、「木頭」，但是，對她的「美」的描寫，也令人難忘——這樣完美無瑕，純真清澈的女性形象，已開金庸小說中的女性「美」之先聲。

影評家林歡搖身一變成為小說家金庸了。

夏天，金庸應邀前往香港皇家大飯店參加文化界的一個聚會，走進電梯按了十一樓，裡面早已站了一位身穿灰色外套搭配黑色長褲，背着學生包的姑娘。沒想到電梯中間出了故障，停在一半，上下不得，門又打不開，女學生急得捶打四壁，外面根本毫無動。金庸倒不慌張：「小姐，沒有用的，這裡面完全隔音，我想會有工作人員發現的，我們還是等吧。」女學生生氣了：「你堂堂大男人怎麼這樣懦弱，你只知道靠別人嗎？我看能不能爬到頂棚上去打開，你蹲下。」金庸也不生氣，乖乖蹲下，她踩着他的背爬到電梯頂：「根本打不開，我要下來了。」金庸猛地站起，女學生失去平衡，重重摔了下來。「你，好沒眼力，我的腳，啊呀。」金庸忙看了看，笑道：「沒事，只是普通的扭傷，我學過幾天按摩，我來幫你。」徑直過去，脫下她的高跟鞋，在腳腕處拿捏了几下，她居然馬上不疼了。

看着眼前這個又好氣又好笑的男人，女學生感到了一陣異樣，彷彿天地間只剩下他兩個。她笑中帶怒：「我叫朱露茜，你叫什麼？」金庸露出憨厚一笑：「我叫林歡，大公報編輯。」最後兩人從電梯裡走了出來，而如此戲劇性的相識，讓朱露茜想忘也忘不了。後來，在朱露茜的建議下，金庸把兩人相識的場景改頭換面，寫進了他一部著名的小說裡。

過了一個星期，金庸收到一封來信，信中說：「我是朱露茜，常常被你的武俠小說迷了心竅，忘了學業……有時間，想與你再見面。」金庸連她的名字也不看，將信丟在一邊。過幾天，女學生又來一信，信中提出一個要求：「我快畢業了，想當記者，想讀你的連載小說，就做你的學生吧！」這回，金庸看了看她的名字：朱露茜，仍然不理睬她，不給她回信。大約過了十來天，女學生找來報館，賭氣地說：「你如果再不見我，那好，我不念書了，呆在你們報館，天天讀你的小說。」

無奈，金庸投降了，答應經常與她見面才將她勸回學校。

見面多了，朱露茜問他，還有沒有寫過其他的小說。說：「在寫《書劍》之前，我從沒有寫過任何小說，短篇的也沒有寫過。模仿《紅樓夢》的地方也有，模仿《水滸》的也有，陳家洛的丫頭喂他吃東西，就是抄《紅樓夢》的。」

四個月後，朱露茜從香港大學畢業，並且很快在《商報》當上了見習記者，成為該報最早也是惟一的女記者。這位小姐心地極高，人又長得十分漂亮，在男子漢世界的報館裡顯得光彩照人，不是用「一枝花」之類的讚詞可以說盡的。

《新晚報》和《商報》是競爭對手，也是合作伙伴。再說，金庸與朱露茜經常見面，自然關係密切。《商報》見金庸的武俠小說炒紅了報紙，見着眼熱，便也想搞武俠小說連載，寫手就瞄上了金庸。朱露茜一說，金庸沒有推辭。於是，他接着寫第二部武俠小說《碧血劍》。

一日上班，見辦公室桌子上擺着一張便條，上面寫道：「金庸先生：今晚聖誕之夜，港人文化中心有一場隆重的爵士樂舞會，請你賞光。」署名「露茜」用英語寫。

金庸從沒跳過舞，有些驚慌，但晚上還是去了九龍尖沙嘴附近上課。

「我可缺少跳舞的細胞呀，只能坐旁邊聽聽音樂了。」一見面，金庸抱歉地說。

「不，現代青年應該學會跳舞，我來教你。」朱露茜將金庸拉進了舞池。

朱露茜拉近金庸，她的手似乎特別有粘勁，她的身高只比金庸稍矮一點，作舞伴挺般配。不知是化妝品還是她身體的氣味，散發出一種淡淡的馨香。透過衣服，女孩的線條看得十分清楚，金庸感到難為情。

「身子不要僵。」金庸並沒有感覺自己是僵直的，但不知怎樣做才能柔軟，任女孩摟着轉動。兩張臉相對着，他聞到了她呼吸的氣息，甚至感受到了她的曲線美和體溫。露茜又把手從他的背部挪到腰部，摟得更緊了。「跳得有些輕快了，就是這樣跳。」她說，從眸子裡表現出的細微感情都逃不脫金庸的探測目光，畢竟他是一個有過婚姻經歷的人。

露茜更加緊緊地摟抱住了金庸，她忘記了自己是教練，眼睛微微地閉着，合着節拍隨意地帶動着金庸。她的舞步頗有些男人的風度，這也許是由於她帶着別人跳的緣故吧！

此刻，金庸歡喜的心發抖了，好像一個在大海上飄流了很久的人突然發現了陸地一樣。

一曲舞畢，一曲又起……爵士樂舞曲巧妙地叩開了金庸心底的大門。

後來，為了寫關於舞蹈的文章，金庸和朱露茜還一塊去學習芭蕾舞。「在芭蕾舞裡，男人把女人舉起來，是非常重要，可是非常難的動作，時間要絕對的準確，必須『舉重若輕』。有一次練習，教師叫我一位朋友把一位小姐舉起來，叫他的手拿住她的腰。這位小姐很美，但腰不大細，那位朋友偷偷對我說，『舉起已經很難了，我還有一件困難，根本不知道她的腰在什麼地方。』」⑨

朱露茜與杜冶芬相比不一樣，她是受過高等教育的知識女性，有相當的英語水平、工作能力，而且個性堅強，能拼能幹。被知識武裝起來的女性，往往呈現追求理想、不甘雌伏的精神面貌。金庸欣賞朱玫的大概是這一點。

朱露茜的父母都是華僑實業家，家境優越。她出生在英國，所以有一個英式名字，可她覺得名字太小氣，後來就改名叫朱玫，因為她要做一朵帶刺的紅玫瑰，讓天下男人不敢輕視。朱玫從小受到良好的教育，英文很好，聰明能幹，曾經是香港最著名的女記者，在報界也是眾星捧月，追求者雲集，而朱玫心高氣傲，一概看不起，她覺得自己要嫁一個真正的奇男子。

而她和金庸的相遇，也算一段奇緣。

一九五六年五月一日，金庸與朱玫結婚。那一天，她短髮、圓臉、長眉，戴耳環，穿旗袍，秀麗而典雅。這年，金庸三十二歲，朱玫二十一歲。

⑨ 金庸《舞蹈雜談》，《大公報》〈三劍樓隨筆〉，一九五六年十二月十九日。

「查良鏞，祝賀你娶了位有貌有才的新娘！」

「朱玫女士，祝福你從此實現了自己的理想。因為沒有什麼比金庸先生更適合你了，你喜歡文學，他是一個作家，真是太適合了！」

「朱玫，我真替你高興，從現在起，查先生寫武俠小說，你在他邊就了第一個讀者了！再也不必跑到街頭去搶買載有查先生小說的報紙了！」

「真是天設地造的一對。正應了那句『紅袖添香讀書』的古語了！」

婚宴設在香港美麗華酒店。朋友們發現新娘子朱玫竟然如此漂亮標緻時，不自地一陣喝彩。金庸陶醉在無邊的幸福裡，他沒有想到經過一段時間的失意之後，他終於又找到了心上人。

在九龍堅尼地道二號，可以尋見他們當年租住的香巢。⑩

因為當年不顧父母反對，執意嫁給窮小子金庸，朱玫已經和父母疏遠了，再也沒回過英國，生活雖然辛苦，卻也其樂無窮。那段日，朱玫覺得人生的一切都是那麼美好。

一年後，金庸當爸爸了。朱玫為金庸生下了第一個孩子，長子查傳俠，金庸的歡樂可想而知。後來，朱玫又生了次子傳倜，還有兩個女兒傳訥和傳詩。

⑩ 竇應泰《俠聖奇情》，台海出版社，二〇〇五。

同甘共苦的「查太太」

一九五六年秋天，金庸從《新晚報》回到了《大公報》，《新晚報》是《大公報》的子報。

金庸、梁羽生和另一位武俠小說家百劍堂主，既都寫武俠小說，又是同事，平時來往甚多，於是在香港武俠小說界有「文壇三劍客」之稱。《大公報》一位編輯便出了一個主意，開闢一個專欄《三劍樓隨筆》，請他們合寫一些散文隨筆性質的文字在報上發表，輪流刊載。於是《三劍樓隨筆》於一九五六年十月開始，在《大公報》副刊上刊載，每日一篇。

關於這個專欄的性質與定位，金庸曾在他為這個專欄寫的第一篇文章《「相思曲」與小說》中做了這樣的闡述：

「你或許是我寫的《書劍恩仇錄》或《碧血劍》的讀者，你或許也看過了正在皇后與平安戲院上映的影片《相思曲》。這部影片是講一位美國歌唱家的故事，和我們的武俠小說沒有任何共通的地方，但我們這個專欄卻是上天下地無所不談的，所以今天我談的是一部電影。也許，百劍堂主明天談的是廣東魚翅，而梁羽生談的是變態心理。這一切相互之間似乎完全沒有聯繫，作為一個隨筆與散文的專欄，越是沒有拘束的漫談，或許越是輕鬆可喜。」

如他所言，金庸在這個專欄裡信筆揮毫，無拘無束，看似東拉西扯，其中卻蘊涵着他對人生對世事的觀察與思考。在輕鬆瀟灑的文字背後，金庸透露了他的散文才華。

但沒過多久，他離開了《大公報》，進入長城電影公司，時間約在一九五七年。

金庸傳說中一段相當浪漫的情史，也發生在這一時期。據金庸當年在電影公司的同事回憶，他曾愛上一位美麗的著名女星，而是否得到佳人青睞，則說法不一。傳說，這位美麗的女明星，便是當年「長城」的一號當家花旦夏夢。而後來金庸創辦《明報》後，為夏夢所寫的報道和評論，似乎有意無意地印證了這一點。沈西城先生的文章認為，在金庸之後的小說中的美麗女主人公，如《射鵰英雄傳》中的黃蓉，《天龍八部》裡的王語嫣，《神鵰俠侶》裡的小龍女身上，都可看到夏夢的影子。

情由心生，本是無可確證的事，朱玫並不理會這一傳說，因為此時夫妻倆正為一個新的目標打拼。

以金庸編劇、稿酬及工作的收入，他本可以給朱玫一個好日子過。金庸卻突發奇想，創辦報紙。對於這個決定，誰都知道風險性極大。在當年的香港曾經有一種誇張的說法：「如果你與一個人有三世仇，就去勸他辦報紙。」

對於金庸的決定，朱玫沒有提任何反對意見，就這樣與他一起上路了。朱玫受過良好的教育，英語也相當不錯，工作能力很強。要說當年的朱玫也是二十出頭的女孩子，正是享受生活的花樣年華，她卻心甘去完成金庸的夢想，創辦一份自己的報紙。

夜晚，金庸與愛妻在枕畔喁喁細語，討論着新報紙的名字。金庸說：「這張報紙應該不受任何束，還得發表武俠小說，你說，取名『野馬』好不好？」

朱玫思索了一會，忽閃着大眼睛望着丈夫，搖了搖頭：「『野馬』聽起來好，就是俗了點，跟街頭小報差不多。我覺得，你要辦的報紙不是嘩眾取寵，只供社會下層人士消遣的低俗小報，應該是一張有品位有特色的大報。」

一九五九年五月二十日，金庸和老同學沈寶新合伙創辦的《明報》推出創刊號，金庸身兼主筆和總編輯之職。朱玫呢，她成為自家報館裡唯一的女記者。

同一天，金庸的《神鵰俠侶》開始在《明報》連載。

初創時期，《明報》的銷量不盡人意，兩人的經濟不好，夫婦倆殫思竭慮，整天精打細算地過着日子。

年關將近，報社沒錢了，印刷費可以跟印刷廠商量拖欠着，可幾個職員的薪水是萬萬不可拖了。金庸無奈地對沈寶新說：「既然辦不下去了，就停了吧！」朱玫在旁聽了，大聲對丈夫說：「報紙不能停，我有辦法讓大家度過年關。」第二天，朱玫將兩疊厚厚的港元放在金庸和沈寶新的面前：「今天是舊曆小年了，快把員工的薪水發了，好讓他們回家過年。」金庸驚愕地望着妻子，一時怔在那裡。

見到妻子無名指上的鑽石戒指沒了，這可是金庸為她在摩羅街首飾店訂製的結婚紀念品啊！他才知道，妻子將它低價出售了。

「阿玫，無論如何你不該背着我出售那枚鑽戒呀！」金庸一副痛心疾首、難過落淚的模樣。

「老公，你別着急，只要報館還在，將來有了發展，可以再買新的。」朱玫覺得，《明報》是她和丈夫的精神寄托，她作一點犧牲，保住了困境中險些倒閉的《明報》，對她對丈夫都是一種安慰，很值得。她心裡踏實。

當時，報社在港島中環，他們的家則在尖沙嘴，往返得搭乘渡海小船。有一段時間，深夜下班時小輪船停航，要改乘俗稱「嗶啦嗶啦」的電船仔渡海。如果要即到即開，船費要三元，否則就要等到六個人登船才開航。

半夜時分，早過了十一點鐘，天上突然下起了雨，夫妻倆挨着冬夜寒風，還在候船。見妻子冷得渾身打顫，金庸再次催促她：「阿玫，上船吧！」

「不急，再等一會吧！」朱玫望一眼在雨中拉她上船的丈夫，往後退了一步，站在細密如麻的雨中，說：「再等幾個人吧，那樣咱就可以節省幾塊錢了。」

金庸心疼地望着妻子，將自己的外套脫了披在她的身上。一會，總算等來了幾個上船的人，夫妻倆才相擁着一塊上了船。

夫婦倆苦苦支撐着。

《明報》老職員回憶說，金庸有時工作到下午，實在太疲勞了，就喝咖啡來提一提神。開初一人一杯，可在經濟收入最困難當兒，他們常常只叫一杯咖啡，然後兩人你推我讓地分着喝。同事們對這幅親密無間的甜美情景萬分羨慕。

他們的第二個兒子就在此時降臨了。產後第十二天，朱玫將嬰兒交給了乳娘，不顧金庸的勸阻到報館上班。因為資金太緊張，連她在內報館只有四名採編人員，她一休假，時政新聞版的採編只得由金庸自己承擔了，他既要做白班還要值夜班，有時候連休息吃飯的時間也沒了。朱玫為了不讓丈夫太勞累，便提前上班了。

那時她很辛苦，除了忙報社，照顧孩子買菜燒飯也是她的事情，每天忙完報社再渡海趕到家裡照顧孩子。

一九六二年五月，祖國內地因為遭受三年自然災害，一些廣東農民忽然湧進了香港，很快演變成了一大新聞熱點。剛剛生下第二個孩子的朱玫，不顧虛弱的身體，獨自趕往臨近梧桐山的羅湖邊境採訪。

朱玫看到移民棲身在山坡的一片樹蔭裡，沒有遮雨的棚子，沒有御寒的被褥，這些全被沒收了。手執警棍的英國警察在移民營前左右巡視，驅趕著不聽話的人。

於是，她記錄下許多真實情景，拍攝了許多現場照片。

金庸讀着妻子寫的報道，看着一幅幅令人發指的照片，他忽然意識到時機到了，朱玫已經替他找到了突破點，他要發聲，讓《明報》站在這次事件的最前列。

第二天，朱玫的報道和照片刊登在《明報》第一版和第二版，還有金庸撰寫的社論《火速救命！》，在香港報界發出了讓世人驚嘆的聲音。這天的報紙由小四版變成大四版，字數增加一倍以上，加之配發了大量照片，面目一新，很快被市民搶購一空。

緊接着，《明報》的視角仍然瞄着「五月逃亡潮」事件，旗幟鮮明地站在內地同胞一方，在體現民眾呼聲、鼓動社會捐助的同時，揭露了英港當局的冷漠面孔。從是年五月十二日起，幾乎每天都作頭版全版報道。由於這種關注，按現在的話說是「炒作」，《明報》的發行量由萬餘份飆升到四萬份。其真善和勇敢的形象，深入民心。作為選題策划者，金庸的生意頭腦和俠義心腸於此又見一斑。

此時，《明報》才開始找到自己的方向和定位。「難民潮」結束之後，《明報》一改報格，從一份側重武俠小説、煽情新聞和馬經的「小市民報章」，提升到一份為讀書人、知識分子接受的報章。到一九六三年，《明報》已完全擺脱財政窘境，平均日銷量是五萬份。《明報》已經被視為一份擁有獨立報格的知識分子報刊，贏得很高的清譽。

一九六八年的《明報》編輯會議記錄表明，朱玫常以「查太」身份出席。《華人夜報》創刊，她擔任社長，之後，還是《明報晚報》的採訪主任。

下班以後，夫妻倆像往日一樣走進英國人開設的「麗池」咖啡館。「先生，還上一杯咖啡嗎？」侍應生習慣性地問道。

「不，請上兩杯！」朱玫搶着回答。如今，不必為了報館窘境而節衣縮食了，《明報》很賺錢了，他們已經是有錢人了。

喝着咖啡，金庸慶幸自己娶了一個多麼理解他、支持他的妻子，一個多麼能幹、能同甘共苦的妻子。

一九六六年，金庸親任剛剛創辦的《明報月刊》總編輯，整天在大辦公室裡工作，幾乎無暇顧及家庭。這正是金庸的孩子們一個個誕生，又一個個嗷嗷待哺的時期。既然形勢大好，朱玫更多的精力放在了相夫教子上，天天在家做好飯菜，過海送來，幫忙料理。

一九六八年的《明報》編輯會議記錄表明，朱玫常以「查太」身份出席，有時稱「查社長夫婦」，有時稱「查社長、查太」。

《華人夜報》創刊，朱玫擔任社長，之後還是《明報晚報》的採訪主任。一九六九年五月二十日，《明報》十周年報慶，在文華酒店舉行宴會，她身着玫瑰紅的禮服，燙頭髮，滿有精神地與丈夫一起出席，迎接嘉賓。在合影時，他們夫婦和沈寶新夫婦坐在一起，一對小兒女傳俠和傳詩蹲在他們前面，一個幸福完整的家庭。⑪

一九六九年十月，金庸的《鹿鼎記》在《明報》連載。朱玫第一次聽說金庸家史，十分驚異，問他：「你什麼時候帶我回內地，上你家去見識一下呀！」

金庸沉默，不語。朱玫催他：「你告訴我，啥時回老家看看呀？」

金庸回答：「也許，得三十年以後吧！」朱玫着急了：「怎麼久啊？我可等不及啦！」金庸

⑪ 傅國湧《金庸傳》（修訂本），浙江人民出版社，二〇一三。

顯得無奈：「三十年以後香港歸還中國了，我們才能一塊回去。」

朱玫有些激動：「好啊！哪一天香港回歸中國了，我們一同回家去，走走查家橋！」

一九七六年一月《明報月刊》十周年，金庸寫下《「明月」十年共此時》，回憶「明月」初創，「我妻朱玫每天從九龍家裡煮了飯，送到香港來給我吃」，筆下充滿溫情。⑫

這一變是愛情的隱蔽的危機

朱玫將越來越多的精力投放在報業。然而，報業也不是一帆風順。作為一九六七年創辦的《華人夜報》社長，她與總編輯王世瑜常常意見不合，最終引發了《華人夜報》因王世瑜辭職並帶走大量得力工作人員而被迫停辦。面對這一切，剛愎自用的朱玫不檢討自己，反而還怒於金庸。結果，他們大吵了一通。後來，她參與辦的《明報晚報》雖曾興旺一時，終未能強盛長久。隨着《明報》形勢的好轉，她和金庸的分歧越來越明顯了。

朱玫下決心放棄她所喜歡的新聞記者職業，回家當一個「全職太太」。這時候，金庸和朱玫已有四個孩子，最大的才十四歲，最小的僅五歲，孩子們需要媽媽的親自照看。

⑫《金庸回憶第一段婚姻含淚》，《北京青年報》，二〇一三年六月二十八日。

為了管好孩子，也為了緩和一度緊張的夫妻關係，朱玫給自己訂下了「約法三章」：不進報館，不過問財務和人事，跟丈夫少談報館的事務。她盡量把自己安排得很忙碌：早晨早早起床準備早餐，然後送兩個孩子到離家很遠的學校去上學，上午在家彈鋼琴，中午親自下廚做飯，下午則去游泳。晚上，侍候孩子們吃完晚餐後，她一邊在燈下等候丈夫下班回家，一邊輔導小女兒的幼兒課程。

家庭生活是甜蜜的，然而，朱玫的好強性格使她不甘心做一個長期沉溺於小家庭的女人。她盼望着小女兒傳訥進入小學以後，自己再回從前的生活，即便不當記者，朱玫也想潛心做一個女編輯。

「孩子們已經長大了，我再也不願意呆在家裡了。讓我再去報館，肯定會比那些年輕記者強，因為我會抓新聞線索，還是讓我回報館上班吧！」她對金庸說。

「阿玫，還是等等再說吧！」朱玫的多次要求都被丈夫三言兩語回絕了。

又一個春天，金庸終於扭不過朱玫的糾纏，答應了她的要求。

回到《明報》報館，一開始，朱玫埋在稿紙堆裡，一副資深老編輯的樣子，很快博得了同仁們的好評。然而不久，她對編輯工作的興緻和熱情一下子消失了，老板太太的盛氣凌人盡致地表現了出來。在報館，她會突然向編輯同仁或年輕記者發火，甚至破口大罵；回到家裡，她又會無端地打罵孩子，將鍋罐碗盆砸碎，丟在屋裡地面上。

朱玫的性格變得越來越暴躁，再也不是從前那個柔情依依的女大學生了。

金庸不止一次地說過，《神鵰俠侶》的情愛是最美麗的。細心的讀者發現，這部小說中黃蓉的原形就是朱玫。金庸筆下的黃蓉是一個天仙般聰明靈秀的女子，她與郭靖的愛情，也一向被子認為是天地間最美滿的愛情。可是，在《神鵰俠侶》的第一回中，金庸為我們輕輕地揭開了他們夫妻生活的一角，使我們看到如下的情形：

（黃蓉）性子向來刁鑽古怪，不肯有片刻安寧，有了身孕，處處不便，甚是煩惱，推源禍始，自是郭靖不好。有孕之人性子本易暴躁，她對郭靖雖然情深愛重，這時卻找些小故，不斷跟他吵鬧。郭靖知道愛一如既往脾氣，每當她無理取鬧，總是笑笑不理。若是黃蓉惱得狠了，他就溫言慰藉，逗得她開顏為笑方罷。

這一段描寫，當然不能看成是對郭、黃婚姻與愛情的正面破裂的表現，但從這一側面，我們卻能看出黃蓉的生活態度及情感方式的細微變化。這一變化也可以看成是她的愛情的隱蔽的危機。

當時《明報》的社址是設在北角英皇道。金庸在報館做得累了，就常去附近的一間餐廳飲杯咖啡，這間餐廳在北角麗池附近，金庸每日都會「到此一遊」，獨自喝悶酒。

於是，十六歲的女侍應生走了過來。

「神鵰俠侶」有了新組合我該退場了

日子一天天過去，一轉眼就好幾年了。

朱玫常常失眠，嘆息。過去她似乎聽人說過，愛情既是甜蜜又是痛苦的，她還覺得，甜蜜是必然的，痛苦又怎會呢？現在她才理解這痛苦的含義。

她的脾氣越來越暴躁，經常找機會和他吵架，把家裡鬧的雞飛蛋打，在公司裡也時常和同事發生衝突。也許，她的佔有慾太強，她要主宰他，調度他。這樣的性格，年輕時也許可，可到了中年時年老色衰，就只會招人討厭了。甚至她的兒女也對她生疏了。

金庸習慣每晚返回報社寫社評，最近卻很少出現在報館，只是叫一名後生將他定好的稿子送去《明報》編輯部。朱玫看出了些苗頭，就順藤摸瓜，終於在跑馬地發覺了丈夫的外遇。

原來，金庸去餐廳喝酒的次數多了，女侍應不給他喝酒，也不問他喝什麼，主動給他沖上一杯咖啡，站在一旁跟他聊天。其後，感情發展一日千里，兩人像脫了韁的野馬收不住，竟然在跑馬地共築了愛巢。

這時，金庸心中一直幻想的小昭、雙兒出現了，於是，婚姻走到了盡頭。

朱玫提出了離婚。儘管金庸也覺得他倆的婚姻很難再維持下去，可還是堅持拖一拖，給對方多一點兒時間考慮。

「阿玫，都是我不好。」儘管移情別戀已成事實，畢竟同甘共苦過，還一起生育了四個孩子，金庸欲挽回這段婚姻。

「良鏞，什麼也不要說了，我知道咱們分手只是遲早的事情。」朱玫經過幾天激烈的思想鬥爭後，終於認識到一個嚴酷的現實：最近幾年因她性格而引發的夫妻芥蒂，終於破壞了她當年以心血澆灌的感情基礎。金庸有今天的出軌，她自己負有一定的責任。她曾經幻想，從今以後改變自己，讓金庸和她再回到從前「一杯咖啡兩人喝」的恩愛時光。「可是，環境已經改變，生活不再是從前，我還能找回從前的自己嗎？」她一遍遍地問着自己，又一遍還遍地搖了搖頭。

「阿玫，我們莫非沒有挽回的餘地了嗎？」金庸仍然不甘心。

「你難道忘了『捆綁不成夫妻』這句古訓。『神鵰俠侶』已經有了新的組合，我得退場了！」

朱玫出奇地冷靜。

「退場？怎麼，你真的要離婚？」儘管此前金庸的感情生活出了軌，不過，他和阿May在一起只是在煩惱中作一次心靈的交流，有一個寂寞的開導，並不打算和妻子離婚。說白了，那只不過是一場風花雪月的遊戲。

在他心中，如日中天的《明報》有妻子的一半功勞，四個孩子也不會離開母親的。

朱玫鄭重地點了點頭：「是的，除了離婚，咱們還有什麼選擇呢？」

「阿玫，你難道不能原諒我的過錯嗎？」金庸用目光乞求着。

「你以為我會原諒你嗎？你以為什麼事情都可以原諒嗎？告訴你，對於感情上不忠的男人，我是絕對不會原諒的！」朱玫說完，頭也不回地拂袖而去了。……

一九七六年十月，十九歲的長子查傳俠在紐約哥倫比亞大學自殺身亡。無疑，父母的離異風波對他的心情一定是有影響的。他曾多次勸諫父親，卻無法改變事實。讓他意料不到，他的死反而激化了父母的離異進程。⑬

有記載說，朱玫提出了一個苛刻的離婚條件：阿May必須扎輸卵管。只有這個條件得以滿足，我才同意在離婚書上簽名。⑭朱玫真不愧是個深謀遠慮的女能人，她這麼要求自有其真義在：這樣，她的子女在金庸家庭的地位就永遠不會受到挑戰和威脅。

金庸答應了。他筆下塑造了無數纏綿悱惻的情種，他也曾以為楊過、段譽們的無限深情，就

⑬ 船海《金庸鮮為人知的一面》，《名人傳記》，二〇〇〇年第七期。

⑭ 趙朕《名人的往事與人脈》，在線讀書網。

是自己的無限深情。然而，事實讓他清醒了，自己不是楊過，自己畢竟只是個凡人。凡人的一切他都有，包括見異思遷。

《雪山飛狐》可說是金庸小說中結構最巧妙用心的一部，甚至有一個被人傳誦多年的「開放性」結尾——主人公胡斐迫於誤會，不得不與父親好友、愛人之父苗人鳳決戰，最後一刀，砍則殺死對方，不砍則自己送命，在這個節骨眼上，金庸竟此擱筆，留下無限空間任讀者想像。一時間整個香港都在議論：「胡斐那一刀，究竟砍還是不砍？」而金庸本人對此的說法是：「寫到最後，胡斐的矛盾，就變成了我的矛盾，同時苗人鳳的痛苦，也成了我的痛苦，這兩人如何了斷恩怨情仇，連我也決定不了，所以胡斐那刀到底砍不砍下去，我無法知道……」

金庸與朱玫簽了離婚書，金庸又將離婚書撕了，對朱玫說「我們不要離婚了吧！」朱玫不接受，她說：「離都離了，不要再搞回頭的事情了。」

二十年的夫妻情怎麼一夜間就歸於零了呢。

金庸朱玫離婚前住在香港渣甸山上一座三層別墅裡。其中一層做了金庸的書房，書房面積倪匡說是二百多平米，沈西城說是一千多呎，且「門前有一個很大的花園」。⑮曾受金庸知遇的林行

⑮ 沈西城《金庸與倪匡》，利文出版社。

止先生也談過這個花園：「記憶中查宅花園中還有一儲書室。」[16]在人多地狹的香港，怎麼也算是大宅子了。渣甸山一地的地價、房價，更是難以估量。金庸與朱玫離婚時，具體的財產分割情況，外人難能盡知。可以確定的是，這幢別墅，金庸留給了朱玫。

十幾年以後，香港灣仔律敦治醫院，一間讓人不會注目的普通病房。朱玫放下了手中最新一期的明報。幾十年來，無論生活如何窘迫，她都要收集每一期明報，那裡有她前半生的心血和最美好的回憶。她知道自己的日子不多了，長年的肺病折磨已經耗盡了她生命的活力，她已經沒有精力再支撐下去了。

有一天，一位朋友來看她。朱玫沉默了一陣，說道：「謝謝你能來看我，希望你不要把我在這裡的消息告訴別人，包括金庸和我的兒女們，我只想平靜地走完人生最後一段路。如果真的有來生，我還會這麼執着嗎？是的，即使凋零，我還是一朵帶刺的紅玫瑰，永遠都是。」朱玫一生爭強好勝，她不願乞求憐憫，也不願讓人看到自己落魄的模樣。鄰居們都不知道她就是曾經的金庸夫人，而這次住院，她登記的也是假名。

一九九八年十一月八日，朱玫在此病故，享年六十三歲。

香港女作家林燕妮說：「金庸第二位太太朱玫，是與他共同打江山的女強人，美麗能幹，他

[16] 林行止《書癡》，《萬象》雜誌，二〇〇四年六月。

們生下兩兒兩女。也許英雄見慣亦尋常，婚姻中少了互相欣賞，再加上其他原因，終於分手了。」林燕妮認為，朱玫是「性剛之人」，這種好強的個性與金庸十分類似。艱苦創業階段，在共同的理想之下，還不易發生正面的衝突和矛盾。但在外部環境改變之後，相互的傷害就難免了。⑰

二〇〇三年八月，央視《名人面對面》主持人許戈輝問他：「她（朱玫）和您一起創辦《明報》，應該算是共同奮鬥，從苦中熬過來的，和她為什麼會離婚的呢？」金庸坦白地說道：「這個事情是我不好，是我對她不起，所以自己心裡很內疚的，很懊悔的，這個是我道德上不好。」⑱

對這出「富易妻」的世俗劇，金庸的朋友們始終不能諒解他。其實，金庸心中又何曾諒解過自己呢？這種內疚，隨着朱玫去世而愈顯深刻。在《東方時空》的一次採訪中，金庸沉痛地對白岩松說：「我的婚姻是失敗的，因為我離過婚。最近我以前的太太去世了，我很難過，覺得我對不起她……」他無奈地說：「真正的人生很少有從一而終的，我愛了這個人，一生一世永遠愛她，這個當然很理想，像羅密歐、朱麗葉，梁山伯、祝英台這些，當然很好的，小說或者戲劇可以這樣做，實際人生，人的感情有的時候會變化的。」⑲

⑰ 林燕妮《香港第一才子查良鏞》，《明報》，二〇〇六年二月二十二日。
⑱ 陳羽中《金庸坦白第二次離婚是因為自己道德不好》，《廣州日報》，二〇〇三年八月一日。
⑲ 《訪談：白岩松與金庸對話》，《生活時報》，一九九九年九月十六日。

二〇〇六年，金庸面對楊瀾的訪談，說起朱玫的晚年，他說：「我一直想接近她，想幫助她，她拒絕，她不願意見我。我通過叫兒子去，好像要照顧她，她也不願意見到，她情願獨立。她去世之後，她還是有相當多的財產，都分給三個子女。」⑳

「秋風清，秋月明；落葉聚還散，寒鴉棲復驚，相思相見知何日，此時此夜難為情。」金庸，就是一位多情的詩人，每部武俠小說裡，情的筆墨最濃，芸芸眾生，肉胎凡人，誰又能，不被情所困？

三、離得這麼近，我多想跨過這座橋——第三任妻子林樂怡

陪金庸白頭到老的是林樂怡。

武俠小說作家溫瑞安在《王牌人物金庸》中描述了一幕情景：金庸與林樂怡在街口乘坐車子。那天，也許是騎樓太暗，洋灰地太滑，夫妻倆一度想牽手但又沒牽成，或許因為我們的車子在後面，兩人不知怎的忽然都有些不好意思，那欲牽未牽的手。始終沒有牽成。溫瑞安在文中還說：「一剎那間，我想起他很多部小說的戀愛情懷，就在車上哈哈大笑起來。這一刻是美的，這一刻是真的。」

⑳ 楊瀾《金庸：「幫主」的心事誰人知》，楊瀾訪談錄，上海錦繡文章出版社，二〇〇八。

與金庸「牽手」的「小龍女」曾經隨丈夫一起回海寧探親，可是，金庸五過家門而不入，她也只得遠遠地眺望一下查家橋，嘆一聲「離得這麼近，我多想跨過這座橋去看看……」

侍應生的奇遇

忘年戀的開始發生在一九六九年十二月。林樂怡在香港島鰂魚涌麗池附近的一間餐廳當侍應生，那裡距離《明報》北角辦公室只是數分鐘的路程。

大約下午時間，一個貌似生意失敗的中年男子推門進入，面壁面坐。他面容憔悴，滿懷心事。林樂怡輕聲問他，要吃什麼呀？他不發一言。出於同情，少不更事的她說：「如果你冇錢，不如我請你食一個火腿扒飯呀，好嗎？」

《明報晚報》剛創辦，為了人事方面的安排，這天金庸與朱玫意見相左，吵了一架。這會，林樂怡給予他溫暖和關懷，金庸喜歡上了率真可愛的她。

林樂怡原是越南華僑，本來是千金小姐，後來舉家逃難到香港。出身富裕的父母不懂謀生，只靠十六歲的她當侍應生養家。大作家金庸人人都認識，但當時的小妮子不知曉。

㉑ 張寧靜：《「大俠」金庸的情感世界：一波三折進出「圍城」》，《海內與海外》，二〇〇五年一月號。

一頓火腿扒飯改變了兩個人的命運。翌日，她收到一份意想不到的禮物，是一個高及腰的大洋娃娃。林樂怡才知道，面前這個對著牆面低頭喝悶酒的人竟然是大名鼎鼎的金庸。

她鼓起勇氣站在了他面前：「金庸先生，我很喜歡您的武俠小說，特別是《神鵰俠侶》，我已經看了好幾遍了。酒喝多了傷身體，我們都等著您寫出新的作品呢！」說完，她便給金庸送上一杯茶。

在失意的時候聽到這麼溫暖的話語，金庸很感動。這時，他仔細地打量了一下女孩，發現她身材修長，面若桃花，一對杏眼裡的目光溫柔而親切。不知為什麼，看著充滿朝氣和活力的女孩，金庸略有些失神，他想起自己逝去的青春，心中驀然有了莫名的傷感。

金庸覺得這個年輕女孩值得信賴，就把自己的痛苦和煩惱都傾訴給她聽了。

此年，林樂怡十六歲，比金庸小了二十九歲。

金庸是個心思縝密的人，很長一段時間朱玫竟然對丈夫的外遇一無所知，但時間長了，朱玫也終於覺察到了什麼。後來從一些蛛絲馬跡中發現丈夫不對勁。終於有一天東窗事發了，兩人鬧起了離婚。

在那段最苦惱的日子裡，林樂怡給了金庸很多善意的開導和安慰，他愛上了率真可愛的她。

他成為她生命中第一個男人，但金庸家有和他辛苦打拼的妻子朱玫和四個子女，註定了金庸和林樂怡修成正果之前的七八年是一段苦戀。林樂怡嘗試離開金庸，到澳洲讀書，也試過和其他人拍拖，但沒成功。

心地善良的她不願看到金庸的家庭支離破碎，希望他們重歸於好，可不久後卻發生了一件讓她深感難堪的事。

一天，金庸又來到酒吧，因店內客人不多，閑下來的林樂怡便和金庸聊天，想排解他心中的鬱悶。就在此時，朱玫闖了進來，不由分說便對林樂怡橫加指責。金庸氣得全身發抖，心臟病發作，差點兒休克過去。朱玫卻像沒看到一樣，出完氣便揚長而去。

又羞又氣的林樂怡忍住內心的羞辱，給金庸叫來醫生進行檢查，金庸對這個心地善良、寬容大度的姑娘充滿了感激。然而，幾天後，當金庸再去酒吧時卻見不到林樂怡了，女老板說，林樂怡對那天發生的事非常不安，為了不影響金庸夫妻的關係和酒吧的聲譽，她辭職離開了。聽到這些，金庸覺得自己很對不起林樂怡，悵然若失地離開了酒吧。

不知為什麼，金庸覺得自己應該給失去工作的林樂怡一點兒補償。費了一番周折後，他終於找到了她。林樂怡得知金庸的來意後，表示不願意接受，她說：「我敬重您，衷心希望您幸福，暫時丟了工作沒關係，我可以再找。」金庸聽罷，心裡充滿了無言的感動。其實她的內心已對飽受感情創傷的金庸產生一種複雜的情愫，她愛慕他的才華，很想照顧好他的後半生，可金庸畢竟是名人，她擔心世俗的流言蜚語。

金庸病倒了。林樂怡覺得自己不能袖手旁觀，主動前去照顧。金庸很快痊癒了，林樂怡又要離開，他情不自禁地拉住了她的手，悲淒地問道：「你是不是嫌我老了？」林樂怡臉紅了，慌忙說：「不，我是怕……我再考慮一下吧。」然後，她慌亂地離去了。

兩天後，林樂怡告訴金庸，她決定一輩子和他生活在一起，可此時金庸又猶豫了，他想起離婚時朱玫提出的條件。但，林樂怡早已知道此事，她沒有流露出半點兒不快，而是溫柔地微笑着說：「這也好，今後我正好把全部時間和精力用來照顧你。」[22]金庸深情地看着她，覺得自己是世界上最幸福的人……

對此奇遇，金庸有自己的感受：「其實跟一個人交往，感受很深刻，也不一定要天長地久，雖說愛情重恩義，但閃電式的愛情也有很驚心動魄的，兩三天也可抵二十年。」[23]

[22] 唐毓瑨《金庸漂泊半生終於找到「小龍女」》，《遵義晚報》，二〇〇七年二月十三日。
[23] 譚茂《蕭薔與金庸對話》，《南方日報》，一九九九年九月二十七日。

一九七七年五月十九日，金庸和林樂怡舉行了簡單的婚禮，隨後金庸買了山頂道一號的大宅，作為他和新婚妻子的香巢㉔。這兒是香港富人區，臨近淺水灣，和李嘉誠、包玉剛和邵逸夫是鄰居。

她很不喜歡韋小寶

婚後，金庸給嬌妻取了個洋名叫阿May。金庸依依不捨地把她送到澳洲留學。在悉尼大學，有不少男同學追求林樂怡，金庸對此卻很大度，在電話裡對妻子說，如果遇到更好的人，請她慎重考慮。結果，林樂怡第一次衝他發了火，說自己早就把一顆心給了他，忍受寂寞之苦到澳洲留學，就是為了能和他有更多的共同語言，便於今後協助他工作。「我是中國女子，嫁雞隨雞，嫁狗隨狗了，你不會不要我吧！」

林樂怡學成後，一天也沒有多呆，立刻從澳大利亞回到了香港。

年底，《明報》在中環一間餐廳舉辦聖誕聯歡會，金庸夫婦都去了，他們被安排在主席台上。同台的還有其他《明報》的高層人員，各人都有點矜持地正襟危坐。林樂怡天性活潑，只見說話的、聊天的、打招呼的，好不熱鬧。

㉔ 趙朕《名人的往事與人脈》，在線讀書網。

她手拿一個「卷蛇」玩具，放在嘴上吹，那玩意不吹的時候呈卷狀，吹起來，裡面充滿空氣，便像個圓紙棍了。林樂怡卻如入無人之境，不斷地吹那玩意，而且當眾將「卷蛇」尾巴對準老公的臉，一下一下地吹，而金庸卻像個寬厚的長者，微笑着輕輕推開嬌妻的手……這一幕好溫馨，就像是天真的小女孩跟父親玩耍一般，她完全不顧忌她老板娘的身份，也不在乎周圍那麼多人的注視。

此刻，有人按動了照相機的快門，留下了一幅永遠的紀念。

在家裡，林樂怡其實是金庸前妻所生三個孩子的繼母，可是因為她年紀太輕，跟那兩個女兒好像姐妹一樣，又鬧又笑的，有時鬧得聲音太大，反倒要金庸喝止。對此，金庸非常滿意，在一次接受記者採訪時說：「我現在這個太太雖然不是孩子們的親生母親，但大家相處得很好。前妻也常常來和我們聚會，一起吃飯，有事我們還要幫她。」㉕

結婚以後，林樂怡將金庸的小說全都看了一遍，她最喜歡的是《白馬嘯西風》一書。「當時看小說時，非常着迷，不看完不想睡覺。」不過，她很不喜歡《鹿鼎記》，因為裡面寫韋小寶娶了七個老婆。

金庸笑了。

㉕ 張寧靜《金庸的情感世界》，《海內與海外》，二〇〇五年一月號。

《鹿鼎記》是金庸武俠小說中最奇特的一部。這部小說從一九六九年十月二十四日開始在《明報》連載，金庸每天寫一節，前後共寫了兩年零十一個月。小說在報上刊載時，不斷有讀者給金庸寫信來問：《鹿鼎記》是不是別人代寫的，因為《鹿鼎記》的主人公是一個沒有什麼武功的普通人，而不是他以前所寫小說中頂天立地的大英雄。

韋小寶，江蘇揚州城內一個小混混，依靠亂七八糟的手段和好得不能再好的運氣，在官場與江湖間遊刃有餘，最終名利雙收，攜帶着七個老婆過上了舒適的生活。金庸描述了一個反英雄的形象，並最終取得了成功。

在小說的最後，金庸勸讀者不要學韋小寶，但還是會有人喜歡韋小寶，因為讀者會把自己與韋小寶聯想到一起，他有七個老婆，他做官發財又升官，希望自己也能做韋小寶。香港有人寫書，叫做《小寶神功》，教大家學習他的成功之道。

此刻，金庸見妻子也不喜歡韋小寶，故意問她：「阿May，你為什麼會得到這樣的印象呢？」

「你筆下的韋小寶，不但得到了高官厚祿，還懷抱人間麗女，娶了七個老婆，應該說，他夢想得到的東西幾乎全都有了。不過，我對這個『市井小混混』很反感，七個老婆太多了，愛得過來嗎？男人不能見一個愛一個呀！　有韋小寶說他從此以後什麼也不想做了，只想做一個 夫、地、人三不管的『自在王』，這不是悲觀厭世的思想嗎？我以為，人活着就是要熱愛生活，積極追求。所以，我不喜歡韋小寶這個人。」

妻子說的自有她的道理。

二〇〇五年一月，金庸現場探班張紀中拍攝的電視連續劇《神鵰俠侶》，夫妻入住寧波象山的海景大酒店。就在金庸觀看《神鵰俠侶》片花時，幾乎從未在內地公開場合以金庸夫人身份露面的林樂怡也坐在一旁觀看。當張紀中調侃式地對林樂怡說「不能光聽查先生的意見，我得問問您對我們拍的《神鵰俠侶》的看法」時，查林樂怡只是微笑地擺擺手，並指指金庸向張紀中示意：「還是問他吧。」

「在下一部拍的《鹿鼎記》裡，我就要把原著裡韋小寶頗為風光的結局改成悲劇。」金庸表示，「我寫《鹿鼎記》等武俠小說時只有四十多歲，八十歲時我才發現，自己對很多事情的看法與年輕時大不一樣了。現在的很多青少年在看到韋小寶左右逢源，終抱得七個美人歸的時候，都會羨慕他甚至要模仿他，從教育意義上講，這不是好事。我希望通過修改，把韋小寶設置成一個悲劇結尾，讓孩子們知道，韋小寶不是英雄，『這廝實不應該享盡齊人之福』，他這樣的人是不會有好結果的。」㉖

㉖ 郎清《金庸勸年輕人：要學令狐冲，勿做韋小寶》，《羊城晚報》，二〇〇五年六月八日。

金庸要對《鹿鼎記》做修改，讓韋小寶倒一點霉，賭博錢輸掉了，七個老婆不愛他就走掉了，走掉了三個、四個。這樣改，很多讀者抗議，表示韋小寶這個人，事實在中國社會中間存在，提出不要改變他的命運，一改變，小說就顯得不真實了。最後，金庸接受了讀者的看法，保留韋小寶這個特定人物的原貌，包括他的人生結局。

從那以後，金庸和林樂怡常以他的十五部小說為題交談和爭論，最後往往在仁者見仁、智者見智的基礎上達到共鳴和統一。

「老牛吃嫩草」的滋味

林樂怡貌美聰穎，大家暗地裡都稱她「小龍女」。

「小龍女」是《神鵰俠侶》中的人物，她和楊過的愛情故事是感天動地的。楊過與小龍女由於師徒相戀，不為世俗所容，乃至重重曲折後方成眷屬。最後，楊過放棄了「大俠」的功業而和愛人隱居，遵從了小龍女的個性和願望。

有人談到「小龍女」，金庸的語氣一下子溫柔了起來，他笑着表示，太太很照顧他的生活起居，非常注意他的飲食，不准他吃這吃那，而大俠也能欣然接受。有趣的倒是大俠的朋友，見大俠沒能享受到美食，反替大俠向查太太求情通融一次。「朋友都會代我求情。」金庸說。除了飲食之外，據說查大俠在香港的居家都是由他太太來裝飾，美輪美奐，愛心，用心及智慧都反映在那裡。

一九八〇年夏天，香港大學舉行金庸作品研討會，有學生問他：「查先生，你到過世界各地，覺得哪裡的女孩子最好最靚？」金庸回頭看了看身後的妻子林樂怡，笑了笑回答：「香港的女孩子最幸福，男人對她們客氣，家庭環境好，不用煮飯洗衣服養孩子，有空了便可以上街買衣服、吃飯，跟男人同工同酬。要說哪裡女孩子最好，我認為還是香港的。」

這番話說得大家很開心，更開心的要數林樂怡了，因為她是地道的香港女孩。

有人問他是怎樣維繫良好的夫妻關係的，金庸坦言：「平時林樂怡很遷就我，到她發脾氣時，我就忍住不回嘴。跟她的關係不算特別成功，又不算很失敗，和普通夫妻一樣。」[27]

金庸在開會、講學和其它社交場合，大都要偕同林樂怡前往。不論他們走到哪里，阿May的秀麗嫻雅很受矚目，大家覺得在情感之路上漂泊了大半生的金庸終於找到了最好的歸宿。不過，林樂怡不輕易到人多的場合拋頭露面，也不希望記者們來打擾他們的平靜。有時林樂怡即使不得不出席的應酬，只要她發現有記者來為金庸拍新聞照片，她大多採取「躲避」，所以在香港報刊

㉗ 茉莉《金庸的四段婚戀》，《中年讀者》，二〇〇八年八月號。

上很少見到林樂怡的照片。

儘管在外界人士眼中，林樂怡的深居簡出有些神秘，但是，金庸仍然認為妻子這樣做自有她的道理。

受林樂怡低調做人的影響，金庸在馳騁報壇幾十年後，決定激流勇退。辭去明報社長之職以後，在天氣晴朗的日子裡，林樂怡陪他在淺水灣山間小路上散步，到蔚藍色的大海去游泳。有時，他們還會在下着霏霏小雨的陰天，去附近一家咖啡店喝咖啡，因為林樂怡知道，喝咖啡可以讓金庸忘掉許多煩惱，還可以讓他回憶起許多難忘的舊事。

淡出江湖後，金庸到各地遊山玩水，飽賞了許多他曾在筆下描寫過，卻長期無緣得見的奇麗景色。在新疆天池邊上，他驚喜地從維吾爾族孩子的手裡，看到了他曾在小說中描寫過的，陳家洛冒着生命危險為喀絲麗採來的天山雪蓮，好奇之心大起，看了又看，陪伴一旁的林樂怡心有靈犀一點通，立刻掏錢買了兩朵帶回香港。

在林樂怡眼裡，金庸不僅是博學的師長，更是一個時常很脆弱、需要理解的大朋友。一九九五年三月份的一天，他突然心臟病發作，昏倒在浴室裡。當時，林樂怡受金庸委托正在飯店宴請客人，兒女們也上班去了，家中沒有一個親人。兩個小時後，林樂怡回到家中，發現金庸已人事不知，急得直哭，趕緊送他進醫院搶救。醫生成功地為金庸進行了「小球彈性通塞手術」，使他轉危為安。

在最危險的幾天裡，林樂怡一連五十多個小時不合眼，寸步不離地守在病床邊。還有一次，醫生說金庸的雙腎功能衰竭，可能需要腎移植，樂怡當即表示，她願獻給丈夫一個腎[28]。儘管後來不必做此手術病就好轉了，金庸心裡對妻子的一片深情仍非常感動。

二〇〇二年五月十八日，林樂怡陪同金庸踏進嵩山腳步下的少林寺。第二天，金庸為少林秘籍碑揭碑，晚上，主辦方特意為他們準備了豐盛的晚宴，可金庸伉儷竟然神秘地「失蹤」了。接待人員到處尋找，最後才在一條偏僻的小巷裡找到，夫婦倆正在一家小餐館裡用餐。原來這天是金庸和林樂怡的結婚紀念日，金庸原打算在下榻的賓館準備一桌酒菜，簡單地慶賀一下，但林樂怡堅決反對驚動主人，於是，兩人避開眾人，神不知鬼不覺地來到了這兒，兩人對酒話當年，倒也快樂。

二〇〇五年秋，年逾八旬的金庸突發異想，攜着林樂怡飛赴英國，在劍橋大學聖約翰學院攻讀博士學位。為了方便學習生活，金庸夫婦和許多留學生一樣，也租了一套住房。他們沒有請保姆，

㉘ 張寧靜《金庸的情感世界》，《海內與海外》，二〇〇五年一月號。

金庸的飲食由夫人自己料理。

租住的房子離學校太遠，開初，金庸上下學騎單車，林樂怡擔心校園裡穿梭的汽車把丈夫撞倒，讓他開汽車，但金庸又自稱是個「沒有方向感的老頭兒」，開上幾次就不開了。如何上課呢？最終的辦法只好是每天搭計程車。

金庸要上的課不多，每周上兩次課，他從不缺課。每天，他斜背着一隻書包，裡面裝着當天課堂中要用的書和資料。出門時，妻子會送他上車。下學後，妻子早在路上等候他了。金庸讀書三年，林樂怡一直在他身邊伴讀。

為此，金庸寫詩讚她：「神鵰俠侶今重現，跨世遨遊好河山。一幕修道增粉色，千里相從減朱顏。」㉙從中，我們不難領悟出他在經歷無數風雨後，終於覓到生命里真正的「小龍女」那份喜悅與安寧。

關於婚姻與愛情，金庸曾經這樣說，最好是一見鐘情，從一而終，白頭偕老。「以夫妻之間、情侶之間而言，一樣不可以要求對方十全十美。一個人享受愛情，你愛他（她），他（她）愛你就可以了，個性怎麼樣不重要，標準根據你自己去定的……互補優缺點才開心。」金庸說。

㉙ 何煒《大俠金庸與小龍女的愛恨情仇》，《知音》，二〇一〇年六月號。

當然，她畢竟還年輕，有時也會趕趕時尚，比如她近年對於炒房樂此不疲。根據香港土地註冊處資料顯示，林樂怡在二〇〇九年賣出的兩處物業，售價分別為港幣二千四百五十萬元和二千五百萬元，這次投資在賬面上賺了港幣七十四萬元。而據港媒報道，林樂怡一處價值港幣近三千萬元的房子，二〇〇九年則以月租港幣八萬八千元成功租出。

多想跨過這座查家橋

金庸曾住在香港山頂道一號，現住香港淺水灣澄碧閣，那是一棟面海公寓的一樓。室內設計全是太太林樂怡包辦，四壁顏色以象牙白為底、古金色漆框，加上圓拱門、舊式木質家具，給人一種高貴典雅的印象，而窗簾、沙發卻用蘋果綠、柿子紅、芥末黃三色大膽搭配，又使得整個空間溫暖、輕快起來。

金庸的客廳裡掛着兩幅字，都是他的遠祖查昇在康熙年間題的，一幅是賈誼的「過秦論」，一幅是對子「竹里坐消無事福，花間補讀未完書」。在電視機邊和茶几上，還擺了好多個精巧相框，仔細排放每一位家人的照片。

金庸的書房就在餐廳隔壁，裡頭擺一張大書桌、再堆幾堆書，已不剩多少回身空間。金庸每天早晨遵醫囑在山上散步一小時，上午讀讀書，下午寫寫回信。他說過：「文化人用毛筆寫上一封信，淺淺幾句話，也會覺得很風雅，裡面有中國文化的情趣在。」晚上他看看電視。他說過：「在生活上我沒有別的要求，平平淡淡，自由自在最好。」

多年來，金庸在香港淺水灣和杭州九溪玫瑰園兩地居住，林樂怡真正做到了夫唱婦隨，始終是金庸身邊的秘書，她既關心照料他的生活，又為金庸的撰寫文章抄抄寫寫。

一九九二年十二月，金庸偕妻子兒女回到了闊別數十年的家鄉海寧。故人相見，自有一番感慨唏噓，林樂怡和丈夫肩並肩彎腰向師友一一鞠躬。此後，金庸共有五次故鄉行，可是，金庸竟然沒有一次跨過查家橋去，和他的「小龍女」一道看看他的查家大院。

為什麼？金庸不說，林樂怡不敢問。

直到一九九九年三月，金庸出任浙江大學人文學院院長，夫婦倆在杭州九溪玫瑰園的別墅裡住了一段時間。金庸彷彿回到了童年，又回到他在海寧大家族的宅院。青竹蒼蒼，屋宇依舊，他好似在鏤刻着古詩楹聯的書齋里，又見到了陪他讀書的丫環月雲，想起火爐旁他給她吃糖年糕的情景。她後來成為了他的繼母，見面分別時曾經依依不捨。於是，金庸情思源源，流淌而成一篇散文《月雲》。

作為第一讀者，林樂怡讀完文章，跟丈夫一樣眼眶盈淚了。她輕輕地說：「你想家了，我們回海寧一趟吧！」金庸搖了搖頭。「離得這麼近，我多想跨過這座橋去看看你家的大宅院……」忍不住，林樂怡說出了憋了長久的心裡話。

金庸沉默。

二〇〇一年五月，林樂怡隨金庸來到天津紅橋區，尋覓「水西莊」遺址，這是查氏先人的私家園林。它經歷了興建、擴建、興盛、衰落、頹敗、廢圮，至今已經完全不復存在。林樂怡因而得知，查氏一族有「南查」、「北查」之分，天津查家屬「北查」，海寧查氏屬「南查」，心中便產生了一個疑團。有一次回海寧，她見到日程中沒有訪金庸舊居的安排，便悄悄問金庸：「天津的莊園你不遠萬里趕着去看，海寧自家的宅院，你為啥到了門口也不進去看看呀？」

金庸仍然沉默。

二〇〇三年十月，金庸夫婦到了嘉興，出席金庸小說國際研討會，談話間記掛着他的中學老師章克標，他問在場記者：「章克標先生怎麼樣了？我還沒見過他的新夫人呢！」㉚因為章克標百歲徵婚，金庸讚賞過他。幾日後，夫婦倆到了海寧，寫書人把章克標夫婦的上海居住地址寫給了

㉚ 應麗齋、嚴敏《大俠金庸江湖論劍》，《嘉興日報》，二〇〇三年十月二十四日。

林樂怡，隨口問她：「這回，你們回不回金庸舊居？」林樂怡回答：「沒這個安排，我們不會去的。」然而。她還是要了金庸舊居的照片和宣傳資料。

金庸晚年，林樂怡一直陪護身邊，因為兒女們都未和金庸同住，可見林樂怡為金庸飲食起居的具體生活付出了很多，陪護了整整四十多年。金庸晚年到杭州、華山、成都等地遊訪，林樂怡緊隨其後，夫唱婦隨。

第八章　兒女們的往事兒

查家橋依然流水潺潺，不過已經改名為「花溪橋」了。

一九五六年十一月，金庸與朱玫的第一個兒子降生，年輕的父母給他取名「傳俠」。一九六一年九月，二兒子降生，金庸給他取名「傳倜」。又過了兩年，一九六三年九月，朱玫生了個女兒，金庸給她取了個浪漫的名字「傳詩」；再過兩年，一九六五年五月，小女兒出生，金庸給她取名「傳訥」。

結髮妻子杜冶芬和現任妻子林樂怡都沒有生育。

金庸現存兩女一男，沒有一個是從事寫作的，他們把原因歸咎于父親把好的 DNA 基因全拿走了，沒給子女留下一點點。

一、最具父親遺傳卻為情自縊——大兒子查傳俠

在金庸的兒女中，大兒子查傳俠大概是最具有父親遺傳基因的孩子了。

「大兒子過世了，他非常好，我沒管他，他也很乖，功課又好，但叛逆心很厲害，也受不起挫折，他在美國跟他愛人吵架，就上吊自殺了，長子學習非常好，他在哥倫比亞大學，是他自己考進去的。」① 金庸接受「魯豫有約」節目採訪時這麼說過。

在《倚天屠龍記》的後記中，金庸說：「……事實上，這部書情感的重點不在男女之間的愛情，而是男子與男子間的情義，武當七俠兄弟般的感情，張三丰對張翠山、謝遜對張無忌父子般的摯愛。然而，張三丰見到張翠山自刎時的悲痛，謝遜聽到張無忌死訊時的傷心，書中寫得也太膚淺了，真實人生中不是這樣的。因為那時候我還不明白。」

一句「真實人生中不是這樣的」，寫不盡他心中無限的悲痛與傷心。一九六一年，他寫《倚天屠龍記》時，對於「張三丰見到張翠山自刎時的悲痛，謝遜聽到張無忌死訊時的傷心」，他還沒有切身的生命體驗。一九七七年三月，當他提筆寫下這些文字時，離查傳俠自殺不過短短五個月，傷口猶新，創痛宛然，所以語含至痛。中年喪子，那是真實人生最深的不幸。

① 魯豫《大俠金庸不為人知的故事》，《魯豫有約》二〇〇七年六月二十六日。

爸爸叫他「小活猻」

查傳俠降生的時候，父母正籌辦《明報》，家中經濟狀況處於艱難時期。儘管如此，金庸還是替他請了個奶媽。

作為長子，查傳俠是父母的掌上明珠。他同香港許多同時代的孩子一樣，到龍尾灘撿沙白，抓螃蟹，，在屯門蝴蝶灣泳灘旁捉魚，到南丫島跟大人們一起在月下海前狂歡，在自由的環境中無拘無束地成長。

一次，傳俠好不容易在小溪裡抓到了一條小魚，高興得小臉放光，堅持要把小魚帶回去養着。路上，奶媽背着他回家，他把小魚當作寶貝似地緊緊攥在手裡。回到家裡一看，小魚早被捏斷了氣，丟進水盆裡，肚皮向上，一動不動地浮着。小傳俠都快急哭了。後來，他只得把小魚裝在一個小火柴盒裡，在家門口的桃樹下埋了。

這一天，小傳俠的情緒一直很低落。媽媽安慰他，說明天媽媽帶他去捉幾條回來。

第二天，媽媽果然帶着他去了小溪邊。這回，他蹲在小溪邊看水裡的魚兒追逐嬉戲，並不動手捉。媽媽要去幫他捉，他拉住媽媽的手，懇切地說：「我們再也不捉它們了，讓它們在水裡遊，好嗎？」

「好！」媽媽欣喜地望着懇求的眼睛，看到了一顆善良的童心。

傳俠屬猴，於是自出生開始，爸爸拿海寧方言叫他「小活猻」。唉，實在不好聽，可是人家說是愛稱。「小活猻」一歲半左右的時候，只要問他「爸爸管你叫什麼啊」，小寶就會用不太清楚的音調說「小活猻」。後來長大了，明白這詞不好聽。爸爸一進門就叫小寶：「小活猻，爸回來啦。」小寶很興奮地說：「爸……」，另外一個「爸」字還沒發出，眼睛轉了轉，馬上改口「臭老鼠」，金庸「啊」了一聲，很出乎意料，哈哈，孩子知道反抗了。爸爸生於甲子年，屬鼠，媽媽告訴他的。

三歲的時候，傳俠喜歡上小人書，故事大王、瓜果蔬菜、動物世界都是他珍愛的書籍，每天早晨一睜眼就要看書，所以每天早上，金庸和他一起坐在床上讀書，這是父子倆最快樂的時候。兒子喜歡動物世界，自己邊指邊讀，「雪豹、蜥蜴、角馬、大象……」認識的很多。有一次和奶媽一起看，奶媽把水獺的獺讀成「水賴」了，這時小寶對着奶媽指着水獺的圖片大聲說：「獺，獺。」奶媽趕緊一看拼音，發現自己果真讀錯了，趕緊又重覆了一遍。

傳俠睡覺前要聽故事，有時候媽媽困了，就讓他自己一個人讀，讀累了傳俠就會把書放到一邊，然後轉身就睡覺。有一天，傳俠睡醒午覺，叫了一聲，媽媽趕緊跑了過去，這時孩子看着媽媽，嘴裡說：「角馬，犀牛」，呵呵，媽媽笑着問：「小寶，做夢還看書啊！」

小傳俠能把所有的書記下來，經常是媽媽無意中說起來一件事物時，他就會趕緊跑過去把相應的書找到。媽媽看見小黑板上寫着「鵝、鵝、鵝」，估計他爸教他讀詩了，一問金庸，果真如此。這時，正在看動物世界的傳俠趕緊跑過去把唐詩三百首給拿了出來，翻到「詠鵝」的一頁，嘴裡還不停的說着「鵝、鵝、鵝」。

有一次鄰居家一個小姐姐來家裡玩，想看《三字經》，可是卻找不到，小傳俠聽到後，趕緊跑到放書的盒子裡去找，把所有的書都鋪了一地，也沒有找到《三字經》，看得出來很失望，嘴里說「沒、沒」，以後只要提到《三字經》，他都要仔細的找一遍，為此金庸特意給買了一本。

父親小說的癡迷者

年輕的父親對傳俠的要求極為嚴格，他還在牙牙學語時，金庸就開始教授《三字經》，以至當傳俠四歲時就能背誦全本《三字經》了。

嚴厲的家教使得少年傳俠具有了一種內秀的氣質。孩提時代起，他就有了一種習慣：站立在父親的書桌旁，靜靜地觀看父親寫字，做小說。

看着父親用一個個方塊字「碼」成一個個誘人的故事，看着父親將他編的故事「搬」到報紙上，查傳俠感到無比神奇，望着父親那只瘦削而神妙的手，他有時靜默着一站半天，有時又窮根究底地問上一大串「為什麼」，諸如洪七公為什麼只有九根手指頭，俠客島在哪裡，島上有沒有可以抓螃蟹的沙灘等。

金庸常常被這些發自童心的天真問話惹得哈哈大笑，大笑過後扳過兒子的小腦袋，興緻盎然地將新編的故事講述給小家伙聽。

傳俠六周歲時，父親牽着他的小手走進了山頂小學的課堂，報名念書。從查傳俠入校那天起，除每日照例閱讀《弟子規》外，金庸還要按日教他寫會話，後來教他寫日記。耳濡目染使幼小的查傳俠對寫作尤其是對小說產生了濃厚的興趣。一有閑暇，他就躲進父親的書齋，偷偷翻閱父親的書籍。祖國瑰麗璀璨的歷史，使得這個秉性聰穎、智力過人、學習成績在班上名列榜首的孩子癡迷若狂。

一個偶然的機會，傳俠得到一本已經缺損封面的《李白詩選》，竟然一看之下愛不釋手，不僅認真讀了兩遍，還用當時擁有的最好的筆記本工工整整地抄了一遍。那一陣子，他陶醉在詩歌的美妙之中，看見什麼都想來兩句兒。

金庸的武俠小說在報紙上連載，傳俠是第一個讀者，金庸的小說對景色與人物有很多精彩的描寫，那些描寫傳俠都能背下來。父親對他說，學習語文一定要練筆，傳俠就把看到的精彩詞句摘抄下來，照貓畫虎地練習文筆。

一九六五年秋，金庸的又一部小說《俠客行》在《明報》上連載。金庸這部小說中，寫了石清夫婦愛憐兒子的感情，寫得真切感人。「他回頭向石破天瞧了一眼，心中突然湧起感激之情：『這孩兒雖然不肖，胡作非為，其實我愛他勝過自己性命。若有人要傷害於他，我寧可性命不要，也要護他周全。今日咱們父子團聚，老天菩薩，待我石清實是恩重。』」這恐怕也是普天下父親的共同心曲。

這天，十歲的傳俠在滴雨的屋檐下讀小說，金庸捧着兩個加糖的荷包蛋站在他面前，連着叫了他幾聲都沒有反應，只好拍了拍兒子的肩膀。他抬起頭來，暗自尋思了一番，覺得這個中年漢子有些面熟，但終究不會是來找自己的吧，於是低下頭繼續看小說。金庸笑了笑，搖搖頭，悄悄進了屋。

雨早停了，太陽很快就把樹蔭移走了，而癡迷於武俠小說中的傳俠，任由汗水一滴一滴地落在報紙上，一動不動地坐在原地，直到母親大聲地把他喚進屋吃飯。他一邊捧着報紙，一邊抓起一個剩饅頭，三口兩口吞下肚；事後得知，那只饅頭是弟弟吃剩下的。而他的怪癖之一，就是決不動別人吃剩下喝剩下的東西，於是他一邊跳着大喊，一邊揮舞着一把小刀，要割下由那個饅頭長成的肉……金庸看着兒子的傻模樣笑了，他對妻子說：「你看，你有一個書癡兒子……」傳俠「書癡」的名聲就這樣傳揚開來。

十二歲，金庸讓他背誦諸葛亮的《誡子文》，傳俠隨口而出：「夫君子之行，靜以修身，儉以養德。非淡泊無以明志，非寧靜無以致遠……」金庸問他：「你知道諸葛亮這個人嗎？」兒子一臉迷茫。

他讓兒子坐在自己身邊，先繪聲繪聲繪色地講述劉備「三顧茅廬」的故事，然後一字一句地解釋這篇《誡子文》的意思：「品德高尚、德才兼備的人，是依靠內心安靜精力集中來修養身心的，是依靠儉樸的作風來培養品德的。不看清世俗的名利就不能明確自己的志向，不身心寧靜就不能實現遠大的理想。『淫慢則不能勵精，險躁則不能冶性』，說的是過度享樂和怠惰散漫就不能奮發向上，輕浮急躁就不能陶冶性情……」

金庸見他似懂非懂，便因勢利導：「古人的智慧和才德就藏在許多古籍經典上，值得我們去閱讀去學習。如果我們能多拾點古人智慧、經驗，一生中不但受用無盡，還能憑借古人的智慧化解許多人生的難題。」

傳俠長到十四歲時，寫過一篇文章說人生大苦，了無意味。在這篇題為《人生苦短》的文章裡，傳俠寫道，呱呱墜地即是人生的開始。人字好寫，人生難渡。歡悅、苦惱、成功、挫折……這一

切的一切，伴隨着人生苦旅。想像人生苦短，了無意味……②

媽媽朱玫最先讀了這篇文章，急壞了，對丈夫說：「這孩子先天就有佛教思想，小小年紀怎麼可以厭惡起人生來？應該阻止孩子這樣想問題。」金庸淡然一笑：「兒子是對的，人生本來就像他想的那樣。」他甚至誇獎兒子深刻早慧，讀小說讀出了人生的意味。

「兄長成績優秀，深得師長歡心。我就非常頑皮，要被教務處罰。」弟弟傳侗曾說大哥傳俠的學習成績很好，二人同在聖保羅書院讀書。查傳俠或許是子女中最有可能繼承金庸文學寫作的。

然而，金庸根本沒有想到，早慧的長子卻選擇自我結束了生命。

為愛情？為親情？

香港又飄起了淫雨。一番爭吵之後，金庸和朱玫鬼使神差地相約來到香港中環那家英式咖啡屋。景色依舊，但已物是人非了。

「阿玫，我倆好好談一談，像從前一樣，可以嗎？」金庸先開了腔。

「沒有什麼好談的！」朱玫將臉偏向一邊。半晌，甩出一句：「分手吧！查先生，我已經領

② 朱軍《金庸暢談風雨藝術人生》，央視「藝術人生」，二〇〇七年六月二十七日。

教夠了你的欺騙。」

金庸默默無言。他知道今天再解釋什麼都是多餘的，朱玫已經發現了跑馬地的秘密，知道了他心裡的軌道。可是，他不希望因自己的一時不慎，就輕易毀滅一個本來和美的家庭。此時，他懷裡還揣著一封長子查傳俠的紐約來信。那封信寫道：

阿爸：我雖然身在美國，可是我的心現在仍然留在香港。

您還記得在我離開香港前對您說的那些話嗎？坦率地說，我是喜歡您的，當然更喜歡我的姆媽。她是一個勤勞善良的人。我當然承認在姆媽身上也有不完美的地方，譬如姆媽有時喜歡直來直去的講話，她的性格有時甚至還非常暴躁。可是，我想她心裡只有在相當煩躁的時候，才會和您發生不愉快爭吵的吧？

像這樣的缺陷，我想每個人都會有的，我相信您會原諒她的。這樣，我就希望我不在香港家中的時候，您能多多諒解姆媽。如果少發生一些不愉快就更好了。總之，我不希望有一天看到我和弟弟妹妹們失去姆媽。我真不敢想，萬一有一天，嚴酷的生活發展到讓我無法接受的時候，我究竟會如何面對一個破碎的家庭？！……[3]

③ 竇應泰《俠聖奇情——金庸的婚史與情戀》，台海出版社，二〇〇五，三〇五至三〇六頁。

阿爸，我希望您能考慮我的要求：千方百計維護一個曾經有過和美的家庭。不管這種維持需要您付出多大的代價，我都希望得到您的全力支持。我再一次表達我的心意，我和弟弟妹妹，並不看重金錢，也不看重地位，我們所看重的是，究竟有沒有一個完整幸福的家庭！……

金庸讀了兒子的家信，難過得幾乎落淚了。然而，終於，他還是給兒子回了信，告訴他：「阿爸和姆媽離婚了……」

在無邊的雨霧中，金庸坐在小轎車裡凝望那隱藏在灰濛濛雨霧背後的幢幢大廈，久久地發著呆。「查先生，您的電報！」就在金庸剛剛把思緒集中到當天要寫的社論中來，忽然秘書把一封剛剛收到的電報遞給他，悄聲說：「是從美國發來的。」金庸停下筆，疑慮把將電報拆開，驀然出現電文：

香港《明報》

查良鏞先生：貴子查傳俠今晨在哥倫比亞大學不幸自殺身亡……④

金庸眼前一黑，手中的筆猝然跌落，身子隨之癱倒在地板上……

④ 竇應泰《俠聖奇情——金庸的婚史與情戀》，台海出版社，二〇〇五，三一二頁。

查傳俠自殺的原因眾說紛紜，離不開兩個說法，或者二者兼而有之。一是與女朋友鬧分手，生無可戀、為情自殺；一是接受不了父母離異，家庭破裂。

曾《明報》撰稿，後來被稱為全港最好的散文作家林燕妮曾撰文說：「在離婚期間，查良鏞和朱玫都經歷了人生最痛苦的時刻，那就是十九歲的愛兒在父母鬧離婚時自殺逝世。父母的離婚對他的打擊極為沉重，在絕望中他選擇了結束自己年輕的生命。」⑤

二〇〇四年九月，金庸曾痛苦地回憶：「我記得接到大兒子在美國過世的消息後，好灰心，好難過；但那天還要繼續在報館寫社評，一面寫就一面流淚，一直都很傷心，還是要寫。」後來，金庸親自把兒子的骨灰捧回香港安葬。

兒子的死使他傷心欲絕，「當時有一個強烈的疑問：『他為什麼要自殺？為什麼忽然厭棄了生命？』我想到陰世去和傳俠會面，要他向我解釋這個疑問。」⑥在極度痛苦中，金庸拼命用《格林童話》裡的一個故事安慰自己：「有一個媽媽，死了兒子，她非常傷心，從早哭到晚。她去問神父，為什麼她的兒子會死，他能否讓兒子復？神父說：『可以，你拿一隻碗，一家一家去乞。

⑤ 星辰《金庸的辛酸：心愛的兒子十九歲時自盡》，《名人傳記》，二〇〇〇年第七期。
⑥ 《探求一個燦爛的世紀：金庸／池田大作對話錄》，北京大學出版社，一九九八。

如果有一家沒死過人，就讓他們給你一粒米，你乞夠十粒米，你的兒子就會復活。』那個女人很開心，就去乞討。但一路乞，竟發覺沒有一家沒死過人，到最後，一粒米都沒乞討到。她就覺悟：親人過世原來是任何一家都避免不了的啊。於是，她開始感到安慰。」⑦

兒子的自殺也成為他信仰佛教的直接原因。「此後一年中，我閱讀了無數書籍，探究『生與死』的奧秘，詳詳細細地研究了一本英國出版的《對死亡的關情》。其中有湯恩比博士一篇討論死亡的長文，這篇長文有不少精湛的見解，但不能解答我心中對『人之生死』的大疑問。這個疑問，當然只有到宗教中去求解答。我在高中時期曾從頭至尾精讀過基督教的新舊約全書，這時回憶書中要義，反覆思考，肯定基督教的教義不合我的想法，後來我忽然領悟到（或者說是衷心希望）亡靈不滅的情況，於是去佛教書籍中尋求答案。」⑧

金庸將那些佛教經典當成了擦拭傷痛的良藥，他從小乘佛教的經典讀到大乘佛教的經典，《妙法蓮華經》，《楞嚴經》，《維摩詰經》都曾給過他極大的安慰，寬慰了他心頭的內疚自責和無奈，教會了他如何看待這個世界，如何面對生死這個古今難題。

⑦ 船海《金庸鮮為人知的一面》，《名人傳記》，二〇〇〇年第七期。
⑧ 《探求一個燦爛的世紀：金庸／池田大作對話錄》，北京大學出版社，一九九八。

雖然達不到佛教的最高境界，金庸還是撫平了中年喪子的的悲痛，放下了一個折磨他多年的心結。一九九一年，他將《明報》賣給于品海。有人說那是因為于品海長得像他死去的兒子。有人問及此事，金庸回答：「理性上我沒這樣想。但他跟我兒子年齡相仿，相貌也的確有點像，潛意識上不知不覺有親近的感覺？可能有。」⑨

二、撇開老爹開餐館——次子查傳倜

在香港北角炮台山的一家小餐廳裡，有一個體態圓渾，光頭，一副平民打扮的小老板，他就是金庸的次子查傳倜。

在金庸一眾子女中，查傳倜是長相最像金庸的，排行老二，身材比父親略胖一些，微微上翹的嘴角，看上去總是笑眯眯的，一副大肚彌勒的樣子。

⑨ 朱晟《走下神壇的金庸》，《今晚報》，二〇〇三年四月二十一日。

最愛令狐冲

這個兒子小時候不太聽話，書念得不好。他說：「小時候，我與哥哥查傳俠同在聖保羅學校讀書，哥哥成績優秀，甚得師長歡心，我就非常頑皮，要被教務處罰站，有時還要請家長來校。」

查傳倜雖說自己「不是讀書的材料」，但父親的每部小說他都看過三四遍，而且隨着年齡的增長，每次看完的感受都不一樣，尤其是描寫人與人之間勾心鬥角的黑暗面，接觸的人與事愈多，他越發體會到其中的道理。他最喜歡的武俠人物，是《笑傲江湖》中的令狐冲。因為在他看來，武俠小說裡的江湖並非空穴來風，因為生活中的很多人都是岳不群，而有容乃大的令狐冲就顯得讓人崇敬。

查傳倜兒時闖了禍又不想挨打，難免會對父親撒謊。他說：「當時見他信以為真，以為自己很機靈。現在回想起來，老爸連那麼複雜的小說情節都寫得出來，又怎麼會被我這麼個小孩子騙倒，他沒有揭穿我只不過是給我個面子，啟發我自己去改正錯誤吧。」

小時候的查傳倜出於好奇，很渴望進入父親的書房。也許他念書成績不好，他跟哥哥不一樣，金庸的書房一直是他的禁地。父親在那裡埋首寫作時，是絕對不許他打擾的。但愈是禁區，傳倜愈想去探究，直至他被父親強制去書房面壁溫書，才對這神秘禁地失去興趣。他說：「老爸的書房冷氣很涼，加上他吸烟以致烟霧彌漫，好似一個藏經閣，我最怕讓我一個人在裡面讀書。」

後來，父母送他去英國上學，他選讀會計，他認為「會計屬於系統性科目，只要將數字填入固定的框框便會算出答案，最適合懶人讀。」

從英國回港後，查傳倜曾做了近十年的會計工作，待他精通財務方面的業務後，金庸把他調到自己的明河出版社當副經理，協助自己做些出版管理工作。不久，傳倜出任由父親投資的嘉興市中華熱電開發有限公司的副董事長，企業建在浙江故鄉。

一次，查傳倜向自己的出版社報了一個出書選題——美食方面的，可是，編輯部的兩位編輯連看都沒看就一口否決了。起初，查傳倜心裡很不是滋味，但他細細一想，又覺得別人說的是實情，也就在那一刻，查傳倜突然意識到自己作為一個男人，在父親的光環籠罩下坐享其成的生活是多麼可恥。

很快，查傳倜便向父親提出了辭職。金庸見他立志要自己創業，便爽快地答應了。

有人認為，作為名人第二代，應利用父蔭，開創更體面的事業。查傳倜不以為然，他說：「對我來說，金庸是一個成功的武俠小說家，而查良鏞是我的父親。」但是社會上仍不免有些人因為他是金庸之子，對他刮目相看，還有的看他衣着隨便、不夠氣派而表示懷疑，甚至當面問他：「你真是金庸的公子？」他對這類閑言冷語，不屑一顧。他說：「那些口氣確實不客氣，在這種資本主義的社會，很多人總是先敬羅衣後敬人。我覺得人生不應該只用物質同權勢去衡量，最重要的是人與人之間要互相關心……」

查傳倜對人說，父親對他的教育並無特別之處：「他和平常的父親沒有什麼區別，不要刻意覺得金庸有何不同。」有人說到他和金庸頗為相像時，查傳倜大笑道：「他是我父親啊。」但說到性格是否相似，他說這不完全像，自己有時候也是直性子：「我有時像蝸牛，有時像狂牛。」

查傳倜貪吃，同時和父親一樣是個戲劇迷。

「北京京劇團即將來港演出，對京劇愛好者自是一大喜訊，不過就我個人言，我覺得京劇團的人還似乎不很理想，三大要角馬連良、張君秋、裘盛戎，香港人看得很多，聽得很熟，如果馬連良換作周信芳，張君秋換作楊秋玲，那就是此間京劇迷所夢寐以求的了。」這是金庸先生曾經對京劇以及京劇表演藝術家的評價。

金庸是戲迷，這非新鮮事。但是查傳倜也深受父親影響，成為一個戲迷。對此，查傳倜也是用了二十八個字來濃縮他與父親金庸當年看戲的生活。「新光劇場鑼鼓響，大鬧天宮失空斬，中場油條充腹肌，國粹良傳父子情。」這個在京劇裡大鬧天宮的孫悟空，幻化成金庸武俠小說人物，就是《神鵰俠侶》中的神鵰大俠楊過。金庸曾在接受成都商報記者採訪時評價自己：「我還不算俠，最多有郭靖的義氣，和令狐冲的無奈，也有楊過的吶喊。」金庸還有一句名言：「人生就是大鬧一場，然後悄然離去。」

查傳倜提及與父親金庸一同看戲的往事，不僅僅是京劇裡熱騰騰的劇情，還有父子癡迷看戲用油條充飢的趣聞。如今即興賦詩追憶，彷佛父親金庸極具親和力的音容笑貌並未走遠。

世人皆知「喜劇之王」周星馳，一生崇拜兩個人。一個是從全世界路過的武功高手李小龍，一個是創造更多武林高手形象的武俠小說大師金庸。除了主演電影版《鹿鼎記》的小人物韋小寶，周星馳系列電影經常用「降龍十八掌」等金庸首創武功招數向金庸致敬，十足一個金庸迷。有意思的是，周星馳迷金庸，金庸兒子查傳倜卻迷周星馳，尤其喜愛周星馳在電影《大話西遊》裡面飾演的另一個大鬧天宮的孫悟空形象。「十年前看周星馳《大話西遊》，可以笑的沒心沒肺，而現在看着看着不知不覺就感慨萬千，想要救紫霞，就必須要打敗牛魔王，想要打敗牛魔王，就必須要變成孫悟空，想要變成孫悟空，就必須要忘掉七情六慾，看似簡單，難的就是那一轉身。」

對於當年引發熱議的莫言獲得諾貝爾文學獎信息，查傳倜稱父親金庸已經獲得這個消息，並認為這是「中國人的光榮」。「我不知道父親和莫言是否認識，但我家中並沒有莫言的書，我從小也沒有看過莫言的小說，不過以前看過電影《紅高粱》，覺得他寫故事本事很厲害。」查傳倜表示，金庸認為諾貝爾文學獎評審標準具有比較強的西方價值觀念：「父親覺得一位好的作家在寫作品時肯定不會滿腦子想着怎麼獲獎，儘管父親沒有獲得過諾貝爾文學獎，但他根本不遺憾。」

查傳倜說自己最愛的是令狐冲：「因為父親也愛令狐冲，表面上看，他放縱不羈，可他的內心極為堅定，重情重義，是一個性情中人，沒有太多的欲望，在魚龍混雜的泥潭中獨有一份清澈，這是父親喜歡他的原因。」

自號「八袋弟子」

查傳倜記憶的開始可能就是和吃相連。他記得大約三歲的時候，父親邀請倪匡、蔡瀾到家做客，他跑到倪匡叔叔那裡問酒杯裡裝的是什麼，倪匡乾脆讓他大大地喝了一口，他記得頭「嗡」的一聲，搖晃搖晃就啥也不知道了。也許正是這種口無遮攔吧，他從小什麼都吃，沒有任何挑剔，最喜歡的是陽春麵、棗泥糕、小籠包、臭豆腐，只是這些難忘的小食和一些古舊的做法漸漸就消失了，他一直很遺憾，所幸後來在深圳街頭找到了兒時記憶中的臭乾子，才聊以自慰⑩。長大後的查傳倜

⑩ 林華強《金庸兒子撇開老爹開飯館》，《今晚報》，二〇〇三年九月二十四日。

念念不忘的還是吃。

事實上，查傳倜也是一個超級金庸武俠迷，他師從蔡瀾為報刊雜誌撰寫食評，就自號「八袋弟子」，不過此「八袋」是指柴、米、油、鹽、醬、醋、茶、酒，意思是要嘗盡天下美食，來源則是《射鵰英雄傳》等多部金庸武俠小說提到的丐幫「八袋弟子」。至今，查傳倜的微信名也叫「八袋弟子」。他雖嗜吃，卻不會烹調，不懂下廚，卻很會試菜。查傳倜寫過美食專欄，開過私房菜酒樓，還被香港旅遊發展局連續幾年聘為「香港美食大賞」評委，介紹起香港的美食來，還真是沒有他不知道的呢！

從英國回來的三五年裡，查傳倜一直在餐飲界的圈子裡打轉，吃遍香港大大小小的美食，不但愛吃也愛提建議，最喜歡和主廚交流。很快，他吃出了名，贏得了美食家的稱謂。

香港同深圳一樣，外來人口多，流動大，因此從餐飲上來講就特別多元化。在查傳倜的眼中，現在香港的美食餐飲講究賣相，很精緻，同時又變更得太快，人們喜歡新的、時髦的，因此香港不少餐廳招牌變更得非常快。他說，深圳人喜歡去香港購物，在吃上面不會花太多的時間，如果在銅鑼灣購物完，可以在崇光後面的一些小街上找到好吃的，比如茶餐廳——翠華茶餐廳，出品很棒，最近還為自由行遊客增加了一些北方品種，以及普通話服務等；壹壽司——是回轉壽司，材料新鮮，師傅手藝出色；發記甜品店——甜品所選用的水果非常新鮮，口味很正；池記——在時代廣場斜對面，小小的一間麵館，雲吞麵、牛腩麵等，每天也是需排隊等候。尖沙嘴一帶，澳門茶餐廳等都不錯；如果吃自助餐，他覺得港島香格里拉酒店的最好，無論是種類還是環境佈置都屬一流……他說以後有機會把中環、灣仔、銅鑼灣、旺角、尖沙嘴等深圳人愛去地方的各種特色餐飲一一介紹給深圳人。

一天，在一次朋友聚會上，查傳倜聽說內地的飲食業很發達，便動了去內地考察取經的念頭。他先去了深圳。

在深圳安家後，查傳倜又鍾情於深圳的美食了。許多在香港找不到的美食他是讚不絕口，比如說安徽菜、雲南菜中的鮮菌、湖南菜等，小肥羊、新疆餐廳的烤羊腿他是吃了又吃。第一次到一家東北菜館吃飯，服務員穿得花花綠綠滿口大哥大姐地叫着，讓他覺得很親熱。

作為香港人，他眼中的美味與深圳人的視角就不太一樣，香港沒有的菜式他會興緻勃勃，而且特別注重細節，他甚至觀察到肯德基的一個北京卷很好吃，因為裡面的北京甜醬味道特殊，這個品種在香港的肯德基就找不到；他還喜歡吃雞鴨之類，因為他說香港餐館大都採用冰鮮，肯定沒有新鮮的口感好；走在街頭，看見人氣特別旺的餐廳他就會記下來，有機會就一定去試試看看好在哪裡。

查傳倜一直認為他的美食活動是與民間相關，不涉及到任何的商業機構和行為，他以平常人的身份去品嘗美食，和廚師們去交流，而不是簡單地去說「好吃」還是「不好吃」。例如一道簡單的「虎皮青椒」，他吃得是津津有味，他認定其中的葱和蒜起了很大的作用，於是他就找到廚師去探討如何在製作過程中把配料的味道更好地顯示出來。在深圳富苑酒店吃飯時服務員端上一碟餐前小食，他大呼好吃，非要廚師把這沒有名字的小食發展成一道菜。走在東園路上，看見新開了個小燒烤店，一個年輕人在烤爐上烤着各種肉串，顧客大多是附近剛放學的學生。他也買了一個，然後提議老板加點沙律醬，因為口感太乾了，用沙律醬可以稀釋一下，還建議放盤孜然調料，蘸着吃又多了種口味。「這個小老板顯然就不懂餐飲，一些基本的要素都沒有注意到，只是想着快點賺錢。」他這樣下結論。

不但深圳的美食吸引了他，他對深圳的廚師也是讚賞有加，認為肯動腦筋，肯花精力學習。當然，深圳的餐飲仍然有許多改進的地方，比如廚房的衛生、菜的味精放得過多、服務的人性化不夠等等。不過他仍然在深圳生活得很開心，「好吃的東西太多了，我還要一家家地吃下去。」

「吃遍了深圳，他的筷子伸向了更遠的地方。他吃過最鮮美的魚，就是在雲南大理的洱海上，

在洱海上打　起來的小魚兒，用當地的辣椒隨意一煮，坐在船上就吃起來，美味至今難忘。在貴州吃到的黃辣丁魚，身上還帶着黃黃的油膏，非常的鮮甜。可惜生活在大城市的人們，已經越來越難享受到這些美味了。

查傳倜特別喜歡讀父親的《射鵰英雄傳》：「小說裡面有美食文化，對中國飲食文化特別是對精美的江南美食的描寫就讓人賞心悅目。」他在《金庸筆下的江南美食》⑪一文中，將黃蓉為洪七公烹調的菜式一一作了介紹。如又名煨雞的叫化雞，將雞殺死後去掉內臟，帶毛塗上黃泥後再用蓮葉包好，把它置於火中煨烤，待泥乾雞熟，剝去泥殼，雞毛也隨泥殼脫去。露出的雞肉色澤棗紅，油潤光亮，濃香撲鼻，板酥肉嫩，營養豐富，風味獨特。書中描寫洪七公「大喜，夾手奪過，風卷殘雲般吃得乾乾淨淨，一面吃，一面不住讚美：「妙極，妙極，連我叫化祖宗，也整治不出這般了不起的叫化雞。」

查傳倜說：「一飲一食見功夫，這些美食充分折射了江南飲食文化的內涵：精美、和諧和典雅，令人從中體驗到美的愉悅，使讀者在書中賞析英雄人物的金戈鐵馬、豪氣干雲的同時，也能感受到人生的樂趣。」他對於美食的評論，其中有一句話是：「當你吃過一碗菜，在坐飛機之前還想

⑪ 刊載於香港《太陽報》，二〇〇三年一月三日。

再吃一次，那就一定是好菜。」

港美食家如蔡瀾、唯靈等曾與鏞記酒家合作推出「射鵰英雄宴」，主要為仿製黃蓉為洪七公烹調的菜式，但因材料及製法刁鑽，雖獲好評而未能成為日常供應的餐單。

父子品鮮西湖館

因為金庸最喜愛吃肉質柔軟細膩的川菜「東坡肘子」，查傳倜甚至嘗遍了香港大街小巷的東坡肘子。一旦發現餐館有賣醇香可口的東坡肘子，尤其是適合父親口味的入口即化的東坡肘子，查傳倜便會帶着父親一起去品嘗，以盡孝道。

二〇〇五年春，查傳倜來到杭州。在西湖邊一個餐館，老板為他上了一個拿手好菜。查傳倜品嘗之後覺得非常不錯，於是便叫來老板，請教這種菜的做法。沒想到，兩人聊得非常投機，查傳倜一時興起，便為了這個菜取了個名字：「龍飛鳳舞迎喜燕。」老板一聽，不禁拍案叫絕。

查傳倜正想付錢離開時，卻意外地發現自己的錢包早已不翼而飛了。身在異鄉，又無熟人，這可怎麼辦？

正當查傳倜發愁之際，老板爽快地說：「我可以不收你的飯錢，但你必須為我取幾個菜名。」

查傳倜只好點頭答應了。

老板隨即命廚師做出了一桌好菜，讓查傳倜命名。查傳倜仔細地品嘗了每一道菜後，相應地寫下一個個極為特別的名字。事後，老板不但免了他的飯錢，還付給了查傳倜一百元取名費。

原來品菜、取菜名也能賺錢！查傳倜心中突然冒出了一個念頭：何不利用自己的專長為一些餐館品菜、取菜名賺錢呢？他決定在內地體驗一下完全離開父親的打拼生活。那些讓人會心微笑的菜名，如「八戒相思又一年」、「如花邂逅負心人」等都是他的傑作。他的信條是「搞飲食也要娛人娛己」。

兒子剛走，老子金庸也來了。

這天，風和日麗，滿城春色，金庸再一次從香港來到杭州。在浙江大學同事陪同下，偕夫人來到伊家鮮菜館品嘗春天的時鮮。

杭州的菜館數以千計，他去得最多的就是奎元館和伊家鮮。之所以去奎元館，是因為他的夫人喜歡麵條；之所以選擇伊家鮮，因為三年前去過伊家鮮在艮山東路的第一家店，感覺不錯，所以這次點名要到伊家鮮新店嘗鮮。到了之後，同行者發現，他來伊家鮮還另有原因。

他見到伊家鮮的經理伊建敏，劈頭就問：「上次我建議你將新店取名古杭熏風閣，為什麼沒有用？」伊建敏不好意思地回答：「雖然沒有用在外面，但用在了裡面，一個主要的包廂取了這個名字。」說着，小伊把金庸引到古杭熏風閣包廂前。金庸見到自己題字的古杭熏風閣，十分高興。稱讚說：古色古香，有特色。

他解釋說：為什麼對古杭熏風閣感興趣？因為宋代林升的那首《題臨安邸》寫得太好了：「山外青山樓外樓，西湖歌舞幾時休，暖風熏得遊人醉，直把杭州當汴州。」原意帶有貶義，但時代不同了，意思也發生了變化，像暖風熏得遊人醉，就突出了杭州的誘人之處。著名菜館山外山、樓外樓取名都源於于這首詩。古杭熏風閣源自這首詩的第三句，我覺得很能體現杭州的特色，不用就可惜了。小伊說：「我們已經將它註冊了，準備以後在西湖邊開店時用上。」

入席後，金庸表示自己喜歡杭州菜的清淡，淡而有味，所以在香港都吃得比較清淡，特別喜歡吃海魚。後來上了一道野生大黃魚，金庸吃後評說：「十多年沒有吃到這麼鮮美的黃魚了。」同桌有十二位賓客，上了十二道熱菜：蟹粉雪蛤、葱扒遼參、太極雙泥、鴛鴦雞粥等等，每道菜金庸都不落下，吃得津津有味。特別對現點豆花感覺有趣。這道菜是將一盆豆漿端上桌，由四川師傅現場點鹵成為豆花。金庸說：我在四川、湖南都呆過，沒有見到菜館這樣做，現在連杭州都在這樣做，餐飲的花樣翻新讓人目不暇接。

老是居於幕後的金庸夫人也是一個美食家。她比金庸的禁忌要少，金庸不吃辣，她愛吃，所以對桌上的百花釀杭椒吃了不少。又喜歡吃麵條，所以主食除了核桃凍、鮮蝦薄餅卷之外，還上了片兒川。她連吃了四小碗。一點不顧忌會發胖什麼的。飯桌上笑話不斷，金庸笑得像個小孩似的。飯後，金庸為菜館題字：其中有「傾倒洪七公，拜倒小黃蓉」兩句。隨後又覺得不滿意，說應該改為「喂飽洪七公，傾倒小黃蓉」，這樣顯得有變化。又對同行者說，下次我請你們到古杭熏風閣吃飯。⑫

從此以後，查傳倜無論在哪，每個月都要回香港和父親聚餐一次，成了習慣。

開片餐館當老板

一天，查傳倜在一個餐廳給菜取名時，迎面走來一個曾打過交道的書商。書商見查傳倜面前擺着一大堆菜，便打趣道：「查總一個人吃這麼多菜是不是太浪費了？」查傳倜尷尬地笑笑：「我這是在為這些菜起名字。」書商馬上用諷刺的語調說：「沒想到你會來這裡掙小錢，你不怕給老爸丟臉嗎？」

⑫ 虞錫珪《「八袋弟子」查傳倜》，《今晚報》，二〇〇三年九月二十四日。

當天晚上回到旅館後，查傳倜久久無法入睡，他想起了昔日自己當經理時的風光生活，越想越覺得委屈，甚至動了結束打工生活，回香港繼續當經理的念頭。然而，轉念一想，原先有的人對自己的敬意是因為自己的父親，而父親的成功是靠他一步一個腳印走出來的，所以自己沒有理由坐享其成。

經過一段時間的磨煉，查傳倜終於決定自己開餐館。二〇〇七年初，「食家菜」餐館開張了。當時，由於資金有限，查傳倜的餐館只設十五張餐桌，場地僅有一百平方米左右。⑬

在餐館開張初期，為了吸引顧客，查傳倜為每一樣菜取了讓人回味無窮的名字，還經常把自己新近推出的菜名寫成文章在報上發表，並把菜名中的噱頭作為「食界新聞」。這樣一來，便又引來不少的嘗鮮者。

有一天，金庸偶然看到了兒子的文章，這才知道兒子創辦的餐館已開張一個多月了。為了鼓勵兒子，金庸獨自一人來到餐館「捧場」。當天生意特別好，人手忙不過來，查傳倜只好親自上陣做了服務生。看着兒子身穿短袖白衫忙這忙那，金庸暗暗為兒子能放下架子，腳踏實地幹事感到自豪。

⑬ 林華强《金庸兒子撇開老爹開飯館》，《今晚報》，二〇〇三年九月二十四日。

這時，有一個顧客認出了查傳倜。對方看到查傳倜一身服務生打扮，便想趁機諷刺他一番。於是他大聲對查傳倜說：「這不是金庸的二公子查傳倜嗎？發生了什麼變故，你竟屈尊在這裡當起了服務生？」在場的食客都紛紛轉過頭來，大家都不敢相信眼前的服務生就是金庸的兒子。而坐在一旁的金庸並沒有出聲。面對別人的奚落，查傳倜沒有感到羞愧，反而理直氣壯地說：「對我而言，金庸只是一個文學家，而查良鏞才是我的父親。我不會靠父親的名聲混飯吃，我的雙手同樣有力。不要把名人的後代想成是只能享樂不能吃苦的人。我同你們一樣，在靠自己的雙手打拼！」話音剛落，廳裡立即响起了熱烈的掌聲，一旁的金庸也會心地笑了。

金庸吃完飯後，也像其他食客一樣，到櫃台結賬後再離開。

隨着餐館的擴大，不斷有名人前來就餐，張國榮、梅艷芳、沈殿霞都曾不至一次來吃過。當然，有些人是沖着金庸的名氣來的。一次，一個文學圈內的名人來餐館吃飯。他出手頗為闊綽，但結賬時，他卻告訴查傳倜，想請金庸為他寫一篇序，並説事成之後，他會將自己所有的宴會都安排在查傳倜的餐館舉行。查傳倜聽後，當即以父親近日事務繁忙為由回絕了。因為他不想依靠父親的力量做自己的生意。不僅如此，查傳倜也從來不打着名人的招牌招攬客人，而是堅持靠自己的力量來發展餐館事業。

現在，「食家菜」餐館已經是香港相當有名氣的餐館之一。查傳倜終於成功地走出了父親的光環，靠自己的能力贏得了社會的尊重，賺到了想賺的錢。

二〇一二年九九重陽，查傳倜出現在山東省東阿縣某活動現場。他呼籲將重陽節升格為法定公共假日。「在內地，清明、端午、中秋等傳統節日已經放假，唯獨缺了尊親敬老的重陽，所以我希望這一天能成為公共假日，讓兒女們有更多的時間陪伴老人，讓親情回歸。」查傳倜表示，通過放假，能讓年輕人在重陽節放下忙碌，真正去履行孝行，而不使「重陽敬老」成為一句空話。

最近幾年，查傳倜主要轉移到內地發展，經營自己的私房菜館。「一生難忘越南粉，蔡瀾勇記雙劍合，半百牛骨湯鮮甜，蝦餅彈牙春卷脆。」「蒜香脫殼琵琶蝦，生啫鳳雛沙拉蝦，脆皮猪手薑葱蟹，冰皮肉嫩咕嚕肉。」作為一個美食家，查傳倜跟金庸筆下的「北丐」洪七公似知音，他們最念念不忘的就是吃，以吃為樂。在查傳倜的微信朋友圈，隨時都是帶有美食評語的各色佳肴，讓人眼饞。把嗜好變成自己的事業，是查傳倜最得意的事。

「遠了怕生，近了怕煩，少了怕淡，多了怕纏，感情多難。」對於愛人與愛情，查傳倜發出的如此感慨，用於他和父親的晚年相處也不過如此。在查傳倜的微信朋友圈，之前幾乎看不到他發佈與金庸有關的文圖信息，偶爾會在三月十日這天集中發佈幾條父親消息，然後給一眾朋友反覆解釋：「三月十日不是父親的生日，他只過農曆生日，他的生日實際上是每年農曆二月初六。」

二〇一八年十月三十日下午，金庸在香港養和醫院辭世。這一天，對於金庸兒女們來說猶如晴天霹靂。金庸享年九十四歲，或許他們曾經有心理準備，但是依舊難以接受事實。「樂怡送別金雁飛，傳倜訥昌安灑淚，明瑠琮璞泣無聲，感恩慧德輝相伴！」查傳倜用了這二十八個字描繪了所有在場家人當時的反應。

「對我來說，金庸是一個成功的武俠小說家，而查良鏞是我的父親。」查傳倜如此區分金庸的兩個身份對自己的影響。「有一年，爸爸在杭州和八十多歲高中老師重逢，二人各來一塊東坡肉加一碗白飯，然後說多吃能長壽！有一次，和爸爸去吃潮州菜，服務員拿上菜牌，往後一翻，白果芋泥。服務員說那是甜品，爸爸說可以先上。」追憶與父親金庸共享美食的往事，查傳倜悲從心起：「爸爸，感謝五十多年，和你分享的美食！兒泣別。」[14]

父親在查傳倜心中，就是一個有容乃大的俠客。「有容乃大俠客情，無欲則剛論政壇，看破放下五蘊空，含笑駕鶴倚天飛！」查傳倜僅用這二十八個字概括父親的一生。

闖蕩江湖的金庸是俠客心腸，在《明報》寫社論時是無欲則剛、敢於針砭時弊，金庸封筆

[14] 彭志强《金庸兒子查傳倜泣別父親》，《成都商報》，二〇一八年十一月四日。

四十多年到晚年放下名利，至死更是含笑離開。查傳倜所說的「五蘊空」，意指放下一切，擺脫苦厄，出自《般若波羅蜜多心經》。五蘊，即色蘊、受蘊、想蘊、行蘊、識蘊。金庸有部武俠小說叫《倚天屠龍記》，創造了「倚天不出，誰與爭鋒」的精彩故事：郭靖和黃蓉伉儷所鑄倚天劍和屠龍刀，引起江湖數十年的腥風血雨。最後，屠龍刀和倚天劍終得同現，武學秘笈亮出，竟然是「普渡山東桃花島」七字和桃花島地圖。查傳倜追悼父親的「含笑駕鶴倚天飛」正是一語雙關：化敵為友，互生情愫。

三、「小龍女」原本是她——長女查傳詩

如今，大家暗地裡喚金庸的現任妻子林樂怡為「小龍女」，其實不然，當初金庸將「小龍女」一名從前任妻子那兒拿了回來，按在他的第一個女兒查傳詩的身上。詩詩雖然貌美聰穎，可從小聽力就有障礙，金庸便以「小聾女」稱呼她。

查傳詩生於一九六二年。

避難中成為「小聾女」

晚飯後，安靜的屋中只聽見大哥傳俠念誦一首父親教給的客家童謠：「月光光 秀才郎 騎白馬、過蓮塘、蓮塘背、種韭菜、韭菜花、結親家、親家門口一口塘、放的鯉魚八尺長、長的拿來炒酒吃、短的拿來給姑娘、給姑娘、矮蹲蹲、晨早起來打屁股、打的屁股綿塌塌、雞公雞母吃了咯咯咯、月光光……」五歲的詩詩口念着「月光光」，昏昏沉沉地睡着了。

詩詩着涼得病，三五天高燒不退，可是爸爸不在家，媽媽趕在回家的路上。

這年，大陸的「文革」進入高峰，急風暴雨般的造反行動鋪天蓋地，波及香港，渣華造船廠、

南豐紗廠、的士公司的工人舉行遊行示威，然後靜坐罷工，工人與警察發生衝突，形成暴亂，最後港府調集軍警抓走數千人。面對「六七風暴」，金庸連續發表社論，譴責左派的暴行，支持港府的嚴厲鎮壓，招來了左派的報復，金庸本人甚至被一些人罵為「豺狼鏞」，列為第二號要殺的人。無奈，金庸帶着妻子兒女離開香港到新加坡暫避。

媽媽回家了，急忙將小詩詩送往一家小醫院就診，醫生給她打了一針慶大霉素退熱。一個月後，爸媽才發覺，詩詩的聽力減退了。後來，父母帶她去了許多家大醫院，雙耳還是失了聰，一般人說話的音量，她不會聽到，除非大聲地說。

那時候，香港播放了一部日本電視連續劇《血疑》。金庸看這個片子的感覺就跟一般人不一樣，他抱着女兒一邊看，一邊不停地流淚，看着看着，做父親的夢想被點燃了，杏子患白血病是不治之症，而她父親用百分之百的能力為她扛着。在淚流滾滾中，金庸發誓要為女兒扛着，領着女兒與命運抗爭。

生活在一個聲音低沉的世界裡，詩詩特別依戀父親。金庸上班去了，那時他與人合作在新加坡、馬來西亞創辦《新明日報》，有時忙得好幾天不回家。詩詩經常會趴在窗戶上，對着外面大喊：「爸爸，你快回來吧！爸爸，我想你了！」那副虔誠的模樣讓人看了不免心疼。她經常問媽媽：

「爸爸還有多久才能回家?」媽湊近她的耳朵說一百天吧。小小的女兒沒有什麼具體的時間觀念,但她知道一百好像是一個大數字,於是哀求着:「怎麼這麼久呀?不如十三天吧!」她哪知道,媽媽也做不了主呀!

爸爸一回家,總要先檢查詩詩的聽力訓練作業。

在父愛的指引下,查傳詩收獲了一個又一個令人難以置信的奇跡。當年的小龍女跟其他孩子一樣,八歲上學。金庸在飯桌的牆上貼着一張九九乘法表,詩詩吃一口飯就默看一次乘法表。父親讓哥哥教詩詩吃飯前背一遍,吃飯後背一遍,不要一面吃飯一面背,會肚子不好。

小學時代,詩詩的各科成績都不錯,特別是算術課老師和體育課老師都很喜歡她,因為她計算能力很強,算術考試常是滿分;她個子不高腿腳捷快,所以她也參加了學校田徑隊。每天早鍛煉,六點半詩詩必須到校,金庸特意給妻子朱玫買了一輛小轎車,由她每天接送女兒上下學。

長到初中,詩詩竟然神奇地變成了淑女,性格也變得溫柔多了,而且服飾打扮都成為學校裡的風雲人物。那時,詩詩是大家眼中的校花,可是這校花並不是件好事。每天進出校園,都有很多同學盯着她,課間時去小賣部買吃的,一堆男生跟在後面衝過來,口裡嚷着「小龍女」,堵得本來空間就狹小的店鋪水泄不通。詩詩被他們擠得趴在櫃台上動都動不了,實在沒辦法抽身,橫下一條心，一抬腳踢破了櫃台下面的玻璃，大家才連忙散開，她一溜烟跑了。當然，父親替她作了賠償。

「小龍女」是金庸筆下女角中最出色的一個。小龍女幾乎不食人間烟火，但是她和香香公主截然不同。在未曾遇見楊過之前，她已經不動心，決不是「天真純情」，她另有自己在古墓生活的一套觀念。

為讀書移民加拿大

一九八一年，詩詩高中畢業，跟兩位哥哥一樣，金庸打算將她送入國外的大學繼續學業，移民加拿大。因為擁有加拿大身份，入學就可以按本地學生的身份申請名牌大學，沒有名額限制，可以自由選擇全日制或業餘課程，而留學生則有嚴格的名額限制；如果想轉學的話，以加拿大身份轉學是不受簽證限制的，而留學生必須要重新申請。金庸給詩詩取了個英文名字 Grace。

次年三月，Grace 出現在了多倫多市。多倫多市位於安大略湖的西北岸，是加拿大第一大城市，是華人在北美最大的聚集地之一。Grace 在約克大學就讀，讀新聞專業，是父親金庸替她選擇的。初來乍到，她喜歡在市中心到處走走，或是到市郊一日遊，感覺格外寫意悠閑。她還去位於市中心的卡薩羅瑪城堡，登上神秘的塔樓，走進幽深的隧道，還有隱蔽的暗道，規模龐大的馬廄。她特別喜歡依山而建的美麗花園，秋天來看漫山遍野的楓葉。

可是不久她覺得添了一個遺憾。那年的七月中旬，父親和細媽（「細媽」林樂怡是金庸第三任太太。因為父親娶林樂怡女士之時，查傳詩的母親尚在世，所以不能喚她作「後媽」）攜同子女赴北京訪問，受到鄧小平的會見。哥哥和妹妹得以陪同，因她在加拿大讀書，錯過了這個機會。

在陌生的語言和陌生的生活環境裡，有着聽力障礙的Grace反面感到不那麼陌生了。讓她欣慰的是，這所大學裡有着和她相同膚色、相同理念的華裔學者，父親金庸的武俠小說在這裡竟然擁有無法計數的讀者群。

轉眼間，多倫多從燦爛婀娜的秋天步入冬日。起初，查傳詩在課堂上很靜，也許是聽力影響了英語口語的緣故，每到發言的時候，她很緊張，結果本來能說好的話也變得磕磕絆絆了。班裡有的同學水平很高，讓她感覺到差距的壓力。在老師和同學們的鼓勵下，Grace逐漸地增加回答問題的次數，同時盡可能地放鬆，使自己自然起來，口語有了很大的進步。

一次日記作業，讓查傳詩印象深刻。寫作課老師要求每周寫一篇日記交給她，她想，這不是一個極好的讓她批改作文的機會麼！於是找出一篇托福作文交了上去。要知道，托福的作文都是有固定命題的，這與日記記錄生活中的事情和心情是不同的，因而，洋人老師很不理解，覺得這與Grace平時寫的內容大相徑庭。在最後的批閱中，老師委婉的寫道，你的這個作業是Plagiarism（剽竊）。在國外，剽竊是非常嚴重的錯誤，是要按照作弊論罰的。當查傳詩看到這個評語時，明白老師誤會了她，但是她知道，如果按照她的英語水平去和老師辯解，顯然是不明智的。回到宿舍，她仔細研究了老師可能產生誤會的句子，用英語解釋了每句話的出處，如何寫的以及為什麼要這麼寫等，並把全部解釋寫進了下周的日記中。下周的日記，用了整整三頁紙，也是她第一次在一篇英語作文裡寫了那麼多字。最後的結果是明朗的，老師對她的誤會立刻烟消雲散，同時更加細心的指導她。

一九八四年冬天，隨着大冰雪而來的是一場風暴，如同重錘般砸在了查傳詩的心頭。與她相戀兩年的男友提出分手，他愛上了別人，或者說甚至他並不愛她。感情的挫折，讓本已充滿美好憧憬的詩詩，心情失落到了低谷。她瘋狂地往香港撥着電話，儘管她聽電話很費力。灰色的天映着如綢的雨，雪後的街襯着冰冷的心。在那段雨雪交加的日子裡，她又回歸於沉默，徬徨不知所措，思考着如何去挽回這段彌足珍惜的感情。

一天早晨，她一個人漫無目的地走着，不知不覺來到了以前和男孩常來的地方，又想到了和男孩在一起的情景，無法忍受，想死的念頭更充斥她的大腦。她用盡全身的力氣向前跑，跑到了一個自己都不知道的地方，想這也許就是她的安身之處。

傍晚回到居所，郵差送來了香港的來信。父親金庸寫了一封長長的信，給她講述了他的過去，一段回憶就會傷感的經歷。「隨它去吧！」娓娓的訴說隨着一句感嘆，讓詩詩恢復了理智：如果我中途放棄，那我勢必一無所獲……

她默默地背誦着爸爸的那首詩：去也終須去，住也不曾住，他年山花插滿頭，莫問奴歸處。

詩詩當時的心境，與金庸小說中的描述非常相似：

……小龍女牽了汗血寶馬，獨自在荒野亂走，思前想後，不知如何是好。她年紀已過二十，但一生居於古墓，於世事半點不知，識見便與一個天真無邪的孩童無異，心想：「過兒既與郭姑娘定親，自然不能再娶我了。怪不得郭大俠夫婦一再不許他和我結親。過兒從來不跟我說，自是為了怕我傷心。唉，他待我總是很好的。」又想：「他遲遲不肯下手殺郭大俠，為父報仇，當時我一點也不懂，原來他全是為了郭姑娘之故。如此看來，他對郭姑娘也是情義深重之極了。我此時若牽寶馬給他，他說不定又要想起我的好處，日後與郭姑娘的婚事再起變故。我還是獨自一人回到古墓去罷，這花花世界只教我心亂意煩。

那天以後，查傳詩進入了緊張的期末復習中。畢業典禮進行得很快，聖誕節的到來，讓她歸心似箭。

入門女婿也是總編輯

「小龍女」查傳詩終於回到了父親的身邊，先在《明報》廣告部當一般職員。

不久，一位男子闖進了她的生活。他是曾任《明報晚報》總編輯的趙國安。詩詩與趙國安的戀情，他們一直沒有公開，別人看出來了，他們不否認也不承認。兩年來一直這樣。

一九八八年五月十五日，趙國安和查傳詩在香港舉行了婚禮。當時，《明報》、《新報》、《太陽報》曾報道了這場婚禮。

也在加拿大生活的女作家石貝在回憶錄中敘述道：「有傳言說查先生的武俠小說《神鵰俠侶》中，『小龍女』一名便是從他的女兒『小聾女』而來，沒有向查先生證實過，但這女兒聽力有障礙倒是真的，一些《明報》員工背後便以『小龍女』稱呼她。」「查家有喜，查傳詩下嫁當時的《明報晚報》總編輯趙國安，但是，這消息卻不令身為老岳父的查先生高興。據說，令查先生最不滿的是趙國安是離過婚的。查家大女兒出嫁，卻是做丈夫的第二房太太，查先生心裡實在不是滋味，但是也無奈。」「當時很多人都在傳，說趙國安娶 Grace，意在《明報》，不過，查先生則有這樣的安排：趙國安跟 Grace 結婚以後，必須離開《明報》。後來的事實是趙國安婚後確實離開了《明報》，而且後來再也沒有回到《明報》。」⑮

石貝還說了另一件耐人尋味的的事情：三年以後的一九九一年，《明報》上市後盈利節節上升，查老闆準備將《明報》出手，賣給了于品海。據說是於跟他死去的長子同年⑯，並且相貌都有點相似，當然後來事情又有變。查老闆說他的子女之中沒有人對傳媒有興趣，所以他不得不賣給外面的人。這一點說起來好像有點牽強，趙國安怎麼說都是他的入門女婿，一個女婿半個兒，況且趙還是總編輯，此後一直都在做傳媒。查老闆寧可賣給外人，也不願將《明報》這份產業交給自己的女婿，《明報》人都在推測，恐怕這裡面有查老闆和趙國安的私人問題吧。

後來，趙國安離開了《明報》，在內地一家財經電台當總監。

尋夢溫哥華

多年以前，丈夫趙國安退休以後，查傳詩一家便移居加拿大溫哥華。加拿大氣候宜居，中國內地也有很多人移居到此生活。趙國安曾津津樂道地對浙江鄉親說道：

⑮ 石貝《我的老闆金庸》，三聯出版社，二〇〇五。
⑯ 據資料顯示，查傳俠生於一九五六年，于品海生於一九五八年，石貝所說，或另有依據。

「當初選擇移民加拿大是為了孩子的教育，給孩子更好的一個平臺，讓孩子享受優勢的教育，給太太一個好的生活環境。」他還提到一個小插曲，詩詩困擾多年的鼻炎，在加拿大居住三個月後變消失得無影無蹤，不由地詩讚加拿大優美的環境。

在詩詩還是小女孩的年代，電影《絕代佳人》在香港盛極一時，這是由金庸編劇、長城女明星夏夢主演的，所以詩詩記住了這名當紅影星。夏夢曾經有過一次長時間的國外旅行，金庸利用報紙之便，報導夏夢旅行的蹤跡，還特意開了一個專欄，一連十多天報導夏夢的旅行散文。一九六七年，夏夢隨丈夫移民加拿大，其實那段時間是香港人移民熱潮，但金庸一連兩天在頭版頭條位置，用大篇幅只報導夏夢離港的消息。不僅如此，他還為夏夢的離港寫了一篇社評：「對於這許多年來，曾使她成名的電影圈，以及一頁在影壇中奮鬥的歷史，夏夢一定會有無限的依戀低徊，可是，她終於走了。這其中，自然會有許多原因，在我們的想像之中，一定是加拿大草原的空氣更加新鮮，能使她過著更恬靜的生活，所以她才在事業高峰之際，毅然拋棄一切，還於幽谷，遺世獨立，正是『去也終須去，住也不曾住，他年山花插滿頭，莫問奴歸處。』我們謹於此為她祝福。」

因而，詩詩含蓄地說道：「因為老爺子喜歡加拿大，寫過《夏夢的春夢》，讚賞加拿大風光，後來送細媽留學，也是選擇加拿大的大學，因而我也喜歡上了加拿大長長的海岸線，美麗的蘇必利爾湖，拉布拉多高原的冰川，和壯觀的尼亞拉加大瀑布。我們一家都有這個夢，我是追夢來了。」

二○○五年前後，哥哥傳偈在杭州走訪老字型大小飲食店後，寫信給詩詩，說他打算在西湖邊辦個「鏞」字型大小餐館，讓父親在杭州養老。一連幾月，兄妹倆書信往來，圍繞著餐飲業大談「吃喝經」。詩詩在信中說，加拿大的粵菜也是非常的有名，比國內很多餐館都地道的。所以，她和孩子不會水土不服在飲食上不習慣。在這裡，哪個國家的文化都有，哪個國家的飲食都有，只要你想吃，沒有你吃不到的。

一天，一位台灣醫生陪詩詩去看醫生，中午的時候，為了答謝他，邀他去吃台灣菜，詩詩隨往。「哎喲，我老實招供吧，其實，是我嘴饞了啦，找個藉口去嘗嘗鮮。這家店的名字叫『Corner 23』，因為，它就坐落在溫哥華西區十三街的一個角落上。它還有一個在當地台灣人中赫赫有名的店名——萬巒豬腳。餐桌上，我是多麼執著在啃豬蹄兒啊，因為豬腳富含膠質，對皮膚好。萬巒豬腳在臺灣是出了名的好吃，我去臺灣的時候倒是一次也沒吃過，因為有太多的臺灣美食簡直讓我吃不過來了。沒想到，這大名鼎鼎的萬巒豬腳居然讓我在溫哥華吃到了。小小的店，開在安靜的全新修葺的Cambie上，大大的中文招牌想看不見都難。」詩詩在信中向哥哥繪聲繪色地講述。

她還說，她從小就愛吃的牛肉粉片兒在溫哥華特別受青睞，因為性價比很高，也比較方便，屬於速食，每個華人餐館裡必不可少的，學校食堂都會有這道菜，不過被稱作越南餐。「還有大餅卷牛肉，我在溫哥華找了很多家店，都吃不到在香港時吃過的口感。不過，這家的還不錯了。真的很好吃，好吃到讓我風捲殘雲地吃光了一盤，還打包了一盤。回家我就馬上去海邊快走一個小時，助助消化。」

二〇一八年十二月，查傳詩首次接受內地媒體獨家專訪，講述一代大師溫暖的晚年家庭生活、與兒女們的相處之道，以及那些驚心動魄的武俠小說創作細節……

查傳詩一直在家相夫教子 很少公開露面 過著平靜的生活 幾年前 夫妻倆回深圳探友 友人發現，穿著緊身包臀裙的詩詩，五十多歲了依然盡顯優雅的身姿，有人說她長得極像影星章子怡。

四、焉知余之樂的畫家——次女查傳訥

二〇一一年五月十五日至二十六日，查傳訥在香港視覺藝術中心舉辦個人畫展，金庸親到現場，為愛女捧場，並為香港貧窮弱聽兒童籌錢買助聽器。這也是八十九歲的金庸最後一次在媒體面前露面。⑰

⑰ 張杰《金庸為愛女畫展捧場剪彩》，《華西都市報》，二〇一一年五月十九日。

那天，查傳訥一襲白裙，佩戴白色項鏈，中短卷髮，嬌小漂亮，眉眼之間，與金庸有多處神似之處。她手挽爸爸的手臂，親昵之情表露無遺。

查傳訥昵稱「阿訥」，是金庸最疼愛的小女兒。

趴在鋼琴上睡覺的么囡

跟任何家庭一樣，查傳訥因為是個出生最晚的么囡，得到的寵愛也就比哥哥姐姐多一點。

金庸為自己的小女兒取名「阿訥」，是因為他崇敬東晉名士許玄度，其小字「阿訥」，究其源自然是「君子欲訥於言而敏於行」（《論語・里仁》），而「訥于言」正是阿訥的父親最顯明的性格特點之一。據說，許玄度與王羲之相交甚深，經常在一起遊弋山水，言詠作文。許玄度曾隱居蕭山，後聞知王氏隱居金庭，特從蕭山遷來嵊州與王羲之為鄰。當着兒女的面，金庸稱讚許玄度「因友情而擇居是一種唯美人生的追求」。

阿訥兩歲時越來越女孩，喜歡梳妝打扮，跟媽媽一樣，喜歡穿紅色的連衣裙。她會拿着媽媽的首飾嘗試着給自己戴，對着鏡子擺姿勢；又拿出指甲油、口紅，擺弄上半天，雖然不塗不抹，但已經很開心了，把它們從小包包裡拿出來，看看放回去，再拿出來，再放回去。

阿訥唯一不女孩的地方是不愛扎小辮子，不喜歡戴髮飾，實在迫不得已，只許給她扎個馬尾，原因是爸爸說的，她扎一個馬尾比兩個小辮兒好看，因而她最愛散着一頭黑髮，瘋瘋顛顛地跑。跑一身汗並不擔心，目的是讓頭髮可以跟她一起隨風飛揚，轉身時，用雙手撩一下耳兩邊的頭發，盡顯風情萬種。

她家的客廳很寬敞，還有一個偏廳，以一堵牆隔開，牆後是一架立式鋼琴。那是朱玫成為四個孩子的母親之後，再也不能像從前那樣作為《明報》的記者，四處奔忙於採訪了。金庸要她做「全職太太」，留在家裡照顧孩子。為了給她解寂寞，給她買了一架鋼琴。後來，金庸自己也曾經學過鋼琴，不過那時年歲大了，也沒有時間練琴，後來就放棄了。

阿訥很快喜歡上了這架鋼琴，不是用手指彈，而是由媽媽抱着，她用雙腳在琴鍵上亂踩，聽着不成節奏的琴音，她咯咯地笑個不停。玩累了，她竟然趴在琴鍵上呼呼入睡。以至成了習慣，要午睡了，她會自己趴在了鋼琴上，媽媽要抱離她，馬上就醒了，她不肯。

那時正是《明報月刊》初創時期，金庸廢寢忘食，忙得不亦樂乎。阿訥會給爸爸打電話，很貼心：「爸爸你還在上班嗎？你吃飯了嗎？好好照顧自己，路上可要小心啊！」最後還不忘翹起小嘴對着話筒甜蜜地親三下：「爸爸再見！」

有一天，金庸正在埋頭苦幹，突然接到大兒子傳俠的電話，說么妹阿訥爬到鋼琴上玩耍，摔了下來，跌斷了左臂。他趕緊回到家裡，帶孩子上醫院，然後又把孩子送回家，交給她的哥姐照看，自己趕回報社。這件事他一直深感內疚，覺得對不起女兒。

阿訥養傷那幾天，喝很多很多水。從中午睡到晚上，醒了也不說話，半夢半醒地去廁所。坐在馬桶上突然懵出一句話來：「廁所變小了。」

「什麼？你還好嗎？」爸爸以為她發高燒糊塗了，不安地問。

「我的屁股大了，廁所小了。」阿訥說的意思，她長大了，馬桶的坐圈不再大得讓她的屁股漏下去。

直到十年以後，金庸為紀念《明報月刊》十周年寫文章，還充滿感情地把阿訥和刊物連在一起：「現在阿訥十二歲了，已會翻閱月刊中的圖片和一些最淺的文字，原來，我們的孩子和我們的刊物都已長大了。朋友們都說我們的阿訥很美很乖，也說我們的月刊辦得不錯。我只希望，當我自己的生命結束而離開這世界時，阿訥，還有她的哥哥姐姐，也仍是這樣乖，過得很幸福。」

五歲時，阿訥跟哥哥學會了五子棋。好久沒有和爸爸下棋了，有一天晚上，她見爸爸心情好，纏着要跟他下一盤五子棋。爸爸答應了，她連忙把棋盤和棋子拿出來，放在桌子上，並搶着約定：第一她執黑棋先走，爸爸執白棋後走；第二是她可以悔棋三次，但爸爸不可以。說完，父女倆就開始下起來。第一局，爸爸故意把一頭有黑棋的三個白棋衝了一只，唉呀，阿訥上了當，擱住了這邊，那邊的三隻白棋可就復活了。阿訥輸了第一局。第二局，爸爸擺了一個三三圖，她又輸了。第三局開始了，阿訥學着爸爸的樣子，悄悄地給爸爸下了一個圈套，爸爸一個不留神上了當，讓她先擺齊了五個。「哈哈，我贏了，爸爸輸了！」阿訥高興地拍着小手，蹦跳而去。

一天，爸爸的同事來查家做客，飯後大家在客廳裡落座，同事問金庸說：「我知道您下圍棋下得特別棒，是吧？」

金庸眼睛一亮：「你也會下圍棋？」「我？我會連五子兒。」

金庸立刻引他到客廳的另一處，端出一具像木墩子一樣的圍棋盤，還有兩盒燒瓷的黑白棋子，就開始下起來。下圍棋的一般都不屑於玩連五子兒，大概對客人吧，金庸耐下心來跟他下了三盤，結果竟然是同事贏了兩盤。

這時，查傳訥姐妹倆走過來，嘰嘰喳喳地吵着說也要跟叔叔殺一盤。無奈，他便輪着跟她們玩兒，最後查傳訥終於把他贏了。

長到八歲，阿訥早就不爬鋼琴了，慢慢地跟媽媽學會了彈奏曲子。學了一年多，彈奏時，媽媽發現她的眼神中透射出浪漫與激情，嘴邊掛着一絲微笑，手指在琴鍵上飛速地流動。

一天，家裡來了客人，她一激動手指便在鋼琴上彈奏起來。琴聲悠揚，她不是在演奏，而是一位美妙的天使在用琴聲訴說，講述着一個天真爛漫的故事，這個故事只有用心才能聽懂。

客人誇她：「彈得真好，感染上了你媽媽的藝術細菌。」阿訥咯咯地笑，笑得很有感染力，彈起琴來更有聲有色了。

「比父親更厲害」的畫家

長大了的查傳訥沒有成為一名鋼琴家，而是做了一名畫家。查傳訥棄琴從畫，可能跟母親有關：「母親生前鼓勵我丹青習事，以畫娛己。」

那天，水墨畫家丁衍庸緩緩走上台來，坐於高椅上，看着十二歲的徒弟查傳訥，臉上蕩漾着笑容。阿訥走上前，利索地跪在老師面前，認認真真地磕了三個響頭，並給老師端上一杯敬師茶。

過後，父親對她說：「現在是合同時代，或許這樣傳統的拜師已不流行了，但是我堅持尊師重道的原則。記住，在老師面前你永遠是學生。」

當時，丁衍庸在香港中文大學教授國畫課，他將傳統筆墨、傳統文人畫的造型與現代西方繪畫的某些觀念糅合起來，產生了奇倔幽默、稚拙而奔放的特色。在老友金庸提出讓女兒跟他拜師學畫時，他有點猶豫，怕這孩子沒有書畫方面的基礎，他會耽誤了孩子。阿訥聽說後，開始每天練習書畫，常常畫到半夜。丁師看了她的習作很滿意，立即收下了她。

沒想到入門才兩年，丁衍庸生病離世了。回憶老師，查傳訥很感動，她說：「丁老師是一個非常有名的畫家，兩年多隨他學畫的經歷一直留在記憶中。由早畫到晚，我可是他最勤奮的學生！」後來，她隨同門師兄關紹彬學習工筆和大寫意。她還為幼子記錄幼稚園生活，創作了一冊水彩畫本，「這幅圖中，他正在做早操；那幅圖的『喊包』就是他，常常哭！」

二十一歲時，查傳訥從樹仁書院畢業。二〇一〇年五月，查傳訥建立個人工作室，開始獨立創作，並涉足塑彩和油畫，曾參加陳楚文舉辦的西洋畫聯展。

在二〇一一年的個人畫展上，查傳詩拿自己跟父親比，笑說：「父親寫小說要數百頁才完成，而我的一幅畫卻已經裝載了千言萬語，我不是比父親更厲害嗎？」對繪畫，查傳訥有着深刻的體會：「把人的無窮欲望，在細小畫布上表達出來，以有限為無限，我覺得是一件很有深度的事情。」

查傳訥為自己的畫展取名「子非余，焉知余之樂」。「余」與「魚」諧音也。因在街市中見到魚被困於缸中，於是她嘗試變換視角，藉畫作幻想魚眼中的世界。她說：「人類眼中的和魚族眼中的世情會是一樣的嗎？」展出的五十餘幅作品以魚眼與人目為主題，意在探討人類與魚族眼中世情之分別，均環繞「魚眼看世界」的主旨。

阿訥喜歡魚，因為她喜愛潛水，技能級別已經是開放水域潛水員了，尤其喜愛夜潛。她的潛蹤遍及馬爾代夫等地。不過，後來父親聽說一位朋友因潛水發生意外離世，便禁止她潛水了，就連帆船也不准她去碰，現在她索性不沾水了⋯⋯「不想讓老人家擔心。」不要緊，在繪畫敞開的空間，或許比海洋更寬更廣。

「我不願意用一個框框束　自己的創作。」查傳訥說自己常用百分之八十的時間思考題旨與構圖，餘下百分之二十的時間才提筆作畫。

查傳訥每開始創作一幅新作，她都會先播一段《出埃及記》的音樂：「鋼琴家馬克西姆把一九六〇年的美國電影《Exodus》主題曲昇華到一個極高的境界，他改編了原來的樂章，把超卓的琴技配合了管弦樂和現代敲擊樂、電吉他等，選此歌，好像加了不同種類的辛辣咖喱粉，提升了我對藝術的味蕾！」

她繪畫用料廣泛，除畫布外，木板、金屬、捕魚網和盛載冰海鮮的發泡膠盒，都成為她鋪排創意與揮灑靈感的載體。查傳訥樂於嘗試塑料彩和油彩之外的其它顏料，如日本的天然顏粉和歐洲的蛋彩。

查傳訥謙稱不擅寫作，就連每次為畫作想題目，也大呼頭痛。只好想到什麼就寫什麼。不過，她展出的畫作全都配以兩行詩句作標題，如《緊拙的歲月真正觸到他的心》、《碎肉般的黯淡臉上抹上了胭紅》，突出了雅趣有緻的味道，想來是無心插柳……金庸的武俠小說世界裡，主角不都是誤打誤撞，練得蓋世神功嗎？「這是標題，也不是標題，我只想寫出繪畫時的感覺，你就說是主題好了，我無所謂。」阿訥說。⑱

阿訥筆下的金庸形象

在傳訥的畫室裡，有一幅很特別的畫作，畫裡的人看上去貌似金庸。有趣的是，畫中人只有左眼上架着眼鏡，憨態可掬。「除了我，哪有人夠膽這樣畫他？」她解釋。別人眼中的查良鏞，就是架着一副眼鏡的嚴肅學者，但對她來說，卻是除下眼鏡後，搖身一變成為風趣幽默、活潑開朗的父親，而且懂得放任子女自由發展。

雖然如此，她不諱言父親對家人的管教十分嚴厲。「小時候他帶我們欣賞古典音樂會，每人手上都得拿一本琴書、琴譜，就算不明白意大利文，也一樣照啃可也。」查傳訥隨爸媽去旅遊，

⑱ 杜恩湖《金庸為愛女畫展捧場剪彩　他的兒女沒搞寫作》，《華西都市報》，二〇一一年五月二十日。

到達某座城市後首個目的地必定是博物館。先「朝聖」，後遊玩，這是金庸指定的動作，必須遵從。「大堆行李都不顧了，而且一走便是四五個小時，沒有飯吃！」由此可見，查傳訥對於藝術和文字的興趣，與父親金庸重視子女的文化教育不無關聯。

每年復活節的時候，爸爸買回雞蛋，讓阿訥鑿一個小洞，讓蛋清和蛋黃都流出來，再在雞蛋上繪出各種圖案和花紋，然後用調色板調出繽紛的色彩，塗抹在雞蛋殼上。

童年時，查傳訥常問父親：「您可以送一支能施予生命的魔法畫筆給我，當作我的生日禮物嗎？」幼稚的她，希望得到童話裡的一根魔杖，任她繪出神奇美麗的圖畫。金庸對她說：「在藝海中遠航，除了以苦作舟，還得有一顆靈敏的心。世界上沒有一模一樣的藝術家，一名好畫家必須有所突破，挑戰昨日的我，把浮生閑夢轉化為理想中的悲憫靜恤之境。」畫展上有人問阿訥，金庸怎麼看她的作品，阿訥說：「他很滿意，整天都說很引以為榮，他寫武俠小說是藝術，我畫畫也是藝術，他支持我。」金庸親筆撰寫一個「余」字做畫展名，「余」字代表了三個含意：我，魚，第三個含義：「余」字加「一」就變成金。正是「金庸」的金字。

金庸的小說，阿訥當然早已看遍，有人曾問她最喜歡哪部作品，她表示因涉及親情，做出評價並不公平。再問她覺得哪一位女主角最像自己，她想也沒想便答：「沒有！那些全是他幻想出來的，我可是他實實在在的女兒。」不過，她提到有人說她像小龍女。「因為長居深山。對呀，我就是不愛曝光！」

阿訥說：「我不是小龍女，我最喜歡金庸筆下的郭襄，我覺得自己最像她了。什麼都懂點皮毛，足矣！如果最終可以成一派宗師，更不錯啦！為什麼是她，不是小龍女？郭襄屬於金庸着墨不多的人物，發展空間較大。」

有人問她：「你畫畫也是搞藝術創作，父親的小說也是藝術創作，這點是否是受父親影響，如果有可能，你會不會創作一些和金庸武俠有關的美術作品？」

查傳訥回答：「金庸的小說已有別人為他畫插圖了，我再畫會變得畫蛇添足。倪匡先生曾建議，把全部小說都翻看一次，你最有資格去畫你爸爸的小說人物。其實說實話，作為大俠小女，我承認，心理壓力不少。我酷愛畫人物，不過武俠小說如果以油畫物料表現，相較現代映畫，有很多限制。人們都跑去影院看戲，我憑什麼吸引別人看我的平面藝術？打破框架，很重要。正如韓國藝術家李二男的電子版中國四季山水，他的作品很打動人，沒有文字解釋……這些就是藝術了。」⑲

阿訥十分喜好古典音樂，她驕傲地對人說：「只有這一點，我很像父親。」據說金庸對古典

⑲ 謝禮恒《獨家專訪金庸小女查傳訥：我像極了郭襄》，《成都商報》，二〇一四年一月二十一日。

樂的判別能力超強，可以隨便聽過一段樂句，就告訴你這是哪位作曲家的哪首作品。

「不要提我的媽媽，媽媽走了，說她我要哭的……」阿訥一直懷念着自己的母親。她還記得，四歲過生日時，媽媽為她買了兒童吉它和麥克風。小阿訥肩挎吉它，嘴邊掛着微型麥克風，隨着吉它袖播放出的音樂，扭動身軀，像模像樣地哼唱起來，彷彿開辦個人音樂演唱會，讓媽媽很是忍俊不住。學畫之前，她跟媽媽學過鋼琴，因而從小就喜歡音樂。因為喜歡鄧麗君的歌曲，媽媽教她學會了普通話。印象最深的當然不是鄧麗君的歌，那絕對是「金庸歌曲」啊，《雪山飛狐》、《天龍八部》任何一部金庸電視劇的歌她都有會唱，粵語的、國語的她都會唱，是聽媽媽買的磁帶才聽會的，畢竟「武俠夢」是從小就被種在心裡的，這種感覺是鄧麗君那些卿卿我我給不了的。

「我的媽媽生前叮囑萬遍，不可以對外張揚自己的父親是誰，別人知道了不用再加以強調。當你們都長大成人了，可以為查家光宗耀祖之時，就不用避忌了。人貴乎有自知之明，一定要腳踏實地做人，這是媽媽對我最大的教誨。」

一九九六年十一月，金庸再來杭州，參加「雲松書舍」落成和捐贈儀式，查傳訥跟著來了。在香格里拉飯店，乘金庸與新聞界朋友聊天，有記者採訪了阿訥。

記者：金庸先生最近身體如何？有沒有外出的活動？去年你說過金庸從早到晚都在看書，還會趁大家不去影院的時候看電影。他現在仍然保持這個習慣嗎？

查傳訥：在此，我想代父親多謝你們廣大讀者們的關心。父親年紀不小了，可是腦筋甚靈活。他在洗手間裡甚至放了一套《資治通鑑》，閱讀間更是放了一本本有關國家大事的時政雜誌，閒時他喜歡和九段職業圍棋高手一較高下……智慧不容置疑。不過，他身邊的老朋友們一個個先他離去，所以他沒有太多可以傾訴的物件，這是事實。「細媽」有時會和老父二人出外看戲，在非繁忙的時段。

記者：雖然是一代武俠小說宗師金庸的女兒，但你一直很低調。現在似乎過著隱居的生活，這個和你父親有關嗎？

查傳訥：以前的生活比較簡單，父親擁有愛戴他的讀者，查家不需要另一個小說家；我和你們一樣，心裡萬分傾慕金庸，不同的只是：我樂於做大俠膝下的一個小女。成為講故事高手，素來不是我的夢想。打從我懂塗鴉開始，整天嚷著父親去找一支魔法筆給我，好讓我把畫得醜醜的小動物都變得活生生的。終於，父親拿我沒法子，叫我替他打理錦鯉魚池，把瀨蛤蟆都一一趕上岸。隱居大概是形容文人棄官場歸故里之意。只可以形容我一直非常低調，因為我知道自己尚有很多可以改善的地方，希望他日能夠在父親有生之年，踏足國際舞臺。俗話說：台上一分鐘，台下十年功。

記者：不少媒體報導金庸兒女們都沒有從事寫作，金庸先生會不會感到遺憾？

查傳訥：父親三番四次，在「細媽」、我的丈夫面前，對我說，我以你為榮。外人怎樣報導，怎樣形容，我也懶於理會，也不要解釋。父親常常叮囑我，做自己想做的事情，不要模仿他，人，貴在有「自我」，獨立自主，自己管掌命運，努力上進。金庸的兒女們都沒有從事寫作事業，可是傳字輩有一個從事藝術的人。寫作和繪畫一樣，也是藝術，不是嗎？

查傳訥比姐姐早一年出嫁，嫁給了吳維昌醫生，育有兩個女兒一個兒子，家庭生活幸福美滿。大女深受母親影響，在英國讀藝術史，二女在英國讀生物，三子學法文。父親金庸晚年走親訪友，丈夫吳維昌緊隨其側，充當「保健醫生」。

這些年，查傳訥熱心於公益，曾參與香港醫學博物館的保護婦女籌款活動。二〇〇八年四川發生大地震時，她積極為災區籌款。她的第一次個人畫展，只賣畫冊，限量發售，扣除成本後，收益全數撥捐幫助香港貧窮弱聽小童，購買助聽器，父親金庸稱她為「愛心天使」。

「我還會畫，還會辦畫展，下次就直接賣畫了，收入也全部捐助給需要幫助的人，現在三姐弟各自有自己的生活圈子。童年時同桌吃飯，長大了各自修行，這或許是一種遺憾。不過，人生無常，我自小早已明白了。上天對我很公平，我有了這些就沒有那些，上天賦予我的必有其原由。我不能住得離老父太遠，婚後這些年也和他住得比較近，方便照顧家父，這是我非常樂意做的事情。」阿訥說。[20]

金庸於二〇〇五年獲頒劍橋榮譽文學博士名銜，他隨即以八十一歲高齡遠赴劍橋攻讀歷史學碩士、博士，並在二〇〇六年十二月完成劍橋大學碩士論文《初唐皇位繼承制度》。二〇一〇年九月十日，英國劍橋大學聖約翰學院院長杜柏琛（Christopher Dobson）來到香港，頒授博士學位證書給金庸。阿訥兄妹依偎在頭戴博士帽的父親身旁，合影留念。

⑳ 杜恩湖《金庸為愛女畫展捧場剪彩　他的兒女沒搞寫作》，《華西都市報》，二〇一一年五月二十日。

尾聲　金庸為何跨不過查家橋？

一九九九年九月，金庸舊居「赫山房」按舊模樣修復時，海寧鄉親是懷着滿腹期待的，期待着金庸前來參加落成慶典，並題上幾幅字，期待着他的兄弟姊妹和兒女們相約而來，在這兒留下一幅「全家福」。

然而，澹遠堂的燈籠依舊高高懸掛在樑上，回廊裡用於防火的五口大水缸仍齊刷刷地注着半缸水，朱漆的八仙桌，一排排朱漆木椅凌亂地擺放在大廳，上面積滿了灰塵……庭院深深，一片蕭索，因為金庸不回家。

筆下的故鄉風景

海寧自古學風興盛、民風淳厚、名人輩出，數千年的吳越文化使當地形成了「潮文化、燈文化、名人文化」這三大文化，而金庸舊居的開放也是當地政府開發「名人文化」的一大舉措。當地人不無自豪地說，藥刀、葉刀、廚刀是名聲在外的「海寧三把刀」，金庸就是海寧的第四把刀，武林中的一把不老寶刀。他曾經為香港回歸嘔心瀝血，和查濟民一起提出「雙查方案」。他是言行一致的，愛國也愛鄉；我們從他的作品中可看出，他的鄉愁是十分濃郁的。

金庸生前所著十五部武俠小說，銘刻着金庸的青春，也安放着幾代人的回憶。豪情與柔情的結合，歷史與俠義的碰撞，因他以筆締造的武俠世界，我們擁有了共同的「江湖一夢」。這江湖夢裡，海寧的痕跡比比皆是。

描寫錢塘潮：

只見遠處一條白線，在月光下緩緩移來。驀然間寒意迫人，白線越移越近，聲若雷震，大潮有如玉城雪嶺，自天際而來，聲勢雄偉已極。大潮越近，聲音越响，真似百萬大軍沖烽，于金鼓齊鳴中一往無前……潮水愈近愈快，震撼激射，吞天沃月，一座巨大的水牆直向海塘壓來……月影銀濤，光搖噴雪，雲移玉岸，浪卷轟雷，海潮勢若萬馬奔騰，奮蹄疾馳……但潮來得快，退得也快，頃刻間，塘上潮水退得乾乾淨淨……潮水漸平，海中翻翻滾滾，有若沸湯。

《書劍恩仇錄》第八回〈千軍岳峙圍千頃　萬馬潮洶動萬乘〉

那船張起風帆，順風順水，斜向東北過江，行駛甚速。航出里許，忽聽遠處雷聲隱隱，轟轟之聲大作。俞岱岩道：「艄公，莫非要下雨了？」那艄公笑道：「這是錢塘江夜潮，順着潮水一送，轉眼便到對岸，比什麼都快。」俞岱岩放眼東望，只見天邊一道白線滾滾而至。潮聲愈來愈響，當真如千軍萬馬一般。江浪洶湧，遠處一道水牆疾推而前，心想：「天地間竟有如斯壯觀，今日大開眼界，也不枉辛苦一遭。」

《倚天屠龍記》第三回〈寶刀百煉生玄光〉

描寫海寧陳閣老宅（安瀾園）：

陳家洛到得家門，大感詫異。他祖居本名「隅園」，這時原匾已除，換上了一個新匾，寫着「安瀾園」三字，筆致圓柔，認得是乾隆御筆親題。舊居之旁，又蓋着一大片新屋，亭台樓閣，不計其數。愕然不解，跳進圍牆。一進去便見到一座亭子，亭中有塊大石碑。

《書劍恩仇錄》第八回〈千軍岳峙圍千頃　萬馬潮洶動萬乘〉

描寫海神廟：

陳家洛嗚咽道：「我真是不孝，姆媽臨死時要見我一面也見不着。」又問：「姆媽的墳在哪裡？」瑞芳道：「在新造的海神廟後面。」陳家洛問：「海神廟？」瑞芳道：「是啊，那也是今年春天剛造的。廟大極啦，在海塘邊上。」陳家洛道：「瑞姑，我去看看再說。」瑞芳忙道：「不，不能……」他已從窗中飛身出去。從家裡到海塘是他最熟悉的道路，片刻間即已奔到。只見西首高樓臨空，是幾座兒時所未見之屋宇，想必是海神廟了，於是徑向廟門走去。

《書劍恩仇錄》第八回〈千軍岳峙圍千頃　萬馬潮洶動萬乘〉

並且在金庸小說中，對於舊時記憶演化來的情節比比皆是，其最出名的射鵰三部曲中不止一次提到嘉興、海寧等地名，除此之外，以家族、家人為原型的人物、事件也寄托了他的回憶和思念。

總想老了再回到這個地方來住

香港文化博物館於二〇一七年設立金庸館，在金庸館的入館口，有金庸親筆寫的開館前言，開頭的第一句就提到了：「我的故鄉是浙江海寧，那裡是我的出生地，童年和青少年生活的地方，也是我接受啟蒙教育和完成中學學業的地方。」

二〇〇三年十二月，金庸與央視主持人白岩松對話，他說：「如果一個人離開家鄉很久，在外邊住的時間一長，對故鄉懷念的感覺就越深。有時回憶小時候在這裡的生活，有一些是很美麗的，總想老了再回到這個地方來住。」這是他的心裡話，真話。

相隔兩三年，金庸總要回內地走一走，看一看。從一九九二年到二〇〇八年，金庸曾六度返鄉。一九九二年十二月，闊別家鄉五十餘年後，六十八歲的金庸先生第一次回到故鄉海寧，他不僅重回袁花母校訪問，會見老師和好友，還親自來到表哥徐志摩的墓前憑吊，這次回來，他尋找到了自己與故土千絲萬縷的聯繫。

自此，金庸彷彿與故鄉重新相認，與海寧的情緣日益深厚。兩年後，一九九四年春天，金庸再次回到故鄉。沒有了第一次近鄉情怯的緊張，七十歲的金庸精神爽朗，心情愉悅，來到剛剛建起的海寧高級中學，題詞「行見人才如潮自此湧出」，鼓勵海寧培養出更多優秀人才。

兩年一回家，在那時彷彿成了慣例。一九九六年，金庸再次回到家鄉，先遊陳閣老宅、海神廟，然後觀賞了海寧潮。在第一部武俠小說《書劍恩仇錄》中，他曾如是描寫：「……已牌時分已到達海寧城的西門安戌門。他離家十年，此番重來，見景色依舊……回憶兒時母親幾次攜了他的手在此觀潮，眼眶又不禁濕潤起來。望着大海，兒時舊事，一一湧上心來……」

第二年的九月，金庸邀請楊振寧到海寧觀賞中秋大潮，和查濟民一同從香港趕回海寧，以東道主的身份陪同楊振寧在鹽官觀潮。他說：「山水秀美依舊，但故鄉日新月異。」

中午時分，在觀潮台後側，筆者看見了楊振寧、杜致禮夫婦坐在觀潮台上，金庸夫婦陪伴在旁。候潮時，一位攝影記者在金庸身旁拍照，筆者便悄悄湊近他：「我想見金庸，你幫我一下。」一會兒，那位記者拉着筆者走到觀潮台前。金庸見了，側身向楊振寧介紹說：「這是我的海寧小老鄉……」其實那時，筆者已經四十多歲了，但在兩位大家面前，覺得很小。

二○○三年十月，徐志摩故居新修，年近八十歲的金庸再次回到海寧，參觀徐志摩故居後，題下「七十年後再訪舅氏舊居」的條幅，帶走了用海寧燈彩針刺工藝製作的一套茶壺燈，留作思念。

金庸生前最後一次返鄉是在二○○八年，那一年，已經八十四歲的金庸，腳一沾上故鄉的土地，就樂得像個孩子。他出席了鹽官古城的「金庸書院」奠基儀式，親手種下了兩棵桂花樹。此前，鹽官古城內曾經有一座最負盛名的安瀾書院，書院創建時，金庸的祖先曾捐資助學。新建的金庸書院佔地七畝，參照安瀾書院的建築格局設計，裡面精心收藏了金庸著作和金學研究資料，成為金庸文學研究的一處重要場所。

在歷史風雨中，金庸的命運小舟可謂顛簸流離：少年時期的流亡求學，改天換地中父親的冤死，武俠小說被當局的查禁，「文革」中成為香港左派分子的第一個暗殺目標……一系列政治事件可謂糾纏金庸的一生。在大變革、大跌宕的政治時代中，目睹家族的衰微、時代的變遷，他有哀傷，有感嘆，有失落，但他終於沒有割斷這根臍帶，未能擺脫海寧查家揮之不去的影子。在金庸香港的客廳裡，始終掛着他的祖先查昇手書的對聯：「竹里坐消無事福，花間補讀未完書。」其中透露出的都是舊式文人的心境和態度。

故土埋着死去的親人

從一九四八年去香港，到再次踏上故鄉的土地，中間隔着四十二年的時光，人生的漂泊感可想而知。然而，金庸六次回鄉卻不跨過查家橋，不去看一看他的舊居，為什麼？

鄉親們在問，許多「金庸迷」也在問：「金大俠心中究竟有什麼樣的結兒沒打開，阻擋了他回家的路？」

金庸十四歲在嘉興讀中學時，他的母親死於逃難途中。他曾經在不少場合說過：「沒能見上母親最後一面，是我一生中最大的痛苦。」

一九八一年，金庸首訪大陸時做的第一件事，由妹妹良琇的指引，找到母親遇難的地方拈香跪拜，祭奠亡靈。那會，七十歲的金庸曲腿跪着，淚灑黃土，久久不肯起身。

父親之死，對查良鏞來說當然是難以想像和接受的悲劇。在回答日本學者池田大作的專訪時，金庸說：「我當然很悲傷，但並沒有懷恨在心，因為我已充分理解，這是大時代翻天覆地大動蕩中極難避免的普遍悲劇。全中國數百萬人在戰場上失去了性命，也有數百萬人在此後的各種鬥爭中失去了性命。」①

金庸原本以為父親的死是時局動蕩所造成的悲劇，也怨不得誰，然而，後來發生的事情不得不令他耿耿於懷了。一九六七年文革全面爆發，在破「四舊」中，金庸父母親的墳墓被扒開，骸骨被生生從地下挖起被搗碎，丟棄于邊上的小河內，墳墓內的一切陪葬品被同屋檐下的查氏本家兄弟盡數刮分……②

時光總是會抹去一些傷痛，比如婚姻之傷，喪子之痛，然而，千里遊子總是抹不去對故鄉父

① 《探求一個燦爛的世紀：金庸／池田大作對話錄》，北京大學出版社，一九九八。
② 西北的天空《江南有數人家》，轉引自《金庸客棧讀書論壇》，二〇〇八年十二月十九日。

母的思念。一九九二年十二月，金庸第一次回海寧，日程安排上本來有「回家看看」這一項，然而，當他得知「父母骸骨不存」的噩耗，跨上查家橋的雙腿立刻收回了。父母在不該死的年歲裡死去，在不該被侮辱的時光裡被侮辱，自己漂流他鄉無能為力，然而⋯⋯

兩年後，正值清明祭奠之日，查濟民約他同回海寧祭祖，他倆同為查氏後人。那天，查濟民在重修的祖墳上祭奠了祖先和父母，而金庸無墳可祭，所以他不願跨過這座查家橋⋯⋯這時候離鄧小平會見金庸已過了十三個年頭，離他上次回鄉也相隔兩年了，然而，台灣蔣介石的父母之墓毀了尚可重修，香港查良鏞的父母之墓毀了就毀了⋯⋯

哥倫比亞作家馬爾克斯在名著《百年孤獨》中說，如果一塊土地上沒有埋着自己死去的親人，那麼他就不是這個地方的人。大陸上曾經埋葬着金庸父母的遺體和一個曾經急風暴雨的時代。

筆者曾經與查良楠有過一次長談。我問：「何不立個衣冠冢，至少去曾經埋葬他的雙親的地方捧一撮土，那也是好的。」

查良楠說：「市裡原本有這個打算，可是二阿哥的弟弟妹妹們不同意，認為立空墳於他們家風水有影響。」

難道非得金庸來此題字方才能將赫山房的名氣遠播出去麼？難道不能自己想點辦法，將此處的查氏文化散播開去？

查良楠無可奈何地搖搖頭，說：「現在我們有兩個人看守這個空房子，一年時間也沒幾個遊客。自己拿着國家的錢，都覺得有些不好意思。」

二〇〇三年七月二十三日，金庸從香港飛抵杭州，給一本叫《金庸茶館》的雜誌面世造勢。晚上在杭州電視台演播廳接受了一個多小時的採訪。一名海寧老鄉當面「拷問」金庸為啥不跨進「赫山房」的家門，他回答說：「我對家鄉人民是熱愛的，也想回家看看，但上次有人跟我說，為了保護我的舊居，他們把居住在裡面的人趕了出去，這我是不同意的。『赫山房』是查家祖先傳下來的，不是我金庸一個人的，因此我不想妨礙大家的生活。」③在場人一聽此話就知是搪塞之語。

其實，「居住在裡面的人」沒有很好地保存下父母的墳墓，如今卻在「看護」着這幢原來叫作「赫山房」的金庸舊居，因而他不想見他們——這才是金庸的「執拗」，他的一個沒有解開的心結。

一九九九年，金庸的大妹查良琇來舊居時，我採訪她，從她的言語中聽出，金庸及弟妹對「原來居住在裡面的人」非常不滿，良楠在看門，似乎這屋子還是他家的，不是金庸的。筆者曾經向海寧金庸研究會的會長說過，必須立即另換看門人，最好將他的家搬移得遠一點；然而設法動員

③ 譚曉鋒《大開大闔寶刀不老　金大俠欲「重出江湖」？》，《新民生報》，二〇〇三年七月二十四日。

金庸的弟妹們常常跨進這老屋，這樣，金庸才會跨進這赫山房。不料，這會長卻說我是無稽之談。

後來深入採訪，跟金庸的弟妹們接觸，我了解到了建國初期和文革期間同父異母弟弟們的一些做法。我想，金庸是個凡人，也有尋常人的喜怒哀樂，也受身邊兄弟姐妹的情緒影響而牽絆，讓他做他書中的無怨無恨之人，他也做不到。

葉落歸根之地還是西湖之畔

後來，金庸做出選擇：定居杭州：湖光山色伴詩酒，西湖弄舟。

香港是他成名、生活大半生的地方，而杭州是他人生的起點，年青時代他曾在杭州《東南日報》任記者。金庸在杭州九溪玫瑰園築有一幢別墅，屋內七八張椅子足夠一小家享用。④他對朋友說過：「我真正的感情還是對家鄉、對祖國的依戀。所以，我有這樣一個想法：老了以後，回到杭州去，死在浙江。」⑤金庸透露說，葉落歸根之地還是西湖之畔：「在自己的墓誌銘上會這樣寫：這裡躺着一個人，在二十世紀、二十一世紀，他寫過十幾部武俠小說。他的小說有幾億人喜歡，他自己

④ 徐小衛、楊攀《金庸住在最美的地方》，香港《文匯報》，二〇〇八年二月三日。
⑤ 溫迪雅《溫迪雅訪金庸》，《生活時報》，一九九九年一月三日。

覺得這是一件好事。」⑥

浙江大學原黨委書記張浚生是金庸的好伙伴。二〇一四年初，我的《金庸和他的家人們》一書剛出版，張浚生打電話找上了我，說浙江大學要出一本書《金庸在浙江》，以照片為主，他是主編，希望得到我的幫助。並說他馬上去香港見金庸，欲帶上我的新書。我說：「好啊，浙江大學是我和兒子的母校，我又是金庸的同鄉。」周五，我在杭州西城年華（距浙大不足一千米）的家裡等着他。下午二點多，張浚生來了，我遞上新著和幾幅金庸的老照片。張浚生說，他在香港新華社工作期間與金庸交往頗多，有十三年吧。這時候，我的記者本色原形畢露，竟然一問一答地作起了現場採訪。

張浚生告訴我，一九九六年十一月五日，雲松書舍落成時，當晚他和金庸就下塌在雲松書舍，促膝談心。金庸打算在西湖邊度晚年，所以在玫瑰園置了房。雲松書舍建成後他送給了杭州，百年以後就打算留在了西湖畔了。他去南山墓地看過，很滿意的，因為他的姑父蔣百里就葬在南山，離西湖也近。

這個安排，必須有子女在杭州才好。然後，他的兒子在杭州辦餐館不成，沒能定居杭州。金

⑥ 吳菷《金庸夜談墓誌銘》，《錢江晚報》，二〇〇三年七月二十四日。

庸的最後幾年，離不開兒女，離不開香港的醫院，身不由己了，因而，他定居杭州的願望沒能實現。

金庸晚年信佛，從小乘佛教的經典讀到大乘佛教的經典，《妙法蓮華經》，《楞嚴經》，《維摩詰經》都曾給過他極大的安慰，寬慰了他心頭的內疚自責和無奈，教會了他如何看待這個世界，如何面對生死這個古今難題。

不可否認，金庸有着很深的故鄉情結，可他為何跨不過查家橋？不是他不想跨過去，是他筆下的郭靖、喬峰、梅超風、楊過……不讓他抬腿跨過去，因為他們除了俠義還有傲骨，琴心劍膽。

這就是金庸的執拗！

參考書（篇）目

《金庸作品集》（全三十六冊），北京三聯書店，一九九四。

《海寧查氏族譜》（五卷本），中國書畫出版社，二〇〇六。

查慎行《敬業堂詩集》，上海古籍出版社，一九九一。

《清朝野史大觀》，上海書店，一九八一。

管元耀《海昌觀》，中華書局，一九四六。

《袁花鎮志》，方志出版社，二〇一〇年。

《探求一個燦爛的世紀（金庸／池田大作對話錄）》，北京大學出版社，一九九八。

專訪金庸親屬十一年（代後記）

《中國記者》編者按：本文作者連續十一年跟蹤採訪金庸及其親屬、朋友，不僅做了不少產生較大影響的報道，而且日積月累形成了豐富的素材，最終成功撰寫兩部獲得市場肯定的金庸外傳。這種專注的精神值得年輕媒體人學習。

今年三月十日是香港小說家金庸先生九十大壽，我托人捎去了一份特別的禮物——由人民日報出版社剛出版的《金庸和他的家人們》、《金庸和他的師友們》，這是我十一年專訪積累寫成的兩本人物傳紀。在這兩本新著上，我寫下了：「大俠鄉愁，一半親情，一半友情。敬賀查先生九旬之年健康快樂」的賀詞。

鄉愁是什麼?鄉愁是潛藏於每個人心底的一種思念情緒，一旦遠離故土，便會或急或徐涌流而出。鄉愁包含三個層次，第一層是對親友、鄉親、同胞的思念；第二層是對故園情景、故國山河、舊時風景的懷念；第三層也是最深層的，是對歷史文化的眷戀。《金庸和他的家人們》和《金庸和他的師友們》所表露的就是金庸的那份鄉愁。

在我三十幾年的採訪生涯中，從一九九六年開始的對金庸家人的專訪，是最費周折、也最考驗業務能力的「馬拉松」式專訪，自己感覺還是有一些經驗可供同行參考的。

逼上梁山、揚名人文化首寫金庸

一九九四年一月《海寧日報》復刊，我擔任副刊「海寧潮」的責任編輯。副刊是「本土化」的，海寧孕育了詩人顧況、女詞人朱淑真、史學家談遷、詩人查慎行、國學大師王國維、詩人徐志摩和穆旦、武俠小說家金庸等名人，名人文化是海寧獨特的文化資源，且富有鄉土色彩，成為「海寧潮」副刊的主要色彩。副刊首期刊登的是長篇專訪《金庸的昨天和今天》，是我根據外地一名文化人提供的素材整理而成的。

講述名人故事，怎麼講？一周一個專題，哪來那麼多的故事可以填充版面？而且一下子能找來那麼多的文化人給我們寫稿嗎？在籌劃新欄目方案時，這兩大問題使我無法迴避。「我們能不能採取一種『反傳統』的手法？」我至今清楚地記得當時總編輯這句話的含義：既然在副刊初創階段，不能迅速集結一大批專欄作家，不如主動出擊，讓編輯充當記者走近文化人，聽他們講述名人故事。這個「採編合一」的做法既利于編輯接觸實際、拓展思路，又便于被訪名人與編者面對面交流，及時提供和挖掘新的題材。於是，「逼上梁山」的我成了「兩棲人」，出門是一線記者，遊走在名人故居和街坊間，採寫專訪和隨筆；進門是後方編輯，是「海寧潮」的主持人，將採訪所得的零星線索編織起通訊網，邀約親歷者、知情人撰稿，組織版面或者籌划下一步的採訪。

訪問、寫信、約稿、編稿，似乎成為我每天的「必修課」，因而有了與金庸親屬的近距離接觸，有了金庸弟妹的信函，金庸本人也通過秘書與我直接通話。金庸回鄉探親訪友，我隨之足跡採訪挖掘。在幾年時間裡，我撰寫的人物新聞就有《金庸與他的小學老師》、《金庸與母校》、《金大俠快樂回家》等，一篇《金庸與徐志摩是一對表兄弟》先後被國內二十多家報刊轉載，還被香港、杭州的作家引用進了《金庸傳》裡。

迂迴包抄、訪金庸弟妹尋找親情故事

作為新聞記者，一個最大的便利就是可以找到、見到不少普通人找不到、見不到的人。一九九六年十一月，金庸學術研究會在海寧成立，北京大學教授嚴家炎等專家從北京而來，金庸也來了。作為文化記者和金庸學術研究會理事的雙重身份，我參加了成立大會，第一次面見了金庸。會後閑聊，嚴家炎教授對我說：「海寧是金庸先生的出生地，他從小生活在這裡，留下足跡和故事，你是本地記者有這個優勢，你可以寫寫他的故事，寫寫他的家裡人嘛！」我覺得這是個好主意。

一九九九年九月，金庸舊居「赫山房」修復，金庸的大妹查良琇從臨安歸來，在落成儀式之後，我特意前往她下榻的賓館採望。這是一次十分珍貴的見面，她將家事親情一古腦兒端給了我，還將兄妹們的家庭地址悉數告知。

二〇〇〇年初，我主動辭了副刊編輯，擔任專職文化記者，開始尋找金庸的少年足跡和親情故事。

我注意到，在中國當代的作家中，金庸的影響力是最有國際性的，但是關於金庸家世、家事的書一本也沒有。有的只是寫他的經歷和創作的傳記，他的身世家事，當時除了傳記中的少量章節外，鮮為人知。起初，我不明白內中的原因。我在採訪了金庸的前任秘書楊興安之後，方知原委。金庸在杭州的一次訪談中說：「我不會寫自傳的，永遠都不會寫。我自己的內心秘密，不想與公眾分享。」——金庸反對別人寫他的傳記。對於自己的婚戀、情感、家庭生活，這麼多年來，金庸幾乎對外界是避口不提的。金庸的隱私像一座城堡，外人難以涉足！

既然不能直接採訪金庸，那就「迂迴包抄」作外圍採訪吧！有了採訪路徑，此後的數年里，我一一拜訪了查良鈺、查良琇、查良璇、查良浩、查良楠、查良根等金庸的弟妹，還採訪了在金庸家生活多年的金庸的表外甥蔣啟霆，與金庸父親有交往的多名鄉親，將他們的生活和親情故事全記錄了下來。

如此「迂迴包抄」，走訪，記錄，我積累的素材越積越多。

至二〇〇七年底，我已經完成了對金庸家事的採訪，甚至談得上有一些研究。《金庸和他的兩位母親》在河南的《名人傳記》刊登以後，許多報刊編輯紛紛向我約寫金庸家庭隱事的稿子，我婉拒了。我不敢公開金庸的家事，擔心侵犯了他的隱私。這樣，我將積累的素材壓在了箱底。（我有一隻三十年前結婚時添置的樟木箱，一直用於存放我的採訪筆記本和發表文章的剪貼本）

釋放箱底、聚金庸家事撰寫外傳

二〇一〇年六月，微博上傳出金庸「去世」的消息，引起了軒然大波。網友們震驚之餘瘋狂轉發，全然不顧消息的真假。最終當事人闢謠，金庸「被去世」成了微博傳謠的經典案例。

這時候，一位資深編輯提醒我說：「你可以將箱底材料釋放出來了，是時候了。」他鼓勵我立即將素材整理成書稿，選擇出版社適時出版。「因為裡面會有很多目前還鮮為人知的故事，所以這本書有新意。一個名人，他就這點事，生前死後翻來覆去講差不多的故事和內容，太沒新意了。

為什麼就不能找另外的途徑來解讀他？比如他的家人故事，用親情來解讀他的精髓，這些不是比出他的傳記更有意義？」

一個月後，一位出版界朋友找我閑侃，向我嘆苦經：「這兩年圖書市場大蕭條，選題不好找，出什麼賠什麼。」我這人有些不知天高地厚，竟然大言說道：「好的選題有什麼難的，要我說，只要用心，就不怕策劃不出好書來。」朋友便說：「別吹牛，你說現在這個市場，出什麼書可以賺錢？」我應聲答道：「出那種注定賺錢的書麼！只要找到當前最暢銷的作家，策劃一本沒有人寫過的書，就肯定有市場。」我說得振振有詞。朋友又問：「誰的書賣得特別好？」我脫口而出：「金庸麼！」我說，金庸者，查良鏞也，查良鏞者，浙江海寧人也，我的鄉親前輩，他的鄉愁只有我知曉。在國內，一個不漏採訪金庸的親屬，我是唯一的；二十年後的今天，人事變遷，逝的逝去，老的老了，別人再要獲取這些素材已經是不可能了。

朋友大喜：「你對金庸弟妹的採訪，即是難得的新聞素材，又是非常珍貴的金庸外傳的資，這不是現成的書稿選題嗎？金庸的知名度與美譽度，完全可保證這個選題必然暢銷。」

這樣，撰寫金庸家事兒的外傳新著一事，就理所當然地落到了我的頭上。我認為寫這部書，既有社會效益——因為金庸大俠的鄉愁無疑有益民智，又有經濟效益——因為只要有金庸二字印數顯然不必發愁。所以，二話沒說我就答應下來。

從二〇一〇年九月上旬開始，我動筆撰寫《金庸和他的家人們》，緊接着完成了《金庸和他的師友們》。二〇一四年一月，兩部書稿同時由人民日報出版社以正版書出版，並列入「名家寫真」系列叢書。人民日報「名家寫真」系列是勵志圖書行業的知名品牌。一月九日，兩書在北京圖書訂貨會上展出，首批各八千冊很快訂售一空。隨後，浙江日報、解放日報、嘉興日報相繼作了報道。

捎點「私貨」，寫人物特稿積攢成書

從副刊編輯到文化記者，我的職責是為報紙採編新聞，盡情地挖掘名人文化的獨特資源。採寫人物新聞是我的一個強項，最初撰寫千字以內的人物故事，久之會撰寫六七千字直至一二萬字的人物特稿了，最後，公私兼顧偶爾捎點「私貨」，將積攢的特稿補充成書，這可以說是我採編工作以外的一個意外收獲。

說「意外」其實並非意外，收獲是頗多的。

其一，「衣帶漸寬終不悔，甘為他人作嫁衣」，我們提倡這種精神，但決不是說副刊編輯自己就不要成才。副刊是一塊肥沃的土地，她栽花種草，出作品育新人，編輯本身也會從中得到鍛煉，得到提高。編輯在為新老作家和作者讀者服務的過程中，自已也有收獲。許多名作家都是當過編輯的，如金庸先編副刊後辦報，同時寫武俠小說，既是名作家，又是名編輯，一身兼二任。名副刊要有名編輯，而名編輯是指那些既有人品又有作品的編輯，也只有這樣的編輯，在作者群中才有影響力，使優秀的作家藝術家願意把自已的得意之作交給他們發表。我在撰寫個人新著的同時，認識到自己首先是編輯、記者，樂意擺正位置，做好副刊的採編工作，同時做着「作家夢」。

其二，記者的採訪大多是事先瞄准目標進行的，當然也會有瞄着老虎去、打得兔子回的遺憾；但有時也會有順手牽羊的意外驚喜，那大都是碰巧遭遇的偶然事件。我所經歷的「金庸與徐志摩是一對表兄弟」的採訪報道，則屬於「歪打正着」一類，帶有一點喜劇色彩。所謂「歪打」，是指我在採訪徐志摩舊居的新聞時偶然瞧見金庸自稱「表弟」的一幅題字，而事先卻毫無報道的意識；所謂「正着」，是指我後來「頓悟」，又第一個報道了「月雲是金庸的繼母」，並且還寫出了「金庸和他的兩位母親」的新聞特稿。前幾年，金庸的朋友們陸續來海寧參加「金學」研究，參觀金庸舊居，從他們無意的交談中，我偶然獲得了許多他們與金庸的交往故事，從而有了《金庸和他的師友們》一書。

其三，寫人物特稿，採訪不是一蹴而就的，需要反覆多次、全心的投入。金庸的摯友董橋說：「新聞是歷史的初稿」，具有記載人類歷史功能的新聞也是人學。歷史長河是因奔騰的生命個體、某個特殊的性格和命運而鮮活的，這個特徵也應體現在新聞報道中，而在人物特稿寫作中，這個特徵更應該獲得充分而鮮明的展示。《金庸和他的家人們》一書，二十九位家人，上千個小故事，我施用了「迂迴調動」、「側面收集」、「多次查找」的採訪策略，積攢大量素材後寫出來的人物才會更有血肉，形象也就更加豐滿了。三十六個師友，我着眼於「那人」與金庸發生交集的立體面，着墨於「那事」與金庸碰撞後所閃現的火花，那就是對中華傳統文化的共同眷戀。這樣，既可以駕馭真實、揭秘，又能鋪陳幽默、深情。

中國有句古話，叫做「在家靠父母，在外靠朋友」，與父母血緣相聯的是親情，這種情，沒有雜質，淨如純水，唯有愛；而與朋友之間的患難之情，最是感人，充滿了自我犧牲。親情加友情，便是生死相依，一種割捨不了的鄉愁。《金庸和他的家人們》一書所宣揚的親情，便是這種生死相依的極致之愛，它純淨、溫暖、陽光。《金庸和他的師友們》無疑是一個個勵志的故事，更是一個個少年同窗、患難知己、亦師亦友、武林盟友、君子之交和晚年知遇的故事，它給人以溫暖，給人以力量，給人以愛，也給人以希望。寫下這些故事，讓「金庸迷」們看了感動，看了有所悟有所思。

（原載《中國記者》二〇一四年第十二期）

心一堂 金庸學研究叢書

《金庸武俠史記〈射鵰編〉三版變遷全紀錄》 王怡仁
《金庸武俠史記〈神鵰編〉三版變遷全紀錄》 王怡仁
《金庸武俠史記〈倚天編〉三版變遷全紀錄》 王怡仁
《金庸武俠史記〈天龍編〉三版變遷全紀錄》 王怡仁
《金庸武俠史記〈笑傲編〉三版變遷全紀錄》 王怡仁
《金庸武俠史記〈鹿鼎編〉三版變遷全紀錄》 王怡仁
《金庸群俠身心靈診療室——蝴蝶谷半仙給俠士俠女的七十七張身心靈處方箋》 王怡仁
《金庸武俠史記〈書劍編〉〈碧血編〉——探尋金庸的修訂心路》 辛先軍
《金庸武俠史記〈白・雪・飛・鴛・越・俠・連〉編——探尋金庸的修訂心路》 辛先軍
《金庸商管學——武俠商道（一）基礎篇》 歐懷琳
《金庸商管學——武俠商道（二）成道篇》 歐懷琳
《金庸小說中的佛理》 鄺萬禾

《金庸雅集——武學篇》寒柏、愚夫
《金庸雅集——愛情篇影視篇》寒柏、鄭萬禾、潘國森、許德成
《金庸與我——雙向亦師亦友全紀錄》潘國森
《金庸命格淺析——斗數子平合參初探》潘國森
《金庸詩詞學之一：雙劍聯回目　附各中短篇詩詞巡禮》潘國森
《金庸詩詞學之二：倚天屠龍詩　附射鵰三部曲詩詞巡禮》潘國森
《金庸詩詞學之三：天龍八部詞　附天龍笑傲詩詞巡禮》潘國森
《金庸詩詞學之四：鹿鼎回目　附一門七進士叔姪五翰林》潘國森
《話說金庸》（增訂版）潘國森
《總論金庸》（增訂版）潘國森
《武論金庸》（增訂版）潘國森
《雜論金庸》（增訂版）潘國森
《金庸家族》（足本增訂版）蔣連根
《金庸的江湖師友——影視棋畫篇》（足本增訂版）蔣連根

《金庸的江湖師友——作家良朋篇》（足本增訂版）　蔣連根
《金庸的江湖師友——師友同業篇》（足本增訂版）　蔣連根
《金庸的江湖師友——學界通人篇》（足本增訂版）　蔣連根
《金庸的江湖師友——明教精英篇》（足本增訂版）　蔣連根
《金庸的江湖師友——金學群豪篇》（足本增訂版）　蔣連根